ŒUVRES COMPLÈTES
DE GEORGE SAND

LA
DERNIÈRE ALDINI

SIMON

PARIS

J. HETZEL et C° | VICTOR LECOU
RUE RICHELIEU, 78 | RUE DU BOULOI, 10

1855

//ŒUVRES

DE

GEORGE SAND

— PARIS —

IMPRIMERIE DE J. CLAYE

RUE SAINT-BENOÎT, 7

ŒUVRES

DE

GEORGE SAND

—

LA DERNIÈRE ALDINI

—

SIMON

———

PARIS

J. HETZEL ET Cⁱᵉ   VICTOR LECOU
RUE RICHELIEU, 78   RUE DU BOULOI, 10

1855

NOTICE

Les romans sont toujours plus ou moins des fantaisies, et il en est de ces fantaisies de l'imagination comme des nuages qui passent. D'où viennent les nuages, et où vont-ils?

J'ai rêvé, en me promenant à travers la forêt de Fontainebleau, tête à tête avec mon fils, à toute autre chose qu'à ce livre, que j'écrivais le soir dans une auberge. et que j'oubliais le matin, pour ne m'occuper que des fleurs et des papillons. Je pourrais raconter toutes nos courses et tous nos amusements avec exactitude, et il m'est impossible de dire pourquoi mon esprit s'en allait le soir à Venise. Je pourrais bien chercher une bonne raison ; mais il sera plus sincère d'avouer que je ne m'en souviens pas : il y a de cela quinze ou seize ans.

GEORGE SAND.

Nohant, 23 août 1853.

ALLA SIGNORA

CARLOTTA MARLIANI,

CONSULESSA DI SPAGNA.

Les mariniers de l'Adriatique ne mettent point en mer une barque neuve sans la décorer de l'image de la Madone. Que votre nom, écrit sur cette page, soit, ô ma belle et bonne amie, comme l'effigie de la céleste patronne, qui protége un frêle esquif livré aux flots capricieux.   GEORGE SAND.

LA DERNIÈRE ALDINI.

PREMIÈRE PARTIE.

A cette époque-là, le signor Lélio n'était plus dans tout l'éclat de sa jeunesse ; soit qu'à force de remplir leur office généreux, ses poumons eussent pris un développement auquel avaient obéi les muscles de la poitrine, soit le grand soin que les chanteurs apportent à l'hygiène conservatrice de l'harmonieux instrument, son corps, qu'il appelait joyeusement l'*étui* de sa voix, avait acquis un assez raisonnable degré d'embonpoint. Cependant sa jambe avait conservé toute son élégance, et l'habitude gracieuse de tous ses gestes en faisait encore ce que sous l'Empire les femmes appelaient un beau cavalier.

Mais si Lélio pouvait encore remplir, sur les planches de la Fenice et de la Scala, l'emploi de *primo uomo* sans choquer ni le goût ni la vraisemblance ; si sa voix toujours admirable et son grand talent le maintenaient au premier rang des artistes italiens ; si ses abondants cheveux d'un beau gris de perle, et son grand œil noir plein de feu, attiraient encore le regard des femmes, aussi bien dans les salons que sur la scène, Lélio n'en était pas moins un homme sage, plein de réserve et de gravité dans l'occasion. Ce qui nous semblait étrange, c'est qu'avec les agréments que le ciel lui avait départis, avec les succès brillants de son honorable carrière, il n'était point et n'avait jamais été un homme à bonnes fortunes. Il avait, disait-on, inspiré de grandes passions; mais, soit qu'il ne les eût point partagées, soit qu'il en eût enseveli le roman dans l'oubli d'une conscience généreuse, personne ne pouvait raconter l'issue délicate de ces épisodes mystérieux. De fait, il n'avait compromis aucune femme. Les plus opulentes et les plus illustres maisons de l'Italie et de l'Allemagne l'accueillaient avec empressement; nulle part il n'avait porté le trouble et le scandale. Partout il jouissait d'une réputation de bonté, de loyauté, de sagesse irréprochable.

Pour nous artistes, ses amis et ses compagnons, il était bien aussi le meilleur et le plus estimable des hommes. Mais cette gaieté sereine, cette grâce bienveillante qu'il portait dans le commerce du monde, ne nous cachaient pas absolument un fond de mélancolie et l'habitude d'un chagrin secret. Un soir, après souper, comme nous fumions le *serraglio* sous nos treilles embaumées de Sainte-Marguerite, l'abbé Panorio nous parlait de lui-même, et nous disait les poétiques élans et les combats héroïques de son propre cœur avec une candeur respectable et touchante. Lélio, gagné par cet exemple et partageant notre effusion, pressé aussi un peu par les questions de l'abbé et les regards de Beppa, nous confessa enfin que l'art n'était pas la seule noble passion qu'il eût connue.

« *Ed io anche!* s'écria-t-il avec un soupir; et moi aussi j'ai aimé, j'ai combattu, j'ai triomphé!

— Avais-tu donc fait vœu de chasteté comme lui? dit Beppa en souriant et en touchant le bras de l'abbé du bout de son éventail noir.

— Je n'ai jamais fait aucun vœu, répondit Lélio; mais j'ai toujours été impérieusement commandé par le sentiment naturel de la justice et de la vérité. Je n'ai jamais compris qu'on pût être vraiment heureux un seul jour en risquant toute la destinée d'autrui. Je vous raconterai, si vous le voulez, deux époques de ma vie où l'amour a joué le principal rôle, et vous comprendrez qu'il a pu m'en coûter un peu d'être, je ne dis pas un héros, mais un homme.

— Voilà un début bien grave, dit Beppa, et je crains que ton récit ne ressemble à une sonate française. Il te faut une introduction musicale, attends! Est-ce là le ton qui te convient? » En même temps, elle tira de son luth quelques accords solennels, et joua les premières mesures d'un andante maestoso de Dusseck.

« Ce n'est pas cela, reprit Lélio en étouffant le son des cordes avec le manche de l'éventail de Beppa. Joue-moi plutôt une de ces valses allemandes, où la Joie et la Douleur, voluptueusement embrassées, semblent tourner doucement et montrer tour à tour une face pâle baignée de larmes et un front rayonnant couronné de fleurs.

— Fort bien! dit Beppa. Pendant ce temps Cupidon joue de la pochette, et marque la mesure à faux, ni plus ni moins qu'un maître de ballet; la Joie, impatientée, frappe du pied pour exciter le fade musicien qui gêne son élan impétueux. La Douleur, exténuée de fatigue, tourne ses yeux humides vers l'impitoyable racleur pour l'engager à ralentir cette rotation obstinée, et l'auditoire, ne sachant s'il doit rire ou pleurer, prend le parti de s'endormir. »

Et Beppa se mit à jouer la ritournelle d'une valse sentimentale, ralentissant et pressant chaque mesure alternativement, conformant avec rapidité l'expression de sa charmante figure, tantôt sémillante de joie, tantôt lugubre de tristesse, à ce mode ironique, et portant dans cette raillerie musicale toute l'énergie de son patriotisme artistique.

« Vous êtes une femme bornée ! lui dit Lélio en passant ses ongles sur les cordes, dont la vibration expira en un cri aigre et déchirant.

— Point-d'orgue germanique ! s'écria la belle Vénitienne en éclatant de rire et en lui abandonnant la guitare.

— L'artiste, reprit Lélio, a pour patrie le monde entier, la grande *Bohême*, comme nous disons. *Per Dio !* faisons la guerre au despotisme autrichien, mais respectons la valse allemande ! la valse de Weber, ô mes amis ! la valse de Beethoven et de Schubert ! Oh ! écoutez, écoutez ce poëme, ce drame, cette scène de désespoir, de passion et de joie délirante ! »

En parlant ainsi, l'artiste fit résonner les cordes de l'instrument, et se mit à vocaliser, de toute la puissance de sa voix et de son âme, le chant sublime du *Désir* de Beethoven ; puis, s'interrompant tout à coup et jetant sur l'herbe l'instrument encore plein de vibration pathétique :

« Jamais aucun chant, dit-il, n'a remué mon âme comme celui-là. Il faut bien l'avouer, notre musique italienne ne parle qu'aux sens ou à l'imagination exaltée ; celle-ci parle au cœur et aux sentiments les plus profonds et les plus exquis. J'ai été comme vous, Beppa. J'ai résisté à la puissance du génie germanique ; j'ai longtemps bouché les oreilles de mon corps et celles de mon intelligence à ces mélodies du Nord, que je ne pouvais ni ne voulais comprendre. Mais les temps sont venus où l'inspiration divine n'est plus arrêtée aux frontières des États par la couleur des uniformes et la bigarrure des bannières. Il y a dans l'air je ne sais quels anges ou quels sylphes, messagers invisibles du progrès, qui nous apportent l'harmonie et la poésie de tous les points de l'horizon. Ne nous enterrons pas sous nos ruines ; mais que notre génie étende ses ailes et ouvre ses bras pour épouser tous les génies contemporains par-dessus les cimes des Alpes.

—Écoutez, comme il extravague ! s'écria Beppa en essuyant son luth déjà couvert de rosée ; moi qui le prenais pour un homme raisonnable !

—Pour un homme froid et peut-être égoïste, n'est-ce pas, Beppa ? reprit l'artiste en se rasseyant d'un air mélancolique. Eh bien ! j'ai cru moi-même être cet homme-là ; car j'ai fait des actes de raison, et j'ai sacrifié aux exigences de la société. Mais quand la musique des régiments autrichiens fait retentir, le soir, les échos de nos grandes places et nos tranquilles eaux des airs de Freyschütz et des fragments de symphonie de Beethoven, je m'aperçois que j'ai des larmes en abondance, et que mes sacrifices n'ont pas été de peu de valeur. Un sens nouveau semble se révéler à moi : la mélancolie des regrets, l'habitude de la tristesse et le besoin de la rêverie, ces éléments qui n'entrent guère dans notre organisation méridionale, pénètrent désormais en moi par tous les pores, et je vois bien clairement que notre musique est incomplète, et l'art que je sers insuffisant à l'expression de mon âme ; voilà pourquoi vous me voyez dégoûté du théâtre, blasé sur les émotions du triomphe, et peu désireux de conquérir de nouveaux applaudissements à l'aide des vieux moyens ; c'est que je voudrais m'élancer dans une vie d'émotions nouvelles, et trouver dans le drame lyrique l'expression du drame de ma propre vie ; mais alors je deviendrais peut-être triste et vaporeux comme un Hambourgeois, et tu me raillerais cruellement, Beppa ! C'est ce qu'il ne faut pas. O mes bons amis, buvons ! et vive la joyeuse Italie et Venise la belle !

Il porta son verre à ses lèvres ; mais il le remit sur la table avec préoccupation, sans avoir avalé une seule goutte de vin. L'abbé lui répondit par un soupir, Beppa lui serra la main, et, après quelques instants d'un silence mélancolique, Lélio, pressé de remplir sa promesse, commença son récit en ces termes :

« Je suis, vous le savez, fils d'un pêcheur de Chioggia. Presque tous les habitants de cette rive ont le thorax bien développé et la voix forte. Ils l'auraient belle, s'il ne l'enrouaient de bonne heure à lutter sur leurs barques contre les bruits de la mer et des vents, à boire et à fumer immodérément pour conjurer le sommeil et la fatigue. C'est une belle race que nos Chioggiotes. On dit qu'un grand peintre français *Leopoldo Roberto*, est maintenant occupé à illustrer le type de leur beauté dans un tableau qu'il ne laisse voir à personne.

Quoique je sois d'une complexion assez robuste, comme vous voyez, mon père, en me comparant à mes frères, me jugea si frêle et si chétif, qu'il ne voulut m'enseigner ni à jeter le filet, ni à diriger la chaloupe et le chassemarée. Il me montra seulement le maniement de la rame à deux mains, le *roguer* de la barquette, et il m'envoya gagner ma vie à Venise en qualité d'aidegondolier de place. Ce fut une grande douleur et une grande humiliation pour moi que d'entrer ainsi en servage, de quitter la maison paternelle, le rivage de la mer, l'honorable et périlleuse profession de mes pères. Mais j'avais une belle voix, je savais bon nombre de fragments de l'Arioste et du Tasse. Je pouvais faire un agréable gondolier, et gagner, avec le temps et la patience, cinquante francs par mois au service des amateurs et des étrangers.

Vous ne savez pas, Zorzi, dit Lélio en s'interrompant et en se tournant vers moi, comment se développent chez nous, gens du peuple, le goût et le sentiment de la musique et de la poésie. Nous avions alors et nous avons encore (bien que cet usage menace de se perdre) nos trouvères et nos bardes, que nous appelons *cupidons;* rapsodes voyageurs, ils nous apportent des provinces centrales les notions incorrectes de la langue-mère, altérée, je ferais mieux de dire enrichie, de tout le génie des dialectes du nord et du midi. Hommes du peuple comme nous, doués à la fois de mémoire et d'imagination, ils ne se gênent nullement pour mêler leurs improvisations bizarres aux créations des poëtes. Prenant et laissant toujours sur leur passage quelque locution nouvelle, ils embellissent et leur langage et le texte de leurs auteurs d'une incroyable confusion d'idiomes. On pourrait les appeler les conservateurs de l'instabilité du langage dans les provinces frontières et sur tout le littoral. Notre ignorance accepte sans appel les décisions de cette académie ambulante; et vous avez eu souvent l'occasion d'admirer tantôt l'énergie, tantôt le grotesque de l'italien de nos poëtes, dans la bouche des chanteurs des lagunes.

C'est le dimanche à midi, sur la place publique de Chioggia, après la grand'messe, ou le soir dans les cabarets de la côte, que ces rapsodes charment, par leurs récitatifs entrecoupés de chant et de déclamation, un auditoire nombreux et passionné. Le *cupido* est ordinairement debout sur une table et joue de temps en temps une ritournelle ou un finale de sa façon sur un instrument quelconque, celui-ci sur la cornemuse calabraise, celui-là sur la vielle bergamasque, d'autres sur le violon, la flûte ou la guitare. Le peuple chioggiote, en apparence flegmatique et froid, écoute d'abord en fumant d'un air impassible et presque dédaigneux; mais aux grands coups de lance des héros de l'Arioste, à la mort des paladins, aux aventures des demoiselles délivrées et des géants pourfendus, l'auditoire s'éveille, s'anime, s'écrie et se passionne si bien, que les verres et les pipes volent en éclats, les tables et les siéges sont brisés, et souvent le cupido, prêt à devenir victime de l'enthousiasme excité par lui, est forcé de s'enfuir, tandis que les dilettanti se répandent dans la campagne à la poursuite d'un ravisseur imaginaire, aux cris d'*amazza! amazza!* tue le monstre! tue le coquin! à mort le brigand! bravo, Astolphe! courage, bon compagnon! avance! avance! tue! tue! C'est ainsi que les Chioggiotes, ivres de fumée de tabac, de vin et de poésie, remontent sur leurs barques et déclament aux flots et aux vents les fragments rompus de ces épopées délirantes.

J'étais le moins bruyant et le plus attentif de ces dilettanti. Comme j'étais fort assidu aux séances, et que j'en sortais toujours silencieux et pensif, mes parents en concluaient que j'étais un enfant docile et borné, à la fois désireux et incapable d'apprendre les *beaux-arts*. On trouvait ma voix agréable; mais, comme j'avais en moi le sentiment d'une accentuation plus pure et d'une déclamation moins forcenée que celle des *cupidons* et de leurs imitateurs, on décréta que j'étais, comme chanteur aussi bien que comme barcarole, *bon pour la ville*, retournant ainsi votre locution française à propos de choses de peu de valeur, — *bon pour la campagne*.

Je vous ai promis le récit de deux épisodes, et non celui de ma vie; je ne vous dirai donc pas le détail de toutes les souffrances par lesquelles je passai pour arriver, moyennant le régime du riz à l'eau et des coups de rame sur les épaules, à l'âge de quinze ans et à un très-médiocre talent de gondolier. Le seul plaisir que j'eusse, c'était celui d'entendre passer les sérénades; et, quand j'avais un instant de loisir, je m'échappais pour chercher et suivre les musiciens dans tous les coins de la ville. Ce plaisir était si vif que, s'il ne m'empêchait point de regretter la maison paternelle, il m'eût empêché du moins d'y retourner. Du reste, ma passion pour la musique était à l'état de goût sympathique, et non de penchant personnel; car ma voix était en pleine mue, et me semblait si désagréable, lorsque j'en faisais le timide essai, que je ne concevais pas d'autre avenir que celui de battre l'eau des lagunes, toute ma vie, au service du premier venu.

Mon maître et moi occupions souvent le *traguetto*, ou station de gondoles, sur le grand canal, au palais Aldini, vers l'image de *saint Zandegola* (contraction patoise du nom de San-Giovanni Decollato). En attendant la pratique, mon patron dormait, et j'étais chargé de guetter les passants pour leur offrir le service de nos rames. Ces heures, souvent pénibles dans les jours brûlants de l'été, étaient délicieuses pour moi au pied du palais Aldini, grâce à une magnifique voix de femme accompagnée par la harpe, dont les sons arrivaient distinctement jusqu'à moi. La fenêtre par laquelle s'échappaient ces sons divins était située au-dessus de ma tête, et le balcon avancé me servait d'abri contre la chaleur du jour. Ce petit coin était mon Éden, et je n'y repasse jamais sans que mon cœur tressaille au souvenir de ces modestes délices de mon adolescence. Une tendine de soie ombrageait alors le carré de balustrade de marbre blanc, brunie par les siècles et enlacée de liserons et de plantes pariétaires soigneusement cultivées par la belle hôtesse de cette riche demeure; car elle était belle; je l'avais entrevue quelquefois au balcon, et j'avais entendu dire aux autres gondoliers que c'était la femme la plus aimable et la plus courtisée de Venise. J'étais assez peu sensible à sa beauté, quoiqu'à Venise les gens du peuple aient des yeux pour les femmes du plus haut rang, et réciproquement, à ce qu'on assure. Pour moi, j'étais tout oreilles; et, quand je la voyais paraître, mon cœur battait de joie, parce que sa présence me donnait l'espoir de l'entendre bientôt chanter.

J'avais entendu dire aussi aux gondoliers du traguet que l'instrument dont elle s'accompagnait était une harpe ; mais leurs descriptions étaient si confuses qu'il m'était impossible de me faire une idée nette de cet instrument. Ses accords me ravissaient, et c'est lui que je brûlais du désir de voir. Je m'en faisais un portrait fantastique ; car on m'avait dit qu'il était tout d'or pur, plus grand que moi, et mon patron Masino en avait vu un qui était terminé par le buste d'une belle femme qu'on aurait dit prête à s'envoler, car elle avait des ailes. Je voyais donc la harpe dans mes rêves, tantôt sous la figure d'une sirène, et tantôt sous celle d'un oiseau ; quelquefois je croyais voir passer une belle barque pavoisée, dont les cordages de soie rendaient des sons harmonieux. Une fois je rêvai que je trouvais une harpe au milieu des roseaux et des algues ; mais au moment où j'écartais les herbes humides pour la saisir, je fus éveillé en sursaut, et ne pus jamais retrouver le souvenir distinct de sa forme.

Cette curiosité s'empara si fort de mon jeune cerveau, qu'un jour je finis par céder à une tentation maintes fois vaincue. Pendant que mon patron était au cabaret, je grimpai sur la couverture de ma gondole, et de là aux barreaux d'une fenêtre basse ; puis enfin je m'accrochai à la balustrade du balcon, je l'enjambai et je me trouvai sous les rideaux de la tendine.

Je pus alors contempler l'intérieur d'un magnifique cabinet ; mais le seul objet qui me frappa, ce fut la harpe muette au milieu des autres meubles qu'elle dominait fièrement. Le rayon qui pénétra dans le cabinet lorsque j'entr'ouvris le rideau vint frapper sur la dorure de l'instrument, et fit étinceler le beau cygne sculpté qui le surmontait. Je restai immobile d'admiration, ne pouvant me lasser d'en examiner les moindres détails, la structure élégante, qui me rappelait la proue des gondoles,

les cordes diaphanes qui me semblèrent toutes d'or filé, les cuivres luisants et la boîte de bois satiné sur laquelle étaient peints des oiseaux, des fleurs et des papillons richement coloriés et d'un travail exquis.

Cependant, il me restait un doute, au milieu de tant de meubles superbes, dont la forme et l'usage m'étaient peu connus; ne m'étais-je pas trompé? était-ce bien la harpe que je contemplais? Je voulus m'en assurer; je pénétrai dans le cabinet, et je posai une main gauche et tremblante sur les cordes. O ravissement! elles me répondirent. Saisi d'un inexprimable vertige, je me mis à faire vibrer au hasard et avec une sorte de fureur toutes ces voix retentissantes, et je ne crois pas que l'orchestre le plus savant et le mieux gouverné m'ait jamais fait depuis autant de plaisir que l'effroyable confusion de sons dont je remplis l'appartement de la signora Aldini.

Mais ma joie ne fut pas de longue durée. Un valet de chambre qui rangeait les salles voisines accourut au bruit, et, furieux de voir un petit rustre en haillons s'introduire ainsi et s'abandonner à l'amour de l'art avec un si odieux déréglement, se mit en devoir de me chasser à coups de balai. Il ne me convenait guère d'être congédié de la sorte, et je me retirai prudemment vers le balon, afin de m'en aller comme j'étais venu. Mais avant que j'eusse pu l'enjamber, le valet s'élança sur moi, et je me vis dans l'alternative d'être battu ou de faire un culbute ridicule. Je pris un parti violent, ce fut d'esquiver le choc en me baissant avec dextérité, et de saisir mon adversaire par les deux jambes, tandis qu'il donnait brusquement de la poitrine contre la balustrade. L'enlever ainsi de terre et le lancer dans le canal fut l'affaire d'un instant. C'est un jeu auquel les enfants s'exercent entre eux à Chioggia. Mais je n'avais pas eu le temps d'observer que la fenêtre était à vingt pieds de l'eau et que le pauvre diable de *cameriere* pouvait ne pas savoir nager.

Heureusement pour lui et pour moi, il revint aussitôt sur l'eau et s'accrocha aux barques du traguet. J'eus un instant de terreur en lui voyant faire le plongeon; mais, dès que je le vis sauvé, je songeai à me sauver moi-même: car il rugissait de fureur et allait ameuter contre moi tous les laquais du palais Aldini. J'enfilai la première porte qui s'offrit à moi, et, courant à travers les galeries, j'allais franchir l'escalier, lorsque j'entendis des voix confuses qui venaient à ma rencontre. Je remontai précipitamment et me réfugiai sous les combles du palais, où je me cachai dans un grenier parmi de vieux tableaux rongés des vers, et des débris de meubles.

Je restai là deux jours et deux nuits sans prendre aucun aliment et sans oser me frayer un passage au milieu de mes ennemis. Il y avait tant de monde et de mouvement dans cette maison qu'on n'y pouvait faire un pas sans rencontrer quelqu'un. J'entendais par la lucarne les propos des valets qui se tenaient dans la galerie de l'étage inférieur. Ils s'entretenaient de moi presque continuellement, faisaient mille commentaires sur ma disparition, et se promettaient de m'infliger une rude correction s'ils réussissaient à me rattraper. J'entendais aussi mon patron sur sa barque s'étonner de mon absence, et se réjouir à l'idée de mon retour, dans des intentions non moins bienveillantes. J'étais brave et vigoureux; mais je sentais que je serais accablé par le nombre. L'idée d'être battu par mon patron ne m'occupait guère; c'était une chance du métier d'apprenti qui n'entraînait aucune honte. Mais celle d'être châtié par des laquais soulevait en moi une telle horreur, que je préférais mourir de faim. Il ne s'en fallut pas de beaucoup que mon aventure n'eût ce dénouement. A quinze ans, on supporte mal la diète. Une vieille camériste qui vint chercher un pigeon déserteur sous les combles trouva, au lieu de son fugitif, le pauvre *barcarolino* évanoui et presque mort au pied d'une vieille toile qui représentait une sainte Cécile. Ce qu'il y eut de plus frappant pour moi dans ma détresse, c'est que la sainte avait entre les bras une harpe de forme antique que j'eus tout le loisir de contempler au milieu des angoisses de la faim, et dont la vue me devint tellement odieuse, que pendant bien longtemps, par la suite, je ne pus supporter ni l'aspect ni le son de cet instrument fatal.

La bonne duègne me secourut et intéressa la signora Aldini à mon sort. Je fus promptement rétabli des suites du jeûne, et mon persécuteur, apaisé par cette expiation, agréa l'aveu de ma faute et l'expression brusque, mais sincère, de mes regrets. Mon père, en apprenant de mon patron que j'étais perdu, était accouru. Il fronça le sourcil lorsque madame Aldini lui manifesta l'intention de me prendre à son service. C'était un homme rude, mais fier et indépendant. C'était bien assez, selon lui, que je fusse condamné par ma délicate organisation à vivre à la ville. J'étais de trop bonne famille pour être valet, et quoique les gondoliers eussent de grandes prérogatives dans les maisons particulières, il y avait une distinction de rang bien marquée entre les gondoliers de la place et les *gondolieri di casa*. Ces derniers étaient mieux vêtus, il est vrai, et participaient au bien-être de la vie patricienne ; mais ils étaient réputés laquais, et il n'y avait point de telle souillure dans ma famille. Néanmoins madame Aldini était si gracieuse et si bienveillante, que mon brave homme de père, tortillant son bonnet rouge dans ses mains avec embarras, et tirant à chaque instant, par habitude, sa pipe éteinte de sa poche, ne sut que répondre à ses douces paroles et à ses généreuses promesses. Il résolut de me laisser libre, comptant bien que je refuserais. Mais moi, quoique je fusse bien dégoûté de la harpe, je ne songeais qu'à la musique. Je ne sais quelle puissance magnétique la signora Aldini exerçait sur moi ; c'était une véritable passion, mais une passion d'artiste toute platonique et toute philharmonique. De la petite chambre basse où l'on m'avait recueilli pour me soigner, — car j'eus, par suite de mon jeûne, deux ou trois accès de fièvre, — je l'entendais chanter, et cette fois elle s'accompagnait avec le clavecin, car elle jouait également bien de plusieurs instruments. Enivré de ses accents, je ne compris pas même les scrupules de mon père, et j'acceptai sans hésiter la place de gondolier en second au palais Aldini.

Il était de bon goût à cette époque d'être *bien monté* en barcarolles, c'est-à-dire que, de même que la gondole équivaut, à Venise, à l'*équipage* dans les autres pays, de même les gondoliers sont un objet à la fois de luxe et de nécessité comme les chevaux. Toutes les gondoles étant à peu près semblables, d'après le décret somptuaire de la république, qui les condamna indistinctement à être tendues de noir, c'était seulement par l'habit et par la tournure de leurs rameurs que les personnes opulentes pouvaient se faire remarquer dans la foule. La gondole du patricien élégant devait être conduite, à l'arrière, par un homme robuste et d'une beauté mâle ; à l'avant, par un négrillon singulièrement accoutré, ou par un blondin indigène, sorte de page ou de jockey vêtu avec élégance, et placé là comme un ornement, comme la *poupée* à la proue des navires.

J'étais donc tout à fait propre à cet honorable emploi. J'étais un véritable enfant des lagunes, blond, rosé, très-fort, avec des contours un peu féminins, ayant la tête, les pieds et les mains remarquablement petits, le buste large et musculeux, le cou et les bras ronds, nerveux et blancs. Ajoutez à cela une chevelure couleur d'ambre, fine, abondante, et bouclée naturellement; imaginez un charmant costume demi-Figaro, demi-Chérubin, et le plus souvent les jambes nues, la culotte de velours bleu de ciel attachée par une ceinture de soie écarlate, et la poitrine couverte seulement d'une chemise de batiste brodée plus blanche que la neige; vous aurez une idée du pauvre histrion en herbe qu'on appelait alors Nello, par contraction de son nom véritable, Daniele Gemello.

Comme il est de la destinée des petits chiens d'être cajolés par les maîtres imbéciles et battus par les valets jaloux, le sort de mes pareils était généralement un mélange assez honteux de tolérance illimitée de la part des uns, et de haine brutale de la part des autres. Heureusement pour moi, la Providence me jeta sur un coin béni: Bianca Aldini était la bonté, l'indulgence, la charité, descendues sur la terre. Veuve à vingt ans, elle passait sa vie à soulager les pauvres, à consoler les affligés. Là où il y avait une larme à essuyer, un bienfait à verser, on la voyait bientôt accourir dans sa gondole, portant sur ses genoux sa petite fille âgée de quatre ans; miniature charmante, si frêle, si jolie, et toujours si fraîchement parée, qu'il semblait que les belles mains de sa mère fussent les seules au monde assez effilées, assez douces et assez moelleuses pour la toucher sans la froisser ou sans la briser. Madame Aldini était toujours vêtue elle-même avec un goût et une recherche que toutes les dames de Venise essayaient en vain d'égaler; immensément riche, elle aimait le luxe, et dépensait la moitié de son revenu à satisfaire ses goûts d'artiste et ses habitudes de patricienne. L'autre moitié passait en aumônes, en services rendus, en bienfaits de toute espèce. Quoique ce fût un assez beau *denier de veuve*, comme elle l'ap-

pelait, elle s'accusait naïvement d'être une âme tiède, de
ne pas faire ce qu'elle devait; et, concevant de sa charité
plus de repentir que d'orgueil, elle se promettait chaque
jour de *quitter le siècle* et de s'occuper sérieusement de
son salut. Vous voyez, d'après ce mélange de faiblesse
féminine et de vertu chrétienne, qu'elle ne se piquait
point d'être une âme forte, et que son intelligence n'était
pas plus éclairée que ne le comportaient le temps et le
monde où elle vivait. Avec cela, je ne sais s'il a jamais
existé de femme meilleure et plus charmante. Les autres femmes, jalouses de sa beauté, de son opulence et
de sa vertu, s'en vengeaient en assurant qu'elle était
bornée et ignorante. Il y avait de la vérité dans cette
accusation; mais Bianca n'en était pas moins aimable.
Elle avait un fonds de bon sens qui l'empêchait d'être
jamais ridicule, et, quant à son manque d'instruction, la
naïveté modeste qui en résultait était chez elle une grâce
de plus. J'ai vu autour d'elle les hommes les plus éclairés
et les plus graves ne jamais se lasser de son entretien.

Vivant ainsi à l'église et au théâtre, dans la mansarde
du pauvre et dans les palais, elle portait avec elle en
tous lieux la consolation ou le plaisir, elle imposait à tous
la reconnaissance ou la gaieté. Son humeur était égale,
enjouée, et le caractère de sa beauté suffisait à répandre
la sérénité autour d'elle. Elle était de moyenne taille,
blanche comme le lait et fraîche comme une fleur; tout
en elle était douceur, jeunesse, aménité. De même que,
dans toute sa gracieuse personne, on eût vainement
cherché un angle aigu, de même son caractère n'offrit
jamais la moindre aspérité, ni sa bonté la moindre la-
cune. A la fois active comme le dévouement évangélique et nonchalante comme la mollesse vénitienne, elle ne
passait jamais plus de deux heures dans la journée au
même endroit; mais dans son palais elle était toujours

couchée sur un sofa, et dehors elle était toujours étendue dans sa gondole. Elle se disait faible sur les jambes, et ne montait ou ne descendait jamais un escalier sans être soutenue par deux personnes ; dans ses appartements elle était toujours appuyée sur le bras de Salomé, une belle fille juive qui la servait et lui tenait compagnie. On disait à ce propos que madame Aldini était boiteuse par suite de la chute d'un meuble que son mari avait jeté sur elle dans un accès de colère, et qui lui avait fracturé la jambe : c'est ce que je n'ai jamais su précisément, bien que pendant plus de deux ans elle se soit appuyée sur mon bras pour sortir de son palais et pour y rentrer, tant elle mettait d'art et de soin à cacher cette infirmité.

Malgré sa bienveillance et sa douceur, Bianca ne manquait ni de discernement ni de prudence dans le choix des personnes qui l'entouraient ; il est certain que nulle part je n'ai vu autant de braves gens réunis. Si vous me trouvez un peu de bonté et assez de fierté dans l'âme, c'est au séjour que j'ai fait dans cette maison qu'il faut l'attribuer. Il était impossible de n'y pas contracter l'habitude de bien penser, de bien dire et de bien faire ; les valets étaient probes et laborieux, les amis fidèles et dévoués... les amants même... (car il faut bien l'avouer, il y eut des amants) étaient pleins d'honneur et de loyauté. J'avais là plusieurs patrons ; de tous ces pouvoirs, la *signora* était le moins impératif. Au reste, tous étaient bons ou justes. Salomé, qui était le pouvoir exécutif de la maison, maintenait l'ordre avec un peu de sévérité ; elle ne souriait guère, et le grand arc de ses sourcils se divisait rarement en deux quarts de cercle au-dessus de ses longs yeux noirs. Mais elle avait de l'équité, de la patience et un regard pénétrant qui ne méconnaissait jamais la sincérité. Mandola, premier gondolier, et mon précepteur immédiat, était un Hercule lombard, qu'à ses énormes favoris noirs et à ses formes athlétiques on eût pris pour Polyphème. Ce n'en était pas moins le paysan le plus doux, le plus calme et le plus humain qui ait jamais passé de ses montagnes à la civilisation des grandes cités. Enfin, le comte Lanfranchi, le plus bel homme de la république, que nous avions l'honneur de promener tous les soirs en gondole fermée avec madame Aldini, de dix heures à minuit, était bien le plus gracieux et le plus affable seigneur que j'aie rencontré dans ma vie.

Je n'ai jamais connu de feu monseigneur Aldini qu'un grand portrait en pied qui était à l'entrée de la galerie, dans un cadre superbe un peu détaché de la muraille, et semblant commander à une longue suite d'aïeux, tous de plus en plus noirs et vénérables, qui s'enfonçaient, par ordre chronologique, dans la profondeur sombre de cette vaste salle. Torquato Aldini était habillé dans le dernier goût du temps, avec un jabot de dentelle de Flandre et un habit du matin de gros d'été vert-pomme à brandebourgs rose vif; il était admirablement crêpé et poudré. Mais, malgré la galanterie de ce déshabillé pastoral, je ne pouvais le regarder sans baisser les yeux; car il y avait sur sa figure, d'un jaune brun, dans sa prunelle noire et ardente, dans sa bouche froide et dédaigneuse, dans son attitude impassible, et jusque dans le mouvement absolu de sa main longue et maigre, ornée de diamants, une expression de fierté arrogante et de rigueur inflexible que je n'avais jamais rencontrée sous le toit de ce palais. C'était un beau portrait, et le portrait d'un beau jeune homme: il était mort à vingt-cinq ans, à la suite d'un duel avec un Foscari, qui avait osé se dire de meilleure famille que lui. Il avait laissé une grande réputation de bravoure et de fermeté; mais on disait tout bas qu'il avait rendu sa femme très-malheureuse, et les domestiques n'avaient pas l'air de le regretter. Il leur avait imprimé une telle crainte, qu'ils ne passaient jamais le soir devant cette peinture, saisissante de vérité, sans se découvrir la tête, comme ils eussent fait devant la personne de leur ancien maître.

Il fallait que la dureté de son âme eût fait beaucoup souffrir la *signora* et l'eût bien dégoûtée du mariage, car elle ne voulait point contracter de nouveaux liens, et repoussait les meilleurs partis de la république. Cependant elle avait besoin d'aimer, car elle souffrait les assiduités du comte Lanfranchi, et ne semblait lui refuser des douceurs de l'hyménée que le serment indissoluble. Au bout d'un an, le comte, désespérant de lui inspirer la confiance nécessaire pour un tel engagement, et cherchant fortune ailleurs, lui confessa qu'une riche héritière lui donnait meilleure espérance. La signora lui rendit aussitôt généreusement sa liberté; elle parut triste et malade pendant plusieurs jours; mais, au bout d'un mois, le prince de Montalegri vint occuper dans la gondole la place que l'ingrat Lanfranchi avait laissée vacante, et pendant un an encore, Mandola et moi promenâmes sur les lagunes ce couple bénévole, et en apparence fortuné.

J'avais un attachement très-vif pour la signora. Je ne concevais rien de plus beau et de meilleur qu'elle sur la terre. Quand elle tournait sur moi son beau regard presque maternel, quand elle m'adressait en souriant de douces paroles (les seules qui pussent sortir de ses lèvres charmantes), j'étais si fier et si content que, pour lui faire plaisir, je me serais jeté sous la carène tranchante du *Bucentaure*. Quand elle me donnait un ordre, j'avais des ailes; quand elle s'appuyait sur moi, mon cœur palpitait de joie; quand, pour faire remarquer ma belle chevelure au prince de Montalegri, elle posait doucement sa main de neige sur ma tête, je devenais rouge d'orgueil.

Et pourtant je promenais sans jalousie le prince à ses côtés ; je répondais gaiement à ces quolibets pleins de bienveillance que les seigneurs de Venise aiment à échanger avec les barcarolles pour éprouver en eux l'esprit de repartie ; et, malgré l'excessive liberté dont le gondolier provoqué jouit en pareil cas, jamais je n'avais senti contre le prince le plus léger mouvement d'aigreur. C'était un bon jeune homme ; je lui savais gré d'avoir consolé la signora de l'abandon de M. Lanfranchi. Je n'avais pas cette sotte humilité qui s'incline devant les prérogatives du rang. En fait d'amour, nous ne les connaissons guère dans ce pays, et nous les connaissions encore moins dans ce temps-là. Il n'y avait pas une telle différence d'âge entre la signora et moi, que je ne pusse être amoureux d'elle. Le fait est que je serais embarrassé aujourd'hui de donner un nom à ce que j'éprouvais alors. C'était de l'amour peut-être, mais de l'amour pur comme mon âge ; et de l'amour tranquille, parce que j'étais sans ambition et sans cupidité.

Outre ma jeunesse, mon zèle et mon caractère facile et enjoué, j'avais plu particulièrement à la signora par mon amour pour la musique : elle prenait plaisir à voir l'émotion que j'éprouvais au son de sa belle voix, et chaque fois qu'elle chantait, elle me faisait appeler. Accorte et familière, elle me faisait entrer jusque dans son cabinet, et m'autorisait à m'asseoir auprès de Salomé. Il semblait qu'elle eût aimé à voir cette farouche camériste se départir un peu avec moi de son austérité. Mais Salomé m'imposait beaucoup plus que la signora, et jamais je ne fus tenté de m'enhardir auprès d'elle.

Un jour la signora me demanda si j'avais de la voix. je lui répondis que j'en avais eu, mais qu'elle s'était perdue. Elle voulut que j'en fisse l'essai devant elle. Je m'en défendis, elle insista, il fallut céder. J'étais fort troublé, et convaincu qu'il me serait impossible d'articuler un son ; car il y avait bien un an que je ne m'en étais avisé. J'avais alors dix-sept ans. Ma voix était revenue, je ne m'en doutais pas. Je mis ma tête dans mes deux mains : je tâchai de me rappeler une strophe de la *Jérusalem*, et le hasard me fit rencontrer celle qui exprime l'amour d'Olinde pour Sophronie, et qui se termine par ce vers :

Brama assai, poco spera, nulla chiede.

Alors, rassemblant mon courage et me mettant à crier de toute ma force comme si j'eusse été en pleine mer, je fis retentir les lambris étonnés de ce lai plaintif et sonore, sur lequel nous chantons dans les lagunes les prouesses de Roland et les amours d'Herminie. Je ne me méfiais pas de l'effet que j'allais produire ; comptant sur le filet enroué que j'avais fait sortir autrefois de ma poitrine, je faillis tomber à la renverse, lorsque l'instrument que je recélais en moi, à mon insu, manifesta sa puissance. Les tableaux suspendus à la muraille en frémirent, la signora sourit, et les cordes de la harpe répondirent par une longue vibration au choc de cette voix formidable.

« *Santo Dio!* s'écria Salomé en laissant tomber son ouvrage et en se bouchant les oreilles, le lion de Saint-Marc ne rugirait pas autrement ! » La petite Aldini, qui jouait sur le tapis, fut si épouvantée, qu'elle se mit à pleurer et à crier.

Je ne sais ce que fit la signora. Je sais seulement qu'elle, et l'enfant, et Salomé, et la harpe, et le cabinet, tout disparut, et que je courus à toutes jambes à travers les rues, sans savoir quel démon me poussait, jusqu'à la *Quinta-Valle* ; là, je me jetai dans une barque et j'arrivai à la grande prairie qu'on nomme aujourd'hui le Champ-de-Mars, et qui est encore le lieu le plus désert de la ville. A peine me vis-je seul et en liberté, que je me mis à chanter de toute la force de mes poumons. O miracle! j'avais plus d'énergie et d'étendue dans la voix qu'aucun des *cupidi* que j'avais admirés à Chioggia. Jusque-là j'avais cru manquer de puissance, et j'en avais trop. Elle me débordait, elle me brisait. Je me jetai la figure dans les longues herbes, et, en proie à un accès de joie délirante, je fondis en larmes. O les premières larmes de l'artiste! elles seules peuvent rivaliser de douceur ou d'amertume avec les premières larmes de l'amant.

Je me remis ensuite à chanter et à répéter cent fois de suite les strophes éparses dont j'avais gardé souvenance. A mesure que je chantais, le rude éclat de ma voix s'adoucissait, je sentais l'instrument devenir à chaque instant plus souple et plus docile. Je ne ressentais aucune fatigue; plus je m'exerçais, plus il me semblait que ma respiration devenait facile et de longue haleine. Alors, je me hasardai à essayer les airs d'opéra et les romances que j'entendais chanter depuis deux ans à la signora. Depuis deux ans, j'avais bien appris et bien travaillé sans m'en douter. La méthode était entrée dans ma tête par routine, par instinct, et le sentiment dans mon âme par intuition, par sympathie. J'ai beaucoup de respect pour l'étude; mais j'avoue qu'aucun chanteur n'a moins étudié que moi. J'étais doué d'une facilité et d'une mémoire merveilleuses. Il suffisait que j'eusse entendu un trait pour le rendre aussitôt avec netteté. J'en fis l'épreuve dès ce premier jour, et je parvins à chanter presque d'un bout à l'autre les morceaux les plus difficiles du répertoire de madame Aldini.

La nuit vint m'avertir de mettre un terme à mon enthousiasme. Je m'aperçus alors que j'avais manqué tout le jour à mon service, et je retournai au palais confus et repentant de ma faute. C'était la première de ce genre que j'eusse commise, et je ne craignais rien tant qu'un reproche de la signora, quelque doux qu'il dût être. Elle était en train de souper, et je me glissai timidement derrière sa chaise. Je ne la servais jamais à table; car j'étais resté fier comme un Chioggiote, et j'avais gardé toutes les franchises attachées à mon emploi privilégié. Mais, voulant réparer mon tort par un acte d'humilité, je pris des mains de Salomé l'assiette de porcelaine de Chine qu'elle allait lui présenter, et j'avançai la main avec gaucherie. Madame Aldini feignit d'abord de ne pas y faire attention, et se laissa servir ainsi pendant quelques instants; puis, tout d'un coup, rencontrant à la dérobée mon regard piteux, elle partit d'un grand éclat de rire en se renversant sur son fauteuil.

« Votre Seigneurie le gâte, dit la sévère Salomé en réprimant une imperceptible velléité de partager l'enjouement de sa maîtresse.

— Pourquoi le gronderais-je? repartit la signora. Il s'est fait peur à lui-même ce matin, et, pour se punir, il s'est enfui, le pauvret! Je parie qu'il n'a pas mangé de la journée. Allons, va souper, Nellino. Je te pardonne, à condition que tu ne chanteras plus. »

Ce sarcasme bienveillant me sembla très-amer. C'était le premier auquel je fusse sensible ; car, malgré tous les éléments offerts au développement de ma vanité, c'était un sentiment que je ne connaissais pas encore. Mais l'orgueil venait de s'éveiller en moi avec la puissance, et, en raillant ma voix, on me semblait nier mon âme et attaquer ma vie.

Depuis ce jour, les leçons que me donnait à son insu la signora en s'exerçant devant moi me devinrent de plus en plus profitables. Tous les soirs j'allais m'exercer au Champ-de-Mars aussitôt que mon service était fini, et j'avais la conscience de mes progrès. Bientôt les leçons de la signora ne me suffirent plus. Elle chantait pour son plaisir, portant à l'étude une nonchalance superbe, et ne cherchant point à se perfectionner. J'avais un désir immodéré d'aller au théâtre ; mais, pendant tout le temps qu'elle y passait, j'étais condamné à garder la gondole, Mandola jouissant du privilége d'aller au parterre, ou d'écouter dans les corridors. J'obtins enfin de lui, un jour, qu'il me laissât entrer à sa place pendant un acte d'opéra, à la Fenice. On jouait le *Mariage secret*. Je ne chercherai point à vous rendre ce que j'éprouvai : je faillis devenir fou, et, manquant à la parole que j'avais donnée à mon compagnon, je le laissai se morfondre dans la gondole, et ne songeai à sortir que quand je vis la salle vide et les lustres éteints.

Alors je sentis le besoin impérieux, irrésistible, d'aller au théâtre tous les soirs. Je n'osais point demander la permission à madame Aldini : je craignais qu'elle ne vînt encore à railler ma passion infortunée (comme elle l'appelait) pour la musique. Cependant, il fallait mourir ou aller à la Fenice. J'eus la coupable pensée de quitter le service de la signora et de gagner ma vie en qualité de *facchino* à la journée, afin d'avoir le temps et le moyen d'aller le soir au théâtre. Je calculai qu'avec les petites économies que j'avais faites au palais Aldini, et en réduisant mon vêtement et ma nourriture au plus strict nécessaire, je pourrais satisfaire ma passion. Je pensai aussi à entrer au théâtre comme machiniste, comparse ou allumeur ; l'emploi le plus abject m'eût semblé doux, pourvu que je pusse entendre de la musique tous les jours. Enfin, je pris le parti d'ouvrir mon cœur au bienveillant Montalegri. On lui avait raconté mon aventure musicale. Il commença par rire ; puis, comme j'insistais courageusement, il exigea pour condition que je lui fisse

entendre ma voix. J'hésitai beaucoup : j'avais peur qu'il
ne me désespérât par ses railleries, et quoique je n'eusse
pour l'avenir aucun dessein formulé avec moi-même, je
sentais que m'enlever l'espoir de savoir chanter un jour,
c'était m'arracher la vie. Je me résignai pourtant : je
chantai d'une voix tremblante le fragment d'un des airs
que j'avais entendus une seule fois au théâtre. Mon émotion
gagna le prince ; je vis dans ses yeux qu'il prenait
plaisir à m'entendre : je pris courage, je chantai mieux.
Il leva les mains deux ou trois fois pour m'applaudir, puis
il s'arrêta de peur de m'interrompre ; je chantai alors
tout à fait bien, et quand j'eus fini, le prince, qui était
un véritable dilettante, faillit m'embrasser et me donna
les plus grands éloges. Il me remmena chez la signora
et présenta ma pétition, qui fut ratifiée sur-le-champ.
Mais on voulut aussi me faire chanter, et jamais je ne
voulus y consentir. La fierté de ma résistance étonna madame
Aldini sans l'irriter. Elle pensait la vaincre plus
tard ; mais elle n'en vint pas à bout aisément. Plus je
suivais le théâtre, plus je faisais d'exercices et de progrès,
plus aussi je sentais tout ce qui me manquait encore,
et plus je craignais de me faire entendre et juger
avant d'être sûr de moi-même. Enfin, un soir, au Lido,
comme il faisait un clair de lune superbe, et que la promenade
de la signora m'avait fait manquer et le théâtre
et mon heure d'étude solitaire, je fus pris du besoin de
chanter, et je cédai à l'inspiration. La signora et son
amant m'écoutèrent en silence ; et quand j'eus fini, ils
ne m'adressèrent pas un mot d'approbation ni de blâme.
Mandola fut le seul qui, sensible à la musique comme un
vrai Lombard, s'écria à plusieurs reprises, en écoutant
mon jeune ténore : *Corpo del diavolo ! che buon basso !*

Je fus un peu piqué de l'indifférence ou de l'inattention
de ma patronne. J'avais la conscience d'avoir assez bien

chanté pour mériter un encouragement de sa bouche. Je ne comprenais pas non plus la froideur du prince d'après les éloges qu'il m'avait donnés deux mois auparavant. Plus tard je sus que ma maîtresse avait été émerveillée de mes dispositions et de mes moyens, mais qu'elle avait résolu, pour me punir de m'être tant fait prier, de paraître insensible à mon premier essai.

Je compris la leçon, et, quelques jours après, ayant été sommé par elle de chanter durant sa promenade, je m'en acquittai de bonne grâce. Elle était seule, étendue sur les coussins de la gondole, et paraissait livrée à une mélancolie qui ne lui était pas habituelle. Elle ne m'adressa pas la parole durant toute la promenade ; mais en rentrant, lorsque je lui offris mon bras pour remonter le perron du palais, elle me dit ce peu de mots, qui me laissa une émotion singulière : « Nello, tu m'as fait beaucoup de bien. Je te remercie. »

Les jours suivants, je lui offris moi-même de chanter, Elle parut accepter avec reconnaissance. La chaleur était accablante et les théâtres déserts ; la signora se disait malade ; mais ce qui me frappa le plus, c'est que le prince, ordinairement si assidu à l'accompagner, ne venait plus avec elle qu'un soir sur deux, sur trois et même sur quatre. Je pensai que lui aussi commençait à être infidèle, et je m'en affligeai pour ma pauvre maîtresse. Je ne concevais pas son obstination à repousser le mariage ; il ne me paraissait pas juste que Montalegri, si doux et si bon en apparence, fût victime des torts de feu Torquato Aldini. D'un autre côté, je ne concevais pas davantage qu'une femme si aimable et si belle n'eût pour amants que de lâches spéculateurs plus avides de sa fortune qu'attachés à sa personne, et dégoûtés de l'une aussitôt qu'ils désespéraient d'obtenir l'autre.

Ces idées m'occupèrent tellement pendant quelques

jours, que, malgré mon respect pour ma maîtresse, je ne pus m'empêcher de faire part de mes commentaires à Mandola. « Détrompe-toi, me répondit-il ; cette fois, c'est le contraire de ce qui s'est passé avec Lanfranchi. C'est la signora qui se dégoûte du prince et qui trouve chaque soir un nouveau prétexte pour l'empêcher de la suivre. Quelle en est la raison ? Cela est impossible à deviner, puisque nous qui la voyons, nous savons qu'elle est seule et qu'elle n'a aucun rendez-vous. Peut-être qu'elle tourne tout à fait à la dévotion et qu'elle veut se détacher du monde. »

Le soir même, j'essayai de chanter à la signora un cantique de la Vierge ; mais elle m'interrompit brusquement en me disant qu'elle n'avait pas envie de dormir, et me demanda les amours d'Armide et de Renaud. « Il s'est trompé, » dit Mandola, qui ne manquait pas de finesse, en feignant de m'excuser. Je changeai de mode, et je fus écouté avec attention.

Je remarquai bientôt qu'à force de chanter en plein air au balancement de la gondole, je me fatiguais beaucoup et que ma voix était en souffrance. Je consultai un professeur de musique qui venait au palais pour apprendre les éléments à la petite Alezia Aldini, alors âgée de six ans. Il me répondit que, si je continuais à chanter dehors, je perdrais ma voix avant la fin de l'année. Cette menace m'effraya tellement, que je résolus de ne plus chanter ainsi. Mais le lendemain la signora me demanda la barcarole nationale de la *Biondina*, d'un air si mélancolique, avec un regard si doux et un visage si pâle, que je n'eus pas le courage de lui refuser le seul plaisir qu'elle parût capable de goûter depuis quelque temps.

Il était évident qu'elle maigrissait et qu'elle perdait de sa fraîcheur ; elle éloignait de plus en plus le prince. Elle passait sa vie en gondole, et même elle négligeait un peu les pauvres. Elle semblait succomber à un accablement dont nous cherchions vainement la cause.

Pendant une semaine, elle parut chercher à se distraire. Elle s'entoura de monde, et le soir elle se fit suivre par plusieurs gondoles où se placèrent ses amis et des musiciens qui lui donnèrent la sérénade. Une fois elle me pria de chanter. Je déclinai ma compétence en présence de musiciens de profession et de nombreux dilettanti. Elle insista d'abord avec douceur, et puis avec un peu de dépit; je continuai de m'en défendre, et enfin elle m'ordonna d'un ton absolu de lui obéir. C'était la première fois de sa vie qu'elle s'emportait. Au lieu de comprendre que c'était la maladie qui changeait ainsi son caractère, et de faire acte de complaisance, je m'abandonnai à un mouvement d'orgueil invincible, et lui déclarai que je n'étais pas son esclave, que je m'étais engagé à conduire sa gondole et non à divertir ses convives; et, en un mot, que j'avais failli perdre ma voix pour la distraire, et que, puisqu'elle me récompensait si mal de mon dévouement, je ne chanterais plus ni pour elle ni pour personne. Elle ne répondit rien; les amis qui l'accompagnaient, étonnés de mon audace, gardaient le silence. Au bout de quelques instants, Salomé fit un cri et saisit le petite Alezia, qui, endormie dans les bras de sa mère, avait failli tomber à l'eau. La signora était évanouie depuis quelques minutes, et personne ne s'en était aperçu.

J'abandonnai la rame; je parlai au hasard; je m'approchai de la signora; j'étais si troublé, que j'eusse fait quelque folie si la prudente Salomé ne m'eût renvoyé impérieusement à mon poste. La signora revint à elle, on reprit à la hâte la route du palais. Mais la société était surprise et consternée, la musique allait tout de travers; et, quant à moi, j'étais si désolé et si effrayé, que mes mains tremblantes ne pouvaient plus soutenir la rame.

J'avais perdu la tête, j'accrochais toutes les gondoles. Mandola me maudissait; mais, sourd à ses avertissements, je me retournais à chaque instant pour regarder madame Aldini, dont le front pâle, éclairé par la lune, semblait porter l'empreinte de la mort.

Elle passa une mauvaise nuit; le lendemain elle eut la fièvre et garda le lit. Salomé refusa de me laisser entrer. Je me glissai malgré elle dans la chambre à coucher, et je me jetai à genoux devant la signora, en fondant en larmes. Elle me tendit sa main, que je couvris de baisers, et me dit que j'avais eu raison de lui résister. « C'est moi, ajouta-t-elle avec une bonté angélique, qui suis exigeante, fantasque et impitoyable depuis quelque temps. Il faut me le pardonner, Nello; je suis malade, et je sens que je ne peux plus gouverner mon humeur comme à l'ordinaire. J'oublie que vous n'êtes pas destiné à rester gondolier, et qu'un brillant avenir vous est réservé. Pardonnez-moi cela encore; mon amitié pour vous est si grande, que j'ai eu le désir égoïste de vous garder près de moi, et d'enfouir votre talent dans cette condition basse et obscure qui vous écrase. Vous avez défendu votre indépendance et votre dignité, vous avez bien fait. Désormais vous serez libre, vous apprendrez la musique; je n'épargnerai rien pour que votre voix se conserve et pour que votre talent se développe; vous ne me rendrez plus d'autres services que ceux qui vous seront dictés par l'affection et la reconnaissance. »

Je lui jurai que je la servirais toute ma vie, que j'aimerais mieux mourir que de la quitter; et, en vérité, j'avais pour elle un attachement si légitime et si profond, que je ne pensais pas faire un serment téméraire.

Elle fut mieux portante les jours suivants, et me força de prendre mes premières leçons de chant. Elle y assista et sembla y apporter le plus vif intérêt. Dans l'intervalle, elle me faisait étudier et répéter les principes, dont jusque-là je n'avais pas eu la moindre idée, bien que je m'y fusse conformé par instinct en m'abandonnant à mon chant naturel.

Mes progrès furent rapides ; je cessai tout service pénible. La signora prétendit que le double mouvement des rames la fatiguait, et afin que Mandola ne se plaignît pas d'être seul chargé de tout le travail, son salaire fut doublé. Quant à moi, j'étais toujours sur la gondole, mais assis à la proue, et occupé seulement à chercher dans les yeux de ma patronne ce qu'il fallait faire pour lui être agréable. Ses beaux yeux étaient bien tristes, bien voilés. Sa santé s'améliorait par instants, et puis s'altérait de nouveau. C'était là mon unique chagrin ; mais il était profond.

Elle perdait de plus en plus ses forces, et l'aide de nos bras ne lui suffisait plus pour monter les escaliers. Mandola était chargé de la porter comme un enfant, comme je portais la petite Alezia. Cette fillette devenait chaque jour plus belle ; mais le genre de sa beauté et son caractère en faisaient bien l'antipode de sa mère. Autant celle-ci était blanche et blonde, autant Alezia était brune. Ses cheveux tombaient déjà en deux fortes tresses d'ébène jusqu'à ses genoux ; ses petits bras ronds et veloutés ressortaient comme ceux d'une jeune Mauresque sur ses vêtements de soie, toujours blancs comme la neige ; car elle était vouée à la Vierge. Quant à son humeur, elle était étrange pour son âge. Je n'ai jamais vu d'enfant plus grave, plus méfiant, plus silencieux. Il semblait qu'elle eût hérité de l'humeur altière du seigneur Torquato. Jamais elle ne se familiarisait avec personne ; jamais elle ne tutoyait aucun de nous. Une caresse de Salomé lui semblait une offense, et c'est tout au plus si, à force de la porter, de la servir et de l'aduler, j'obtenais une fois par semaine qu'elle me laissât baiser le bout de ses petits doigts rosés, qu'elle soignait déjà comme eût fait une femme bien coquette. Elle était très-froide avec sa mère, et passait des heures entières assise auprès d'elle dans la gondole, les yeux attachés sur les flots, muette, insensible à tout en apparence, et rêveuse comme une statue. Mais si la signora lui adressait la plus légère réprimande, ou se mettait au lit avec un redoublement de fièvre, la petite entrait dans des accès de désespoir qui faisaient craindre pour sa vie ou pour sa raison.

Un jour, elle s'évanouit dans mes bras, parce que Mandola, qui portait sa mère, glissa sur une des marches du perron et tomba avec elle. La signora se blessa légèrement, et depuis cet instant ne voulut plus se fier à l'adresse du bon hercule lombard. Elle me demanda si j'aurais la force de remplir cet office. J'étais alors dans toute ma vigueur, et je lui répondis que je porterais bien quatre femmes comme elle et huit enfants comme le sien. Dès lors je la portai toujours; car, jusqu'à l'époque où je la quittai, ses forces ne revinrent pas.

Bientôt arriva le moment où la signora me sembla moins légère et l'escalier plus difficile à monter. Ce n'était pas elle qui augmentait le volume, c'était moi qui perdais mes forces au moment de l'entourer de mes bras. Je n'y comprenais rien d'abord, et puis ensuite je m'en fis de grands reproches; mais mon émotion était insurmontable. Cette taille souple et voluptueuse qui s'abandonnait à moi, cette tête charmante qui se penchait vers mon visage, ce bras d'albâtre qui entourait mon cou nu et brûlant, cette chevelure embaumée qui se mêlait à la mienne, c'en était trop pour un garçon de dix-sept ans. Il était impossible qu'elle ne sentît pas les battements précipités de mon cœur, et qu'elle ne vît pas dans mes yeux le trouble qu'elle jetait dans mes sens. « Je te fatigue, » me disait-elle quelquefois d'un air mourant. Je ne pouvais pas répondre à cette languissante ironie ; ma tête s'égarait, et j'étais forcé de m'enfuir aussitôt que je l'avais déposée sur son fauteuil. Un jour, Salomé ne se trouva pas, comme de coutume, dans le cabinet pour la recevoir. J'eus quelque peine à arranger les coussins pour l'asseoir commodément. Mes bras s'enlaçaient autour d'elle ; je me trouvai à ses pieds, et ma tête mourante se pencha sur ses genoux. Ses doigts étaient passés dans mes cheveux. Un frémissement subit de cette main me révéla ce que j'ignorais encore. Je n'étais pas le seul ému, je n'étais pas le seul prêt à succomber. Il n'y avait plus entre nous ni serviteur, ni patronne, ni barcarolle, ni signora ; il y avait un jeune homme et une jeune femme amoureux l'un de l'autre. Un éclair traversa mon âme et jaillit de mes yeux. Elle me repoussa vivement, et s'écria d'une voix étouffée : *Va-t'en!* J'obéis, mais en triomphateur. Ce n'était plus le valet qui recevait un ordre : c'était l'amant qui faisait un sacrifice.

Un désir aveugle s'empara dès lors de tout mon être. Je ne fis aucune réflexion ; je ne sentis ni crainte, ni scrupule, ni doute ; je n'avais qu'une idée fixe, c'était de me trouver seul avec Bianca. Mais cela était plus difficile que sa position indépendante ne devait le faire présumer. Il semblait que Salomé devinât le péril et se fût imposé la tâche d'en préserver sa maîtresse. Elle ne la quittait jamais, si ce n'est le soir, lorsque la petite Alezia voulait se coucher à l'heure où sa mère allait à la promenade. Alors Mandola était l'inévitable témoin qui nous suivait sur les lagunes. Je voyais bien, aux regards et à l'inquiétude de la signora, qu'elle ne pouvait s'empêcher de désirer un tête-à-tête avec moi ; mais elle était trop faible de caractère, soit pour le provoquer, soit pour l'éviter. Je ne manquais pas de hardiesse et de résolution ; mais pour rien au monde je n'eusse voulu la compromettre, et d'ailleurs, tant que je n'étais pas vainqueur dans cette situation délicate, mon rôle pouvait être souverainement ridicule et même méprisable aux yeux des autres serviteurs de la signora.

Heureusement, le candide Mandola, qui n'était pas dépourvu de pénétration, avait pour moi une amitié qui ne s'est jamais démentie. Je ne serais pas étonné, quoiqu'il ne m'ait jamais donné le droit de l'affirmer, que, sous cette rude écorce, l'amour n'eût fait quelquefois tressaillir un cœur tendre lorsqu'il portait la signora dans ses bras. C'était d'ailleurs une grande imprudence à une jeune femme de livrer, comme elle l'avait fait, le secret et presque le spectacle de ses amours à deux hommes de notre âge, et il était bien impossible que nous fussions témoins, depuis deux ans, du bonheur d'autrui, sans avoir conçu, l'un et l'autre, quelque tentation importune. Quoi qu'il en soit, j'ai peine à croire que Mandola eût deviné si bien ce qui se passait en moi, si quelque chose d'analogue ne se fût passé en lui-même. Un soir qu'il me voyait absorbé, assis à la proue de la gondole et la tête cachée dans les deux mains, en attendant que la signora nous fît avertir, il me dit seulement ces mots : *Nello ! Nello !!!* mais d'un ton qui me sembla renfermer tant de sens, que je levai la tête et le regardai avec une sorte d'épouvante, comme si mon sort eût été dans ses mains. — Il étouffa une sorte de soupir en ajoutant le dicton populaire : *Sara quel che sara !*

« Que veux-tu dire ? m'écriai-je en me levant et en lui saisissant le bras. — Nello ! Nello !... » répéta-t-il en secouant la tête. On vint m'avertir en ce moment de monter pour transporter la signora dans la gondole ; mais le regard expressif de Mandola me suivit sur le perron et me jeta dans une émotion singulière.

Ce jour même, Mandola demanda à madame Aldini la permission de s'absenter pendant une semaine pour aller voir son père malade. Bianca parut effrayée et surprise de cette demande ; mais elle l'accorda aussitôt, en ajoutant : « Mais qui donc conduira ma gondole ? — Nello, répondit Mandola en me regardant avec attention. — Mais il ne sait pas *roguer* [1] seul, reprit la signora... Allons, rentrez-moi, nous chercherons demain un remplaçant provisoire. Va voir ton père, et soigne-le bien ; je prierai pour lui. »

Le lendemain, la signora me fit appeler et me demanda si je m'étais enquis d'un barcarolle. Je ne répondis que par un sourire audacieux. La signora devint pâle, et me dit d'une voix tremblante : « Vous y songerez demain, je ne sortirai pas aujourd'hui. »

Je compris ma faute ; mais la signora avait montré plus de peur que de colère, et mon espoir accrut mon insolence. Vers le soir, je vins lui demander s'il fallait faire avancer la gondole au perron. Elle me répondit d'un ton froid : « Je vous ai dit ce matin que je ne sortirai pas. » Je ne perdis pas courage. « Le temps a changé, signora, repris-je ; le vent souffle de sirocco. Il fait beau pour vous, ce soir. » Elle tourna vers moi un regard accablant, en disant : « Je ne t'ai pas demandé le temps qu'il fait. Depuis quand me donnes-tu des conseils ? » La lutte était engagée, je ne reculai point. « Depuis que vous semblez vouloir vous laisser mourir, » répondis-je avec véhémence. Elle parut céder à une force magnétique ; car elle pencha sa tête languissamment sur sa main, et me dit d'une voix éteinte de faire avancer la gondole.

Je l'y transportai. Salomé voulut la suivre. Je pris sur moi de lui dire d'un ton absolu que sa maîtresse lui com-

---

1. Ramer, *roguer*.

mandait de rester près de la signora Alezia. Je vis la signora rougir et pâlir, tandis que je prenais la rame et que je repoussais avec empressement le perron de marbre qui bientôt sembla fuir derrière nous.

Quand je me vis seulement à quelques brasses de distance du palais, il me sembla que je venais de conquérir le monde et que, les importuns écartés, ma victoire était assurée. Je ramai *con furore* jusqu'au milieu des lagunes sans me détourner, sans dire un seul mot, sans reprendre haleine. J'avais bien plutôt l'air d'un amant qui enlève sa maîtresse que d'un gondolier qui conduit sa patronne. Quand nous fûmes sans témoins, je jetai ma rame, et laissai la barque s'en aller à la dérive ; mais, là, tout mon courage m'abandonna ; il me fut impossible de parler à la signora, je n'osai même pas la regarder. Elle ne me donna aucun encouragement, et je la ramenai au palais, assez mortifié d'avoir repris le métier de barcarolle sans avoir obtenu la récompense que j'espérais.

Salomé me montra de l'humeur et m'humilia plusieurs fois, en m'accusant d'avoir l'air brusque et préoccupé. Je ne pouvais dire une parole à la signora sans que la camériste me reprît, prétendant que je ne m'exprimais pas d'une manière respectueuse. La signora, qui prenait toujours ma défense, ne parut pas seulement s'apercevoir, ce soir-là, des mortifications qu'on me faisait éprouver. J'étais outré. Pour la première fois, je rougissais sérieusement de ma position, et j'eusse songé à en sortir si l'invincible aimant du désir ne m'eût retenu en servage.

Pendant plusieurs jours je souffris beaucoup. La signora me laissait impitoyablement exténuer mes forces à la faire courir sur l'eau, en plein midi, par un temps d'automne sec et brûlant, en présence de toute la ville, qui m'avait vu longtemps assis dans sa gondole, à ses

4

pieds, presque à ses côtés, et qui me voyait maintenant, couvert de sueur, retourner de la sublime profession de barde au dur métier de rameur. Mon amour se changea en colère. J'eus deux ou trois fois la tentation coupable de lui manquer de respect en public; et puis j'eus honte de moi-même, et je retombai dans l'accablement.

Un matin, il lui prit fantaisie d'aborder au Lido. La rive était déserte, le sable étincelait au soleil; ma tête était en feu, la sueur ruisselait sur ma poitrine. Au moment où je me baissais pour soulever madame Aldini, elle passa sur mon front humide son mouchoir de soie et me regarda avec une sorte de compassion tendre.

« Poveretto! me dit-elle, tu n'es pas fait pour le métier auquel je te condamne!

— Pour vous j'irais à l'*arsenal*[1], répondis-je avec feu.

— Et tu sacrifierais, reprit-elle, ta belle voix, et le grand talent que tu peux acquérir, et la noble profession d'artiste à laquelle tu peux arriver?

— Tout! lui répondis-je en pliant les deux genoux devant elle.

— Tu mens! reprit la signora d'un air triste. Retourne à ta place, ajouta-t-elle en me montrant la proue. Je veux me reposer un peu ici. »

Je retournai à la proue, mais je laissai ouverte la porte du *camerino*. Je la voyais pâle et blonde, étendue sur les coussins noirs, enveloppée dans sa noire mantille, enfoncée et comme cachée dans le velours noir de cet habitacle mystérieux, qui semble fait pour les plaisirs furtifs et les voluptés défendues. Elle ressemblait à un beau cygne qui, pour éviter le chasseur, s'enfonce sous une sombre grotte. Je sentis ma raison m'abandonner;

1. Aux galères.

je me glissai sur mes genoux jusqu'auprès d'elle. Lui donner un baiser et mourir ensuite pour expier ma faute, c'était toute ma pensée. Elle avait les yeux fermés, elle faisait semblant de sommeiller; mais elle sentait le feu de mon haleine. Alors elle m'appela à voix haute comme si elle m'eût cru bien loin d'elle, et feignit de s'éveiller lentement, pour me donner le temps de m'éloigner. Elle m'ordonna de lui aller chercher à la *bottega du Lido* une eau de citron, et referma les yeux. Je mis un pied sur la rive, et ce fut tout. Je rentrai dans la gondole; je restai debout à la regarder. Elle rouvrit les yeux, et son regard semblait m'attirer par mille chaînes de fer et de diamant. Je fis un pas vers elle, elle referma les yeux de nouveau; j'en fis un second, elle les rouvrit encore, et affecta un air de surprise dédaigneuse. Je retournai vers la rive, et je revins encore dans la gondole. Ce jeu cruel dura plusieurs minutes. Elle m'attirait et me repoussait, comme l'épervier joue avec le passereau blessé à mort. La colère s'empara de moi; je poussai avec violence la porte du *camerino*, dont la glace vola en éclats. Elle jeta un cri auquel je ne daignai pas faire attention, et je m'élançai sur la rive en chantant d'une voix de tonnerre, que je croyais folâtre et dégagée :

> La Biondina in gondoleta
> L'altra sera mi o mena;
> Dal piazer la povareta
> La x' a in boto adormenta.
> Ela dormiva su sto bracio
> Me intanto la svegliava;
> E la barca che ninava
> La tornava a adormenzar.

Je m'assis sur une des tombes hébraïques du Lido, j'y restai longtemps, je me fis attendre à dessein. Et puis tout à coup, pensant qu'elle souffrait peut-être de la soif, et pénétré de remords, je courus chercher le rafraîchissement qu'elle m'avait demandé et le lui portai avec sollicitude. Néanmoins, j'espérais qu'elle me ferait une réprimande; j'aurais voulu être chassé, car ma condition n'était plus supportable. Elle me reçut sans colère, et, me remerciant même avec douceur, elle prit le verre que je lui présentais. Je vis alors que sa main était ensanglantée, les éclats de la glace l'avaient blessée; je ne pus retenir mes larmes. Je vis que les siennes coulaient aussi; mais elle ne m'adressa pas la parole, et je n'osai pas rompre ce silence plein de tendres reproches et de timides ardeurs.

Je pris la résolution d'étouffer cet amour insensé et de m'éloigner de Venise. J'essayais de me persuader que la signora ne l'avait jamais partagé, et que je m'étais flatté d'un espoir insolent; mais à chaque instant son regard, le son de sa voix, l'expression de son geste, sa tristesse même, qui semblait augmenter et diminuer avec la mienne, tout me ramenait à une confiance délirante et à des rêves dangereux.

Le destin semblait travailler à nous ôter le peu de forces qui nous restait. Mandola ne revenait pas. J'étais un très-médiocre rameur, malgré mon zèle et mon énergie; je connaissais mal les lagunes, je les avais toujours parcourues avec tant de préoccupation! Un soir j'égarai la gondole dans les paludes qui s'étendent entre le canal Saint-George et celui des Marane. La marée montante immergeait encore ces vastes bancs d'algues et de sables; mais le flot commença à se retirer avant que j'eusse pu regagner les eaux courantes : j'apercevais déjà la pointe des plantes marines qu'une douce brise balançait au milieu de l'écume. Je fis force de rames, mais en vain. Le reflux mit à sec une plaine immense, et la barque vint échouer doucement sur un lit de verdure et de coquillages.

La nuit s'étendait sur le ciel et sur les eaux : les oiseaux de mer s'abattaient par milliers autour de nous en remplissant l'air de leurs cris plaintifs. J'appelai longtemps, ma voix se perdit dans l'espace ; aucune barque de pêcheur ne se trouvait amarrée autour de la palude, aucune embarcation ne s'approchait de nos rives. Il fallait se résigner à attendre du secours du hasard ou de la marée montante du lendemain. Cette dernière alternative m'inquiétait beaucoup ; je craignais pour ma maîtresse la fraîcheur de la nuit, et surtout les vapeurs malsaines que les paludes exhalent au lever du jour ; j'essayai en vain de tirer la gondole vers une flaque d'eau. Outre que cela n'eût servi qu'à nous faire gagner quelques pas, il eût fallu plus de six personnes pour soulever la barque engravée. Alors je résolus de traverser le marécage en m'enfonçant dans la vase, de gagner les eaux courantes et de les franchir à la nage, pour aller chercher du secours. C'était une entreprise insensée : car je ne connaissais pas la palude, et là où les pêcheurs se dirigent habilement pour recueillir des *fruits de mer*, je me serais perdu dans les fondrières et dans les sables mouvants, au bout de quelques pas. Quand la signora vit que je résistais à sa défense et que j'allais m'aventurer, elle se leva avec vivacité, et trouvant la force de se tenir debout un instant, elle m'entoura de ses bras, et retomba en m'attirant presque sur son cœur. Alors j'oubliai tout ce qui m'inquiétait, et je m'écriai avec ivresse : « Oui ! oui ! restons ici, n'en sortons jamais ; mourons-y de bonheur et d'amour, et que l'Adriatique ne s'éveille pas demain pour nous en tirer ! »

Dans le premier moment de trouble, elle faillit s'abandonner à mes transports ; mais retrouvant bientôt la force dont elle s'était armée : « Eh bien ! oui, me dit-elle, en me donnant un baiser sur le front ; eh bien !

oui, je t'aime, et il y a déjà bien longtemps. C'est parce que je t'aimais que j'ai refusé d'épouser Lanfranchi, ne pouvant me résoudre à mettre un obstacle éternel entre toi et moi. C'est parce que je t'aimais que j'ai souffert l'amour de Montalegri, craignant de succomber à ma passion pour toi et voulant la combattre ; c'est parce que je t'aime que je l'ai éloigné, ne pouvant plus supporter cet amour que je ne partageais pas : c'est parce que je t'aime que je ne veux pas encore m'abandonner à ce que j'éprouve aujourd'hui ; car je veux te donner des preuves d'amour véritable, et je dois à ta fierté, longtemps humiliée, un autre dédommagement que de vaines caresses, un autre titre que celui d'amant. »

Je ne compris rien à ce langage. Quel autre titre que celui d'amant aurais-je pu désirer, quel autre bonheur que celui de posséder une telle maîtresse ? J'avais eu de sots instants d'orgueil et d'emportement, mais c'est qu'alors j'étais malheureux, c'est que je croyais n'être pas aimé. « Pourvu que je le sois, m'écriai-je, pourvu que vous me le disiez comme à présent dans le mystère de la nuit, et que chaque soir à l'écart, loin des curieux et des envieux, vous me donniez un baiser comme tout à l'heure, pourvu que vous soyez à moi en secret, dans le sein de Dieu, ne serai-je pas plus fier et plus heureux que le doge de Venise ! Que me faut-il de plus que de vivre près de vous et de savoir que vous m'appartenez ! Ah ! que tout le monde l'ignore ; je n'ai pas besoin de faire des jaloux pour être glorieux, et ce n'est pas l'opinion des autres qui fera l'orgueil et la joie de mon âme.

— Et pourtant, répondit Bianca, tu seras humilié d'être mon serviteur, désormais ? — Moi ! m'écriai-je, je l'étais ce matin ; demain j'en serai fier. — Quoi ! dit-elle, tu ne me mépriserais pas si, m'étant abandonnée à ton amour, je te laissais dans l'abjection ? — Il ne peut pas y avoir d'abjection à servir qui nous aime, lui répondis-je. Si vous étiez ma femme, croyez-vous que je vous laisserais porter par un autre que moi? Pourrais-je être occupé d'autre chose que de vous soigner et de vous distraire? Salomé n'est pas humiliée de vous servir, et pourtant vous ne l'aimez pas autant que moi, n'est-ce pas, signora mia?

— O mon noble enfant! s'écria Bianca en pressant ma tête sur son sein avec transport, ô âme pure et désintéressée! Qu'on vienne donc dire maintenant qu'il n'y a de grands cœurs que ceux qui naissent dans les palais! Qu'on vienne donc nier la candeur et la sainteté de ces natures plébéiennes, rangées si bas par nos odieux préjugés et notre dédain stupide! O toi, le seul homme qui m'ait aimée pour moi-même, le seul qui n'ait aspiré ni à mon rang, ni à ma fortune, eh bien! c'est toi qui partageras l'un et l'autre, c'est toi qui me feras oublier les malheurs de mon premier hymen, et qui remplaceras par ton nom rustique le nom odieux d'Aldini que je porte avec regret! C'est toi qui commanderas à mes vassaux, et qui seras le seigneur de mes terres en même temps que le maître de ma vie. Nello, veux-tu m'épouser? »

Si la terre se fût entr'ouverte sous mes pieds, ou si la voûte des cieux se fût écroulée sur ma tête, je n'aurais pas éprouvé une commotion de surprise plus violente que celle qui me rendit muet devant une telle demande. Quand je fus un peu remis de ma stupéfaction, je ne sais ce que je répondis, ma tête se troublait, et il m'était impossible d'avoir une idée juste. Tout ce que put faire mon bon sens naturel fut de repousser des honneurs trop lourds pour mon âge et pour mon inexpérience. Bianca insista. « Écoute, me dit-elle, je ne suis point heureuse. Mon enjouement couvre depuis longtemps des peines profondes, et maintenant tu me vois malade et ne pouvant plus dissimuler mon ennui. Ma position dans le monde est fausse et amère ; celle que je me suis faite vis-à-vis de moi-même est pire encore, et Dieu est mécontent de moi. Tu sais que je ne suis point de famille patricienne. Torquato Aldini m'épousa pour les grands biens que mon père avait amassés dans le commerce. Ce seigneur altier ne vit jamais en moi que l'instrument de sa fortune, il ne daigna jamais me traiter comme son égale ; quelques-uns de ses parents l'encourageaient dans cette ridicule et cruelle attitude de maître et de seigneur qu'il avait prise avec moi dès le premier jour ; les autres le blâmaient hautement de s'être mésallié pour payer ses dettes, et le traitaient froidement depuis son mariage. Après sa mort, tous refusèrent de me voir, et je me trouvai sans famille ; car en entrant dans celle d'un noble, je m'étais aliéné l'estime et l'affection de la mienne propre. J'avais épousé Torquato par amour, et ceux de mes parents qui ne me regardaient pas comme insensée, me croyaient imbue d'une sotte vanité et d'une basse ambition. Voilà pourquoi, malgré ma fortune, ma jeunesse et un caractère serviable et inoffensif, tu vois que mes salons sont à peu près déserts et ma société fort restreinte. J'ai quelques excellents amis, et leur compagnie suffit à mon cœur. Mais je ne connais point l'enivrement du monde, et il ne m'a pas assez bien traitée pour que je lui fasse le sacrifice de mon bonheur. En t'épousant, je sais que je vais attirer sur moi, non plus seulement son indifférence, mais une malédiction irrévocable. Ne t'en effraie pas, tu vois que c'est de ma part un mince sacrifice.

— Mais pourquoi m'épouser ? repris-je. Pourquoi braver inutilement cette malédiction, puisque je n'ai pas besoin de votre fortune pour être heureux, puisque vous n'avez pas besoin d'un engagement solennel de ma

part pour être bien sûre que je vous aimerai toujours?
— Que tu sois mon mari ou mon amant, repartit Bianca, le monde ne le saura pas moins, et je n'en serai pas moins maudite et méprisée. Puisqu'il faut que d'une manière ou de l'autre ton amour me sépare entièrement du monde, je veux du moins me réconcilier avec Dieu, et trouver dans cet amour sanctifié par l'église la force de mépriser le monde à mon tour. Depuis longtemps, je vis mal, je pêche sans profit pour mon bonheur, j'expose mon salut éternel sans trouver la joie de mon âme. Maintenant je l'ai trouvée, et je veux la goûter pure et sans nuage ; je veux dormir sans remords sur le sein d'un homme que j'aime ; je veux pouvoir dire au monde : C'est toi qui perds et corromps les cœurs. L'amour de Nello m'a sauvée et purifiée, et j'ai un refuge contre toi ; c'est Dieu qui m'a permis d'aimer Nello, et qui désormais me commande de l'aimer jusqu'à la mort. »

Bianca me parla longtemps encore de la sorte. Il y avait de la faiblesse, de l'enfantillage et de la bonté dans ces naïfs calculs de sa fierté, de son amour et de sa dévotion. Je n'étais pas moi-même un esprit fort. Il n'y avait pas longtemps que je ne m'agenouillais plus soir et matin, dans la chaloupe paternelle, devant l'image de saint Antoine peinte sur la voile, et quoique les belles dames de Venise me donnassent bien des distractions dans la basilique, je ne manquais jamais la messe, et j'avais encore au cou le scapulaire que ma mère y avait cousu en me donnant sa bénédiction le jour où je quittai Chioggia. Je me laissai donc vaincre et persuader par madame Aldini ; et, sans résister ni m'engager davantage, je passai la nuit à ses pieds, soumis comme un enfant à ses scrupules religieux, enivré du seul bonheur de baiser ses mains et de respirer le parfum de son éventail. Ce fut une belle nuit, les étoiles étincelantes tremblotaient dans les petites mares d'eau que la mer avait oubliées sur la palude, la brise murmurait dans les varecs verdoyants. De temps en temps nous apercevions au loin le fanal d'une gondole glissant sur les flots, et nous ne songions plus à l'appeler à notre aide. La voix de l'Adriatique brisant de l'autre côté du Lido nous arrivait monotone et majestueuse. Nous nous livrions à mille rêves enchanteurs, nous formions mille projets délicieusement puérils. La lune se coucha lentement et s'ensevelit dans les flots assombris de l'horizon, comme une chaste vierge dans un linceul. Nous étions chastes comme elle, et elle sembla nous jeter un regard protecteur avant de se plonger dans les eaux.

Mais bientôt le froid se fit sentir, et une nappe de brume blanche s'étendit sur le marais. Je fermai le *camerino*, j'enveloppai Bianca dans ma cape rouge. Je m'assis tout près d'elle, je l'entourai de mes bras pour la préserver, je réchauffai ses mains et ses bras de mon haleine. Un calme délicieux semblait être descendu dans son cœur depuis qu'elle m'avait presque arraché la promesse de l'épouser. Elle pencha doucement sa tête sur mon épaule. La nuit était avancée; depuis plus de six heures nous exhalions en discours tendres et passionnés l'ardeur de nos âmes. Une douce fatigue s'empara aussi de moi, et nous nous endormîmes dans les bras l'un de l'autre, aussi purs que l'aube qui commençait à blanchir l'horizon. Ce fut notre nuit de noces, notre seule nuit d'amour, nuit virginale qui ne revint jamais, et dont le souvenir ne fut jamais souillé.

Des voix rudes m'éveillèrent; je courus à l'avant de la gondole, je vis plusieurs hommes qui venaient à nous. A l'heure du départ pour la pêche, l'embarcation échouée avait été signalée par une famille de mariniers qui m'aida à la pousser jusqu'au canal des Marane, d'où je la ramenai rapidement au palais.

Que j'étais heureux en posant le pied sur la première marche! Je ne songeais pas plus au palais qu'à la fortune de Bianca; c'était elle que je portais dans mes bras, qui, désormais, était mon bien, ma vie, ma maîtresse dans le sens noble et adorable du mot! Mais là finit ma joie. Salomé parut au seuil de cette maison consternée, où personne n'avait dormi depuis la veille. Salomé était pâle, on voyait qu'elle avait pleuré; c'était peut-être la seule fois de sa vie. Elle ne se permit pas d'interroger sa maîtresse : peut-être avait-elle déjà lu sur mon front la raison qui m'avait fait trouver cette nuit si courte. Elle avait été bien longue pour tous les autres habitants du palais. Tous croyaient qu'un accident funeste était arrivé à leur chère patronne. Plusieurs avaient erré toute la nuit pour nous chercher; d'autres l'avaient passée en prières, à brûler de petites bougies devant l'image de la Vierge. Quand l'inquiétude fut apaisée et la curiosité satisfaite, je remarquai que les idées prenaient un autre cours et les physionomies une autre expression. On examinait la mienne, et les femmes surtout, avec une avidité blessante. Quant au regard de Salomé, il était si accablant que je ne pouvais le supporter. Mandola arriva de la campagne au milieu de cette confusion. Il comprit en un instant de quoi il s'agissait; et, se penchant vers mon oreille, il me supplia d'avoir de la prudence; je feignis de ne pas savoir ce qu'il voulait dire; je m'efforçai de supporter ingénument toutes les investigations des autres. Mais, au bout de quelques instants, je ne pus résister à mon inquiétude, je m'introduisis dans l'appartement de Bianca.

Je la trouvai baignée de larmes auprès du lit de sa fille. L'enfant avait été éveillée au milieu de la nuit par le bruit des allées et venues des domestiques inquiets. Elle avait écouté leurs commentaires sur l'absence prolongée de la signora, et, s'imaginant que sa mère était noyée, elle était tombée en convulsion. Elle était à peine calmée en cet instant, et Bianca s'accusait des souffrances de sa fille, comme si elle en eût été la cause volontaire. « O ma Bianca, lui dis-je, consolez-vous, réjouissez-vous au contraire de ce que votre enfant et tous les êtres qui vous entourent vous aiment avec tant de passion. Eh bien! je veux vous aimer encore plus, afin que vous soyez la plus heureuse des femmes. — Ne dis pas que les autres m'aiment, répondit la signora avec un peu d'amertume. Il semble qu'ils me fassent tout bas un crime de cet amour qu'ils ont déjà deviné. Leurs regards m'offensent, leurs discours me blessent, et je crains qu'ils n'aient laissé échapper devant ma fille quelque parole imprudente. Salomé est franchement impertinente avec moi ce matin. Il est temps que je ferme la bouche à ces indiscrets commentaires. Tu le vois, Nello, on me fait un crime de t'aimer, et on m'approuvait presque d'aimer le cupide Lanfranchi. Toutes ces âmes sont basses ou folles. Il faut que, dès aujourd'hui, je leur déclare que ce n'est point avec mon amant, mais avec mon mari que j'ai passé la nuit. C'est le seul moyen qu'ils te respectent et qu'ils ne me trahissent pas. » Je la détournai d'agir aussi vite; je lui représentai qu'elle s'en repentirait peut-être, qu'elle n'avait pas assez réfléchi, que moi-même j'avais besoin de bien songer à ses offres, et que, dans tout ceci, elle n'avait pas assez pesé les suites de sa détermination en ce qui pourrait un jour concerner sa fille. J'obtins d'elle qu'elle prendrait patience et qu'elle se gouvernerait prudemment.

Il m'était impossible de porter un jugement éclairé sur ma situation. Elle était enivrante, et j'étais un enfant. Néanmoins une sorte de répugnance instinctive m'avertissait de me méfier des séductions de l'amour et de la fortune. J'étais agité, soucieux, partagé entre le désir et la terreur. Dans le sort brillant qui m'était offert, je ne voyais qu'une seule chose, la possession de la femme aimée. Toutes les richesses qui l'environnaient n'étaient pas même des accessoires à mon bonheur, c'étaient des conditions pénibles à accepter pour mon insouciance. J'étais comme les gens qui n'ont jamais souffert et qui ne conçoivent d'état meilleur ni pire que celui où ils ont vécu. J'étais libre et heureux dans le palais Aldini. Choyé de tous, autorisé à satisfaire toutes mes fantaisies, je n'avais aucune responsabilité, aucune fatigue de corps ni d'esprit. Chanter, dormir et me promener, c'était à peu près là toute ma vie, et vous savez, vous autres Vénitiens qui m'entendez, s'il en est une plus douce et mieux faite pour notre paresse et notre légèreté. Je me représentais le rôle d'époux et de maître comme quelque chose d'analogue à la surveillance exercée par Salomé sur les détails de l'intérieur, et ce rôle était loin de flatter mon ambition. Ce palais, dont j'avais la jouissance, était ma propriété dans le sens le plus agréable, celui de jouir de tout sans m'y occuper de rien. Que ma maîtresse y eût ajouté les voluptés de son amour, et j'eusse été le roi d'Italie.

Ce qui m'attristait aussi, c'était l'air sombre de Salomé et l'attitude embarrassée, mystérieuse et défiante de tous les autres serviteurs. Ils étaient nombreux, et c'étaient tous d'honnêtes gens, qui jusque-là m'avaient traité comme l'enfant de la maison. Dans ce blâme silencieux que je sentais peser sur moi, il y avait un avertissement que je ne pouvais pas, que je ne voulais pas mépriser ; car, s'il partait un peu du sentiment naturel de la jalousie, il était dicté encore plus par l'intérêt affectueux qu'inspirait la signora.

Que n'eussé-je pas donné en ces instants d'angoisses pour avoir un bon conseil! Mais je ne savais à qui m'adresser, et j'étais le seul dépositaire des intentions secrètes de ma maîtresse. Elle passa la journée dans son lit avec sa fille, et le lendemain elle me fit venir pour me répéter encore tout ce qu'elle m'avait dit dans la palude. Tout le temps qu'elle me parla, il me sembla qu'elle avait raison, et qu'elle répondait victorieusement à tous mes scrupules; mais quand je me retrouvai seul, je retombai dans le malaise et dans l'irrésolution.

Je montai dans la galerie et je me jetai sur une chaise. Mes yeux distraits se promenaient sur cette longue file d'aïeux dont les portraits formaient le seul héritage que Torquato Aldini eût pu léguer à sa fille. Leurs figures enfumées, leurs barbes taillées en carré, en pointe, en losange, leurs robes de velours noir et leurs manteaux doublés d'hermine, leur donnaient un aspect imposant et sombre. Presque tous avaient été sénateurs, procurateurs ou conseillers; il y avait une foule d'oncles inquisiteurs; les moindres étaient abbés canoniques ou *capitani grandi*. — Au bout de la galerie, on voyait le ferral de la dernière galère équipée contre les Turcs par Tibério Aldini, grand-père de Torquato, alors que les puissants seigneurs de la république allaient à la guerre à leurs frais et mettaient leur gloire à servir volontairement la patrie de leurs biens et de leur personne. C'était une haute lanterne de cristal montée en cuivre doré, surmontée et soutenue par des enroulements de métal d'un goût bizarre et des ornements surchargés qui terminaient en pointe la proue du navire. Au-dessous de chaque portrait on voyait de longs bas-reliefs de chêne, retraçant les glorieux faits et gestes de ces illustres personnages. Je me mis à penser que si nous avions la guerre, et que si l'occasion m'était offerte de combattre pour mon pays,

j'aurais bien autant de patriotisme et de courage que tous
ces nobles aristocrates. Il ne me paraissait ni si étrange
ni si méritoire de faire de grandes choses quand on avait
la richesse et la puissance, et je me dis que le métier de
grand seigneur ne devait pas être bien difficile. — Mais
à l'époque où je me trouvais, nous n'avions plus, nous
ne devions plus et nous ne pouvions plus avoir de guerre.
La république n'était plus qu'un vain mot, sa force n'était
qu'une ombre, et ses patriciens énervés n'avaient de
grandeur que celle de leur nom. Il était d'autant plus
difficile de s'élever jusqu'à eux dans leur opinion qu'il
était plus aisé de les surpasser en réalité. Entrer en
lutte avec leurs préjugés et leurs dédains, c'était donc
une tâche indigne d'un homme, et les plébéiens avaient
bien raison de mépriser ceux d'entre eux qui croyaient
s'élever en recherchant la société et en copiant les ridicules des nobles.

Ces réflexions me vinrent d'abord confusément, puis
elles se firent jour, et je m'aperçus que je pensais, comme
je m'étais aperçu un beau matin que je pouvais chanter.
Je commençai à me rendre compte de la répugnance que
j'éprouvais à sortir de ma condition pour me donner en
spectacle à la société comme un vaniteux et un ambitieux, et je me promis d'ensevelir dans le mystère mes
amours avec Bianca.

En proie à ces réflexions, je me promenais le long de
la galerie, et je regardais avec fierté cette orgueilleuse
lignée à laquelle un enfant du peuple, un bacarolle de
Chioggia, dédaignait de succéder. Je me sentais joyeux ;
je songeais à mon vieux père, et, au souvenir de la maison
paternelle, longtemps oubliée et négligée, mes yeux s'hu-
mectaient de larmes. Je me trouvai au bout de la galerie,
face à face avec le portrait de messer Torquato, et, pour
la première fois, je le toisai hardiment de la tête aux pieds.

C'était bien la noblesse titulaire incarnée. Son regard semblait repousser comme la pointe d'une épée, et sa main avait l'air de ne s'être jamais ouverte que pour commander à des inférieurs. Je pris plaisir à le braver. « Eh bien ! lui disais-je en moi-même, tu aurais eu beau faire, je n'aurais jamais été ton valet. Ton air superbe ne m'eût pas intimidé, et je t'aurais regardé en face comme je regarde cette toile. Tu n'aurais jamais eu de prise sur moi, parce que mon cœur est plus fier que le tien ne le fut jamais, parce que je dédaigne cet or devant lequel tu t'es incliné, parce que je suis plus grand que toi aux yeux de la femme que tu as possédée. Malgré tout l'orgueil de ton sang, tu as courbé le genou devant elle pour obtenir ses richesses; et, quand tu as été riche par elle, tu l'as brisée et humiliée. C'est la conduite d'un lâche, et la mienne est celle d'un véritable noble, car je ne veux de toutes les richesses de Bianca que son cœur, dont tu n'étais pas digne. Et moi, je refuse ce que tu as imploré, afin de posséder ce qui est au-dessus de toutes choses à mes yeux, l'estime de Bianca. Et je l'aurai, car elle comprendra combien mon âme est au-dessus de celle d'un patricien endetté. Je n'ai pas de patrimoine à racheter, moi ! Il n'y a pas d'hypothèques sur la chaloupe de mon père; et les habits que je porte sont à moi, parce que je les ai gagnés par mon travail. Eh bien ! c'est moi qui serai le bienfaiteur, et non pas l'obligé, parce que je rendrai le bonheur et la vie à ce cœur brisé par toi, parce que je saurai me faire bénir et honorer, moi valet et amant, tandis que tu as été maudit et méprisé, toi époux et seigneur. »

Un léger bruit me fit tourner la tête. Je vis derrière moi la petite Alezia, qui traversait la galerie en traînant une poupée plus grande qu'elle. J'aimais cet enfant, malgré son caractère altier, à cause de l'amour qu'elle avait pour sa mère. Je voulus l'embrasser ; mais, comme si elle eût senti dans l'atmosphère la réprobation qui, dans cette maison, pesait sur moi depuis deux jours, elle recula d'un air courroucé, et, s'enfuyant comme si elle eût eu quelque chose à craindre de moi, elle se pressa contre le portrait de son père. Je fus étonné en cet instant de la ressemblance que sa jolie petite tête brune avait déjà avec la figure hautaine de Torquato, et je m'arrêtai pour l'examiner avec un sentiment de tristesse profonde. Elle aussi semblait m'examiner attentivement. Tout d'un coup elle rompit le silence pour me dire d'un ton aigre et avec une expression d'indignation au-dessus de son âge : « Pourquoi donc avez-vous volé la bague de mon papa ? »

En même temps elle allongeait son petit doigt vers moi pour désigner une belle bague en diamants montée à l'ancienne mode, que sa mère m'avait donnée quelques jours auparavant, et que j'avais eu l'enfantillage d'accepter ; puis, se retournant et se dressant sur la pointe des pieds, elle posa le bout de son doigt sur celui du portrait qui était orné de la même bague exactement rendue, et je m'aperçus que l'imprudente Bianca avait fait présent à son gondolier d'un des plus précieux joyaux de famille de son époux.

Le rouge me monta au visage, et je reçus de cet enfant la leçon qui devait le plus me dégoûter des richesses mal acquises. Je souris, et lui remettant la bague : « C'est votre maman qui l'a laissée tomber de son doigt, lui dis-je, et je l'ai trouvée tout à l'heure dans la gondole.

— Je vais la lui porter, » dit la petite fille en l'arrachant plutôt qu'elle ne l'accepta de ma main. Elle sortit en courant, abandonnant sa poupée par terre. Je ramassai ce jouet, afin de m'assurer d'un petit fait que j'avais souvent observé déjà. Alezia s'amusait à percer toutes ses poupées, à l'endroit du cœur, avec de longues épingles, et quelquefois elle restait des heures entières absorbée dans le plaisir muet et profond de ce jeu étrange.

Le soir, Mandola vint me trouver dans ma chambre. Il avait l'air gauche et embarrassé. Il avait beaucoup à me dire, mais il ne trouvait pas un mot. Sa figure était si bizarre que je partis d'un éclat de rire. « Vous avez tort, Nello, me dit-il d'un air peiné; je suis votre ami; vous avez tort! » Il voulait se retirer, je courus après lui, j'essayai de le faire s'expliquer; ce fut impossible. Je voyais bien qu'il avait le cœur plein de sages réflexions et de bons conseils; mais l'expression lui manquait, et toutes ses phrases avortées se terminaient, dans son patois mêlé de toutes les langues, par cette sentence : *E molto delica, delicatissimo.*

Enfin, je réussis à comprendre que le bruit s'était répandu, dans la maison, de mon prochain mariage avec la signora. Quelques mots d'impatience qu'on lui avait entendu dire à Salomé avaient suffi pour faire naître cette opinion. La signora avait dit textuellement en parlant de moi : « Le temps n'est pas loin où vous le servirez, au lieu de lui commander. » Je niai obstinément l'application de ces paroles, et prétendis que je n'y comprenais rien du tout. « C'est bien, me dit Mandola; c'est ainsi que tu dois répondre, même à moi qui suis ton ami. Mais j'ai des yeux, je ne te fais pas de questions; je ne t'en ai jamais fait, Nello; seulement je viens t'avertir qu'il faut de la prudence. Les Aldini ne cherchent qu'un prétexte pour ôter à la signora la tutèle de la signora Alezia, et la signora mourra de chagrin si on lui enlève sa fille.

— Que dis-tu ? m'écriai-je; quoi! on lui enlèverait sa fille à cause de moi!

— S'il était question de mariage, certainement, reprit l'honnête barcarolle; *autrement*... comme ce sont des choses qu'on ne peut jamais prouver... — Surtout quand elles n'existent pas, repris-je vivement. — Tu parles comme il faut, répondit Mandola; continue à te tenir sur tes gardes; ne te confie à personne, pas même à moi, et si tu as un peu d'influence sur la signora, engage-la à se bien cacher, surtout de Salomé. Salomé ne la trahira jamais; mais elle a la voix trop forte, et, quand elle querelle la signora, toute la maison entend ce qu'elles se disent. Si quelqu'un des amis de la signora venait à se douter de ce qui se passe, tout irait mal; car les amis, ce n'est pas comme les domestiques : cela ne sait pas garder un secret, et pourtant on se fie à eux plus qu'à nous! »

Les conseils du candide Mandola n'étaient point à dédaigner, d'autant plus qu'ils s'accordaient parfaitement avec mon instinct. Nous conduisîmes, le lendemain soir, la signora sur le canal de la Zucca, et Mandola, comprenant que j'avais à lui parler, s'endormit complaisamment sur la poupe. J'éteignis le fanal, je me glissai dans l'habitacle, et je causai longtemps avec Bianca. Elle s'étonna de mes refus, et me dit encore tout ce qu'elle crut propre à les vaincre. Je lui parlai avec fermeté, je lui dis que jamais je ne laisserais dire de moi que j'avais aimé une femme pour ses richesses, que je tenais autant au bon renom de ma famille qu'aucun patricien de Venise, que mes parents ne me pardonneraient jamais si je donnais un pareil scandale, et que je ne voulais pas plus me brouiller avec mon honnête homme de père, que brouiller la signora avec sa fille; car Alezia était ce qu'elle devait préférer et ce qu'elle préférait sans doute à tout au monde. Ce dernier argument eut plus de puissance que tous les autres. Elle fondit en larmes, et m'exprima son admiration et sa reconnaissance avec l'enthousiasme de la passion.

A partir de ce jour, tout rentra dans le repos au palais Aldini. Ce petit monde subalterne avait eu sa crise révolutionnaire. Il eut son pacificateur, et je m'amusai en secret de mon rôle de grand citoyen avec un héroïsme enfantin. Mandola qui commençait à devenir lettré, me regardait avec étonnement m'occuper des plus rudes travaux, et, me parlant tout bas d'un air paternel, m'appelait à la dérobée son *Cincinnato* et son *Pompilio*.

J'avais pris en effet avec moi-même, et je tins courageusement la résolution de ne plus recevoir le moindre bienfait de la femme dont je voulais être l'amant. Puisque le seul moyen de la posséder en secret, c'était de rester dans sa maison sur le pied de valet, il me semblait que je pouvais rétablir l'égalité entre elle et moi en proportionnant mes services à mon salaire. Jusque-là, ce salaire avait été considérable et non proportionné à mon travail, qui, pendant quelque temps même, avait été tout à fait nul. Je résolus de réparer le temps perdu; je me mis à tout ranger, à tout nettoyer, à faire les commissions, à porter même l'eau et le bois, à vernir et à brosser la gondole, en un mot à faire la besogne de dix personnes, et je la fis gaiement, en fredonnant mes plus beaux airs d'opéra et mes plus belles strophes épiques. Ce qui m'amusa le plus, ce fut de prendre soin des tableaux de famille et de secouer la poussière qui obscurcissait, chaque matin, le majestueux regard de Torquato. Quand j'avais fini sa toilette, je lui ôtais respectueusement mon bonnet en lui adressant ironiquement quelque parodie de mes vers héroïques.

Les prolétaires vénitiens, et les gondoliers particulièrement, ont, vous le savez, le goût des joyaux. Ils dépensent une bonne partie de ce qu'ils gagnent en bagues antiques, en camées de chemises, en épingles de cravate, en chaînes à breloques, etc. Je m'étais laissé donner beaucoup de ces hochets. Je les reportai tous à madame Aldini, et ne voulus même plus porter de boucles d'argent à mes souliers. Mais mon sacrifice le plus méritoire fut de renoncer à la musique. Je considérai que mon travail, quelque laborieux qu'il fût, ne pouvait compenser les dépenses que mon assiduité au théâtre et les leçons du professeur de chant occasionnaient à la signora. Je me déclarai enrhumé à perpétuité, et, au lieu d'aller à la Fenice avec elle, je me mis à lire dans les vestibules du théâtre. Je comprenais aussi que j'étais ignorant, et, bien que ma maîtresse ne le fût guère moins, je voulais étendre un peu mes idées et ne pas la faire rougir de mes bévues. J'étudiai la langue-mère avec ardeur, et je m'attachai à ne plus estropier misérablement les vers, comme tous les bacarolles ont coutume de le faire. Quelque chose aussi me disait, au fond du cœur, que cette étude me serait utile par la suite, et que ce que je perdais en progrès, sous le rapport du chant, je le regagnais de l'autre en réformant mon accent et ma prononciation.

Quelques jours de cette louable conduite suffirent à me rendre le calme. Jamais je n'avais été plus fort, plus gai, et, au dire de Salomé, plus beau qu'avec mes habits propres et modestes, mon air doux et mes mains brunies par le hâle. Tout le monde m'avait rendu la confiance, l'estime et les mille petits soins dont je jouissais auparavant. La belle Alezia, qui avait une grande déférence pour le jugement de sa gouvernante juive, me laissait même baiser le bout de ses tresses noires, ornées de nœuds écarlates et de perles fines.

Une seule personne restait triste et tourmentée, c'était la signora; sa santé loin de revenir, empirait de jour en jour. A chaque instant, je surprenais ses beaux yeux bleus pleins de larmes, attachés sur moi avec un air de tendresse et de douleur inexprimable. Elle ne pouvait pas s'habituer à me voir travailler ainsi. J'aurais été son fils qu'elle ne se serait pas affligée davantage de me voir porter des fardeaux et recevoir la pluie. Sa sollicitude m'impatientait même un peu, et les efforts qu'elle faisait pour la renfermer la lui rendaient plus pénible encore. Il s'était opéré en elle je ne sais quelle révolution imprévue. Cet amour qui avait fait jusque-là, comme elle me le disait elle-même, son tourment et sa joie, semblait ne plus faire désormais que sa consternation et sa honte. Elle n'évitait plus, comme autrefois, les occasions d'être seule avec moi ; au contraire, elle les faisait naître ; mais dès que je me mettais à ses genoux, elle éclatait en sanglots et changeait en scènes d'attendrissement les heures promises à la volupté. Je m'efforçais en vain de comprendre ce qui se passait en elle. Elle se faisait arracher des réponses vagues, toujours bonnes et tendres, mais déraisonnables, et qui me jetaient dans mille perplexités. Je ne savais comment m'y prendre pour consoler et fortifier cette âme abattue. J'étais dévoré de désirs, et il me semblait qu'une heure d'effusion et d'enthousiasme réciproque eût été plus éloquente que toutes ces paroles et toutes ces larmes ; mais je ressentais pour elle trop de respect et trop de dévouement pour ne pas lui faire le sacrifice de mes transports. Je sentais qu'il m'eût été facile de surprendre les sens de cette femme faible de corps et d'esprit ; mais je craignais trop les pleurs du lendemain, et je ne voulais devoir mon bonheur qu'à sa confiance et à son amour. Ce jour ne vint pas, et je dois dire, à la honte de la faiblesse féminine, que mes vœux eussent été comblés si j'avais eu moins de délicatesse et de désintéressement. J'avais espéré que Bianca m'encouragerait ; je vis bientôt qu'elle me craignait au contraire, et qu'à mon approche elle frémissait comme si je lui eusse apporté le crime et les remords. Je ne réussissais à la rassurer que pour la voir s'affliger davantage, et accuser la destinée comme s'il n'eût pas dépendu de sa volonté d'en tirer un meilleur parti. Puis, une secrète honte brisait cette âme timorée. La dévotion s'emparait d'elle de plus en plus; son confesseur la gouvernait et l'épouvantait. Il lui défendait d'avoir des amants, et elle qui avait su résister au confesseur, quand il s'était agi de M. Lanfranchi et de M. Montalegri, ne trouvait pas pour moi le même courage. Peu à peu je parvins à lui arracher l'aveu de toutes ses souffrances et de tous ses combats. Elle avait révélé à son directeur tous les détails de notre amour, et il lui avait fait un crime énorme de cette affection basse et criminelle. Il lui avait interdit de penser au mariage avec moi, encore plus peut-être que de s'abandonner à la passion; et il l'avait tellement effrayée en la menaçant de la repousser du sein de l'Eglise, que son esprit doux et craintif, partagé entre le désir de me rendre heureux et la peur de se damner, était en proie à une véritable agonie.

Madame Aldini avait eu jusque-là une dévotion si facile, si tolérante, si véritablement italienne, que je ne fus pas peu surpris de la voir tourner au sérieux précisément au milieu d'une de ces crises de la passion qui semblent le plus exclure de pareilles recrudescences. Je fis de grands efforts sur ma pauvre tête inexpérimentée pour comprendre ce phénomène, et j'en vins à bout. Bianca m'aimait peut-être plus qu'elle n'avait aimé le comte et le prince; mais elle n'avait pas l'âme assez forte ni l'esprit assez éclairé pour s'élever au-dessus de l'opinion. Elle se plaignait de la morgue des autres; mais elle donnait à cette morgue une valeur réelle par la peur qu'elle en avait. En un mot, elle était soumise plus que personne au préjugé qu'un instant elle avait voulu braver. Elle avait espéré trouver, dans l'appui de l'Eglise, par le sacrement et un redoublement de ferveur catholique, la force qu'elle ne trouvait pas en elle-même, et dont pourtant elle n'avait pas eu besoin avec ses précédents amants, parce qu'ils étaient patriciens et que le monde était pour eux. Mais maintenant l'Eglise la menaçait, le monde allait la maudire; combattre à la fois et le monde et l'Eglise était une tâche au-dessus de son énergie.

Et puis encore, peut-être son amour avait-il diminué au moment où j'en étais devenu digne; peut-être, au lieu d'apprécier la grandeur d'âme qui m'avait fait redescendre volontairement du salon à l'office, elle avait cru voir, dans cette conduite courageuse, le manque d'élévation et le goût inné de la servitude. Elle croyait aussi que les menaces et les sarcasmes de ses autres valets m'avaient intimidé. Elle s'étonnait de ne me point trouver ambitieux, et cette absence d'ambition lui semblait la marque d'un esprit inerte ou craintif. Elle ne m'avoua point toutes ces choses; mais, dès que je fus sur la voie, je les devinai. Je n'en eus point de dépit. Comment pouvait-elle comprendre mon noble orgueil et ma chatouilleuse probité, elle qui avait accepté et partagé l'amour d'un Aldini et d'un Lanfranchi?

Sans doute elle ne me trouvait plus beau depuis que je ne voulais plus porter ni dentelles ni rubans. Mes mains, endurcies à son service, ne lui semblaient plus dignes de serrer la sienne. Elle m'avait aimé barcarolle, dans l'idée et dans l'espoir de faire de moi un agréable sigisbée; mais, du moment que je voulais rétablir entre elle et moi l'échange impartial des services, toutes ses illusions s'évanouissaient, et elle ne voyait plus en moi que le Chioggiote grossier, espèce de bœuf stupide et laborieux.

A mesure que ma raison s'éclaira de ces découvertes,

l'orage de mes sens s'apaisa. Si j'avais eu affaire à une grande âme, ou seulement à un caractère énergique, c'eût été à mes yeux une tâche glorieuse que d'effacer les tristes souvenirs laissés dans ce cœur douloureux par mes prédécesseurs. Mais succéder à de tels hommes pour n'être pas compris, pour être sans doute un jour délaissé et oublié de même, c'était un bonheur que je ne pouvais plus acheter au prix d'une grande dépense de passion et de volonté. La signora Aldini était une bonne et belle femme; mais ne pouvais-je pas trouver dans une chaumière de Chioggia la beauté et la bonté réunies sans faire couler de larmes, sans causer de remords, et surtout sans laisser de honte?

Mon parti fut bientôt pris. Je résolus non-seulement de quitter la signora, mais le métier de valet. Tant que j'avais été amoureux de sa harpe et de sa personne, je n'avais pas eu le loisir de faire des réflexions sérieuses sur ma condition. Mais, du moment où je renonçais à d'imprudentes espérances, je voyais combien il est difficile de conserver sa dignité sauve sous la protection des grands, et je me rappelais les salutaires représentations que mon père m'avait faites autrefois et que j'avais mal écoutées.

Lorsque je lui fis pressentir mon dessein, quoiqu'elle le combattit je vis qu'elle recevait un grand allégement; le bonheur pouvait revenir habiter cette âme tendre et bienfaisante. La douce frivolité, qui faisait le fond de son caractère, reparaîtrait à la surface avec le premier amant qui saurait mettre de son côté le confesseur, les valets et le monde. Une grande passion l'eût brisée; une suite d'affections faciles et une multitude de petits dévouements devaient la faire vivre dans son élément naturel.

Je la forçai de convenir de tout ce que j'avais deviné.

Elle ne s'était jamais beaucoup étudiée elle-même, et pratiquait une grande sincérité. Si l'héroïsme n'était pas en elle, du moins la prétention à l'héroïsme, et l'exigence altière qui en est la suite, n'y étaient pas non plus. Elle approuva ma résolution, mais en pleurant et en s'effrayant des regrets que j'allais lui laisser ; car elle m'aimait encore, je n'en doute pas, de toute la puissance de son être.

Elle voulait s'inquiéter et s'occuper de ce que je deviendrais. Je ne le lui permis pas. La manière haute et brusque dont je l'interrompis lorsqu'elle parla d'offres de services lui ferma la bouche une fois pour toutes à cet égard. Je ne voulus même pas emporter les habits qu'elle m'avait fait faire. J'allai acheter, la veille de mon départ, un costume complet de marinier chioggiote, tout neuf, mais des plus grossiers, et je reparus ainsi devant elle pour la dernière fois.

Elle m'avait prié de venir à minuit, afin qu'elle pût me faire ses adieux sans témoins. Je lui sus gré de la tendresse familière avec laquelle elle m'embrassa. Il n'y avait peut-être pas, dans tout Venise, une seconde femme du monde assez sincère et assez sympathique pour vouloir renouveler cette assurance de son amour à un homme vêtu comme je l'étais. Des larmes coulèrent de ses yeux lorsqu'elle passa ses petites mains blanches sur la rude étoffe de ma cape bége doublée d'écarlate ; puis elle sourit, et, relevant le capuchon sur ma tête, elle me regarda avec amour, et s'écria qu'elle ne m'avait jamais vu si beau, et qu'elle avait eu bien tort de me faire habiller autrement. L'effusion et la sincérité des remercîments que je lui adressai, les serments que je lui fis de lui être dévoué jusqu'à la mort et de ne jamais songer à elle que pour la bénir et la recommander à Dieu, la touchèrent beaucoup. Elle n'était pas habituée à être quittée ainsi.

« Tu as l'âme plus chevaleresque, me dit-elle, qu'aucun de ceux qui portent le titre de chevalier. »

Puis elle fut prise d'un accès d'enthousiasme : l'indépendance de mon caractère, l'insouciance avec laquelle j'allais braver la vie la plus dure au sortir du luxe et de la mollesse, le respect que j'avais conservé pour elle lorsqu'il m'était si facile d'abuser de sa faiblesse pour moi ; tout, disait-elle, m'élevait au-dessus des autres hommes. Elle se jeta dans mes bras, presque à mes pieds, et me supplia encore de ne point partir et de l'épouser.

Cet élan était sincère, et, s'il ne fit point varier ma résolution, il rendit du moins la signora si belle et si attrayante pendant quelques instants, que je faillis marquer à mon héroïsme et me dédommager, dans cette dernière nuit, de tous les sacrifices faits à mon repos. Mais j'eus la force de résister et de sortir chaste d'un amour qui s'était cependant allumé par le désir des sens. Je partis baigné de ses pleurs et n'emportant, pour tout trésor et pour tout trophée, qu'une boucle de ses beaux cheveux blonds. En me retirant, je m'approchai du lit de la petite Alezia, et j'entr'ouvris doucement les rideaux pour la regarder une dernière fois. Elle s'éveilla aussitôt et ne me reconnut pas d'abord ; car elle eut peur, mais à sa manière, sans crier, et en appelant sa mère d'une voix qu'elle s'efforçait de rendre ferme. « Signorina, lui dis-je, je suis l'*Orco* [1], et je viens vous demander pourquoi vous percez le cœur de vos poupées avec des épingles. »

Elle se leva sur son séant, et, me regardant d'un air malicieux, elle me répondit : « C'est pour voir si elles ont le sang bleu. »

Vous savez que *sangue blu*, dans le langage populaire de Venise, est le synonyme de noble.

1. Le diable rouge ou le follet des lagunes.

« Mais elles n'ont pas de sang, repris-je, elles ne sont pas nobles!

— Elles sont plus nobles que toi, répondit-elle, elles n'ont pas de sang noir. »

Vous savez encore que le noir est la couleur des *nicoloti*, c'est-à-dire de la confrérie des bateliers.

« Mia signora, dis-je tout bas à madame Aldini en refermant le rideau de l'enfant, vous avez bien fait de ne pas répandre de l'encre sur votre écusson d'azur. Voilà une petite patricienne qui ne vous l'eût jamais pardonné.

— Et c'est moi, répondit-elle tristement, dont le cœur est percé, non pas d'une épingle, mais de mille épées ! »

Quand je fus dans la rue, je m'arrêtai pour regarder l'angle du palais que la lune découpait depuis le comble jusque dans les profondeurs fantastiques du grand canal. Une barque vint à passer, et, en agitant l'eau, coupa et brisa le reflet de cette grande ligne pure. Il me sembla que je venais de faire un beau rêve et que je m'éveillais dans les ténèbres. Je me mis à courir de toutes mes forces sans regarder derrière moi, et ne m'arrêtai qu'au pont della Paglia, là où les barques chioggiotes attendent les passagers, tandis que les mariniers, enveloppés hiver comme été dans leurs capes, dorment étendus sur les parapets et même en travers des degrés sous les pieds des passants. Je demandai si quelqu'un de mes compatriotes voulait me conduire chez mon père. « C'est toi, *parent?* » s'écrièrent-ils avec surprise. Ce mot de *parent*, que les Vénitiens ont donné ironiquement aux Chioggiotes, et que ceux-ci ont eu le bon sens d'accepter [1], fut si doux à mon oreille, que j'embrassai le pre-

---

[1]. La presqu'île de Chioggia fut originairement peuplée de cinq ou six familles qui ne se sont jamais alliées qu'entre elles.

mier qui me l'adressa. On me promit un départ dans une heure, et on m'adressa quelques questions dont on n'écouta pas la réponse. Le Chioggiote ne connaît guère l'usage des lits; mais en revanche il dort la nuit en marchant, en parlant, en ramant même. On m'offrit de faire un somme sur le lit commun, c'est-à-dire sur les dalles du quai. Je m'étendis par terre, la tête appuyée sur un de ces bons compagnons, tandis qu'un autre se servait de moi pour oreiller, et ainsi à la ronde. Je dormis comme aux meilleurs jours de mon enfance, et je rêvai que ma pauvre mère (qui était morte depuis un an) m'apparaissait au seuil de ma chaumière et me félicitait de mon retour. Je m'éveillai aux cris de *Chiosa! Chiosa*[1]! mille fois répétés, dont nos mariniers font retentir les voûtes du palais ducal et des prisons pour appeler les passagers. Il me semblait que c'était un cri de triomphe comme l'*Italiam! Italiam!* des Troyens dans l'Énéide. Je me jetai gaiement dans une barque, et, pensant à la nuit qu'avait dû passer Bianca, je me reprochai un peu mon bon sommeil. Mais je me réconciliai avec moi-même par la pensée de n'avoir pas empoisonné le repos de son lendemain.

On était en plein hiver, les nuits étaient longues; nous arrivâmes à Chioggia une heure avant le jour. Je courus à ma cabane. Mon père était déjà en mer : le plus jeune de mes frères gardait seul la maison. Il lui fallut bien du temps pour s'éveiller et me reconnaître. On voyait qu'il était habitué à dormir au bruit de la mer et des orages; car je faillis briser la porte pour me faire entendre. Enfin, il me sauta au cou, passa sa cape, et me conduisit dans une barque à une demi-lieue en mer, à l'endroit où était ancrée celle de mon père. Le brave

---

1. Chioggia! Chioggia!

homme, en attendant l'heure favorable pour tendre ses filets, dormait là, suivant la coutume des vieux pêcheurs, étendu sur le dos, le corps et le visage abrités d'une couverture de crin, au claquement d'une bise aiguë. Les flots moutonnaient autour de lui et le couvraient d'écume; aucun bruit humain ne se faisait entendre dans les vastes solitudes de l'Adriatique. J'écartai doucement la couverture pour le regarder. Il était l'image de la force dans son repos. Sa barbe grise, aussi mêlée que les algues à la montée des flots, son sayon couleur de vase et son bonnet de laine d'un vert limoneux lui donnaient l'aspect d'un vieux Triton endormi dans sa conque. Il ne montra pas plus de surprise en s'éveillant que s'il m'eût attendu. « Oh! oh! dit-il, je rêvais de cette pauvre femme, et elle me disait : Lève-toi, vieux, voilà notre fils Daniel qui revient. »

DEUXIÈME PARTIE.

« Il ne s'agit pas, mes amis, continua le bon Lélio, de vous raconter toutes les vicissitudes par lesquelles je passai des grèves de Chioggia aux planches des premiers théâtres de l'Italie, et du métier de pêcheur à l'emploi de *primo tenore ;* ce fut l'ouvrage de quelques années, et ma réputation grandit rapidement dès que le premier pas fut fait dans la carrière. Si jusque-là les circonstances furent souvent rebelles, mon facile caractère sut en tirer le meilleur parti possible, et je puis dire que mes grands succès et mes beaux jours ne furent pas payés trop cher.

Dix ans après mon départ de Venise, j'étais à Naples, et je jouais Roméo sur le théâtre de Saint-Charles. Le roi Murat et son brillant état-major, et toutes les beautés vaniteuses ou vénales de l'Italie, étaient là. Je ne me piquais pas d'être un patriote bien éclairé; mais je ne partageais pas l'engouement de cette époque pour la domination étrangère. Je ne me retournais pas vers un passé plus avilissant encore ; je me nourrissais de ces premiers éléments du carbonarisme, qui fermentaient dès lors, sans forme et sans nom, de la Prusse à la Sicile.

Mon héroïsme était naïf et brûlant, comme le sont les religions à leur aurore. Je portais dans tout ce que je faisais, et principalement dans l'exercice de mon art, le sentiment de fierté railleuse et d'indépendance démocratique dont je m'inspirais chaque jour dans les clubs et dans les pamphlets clandestins. Les *Amis de la vérité*, les *Amis de la lumière*, les *Amis de la liberté*, telles étaient les dénominations sous lesquelles se groupaient les sympathies libérales ; et jusque dans les rangs de l'armée française, aux côtés même des chefs conquérants, nous avions des affiliés, enfants de votre grande révolution, qui, dans le secret de leur âme, se promettaient de laver la tache du 18 brumaire.

J'aimais ce rôle de Roméo, parce que j'y pouvais exprimer des sentiments de lutte guerrière et de haine chevaleresque. Lorsque mon auditoire, à demi français, battait des mains à mes élans dramatiques, je me sentais vengé de notre abaissement national; car c'était à leur propre malédiction, au souhait et à la menace de leur propre mort que ces vainqueurs applaudissaient à leur insu.

Un soir, au milieu d'un de mes plus beaux moments et lorsque la salle semblait prête à crouler sous des explosions d'enthousiasme, mes regards rencontrèrent, dans une loge d'avant-scène tout à fait appuyée sur le théâtre, une figure impassible dont l'aspect me glaça subitement. Vous ne savez pas, vous autres, quelles mystérieuses influences gouvernent l'inspiration du comédien, comme l'expression de certains visages le préoccupe et stimule ou enchaîne son audace. Quant à moi du moins, je ne sais pas me défendre d'une immédiate sympathie avec mon public, soit pour m'exalter si je le trouve récalcitrant et le dominer par la colère, soit pour me fondre avec lui dans un contact électrique et retremper ma sensibilité à l'effusion de la sienne. Mais certains regards, certaines paroles dites près de moi à la dérobée m'ont quelquefois troublé intérieurement au point qu'il m'a fallu tout l'effort de ma volonté pour en combattre l'effet.

La figure qui me frappait en cet instant était d'une beauté vraiment idéale; c'était incontestablement la plus belle femme qu'il y eût dans toute la salle de San-Carlo. Cependant toute la salle rugissait et trépignait d'admiration, et elle seule, la reine de cette soirée, semblait m'étudier froidement et apercevoir en moi des défauts inappréciables à l'œil vulgaire. C'était la muse du théâtre, c'était la sévère Melpomène en personne, avec son ovale régulier, son noir sourcil, son large front, ses cheveux d'ébène, son grand œil brillant d'un sombre éclat sous un vaste orbite, et sa lèvre froide, dont le sourire n'adoucit jamais l'arc inflexible; tout cela cependant avec une admirable fleur de jeunesse et des formes riches de santé, de souplesse et d'élégance.

« Quelle est donc cette belle fille brune à l'œil si froid? demandai-je dans l'entr'acte au comte Nasi, qui m'avait pris en grande amitié, et venait tous les soirs sur le théâtre pour causer avec moi.

— C'est la fille ou la nièce de la princesse Grimani, me répondit-il. Je ne la connais pas; car elle sort de je ne sais quel couvent, et sa mère ou sa tante est elle-même étrangère à nos contrées. Tout ce que je puis vous dire, c'est que le prince Grimani l'aime comme sa fille, qu'il la dotera bien, et que c'est un des plus beaux partis de l'Italie; ce qui n'empêche pas que je ne me mettrai pas sur les rangs.

— Et pourquoi?

— Parce qu'on la dit insolente et vaine, infatuée de sa naissance, et d'un caractère altier. J'aime si peu les femmes de cette trempe, que je ne veux seulement pas regarder celle-là lorsque je la rencontre. On dit qu'elle sera la reine des bals de l'hiver prochain, et que sa beauté est merveilleuse. Je n'en sais rien, je n'en veux rien savoir. Je ne puis souffrir non plus le Grimani : c'est un vrai hidalgo de comédie; et, s'il n'avait pas une belle fortune, et une jeune femme qu'on dit aimable, je ne sais qui pourrait se résoudre à l'ennui de sa conversation ou à la raideur glaciale de son hospitalité.

Pendant l'acte suivant, je regardai de temps en temps la loge d'avant-scène. Je n'étais plus préoccupé de l'idée que j'avais là des juges malveillants, puisque ces Grimani avaient l'habitude d'un maintien superbe même avec les gens qu'ils estimaient être de leur classe. Je regardai la jeune fille avec l'impartialité d'un sculpteur ou d'un peintre : elle me parut encore plus belle qu'au premier aspect. Le vieux Grimani, qui était avec elle sur le devant de la loge, avait une assez belle tête austère et froide. Ce couple guindé me parut échanger quelques monosyllabes d'heure en heure, et à la fin de l'opéra il se leva lentement et sortit sans attendre le ballet.

Le lendemain je retrouvai le vieillard et la jeune fille à la même place et dans la même attitude flegmatique; je ne les vis pas s'émouvoir une seule fois, et le prince Grimani dormit délicieusement pendant les derniers actes. La jeune personne me parut au contraire donner toute son attention au spectacle. Ses grands yeux étaient attachés sur moi comme ceux d'un spectre, et ce regard fixe, scrutateur et profond finit par m'être si gênant, que je l'évitai avec soin. Mais, comme si un mauvais sort eût été jeté sur moi, plus j'essayais d'en détourner mes yeux, plus ils s'obstinaient à rencontrer ceux de la magicienne. Il y eut dans ce mystérieux magnétisme quelque chose de si étrangement puissant, que j'en ressentis une terreur puérile et que je craignis de ne pouvoir achever la pièce. Jamais je n'avais éprouvé rien de semblable. Il y avait des instants où je m'imaginais reconnaître cette figure de marbre, et je me sentais prêt à lui adresser amicalement la parole. D'autres fois je croyais voir en elle mon ennemi, mon mauvais génie, et j'étais tenté de lui jeter de violents reproches.

La *seconda donna* vint ajouter à ce malaise vraiment maladif en me disant tout bas : « Lélio, prends garde à toi, tu vas attraper la fièvre. Il y a là une femme qui te donnera la *jettatura* [1]. »

J'avais cru fermement à la *jettatura* pendant la plus longue moitié de ma vie. Je n'y croyais plus ; mais l'amour du merveilleux, qu'on ne déloge pas aisément d'une tête italienne et surtout de celle d'un enfant du peuple, m'avait jeté dans les rêveries les plus exagérées du magnétisme animal. C'était l'époque où ces belles fantaisies étaient en pleine floraison par le monde ; Hoffmann écrivait ses Contes fantastiques, et le magnétisme était le pivot mystérieux sur lequel tournaient toutes les espérances de l'illuminisme. Soit que cette faiblesse se fût emparée de moi au point de me gouverner, soit qu'elle me surprît dans un moment où j'étais disposé à la maladie, je me sentis saisi de frissons, et je faillis m'évanouir en rentrant

1. Le regard du mauvais œil. C'est une superstition répandue dans toute l'Italie. A Naples, on porte des talismans en corail pour s'en préserver.

en scène. Ce misérable accablement fit enfin place à la colère, et dans un moment où je m'approchais de l'avant-scène avec la Checchina (cette *seconda donna* qui m'avait signalé le mauvais œil), je lui dis, en lui désignant ma belle ennemie et de manière à n'être pas entendu par le public, ces mots parodiés d'une de nos plus belles tragédies :

> Bella e stupida.

L'éclat de la colère monta au front de la signora. Elle fit un mouvement pour réveiller le prince Grimani, qui dormait de toute son âme ; puis elle s'arrêta tout d'un coup, comme si elle eût changé d'avis, et resta les yeux toujours attachés sur moi, mais avec une expression de vengeance et de menace qui semblait dire : ***Tu t'en repentiras.***

Le comte Nasi s'approcha de moi comme je quittais le théâtre après la représentation : « Lélio, me dit-il, vous êtes amoureux de la Grimani. — Suis-je donc ensorcelé, m'écriai-je, et d'où vient que je ne puis me débarrasser de cette apparition ? — Et tu ne t'en débarrasseras pas de longtemps, pauvret, me dit la Checchina d'un air demi-naïf, demi-moqueur : cette Grimani, c'est le diable. Attends, ajouta-t-elle en me prenant le bras, je me connais en fièvre, et je gagerais... *Corpo della Madona !* s'écria-t-elle en pâlissant, tu as une fièvre terrible, mon pauvre Lélio !

— On a toujours la fièvre quand on joue et quand on chante de manière à la donner aux autres, dit le comte ; venez souper avec moi, Lélio. »

Je refusai cette offre ; j'étais malade en effet. Dans la nuit, j'eus une fièvre violente, et le lendemain je ne pus me lever. La Checchina vint s'installer à mon chevet, et ne me quitta pas tout le temps que je fus malade.

La Checchina était une fille de vingt ans, grande, forte, et d'une beauté un peu virile, quoique blanche et blonde. Elle était ma sœur et ma *parente*, c'est-à-dire qu'elle était de Chioggia comme moi. Comme moi, fille d'un pêcheur, elle avait longtemps employé sa force à battre, à coups de rames, les flots de l'Adriatique. Un amour sauvage de l'indépendance lui fit chercher dans la beauté de sa voix le moyen de s'assurer une profession libre et une vie nomade. Elle avait fui la maison paternelle et s'était mise à courir le monde à pied, chantant sur les places publiques. Le hasard me l'avait fait rencontrer à Milan, dans un hôtel garni où elle chantait devant la table d'hôte. A son accent je l'avais reconnue pour une Chioggiote; je l'avais interrogée; je m'étais rappelé l'avoir vue enfant; mais je m'étais bien gardé de me faire connaître d'elle pour un *parent*, et surtout pour ce Daniele Gemello qui avait quitté le pays un peu brusquement, à la suite d'un duel malheureux. Ce duel avait coûté la vie à un pauvre diable et le repos de bien des nuits à son meurtrier.

Permettez-moi de glisser rapidement sur ce fait, et de ne pas évoquer un souvenir amer durant notre placide veillée. Il me suffira de dire à Zorzi que le duel à coups de couteau était encore en pleine vigueur à Chioggia dans ma jeunesse, et que toute la population servait de témoin. On se battait en plein jour, sur la place publique, et on vengeait une injure par l'épreuve des armes, comme aux temps de la chevalerie. Le triste succès des miennes m'exila du pays; car le podestat n'était pas tolérant à cet égard, et les lois poursuivaient avec sévérité les restes de ces vieilles coutumes féroces. Ceci vous expliquera pourquoi j'avais toujours caché l'histoire de mes premières années, et pourquoi je courais le monde sous le nom de Lélio, faisant passer en secret de l'argent à ma famille, lui écrivant avec précaution, et ne lui révélant même pas quels étaient mes moyens d'existence, de crainte qu'en correspondant avec moi, elle ne s'attirât trop ouvertement l'inimitié des familles chioggiotes que la mort de mon agresseur avait plus ou moins irritées.

Mais comme un reste d'accent vénitien trahissait mon origine, je me donnais pour natif de Palestrina, et la Checchina avait pris l'habitude de m'appeler tour à tour son *pays*, son *cousin* et son *compère*.

Grâce à mes soins et à ma protection, la Checchina acquit rapidement un assez beau talent, et, à l'époque de ma vie dont je vous fais le récit, elle venait d'être engagée honorablement dans la troupe de San-Carlo.

C'était une étrange et excellente créature que cette Checchina : elle avait singulièrement gagné depuis le moment où je l'avais ramassée pour ainsi dire sur le pavé; mais il lui restait et il lui reste encore une certaine rusticité qu'elle ne perd pas toujours à point sur la scène, et qui fait d'elle la première actrice du monde dans les rôles de Zerlina. Dès lors elle avait corrigé beaucoup de l'ampleur de ses gestes et de la brusquerie de son intonation; mais elle en conservait encore assez pour être bien près du comique dans le pathétique. Cependant, comme elle avait de l'intelligence et de l'âme, elle s'élevait à une hauteur relative, dont le public ne pouvait pas lui savoir tout le gré qu'elle méritait. Les avis étaient partagés sur son compte, et un abbé disait qu'elle frisait le sublime et le bouffon de si près qu'entre les deux il ne lui restait plus assez de place pour ses grands bras.

Par malheur, la Checchina avait un travers dont ne sont pas exempts, du reste, les plus grands artistes. Elle ne se plaisait qu'aux rôles qui lui étaient défavorables, et, méprisant ceux où elle pouvait déployer sa verve, sa franchise et son allégresse pétulante, elle voulait absolument produire de grands effets dans la tragédie. En véritable villageoise, elle était enivrée de la richesse du costume, et s'imaginait réellement être reine quand elle portait le diadème et le manteau. Sa grande taille bien découplée, son allure dégagée et quasi martiale, faisaient d'elle une magnifique statue lorsqu'elle était immobile. Mais à chaque instant le geste exagéré trahissait la jeune barcarolle, et quand je voulais l'avertir en scène de se modérer, je lui disais tout bas : « *Per Dio, non vogar! non siamo qui sull' Adriatico.* »

Si la Checchina a été ma maîtresse, c'est ce qu'il vous importe peu de savoir, je présume ; je puis affirmer seulement qu'elle ne l'était point à l'époque dont je vous entretiens, et que je ne devais ses soins affectueux qu'à la bonté de son cœur et à la fidélité de sa reconnaissance. Elle a toujours été pour moi une amie et une sœur dévouée, et s'exposa hardiment mainte fois à rompre avec ses amants les plus brillants, plutôt que de m'abandonner ou de me négliger quand ma santé ou mes intérêts réclamaient son zèle ou son concours.

Elle s'installa donc au pied de mon lit, et ne me quitta pas qu'elle ne m'eût guéri. Son assiduité auprès de moi contrariait bien un peu le comte Nasi, qui pourtant était mon ami sincère, et se fiait à ma parole, mais qui m'avouait à moi-même ce qu'il appelait sa misérable faiblesse. Lorsque j'exhortais la Checchina à ménager les susceptibilités involontaires de cet excellent jeune homme : « Laisse donc, me disait-elle, ne vois-tu pas qu'il faut l'habituer à respecter mon indépendance ? Crois-tu que, quand je serai sa femme, je consentirai à abandonner mes amis du théâtre et à m'occuper de ce que les gens du monde penseront de moi ? N'en crois rien, Lélio ; je veux rester libre et n'obéir jamais qu'à la voix de mon cœur. » Elle se persuadait assez gratuitement que le comte était bien déterminé à l'épouser; et, à cet égard, elle avait, à un merveilleux degré, le don de se faire illusion sur la force des passions qu'elle inspirait : rien ne pouvait se comparer à sa confiance en face d'une promesse, si ce n'est sa philosophie insouciante et son détachement héroïque en face d'une déception.

Je souffris beaucoup : ma maladie faillit même prendre un caractère grave. Les médecins me trouvaient dans une disposition hypertrophique très-prononcée, et les vives douleurs que je ressentais au cœur, l'affluence du sang vers cet organe, nécessitèrent de nombreuses saignées. Le reste de cette saison fut donc perdu pour moi, et, dès que je fus convalescent, j'allai prendre du repos et respirer un air doux au pied des Apennins, vers Cafaggiolo, dans une belle villa que le comte possédait à quelques lieues de Florence. Il me promit de venir m'y rejoindre avec la Checchina, aussitôt que les représentations pour lesquelles elle était engagée lui permettraient de quitter Naples.

Quelques jours de cette charmante solitude me remirent assez bien pour qu'il me fût permis d'essayer, tantôt à cheval et tantôt à pied, d'assez longues promenades à travers les gorges étroites et les ravines pittoresques qui forment comme un premier degré aux masses imposantes de l'Apennin. Dans mes rêveries j'appelais cette région le *proscenium* de la grande montagne, et j'aimais à y chercher quelque amphithéâtre de collines ou quelque terrasse naturelle bien disposée pour m'y livrer tout seul et loin des regards à des élans de déclamation lyrique, auxquels répondaient les sonores échos ou le bruit mystérieux des eaux murmurantes fuyant sous les rochers.

Un jour je me trouvai, sans m'en apercevoir, vers la route de Florence. Elle traversait, comme un ruban éclatant de blancheur, des plaines verdoyantes doucement ondulées et semées de beaux jardins, de parcs touffus et d'élégantes villas. En cherchant à m'orienter, je m'arrêtai à la porte d'une de ces belles habitations. Cette porte se trouvait ouverte et laissait voir une allée de vieux arbres entrelacés mystérieusement. Sous cette voûte sombre et voluptueuse se promenait à pas lents une femme d'une taille élancée et d'une démarche si noble que je m'arrêtai pour la contempler et la suivre des yeux le plus longtemps possible. Comme elle s'éloignait sans paraître disposée à se retourner, il me prit une irrésistible fantaisie de voir ses traits, et j'y succombai sans trop me soucier de faire une inconvenance et de m'attirer une mortification. « Que sait-on, me disais-je, on trouve parfois dans notre doux pays des femmes si indulgentes ! » Et puis je me disais que ma figure était trop connue pour qu'il me fût possible d'être jamais pris pour un voleur. Enfin, je comptais sur cette curiosité qu'on éprouve généralement à voir de près les manières et les traits d'un artiste un peu renommé.

Je m'aventurai donc dans l'allée couverte, et, marchant à grands pas, j'allais atteindre la promeneuse lorsque je vis venir à sa rencontre un jeune homme mis à la dernière mode et d'une jolie figure fade, qui m'aperçut avant que j'eusse le temps de m'enfoncer sous le taillis. J'étais à trois pas du noble couple. Le jeune homme s'arrêta devant la dame, lui offrit son bras, et lui dit en me regardant d'un air aussi surpris que possible pour un homme parfaitement cravaté :

« Ma chère cousine, quel est donc cet homme qui vous suit ? »

La dame se retourna, et, à sa vue, j'éprouvai une émotion assez vive pour réveiller un instant mon mal. Mon cœur eut un tressaillement nerveux très-aigu en reconnaissant la jeune personne qui me regardait si étrangement de sa loge d'avant-scène, lors de l'invasion de ma maladie à Naples. Sa figure se colora légèrement, puis pâlit un peu. Mais aucun geste, aucune exclamation ne trahit son étonnement ou son indignation. Elle me toisa de la tête aux pieds avec un calme dédaigneux, et répondit avec une assurance inconcevable :

« Je ne le connais pas. »

Cette singulière assertion piqua ma curiosité. Il me sembla voir dans cette jeune fille un orgueil si bizarre et une dissimulation si consommée, que je me sentis entraîné tout d'un coup à risquer quelque folle aventure. Nous autres bohémiens, nous ne nous laissons pas beaucoup imposer par les usages du monde et par les lois de la convenance ; nous n'avons pas grand'peur d'être repoussés de ces théâtres particuliers où le monde à son tour pose devant nous, et où nous sentons si bien la supériorité de l'artiste ; car là, personne ne sait nous rendre les vives émotions que nous savons donner. Les salons nous ennuient et nous glacent, en retour de la chaleur et de la vie que nous y portons. J'abordai donc fièrement mes nobles hôtes, fort peu soucieux de la manière dont ils m'accueilleraient, et résolu à m'introduire dans la maison sous le premier prétexte venu.

Je saluai gravement, et me donnai pour un accordeur d'instruments qu'on avait envoyé chercher à Florence d'une maison de campagne dont j'affectai d'estropier le nom.

« Ce n'est point ici. Vous pouvez vous en aller, » me répondit sèchement la signora. Mais, en véritable fiancé, le cousin vint à mon aide.

« Chère cousine, dit-il, votre piano est tout à fait discord ; si monsieur avait le temps d'y passer une heure, nous pourrions faire de la musique ce soir. Je vous en prie ! Est-ce que vous n'y consentirez pas ? »

La jeune Grimani eut un méchant sourire sur les lèvres en répondant : « C'est comme il vous plaira, mon cousin. »

Veut-elle se divertir de moi ou de lui? pensai-je. Peut-être de tous les deux. Je m'inclinai légèrement en signe d'assentiment. Alors le cousin, avec une politesse nonchalante, me montra une porte de glace au bout de l'avenue, qui, s'abaissant en berceau, cachait la façade de la villa.

« Voyez, Monsieur, me dit-il, au fond du grand salon de compagnie, vous trouverez un salon d'étude. Le fortépiano est là. J'aurai l'honneur de vous revoir quand vous aurez fini. » Et, s'adressant à sa cousine : « Voulez-vous, lui dit-il, que nous allions jusqu'à la pièce d'eau ? »

Je la vis encore sourire imperceptiblement, mais avec une joie concentrée de la mortification que j'éprouvais, tandis qu'elle me laissait aller d'un côté et continuait sa promenade en sens opposé, appuyée sur son gracieux et honorable cousin.

Ce n'est pas une chose bien difficile que d'accorder *à peu près* un piano, et, quoique je ne l'eusse jamais essayé, je m'en tirai assez bien ; seulement j'y mis beaucoup plus de temps qu'il n'en eût fallu à une main expérimentée, et je voyais avec un peu d'impatience le soleil s'abaisser vers la cime des arbres ; car je n'avais d'autre prétexte, pour revoir ma singulière héroïne, que de lui faire essayer le piano lorsqu'il serait d'accord. Je me hâtais donc assez maladroitement, lorsqu'au milieu du monotone carillon dont je m'étourdissais, je levai la tête et vis la signora devant moi, à demi tournée vers la cheminée, mais m'observant dans la glace avec une malicieuse attention. Rencontrer son oblique regard et l'éviter fut l'affaire d'une seconde. Je continuai ma besogne avec le plus grand sang-froid, résolu à mon tour d'observer l'ennemi et de le voir venir.

La Grimani (je continuai à lui donner ce nom en moi-même, ne lui en connaissant pas d'autres) feignit d'arranger avec beaucoup de soin des fleurs dans les vases de la cheminée; puis elle dérangea un fauteuil, le remit à la place d'où elle venait de l'ôter, laissa tomber son éventail, le ramassa avec un grand frôlement de robe, ouvrit une fenêtre qu'elle referma aussitôt, et, voyant que j'étais décidé à ne m'apercevoir de rien, elle prit le parti de laisser tomber un tabouret sur le bout de son joli petit pied et de faire une exclamation douloureuse. Je fus assez sot pour laisser brusquement tomber la clef à marteau sur les cordes métalliques, qui exhalèrent un gémissement lamentable. La signora frissonna, haussa les épaules, et, reprenant tout d'un coup son sang-froid, comme si nous eussions joué une scène de parodie, elle me regarda fixement en disant : « *Cosa, signore?*

— J'ai cru que Votre Seigneurie me parlait, » répondis-je avec la même tranquillité, et je me remis à l'ouvrage. Elle resta debout au milieu de la chambre, comme pétrifiée d'étonnement devant tant d'audace, ou comme frappée d'une incertitude subite sur mon identité avec le personnage qu'elle avait cru reconnaître. Enfin, elle s'impatienta et me demanda presque grossièrement si j'avais bientôt fini.

« Oh! mon Dieu, non! signora, lui répondis-je, car voici une corde cassée. » En même temps, je tournai brusquement la clef sur la cheville que je serrais, et je fis sauter la corde. « Il me semble, reprit-elle, que ce piano vous donne beaucoup de peine. — Beaucoup, repris-je, toutes les cordes cassent. » Et j'en fis sauter une seconde. « C'est comme un fait exprès, s'écria-t-elle. — Oui, en vérité, repris-je encore, c'est un fait exprès. » Le cousin entra dans cet instant, et, pour le saluer, je fis sauter une troisième corde. C'était une des dernières basses ; elle fit une détonation épouvantable. Le cousin, qui ne s'y attendait point, fit un pas en arrière, et la signora partit d'un éclat de rire. Ce rire me parut étrange. Il n'allait ni à sa figure, ni à son maintien ; il avait quelque chose d'âpre et de saccadé, qui déconcerta le cousin, si bien que j'en eus presque pitié. « Je crains bien, dit la signora lorsque la fin de cette crise nerveuse lui permit de parler, que nous ne puissions pas faire de musique ce soir. Ce pauvre vieux *cembalo* est ensorcelé, toutes les cordes cassent. C'est un fait surnaturel, je vous assure, Hector ; il suffit de les regarder pour qu'elles se tordent et se brisent avec un bruit affreux. » Puis elle recommença à rire aux éclats sans que sa figure en reçût le moindre enjouement. Le cousin se mit à rire par obéissance, et fut tout à coup interrompu par ces mots de la signora : « Mon Dieu ! mon cousin, ne riez donc pas ; vous n'en avez pas la moindre envie. »

Le cousin me parut très-habitué à être raillé et tourmenté. Mais il fut blessé sans doute que la chose se passât devant moi ; car il dit d'un ton fâché : « Et pourquoi donc, cousine, n'aurais-je pas envie de rire aussi bien que vous ? — Parce que je vous dis que cela n'est pas, répondit la signora. Mais, dites-moi donc, Hector, ajouta-t-elle sans se soucier de la bizarrerie de la transition, avez-vous été à San-Carlo cette année ? — Non, ma cousine. — En ce cas, vous n'avez pas entendu le fameux Lélio ? »

Elle prononça ces derniers mots avec emphase ; mais elle n'eut pas l'impudence de me regarder tout de suite après, et j'eus le temps de réprimer le tressaillement que me causa ce coup de pierre au beau milieu du visage.

« Je ne l'ai ni entendu, ni vu, dit le naïf cousin, mais j'en ai beaucoup ouï parler. C'est un grand artiste, à ce qu'on assure.

— Très-grand, repartit la Grimani, plus grand que vous de toute la tête. Tenez! il est de la taille de monsieur... Le connaissez-vous, Monsieur? ajouta-t-elle en se tournant vers moi. — Je le connais beaucoup, signora, répondis-je d'un ton acerbe; c'est un très-beau garçon, un très-grand comédien, un admirable chanteur, un causeur très-spirituel, un aventurier hardi et facétieux, et de plus intrépide duelliste, ce qui ne gâte rien. »

La signora regarda son cousin, et me regarda ensuite d'un air insouciant comme pour me dire : « Peu m'importe. » Puis elle éclata de nouveau d'un rire inextinguible, qui n'avait rien de naturel et qui ne se communiqua ni au cousin ni à moi. Je me remis à poursuivre la dominante sur le clavier, et le signor Ettore piétina avec impatience, et fit crier ses bottes neuves sur le parquet, comme un homme fort mécontent de la conversation qui s'établissait si cavalièrement entre un ouvrier de mon espèce et sa noble fiancée.

« Ah çà! mon cousin, n'allez pas croire ce que monsieur vous dit de Lélio, reprit brusquement la signora en interrompant son rire convulsif. Quant à la grande beauté du personnage, je n'y saurais contredire : car je ne l'ai pas regardé; et d'ailleurs, sous le fard, sous les faux cheveux et les fausses moustaches, un acteur peut toujours sembler jeune et beau. Mais quant à être un admirable chanteur et un bon comédien, je le nie. Il chante faux d'abord, et ensuite il joue détestablement. Sa déclamation est emphatique, son geste vulgaire, l'expression de ses traits guindée. Quand il pleure, il grimace; quand il menace, il hurle; quand il est majestueux, il est ennuyeux; et, dans ses meilleurs moments, c'est-à-dire lorsqu'il se tient coi et ne dit mot, on peut lui appliquer le refrain de la chanson :

>Brutto è quanto stupido.

Je suis fâchée de n'être pas de l'avis de monsieur ; mais je suis de l'avis du public, moi ! Ce n'est pas ma faute si Lélio n'a pas eu le moindre succès à San-Carlo, et je ne vous conseille pas, mon cousin, de faire le voyage de Naples pour le voir. »

Ayant reçu cette cinglante leçon, je faillis un instant perdre la tête et chercher querelle au cousin pour punir la signora ; mais le digne garçon ne m'en laissa pas le temps. « Voilà bien les femmes ! s'écria-t-il, et surtout voilà bien vos inconcevables caprices, ma cousine ! Il n'y a pas plus de trois jours, vous me disiez que Lélio était le plus bel acteur et le plus inimitable chanteur de toute l'Italie. Sans doute, vous me direz demain le contraire de ce que vous dites aujourd'hui, sauf à revenir après-demain... — Demain et après, et tous les jours de ma vie, cher cousin, interrompit précipitamment la signora, je dirai que vous êtes un fou et Lélio un sot. — Brava, signora, reprit le cousin à demi-voix en lui offrant son bras pour sortir du salon ; on est un fou quand on vous aime et un sot quand on vous déplaît. — Avant que Vos Seigneuries se retirent, dis-je alors sans trahir la moindre émotion, je leur ferai observer que ce piano est en trop mauvais état pour que je puisse le réparer entièrement aujourd'hui. Je suis forcé de me retirer ; mais, si Vos Seigneuries le désirent, je reviendrai demain. — Certainement, Monsieur, répondit le cousin avec une courtoisie protectrice et se retournant à demi vers moi ; vous nous obligerez si vous revenez demain. » La Grimani, l'arrêtant d'un geste brusque et vigoureux, le força de se retourner tout à fait, resta immobile appuyée sur son bras, et me toisant d'un air de défi : « Monsieur reviendra demain? dit-elle en me voyant fermer le piano et prendre mon chapeau. — Je n'y manquerai certainement pas, » répondis-je en la saluant jusqu'à terre. Elle continua à tenir son cousin immobile à l'entrée de la salle, jusqu'à ce que, forcé de passer devant eux pour me retirer, je les saluai de nouveau en regardant cette fois ma Bradamante avec une assurance digne de la lutte qui s'engageait. Une étincelle de courage jaillit de son regard. J'y lus clairement que mon audace ne lui déplaisait pas, et que la lice ne me serait pas fermée.

Aussi je fus à mon poste le lendemain avant midi, et je trouvai l'héroïne au sien, assise au piano et frappant les touches muettes ou grinçantes avec une impassibilité admirable, comme si elle eût voulu me prouver par cette diabolique symphonie la haine et le mépris qu'elle avait pour la musique.

J'entrai avec calme et la saluai avec autant de respectueuse indifférence que si j'eusse été en effet l'accordeur de piano. Je posai trivialement mon chapeau sur une chaise, j'ôtai péniblement mes gants, imitant la gaucherie d'un homme qui n'est pas habitué à en porter. Je tirai de ma poche une boîte de sapin remplie de bobines de laiton, et je commençai à en dérouler la longueur d'une corde, le tout avec gravité et simplicité. La signora allait toujours battant d'une manière impitoyable le malheureux piano, qui ne rendait plus que des sons à faire fuir les barbares les plus endurcis. Je vis alors qu'elle se divertissait à le fausser et à le briser de plus en plus, afin de me donner de la besogne, et je trouvai dans cette espièglerie plus de coquetterie que de méchanceté ; car elle paraissait assez disposée à me tenir compagnie. Alors je lui dis du plus grand sérieux : « Votre Seigneurie trouve-t-elle que le piano commence à être d'accord? — J'en trouve l'harmonie satisfaisante, répondit-elle en se pinçant la lèvre pour ne pas rire, et les sons qu'il rend sont extrêmement agréables. — C'est un bel instrument, repris-je. — Et en très-bon état, ajouta-t-elle. — Votre Seigneurie a un très-beau talent sur le piano. — Comme vous voyez. — Voilà une valse charmante et très-bien exécutée. — N'est-ce pas? comment ne jouerait-on pas bien sur un instrument aussi bien accordé? Vous aimez la musique, Monsieur? — Peu, signora; mais celle que vous faites me va à l'âme. — En ce cas, je vais continuer. » Et elle écorcha avec un sourire féroce un des airs de *bravura* qu'elle m'avait entendu chanter avec le plus de succès au théâtre.

« Monsieur votre cousin se porte bien? lui dis-je, lorsqu'elle eut fini. — Il est à la chasse. — Votre Seigneurie aime le gibier? — Je l'aime démesurément. Et vous, Monsieur? — Je l'aime sincèrement et profondément. — Lequel aimez-vous mieux, du gibier ou de la musique? — J'aime la musique à table; mais dans ce moment-ci j'aimerais mieux du gibier. »

Elle se leva et sonna. A l'instant même un laquais parut comme s'il eût été une pièce de mécanique obéissant au ressort de la sonnette. « Apportez ici le pâté de gibier que j'ai vu ce matin dans l'office, » dit la signora, et deux minutes après le domestique reparut avec un pâté colossal, qu'à un signe de sa maîtresse il posa majestueusement sur le piano. Un grand plateau, couvert de vaisselle et de tout l'attirail nécessaire à la réfection des êtres civilisés, vint se placer comme par enchantement à l'autre bout de l'instrument, et la signora, d'une main forte et légère, brisa le rempart de croûte appétissante et fit une large brèche à la forteresse.

« Voilà une conquête à laquelle nos seigneurs les Français n'auront point de part, » dit-elle en s'emparant d'une perdrix qu'elle mit sur une assiette du Japon, et qu'elle alla dévorer à l'autre bout de la chambre, accroupie sur un coussin de velours à glands d'or.

Je la regardais avec étonnement, ne sachant pas trop si elle était folle ou si elle voulait me mystifier. « Vous ne mangez pas? me dit-elle sans se déranger. — Votre Seigneurie ne me l'a pas commandé, répondis-je. — Oh! ne vous gênez pas, » dit-elle en continuant à manger à belles dents.

Ce pâté avait une si bonne mine et un si bon fumet, que j'écoutai les conseils philosophiques de la raison positive. J'attirai une autre perdrix dans une autre assiette du Japon, que je posai sur le clavier du piano et que je me mis à dévorer de mon côté avec autant de zèle que la signora.

Si ce château n'est pas celui de la Belle au bois dormant, pensai-je, et que cette maligne fée n'en soit pas le seul être animé, il est évident que nous allons voir arriver un oncle, un père, ou une tante, ou une gouvernante, ou quelque chose qui soit censé, aux yeux des bonnes gens, servir de chaperon à cette tête indomptée. En cas d'une apparition de ce genre, je voudrais bien savoir jusqu'à quel point cette bizarre manière de déjeuner sur un piano en tête-à-tête avec la demoiselle de la maison sera trouvée séante. Peu m'importe, après tout; il faut bien voir où me mèneront ces extravagances, et, s'il y a là-dessous une haine de femme, j'aurai mon tour, dussé-je l'attendre dix ans!

En même temps je regardais par-dessus le pupitre du piano ma belle hôtesse, qui mangeait d'une manière surnaturelle, et qui ne semblait nullement possédée de cette sotte manie qu'ont les demoiselles de ne manger qu'en secret, et de pincer les lèvres à table d'un air sentimental, comme si elles étaient d'une nature supérieure à la nôtre. Lord Byron n'avait pas encore mis à la mode le manque d'appétit chez le beau sexe. De sorte que ma fantasque signora s'en donnait à cœur joie, et qu'au bout de peu d'instants elle revint auprès de moi, pour tirer du pâté ébréché un filet de lièvre et une aile de faisan. Elle me regarda sans rire, et me dit d'un ton sentencieux : « Ce vent d'est donne faim. — Il me paraît que Votre Seigneurie est douée d'un bon estomac, lui dis-je. — Si on n'avait pas un bon estomac à quinze ans, répondit-elle, il faudrait y renoncer. — Quinze ans ! m'écriai-je en la regardant avec attention et en laissant tomber ma fourchette. — Quinze ans et deux mois, répondit-elle en retournant à son coussin avec son assiette de nouveau remplie ; ma mère n'en a pas encore trente-deux, et elle s'est remariée l'an dernier. N'est-ce pas singulier, dites-moi, une mère qui se marie avant sa fille ? Il est vrai que si ma petite mère chérie eût voulu attendre mon mariage, elle eût attendu longtemps. Qui donc voudrait épouser une personne, belle, à la vérité, mais *stupide* au delà de tout ce qu'on peut imaginer ? »

Il y avait tant de gaieté et de bonhomie dans l'air sérieux dont elle me plaisantait ; c'était un si joli *loustig* que cette grande fille aux yeux noirs et aux longues boucles de cheveux tombant sur un cou d'albâtre ; elle était assise sur son coussin avec une naïveté si gracieuse et en même temps si chaste, que toute ma défiance et tous mes mauvais desseins m'abandonnèrent. J'avais résolu de vider le flacon de vin afin d'endormir tout scrupule. Je repoussai le flacon, et, abandonnant mon assiette, appuyant mon coude sur le piano, je me mis à la considérer de nouveau et sous un nouvel aspect. Ce chiffre de quinze ans avait bouleversé toutes mes idées. J'ai toujours attaché beaucoup d'importance, quand j'ai voulu juger une personne, et surtout une personne du sexe féminin, à m'enquérir de son âge de la manière la plus authentique possible. L'habileté croît si rapidement chez le sexe que six mois de plus ou de moins font souvent que la candeur est fourberie ou la fourberie candeur. Jusque-là je m'étais imaginé que la Grimani avait au moins vingt ans ; car elle était si grande, si forte, si brune, et douée dans son regard, dans son maintien, dans ses moindres mouvements, d'une telle assurance, que tout le monde faisait le même anachronisme que moi à son premier abord. Mais, en la regardant mieux, je reconnus mon erreur. Ses épaules étaient larges et puissantes ; mais sa poitrine n'était pas encore développée. S'il y avait de la femme dans toute son attitude, il y avait certains airs et certaines expressions de visage qui révélaient l'enfant. Ne fût-ce que ce robuste appétit, cette absence totale de coquetterie, et l'inconvenance audacieuse du tête-à-tête qu'elle s'était réservé avec moi, il devint manifeste à mes yeux que je n'avais point affaire, comme je l'avais cru d'abord, à une femme orgueilleuse et rusée, mais à une pensionnaire espiègle, et je repoussai avec horreur la pensée d'abuser de son imprudence.

Je restais plongé dans cet examen, oubliant de répondre à la provocation significative que je venais de recevoir. Elle me regarda fixement, et cette fois je ne songeai pas à éviter son regard, mais à l'analyser. Elle avait les plus beaux yeux du monde, à fleur de tête, et très-ouverts ; leur direction était toujours nette, brusque et saisissant d'emblée l'objet de l'attention. Ce regard, très-rare chez une femme, était absolu et non effronté. C'était la révélation et l'action d'une âme courageuse, fière et franche. Il interrogeait toutes choses avec autorité, et semblait dire : Ne me cachez rien ; car, moi, je n'ai rien à cacher à personne.

Lorsqu'elle vit que je bravais son attention, elle fut

alarmée, mais non intimidée; et, se levant tout d'un coup, elle provoqua l'explication que je voulais lui demander. « Signor Lélio, me dit-elle, si vous avez fini de déjeuner, vous allez me dire ce que vous êtes venu faire ici.

— Je vais vous obéir, signora, répondis-je en allant ramasser son assiette et son verre qu'elle avait posés sur le parquet, et en les reportant sur le piano ; seulement, je prie Votre Seigneurie de me dire si l'accordeur de piano doit, pour vous répondre, s'asseoir devant le clavier, ou si le comédien Lélio doit se tenir debout, le chapeau à la main, et prêt à se retirer, après avoir eu l'honneur de vous parler.

— Monsieur Lélio voudra bien s'asseoir sur ce fauteuil, dit-elle en me désignant un siége placé à droite de la cheminée, et moi sur celui-ci, ajouta-t-elle en s'asseyant du côté gauche, en face de moi, à dix pieds environ de distance.

— Signora, lui dis-je en m'asseyant, il faut, pour vous obéir, que je reprenne les choses d'un peu haut. Il y a environ deux mois, je jouais *Roméo et Juliette* à San-Carlo. Il y avait dans une loge d'avant-scène...

— Je puis aider votre mémoire, reprit la Grimani. Il y avait dans une loge d'avant-scène, à droite du théâtre, une jeune personne qui vous parut belle ; mais, en la regardant de plus près, vous trouvâtes que son visage était si dépourvu d'expression, que vous vîntes à vous écrier... en parlant à une de ces dames du théâtre, et assez haut pour que la jeune personne l'entendît...

— Au nom du ciel ! signora, interrompis-je, ne répétez pas les paroles échappées à mon délire, et sachez que je suis sujet à des irritations nerveuses qui me rendent presque fou. Dans cette disposition, tout me porte ombrage, tout me fait souffrir...

— Je ne vous demande pas pourquoi il vous plut de dire votre avis d'une façon si nette sur le compte de la demoiselle de l'avant-scène ; je vous prie seulement de me raconter le reste de l'histoire.

— Je suis obligé, pour être véridique et conséquent, d'insister sur le prologue. En proie à un premier accès de fièvre, début d'une maladie grave dont je suis à peine rétabli, je m'imaginai lire un profond dédain et une froide ironie sur le visage incomparablement beau de la demoiselle de l'avant-scène. J'en fus impatienté, puis troublé, puis bouleversé, au point que je perdis la tête, et que je me laissai aller à un mouvement brutal pour faire cesser le charme funeste qui enchaînait toutes mes facultés, et me paralysait au moment le plus énergique et le plus important de mon rôle. Il faut que Votre Seigneurie me pardonne une folie ; je crois au magnétisme, surtout les jours où je suis malade et où mon cerveau est faible comme mes jambes. Je m'imaginai que la demoiselle de l'avant-scène avait sur moi une influence pernicieuse ; et, durant la cruelle maladie qui s'empara de moi le lendemain de ma faute, je vous avouerai qu'elle m'apparut souvent dans mon délire ; mais toujours altière, toujours menaçante, et me promettant que je paierais cher le blasphème qui m'était échappé. Telle est, signora, la première partie de mon histoire. »

Je préparais mon bouclier pour recevoir une bordée d'épigrammes, en manière de commentaires, sur ce récit bizarre et, quoique vrai, très-invraisemblable, il faut l'avouer. Mais la jeune Grimani, me regardant avec une douceur que je ne soupçonnais pas pouvoir s'allier avec le caractère de sa beauté, me dit, en se penchant un peu sur le bras de son fauteuil : « En effet, seigneur Lélio, votre visage atteste de vives souffrances ; et, s'il faut tout vous avouer, lorsque je vous ai reconnu hier, je me suis dit que je vous avais bien mal regardé sur la scène; car vous me paraissiez alors plus jeune de dix ans; et aujourd'hui je ne vous trouve pas plus âgé que vous ne m'aviez semblé au théâtre; seulement je vous trouve l'air malade, et je suis bien affligée d'avoir été un sujet d'irritation pour vous... »

Je rapprochai involontairement mon fauteuil; mais aussitôt mon interlocutrice reprit son ton railleur et fantasque.

« Passons à la seconde partie de votre histoire, monsieur Lélio, me dit-elle en jouant de l'éventail, et veuillez m'apprendre comment, au lieu de la fuir, vous êtes venu jusqu'ici relancer cette personne dont la vue vous est si odieuse et si funeste.

— C'est ici que l'auteur s'embarrasse, répondis-je en reculant mon fauteuil, qui roulait très-aisément au moindre mouvement de la conversation. Dirai-je que le hasard seul m'a conduit ici? Si je le dis, Votre Seigneurie le croira-t-elle; et si je dis que ce n'est pas le hasard, Votre Seigneurie le souffrira-t-elle?

— Il m'importe assez peu, dit-elle, que ce soit le hasard ou l'attraction magnétique, comme vous le diriez peut-être, qui vous amène dans ce pays; je désire seulement savoir quel est le hasard qui vous a fait devenir accordeur de pianos.

— Le hasard de l'inspiration, signora; le premier prétexte m'était bon pour m'introduire ici.

— Mais pourquoi vous introduire ici?

— Je répondrai sincèrement si Votre Seignerie daigne me dire auparavant quel est le hasard qui l'a déterminée à m'y laisser pénétrer, bien qu'elle m'eût reconnu au premier coup d'œil.

— Le hasard de la fantaisie, seigneur Lélio. Je m'ennuyais en tête-à-tête avec mon cousin, ou avec une vieille tante dévote que je connais à peine ; et, tandis que l'un est à la chasse et l'autre à l'église, j'ai pensé que je pourrais égayer par une folie la maussade solitude où on me laisse languir. »

Mon fauteuil se rapprocha de lui-même, et j'hésitai à prendre la main de la signora. Elle me paraissait effrontée en cet instant. Il y a des jeunes filles qui naissent femmes, et qui sont corrompues avant d'avoir perdu leur innocence. Celle-ci est bien un enfant, pensais-je, mais un enfant ennuyé de l'être, et je serais un grand sot de ne pas répondre à des agaceries faites avec tant de sang-froid et de hardiesse. Ma foi, tant pis pour le cousin ! Pourquoi aime-t-il la chasse plus que sa cousine ?...

Mais la signora ne fit aucune attention à l'agitation qui s'emparait de moi, et elle ajouta : « Maintenant la farce est jouée ; nous avons mangé le gibier de mon cousin, et j'ai parlé avec un acteur. Voilà ma tante et mon prétendu mystifiés. La semaine dernière, mon cousin était furieux, parce que, selon lui, je faisais votre éloge avec trop d'enthousiasme. Maintenant, quand il me parlera de vous, et quand ma tante dira que les acteurs sont tous excommuniés en France, je baisserai les yeux d'un air modeste et béat, et je rirai en moi-même de penser que je connais le seigneur Lélio, et que j'ai déjeuné avec lui, ici même, sans que personne s'en doute. Mais maintenant il vous reste, monsieur Lélio, à me dire pourquoi vous avez voulu vous introduire ici à l'aide d'un faux rôle ?

— Pardon, signora... vous avez dit un mot qui me frappe beaucoup... Vous avez fait la semaine dernière mon éloge avec *enthousiasme?*

— Oh! c'était uniquement pour faire enrager mon cousin. Je ne suis point enthousiaste de ma nature. »

Lorsqu'elle me raillait, je reprenais goût à l'aventure et j'étais prêt à m'enhardir. « Puisque vous êtes si sincère envers moi, répondis-je, je ne le serai pas moins envers Votre Seigneurie. Je me suis introduit ici avec l'intention de réparer mon crime et de demander humblement pardon à la beauté divine que j'ai blasphémée. »

En même temps je me laissai glisser de mon fauteuil, et je me trouvai aux genoux de la Grimani, bien près de m'emparer de ses belles mains. Elle ne parut pas s'en émouvoir beaucoup; seulement je vis que, pour dissimuler un peu d'embarras, elle feignait d'examiner les mandarins chinois dont les robes d'or et de pourpre chatoyaient sur son éventail. « Oh! mon Dieu! Monsieur, me dit-elle sans me regarder, vous êtes bien bon de croire que vous ayez à me demander pardon. D'abord, si j'ai l'air stupide, vous n'êtes pas du tout coupable de vous en être aperçu; en second lieu, si je ne l'ai pas, il m'est absolument indifférent que vous vous le persuadiez.

— Je jure par tous les dieux, et par Apollon en particulier, que je n'ai parlé ainsi que par colère, par folie, par un autre sentiment peut-être, qui alors ne faisait que de naître et troublait déjà mon esprit. Je voyais que vous me trouviez détestable, et que vous n'aviez pour moi aucune indulgence; pouvais-je me résigner tranquillement à perdre le seul suffrage qu'il m'eût été doux et glorieux de conquérir? Enfin, signora, je suis ici, j'ai découvert votre demeure, et, sachant à peine votre nom, je vous ai cherchée, poursuivie, atteinte, malgré la distance et les obstacles; me voici à vos pieds. Pensez-vous que j'aurais surmonté de telles difficultés si je n'avais été tourmenté de remords, non à cause de vous qui dédaignez avec raison l'effet de vos charmes sur un pauvre histrion comme moi, mais à cause de Dieu, dont j'ai outragé et dont j'ai méconnu la plus belle œuvre? »

Je me hasardai en parlant ainsi à prendre une de ses mains; mais elle se leva brusquement, en disant : « Levez-vous, Monsieur, levez-vous ; voici mon cousin qui revient de la chasse. »

En effet, à peine avais-je eu le temps de courir au piano et de l'ouvrir, que le signor Ettore Grimani, en costume de chasse et le fusil à la main, entra et vint déposer aux pieds de sa cousine son carnier plein de gibier.

« Oh! ne vous approchez pas tant de moi, lui dit la signora, vous êtes horriblement crotté, et toutes ces bêtes ensanglantées me dégoûtent. Ah! Hector, je vous en prie, allez-vous-en, et emmenez tous ces grands vilains chiens qui sentent la vase et qui salissent le parquet. »

Force fut au cousin de se contenter de cet élan de reconnaissance et d'aller se parfumer à loisir dans sa chambre. Mais à peine était-il sorti de l'appartement qu'une sorte de duègne entra, et annonça à la signora que sa tante venait de rentrer et la priait de se rendre auprès d'elle.

« J'y vais, répondit la Grimani ; et vous, Monsieur, dit-elle en se retournant vers moi, puisque cette touche est recassée, veuillez l'emporter et la recoller solidement. Il faudra la rapporter demain et achever de replacer les cordes qui manquent. N'est-ce pas, Monsieur, on peut compter sur votre parole ? Vous serez exact ?

— Oui, signora, vous pouvez y compter, » répondis-je, et je me retirai, emportant la touche d'ivoire qui n'était pas cassée.

Je fus exact au rendez-vous. Mais ne pensez point, mes chers amis, que je fusse amoureux de cette petite personne ; c'est tout au plus si elle me plaisait. Elle était extrêmement belle ; mais je voyais sa beauté par les yeux du corps, je ne la sentais pas par ceux de l'âme ; si, par instants, je me prenais à aimer cette pétulance enfantine, bientôt après je retombais dans mes doutes et me disais qu'elle pouvait bien m'avoir menti, elle qui mentait à son cousin et à sa gouvernante avec tant d'aplomb ; qu'elle avait peut-être bien une vingtaine d'années, comme je l'avais cru d'abord, et que peut-être aussi elle avait fait déjà plusieurs escapades pour lesquelles on l'avait séquestrée dans ce triste château, sans autre société que celle d'une vieille dévote destinée à la gourmander, et d'un excellent cousin prédestiné à endosser innocemment ses erreurs passées, présentes et futures.

Je la trouvai au salon avec ce cher cousin et trois ou quatre grands chiens de chasse, qui faillirent me dévorer. La signora, éminemment capricieuse, faisait ce jour-là à ces nobles animaux un accueil tout différent de la veille, et quoiqu'ils ne fussent guère moins crottés et moins insupportables, elle les laissait complaisamment s'étendre tour à tour ou pêle-mêle sur un vaste sofa en velours rouge à crépines d'or. De temps en temps elle s'asseyait au milieu de cette meute pour caresser les uns, pour taquiner amicalement les autres.

Il me sembla bientôt que ce retour d'amitié vers les chiens était une coquetterie tendre envers son cousin, car le blond signor Ettore en paraissait très-flatté, et je ne sais lequel il aimait le mieux, de sa cousine ou de ses chiens.

Elle était d'une vivacité étourdissante, et son humeur me semblait montée à un tel diapason, elle m'envoyait dans la glace des œillades si acérées, que j'aspirais à voir le cousin s'éloigner. Il s'éloigna en effet bientôt. La signora lui donna une commission. Il se fit un peu prier, puis il obéit à un regard impérieux, à un : « *Vous ne voulez pas y aller?* » proféré d'un ton qu'il paraissait tout à fait incapable de braver.

A peine fut-il sorti, qu'abandonnant la tablature, je me levai en cherchant dans les yeux de la signora si je devais m'approcher d'elle, ou attendre qu'elle s'approchât de moi. Elle aussi était debout et semblait vouloir deviner dans mon regard ce à quoi j'allais me décider. Mais elle m'encourageait si peu, et ses lèvres semblaient entr'ouvertes pour me donner une telle leçon (si je venais par malheur à manquer d'esprit dans cette périlleuse rencontre), que je me sentis un peu troublé intérieurement. Je ne sais comment cet échange de regards à la fois provocateurs et méfiants, ce bouillonnement de tout notre être qui nous retenait l'un et l'autre dans l'immobilité, cette alternative d'audace et de crainte qui me paralysait au moment peut-être décisif de mon aventure, tout jusqu'à la robe de velours noir de la Grimani, et le brillant soleil qui, pénétrant en rayons d'or à travers les sombres rideaux de soie de l'appartement, venait s'éteindre à nos pieds dans un clair-obscur fantastique, l'heure, l'atmosphère brûlante, et le battement comprimé de mon cœur ; tout me rappela vivement une scène de ma jeunesse assez analogue : la signora Bianca Aldini, dans l'ombre de sa gondole, enchaînant d'un regard magnétique un de mes pieds posé sur la barque et l'autre sur le rivage du Lido. Je ressentais le même trouble, la même agitation intérieure, le même désir, prêts à faire place à la même colère. Serait-ce donc, pensai-je, que je désirai autrefois la Bianca par amour-propre, ou que je désire aujourd'hui la Grimani par amour ?

Il n'y avait pas moyen de m'élancer, en chantant d'un air dégagé, dans la campagne, comme jadis j'avais bondi sur la grève du Lido, pour me venger d'une innocente coquetterie. Je n'avais pas d'autre parti à prendre que de me rasseoir, et je n'avais d'autre vengeance à exercer que de recommencer sur le piano la quinte majeure : *A-mi-la-E-si-mi.*

Il faut convenir que cette façon d'exhaler mon dépit

ne pouvait pas être bien triomphante. Un imperceptible sourire voltigea au coin de la lèvre de la signora, lorsque je pliai les genoux pour me rasseoir, et il me sembla lire ces mots charmants écrits sur sa physionomie : Lélio, vous êtes un enfant. Mais, lorsque je me relevai brusquement, prêt à faire rouler le piano au fond de la chambre pour voler à ses pieds, je lus clairement dans sa noire prunelle ces mots terribles : Monsieur, vous êtes un fou.

La signora Aldini, pensai-je, avait vingt-deux ans, j'en avais quinze ou seize, et j'en ai plus de vingt-deux. Que j'aie été dominé par la Bianca, c'est tout simple; mais que je sois joué par celle-ci, ce n'est pas dans l'ordre. Donc, il faut du sang-froid. Je me rassis avec calme, en disant :

« Pardon, signora, si je regarde l'heure à la pendule, je ne puis rester longtemps, et ce piano me paraît en assez bon état pour que je retourne à mes affaires.

— En bon état ! répondit-elle avec un mouvement d'humeur bien marqué. Vous l'avez mis en si bon état que je crains de n'en jouer de ma vie. Mais j'en suis bien fâchée; vous avez entrepris de l'accorder : il faut, seigneur Lélio, que vous en veniez à votre honneur.

— Signora, repris-je, je ne tiens pas plus à accorder ce piano que vous ne tenez à en jouer. Si j'ai obéi à votre commandement en revenant ici, c'est afin de ne pas vous compromettre en cessant brusquement cette feinte. Mais Votre Seigneurie doit comprendre que la plaisanterie ne peut pas durer éternellement; que le troisième jour cela commence à n'être plus divertissant pour elle, et que le quatrième cela serait un peu dangereux pour moi-même. Je ne suis ni assez riche ni assez illustre pour avoir du temps à perdre. Votre Seigneurie voudra bien permettre que je me retire dans quelques minutes, et que ce soir un véritable accordeur vienne achever ma besogne, en alléguant que son confrère est malade et l'a envoyé à sa place. Je puis, sans livrer notre petit secret et sans me faire connaître, trouver un remplaçant qui me saura gré d'une bonne pratique de plus. »

La signora ne répondit pas un mot; mais elle devint pâle comme la mort, et de nouveau je me sentis vaincu. Le cousin rentra. Je ne pus réprimer un mouvement d'impatience. La signora s'en aperçut, et de nouveau elle triompha; et de nouveau, voyant bien que je ne voulais pas m'en aller, elle se fit un jeu de mes secrètes agitations.

Elle redevint vermeille et sémillante. Elle fit à son cousin mille agaceries qui tenaient un milieu si juste entre la tendresse et l'ironie, que ni lui ni moi ne sûmes bientôt à quoi nous en tenir. Puis tout d'un coup, lui tournant le dos et s'approchant de moi, elle me pria, à voix basse et d'un air mystérieux, de tenir le piano à un quart de ton au-dessous du diapason, parce qu'elle avait une voix de contralto. Qui voulait-elle mystifier du cousin ou de moi, en me disant ce grand secret d'un air si important? Je faillis aller donner une poignée de main à Hector, tant notre figure me parut également sotte et notre position ridicule. Mais je vis que le bon jeune homme y attachait plus d'importance que moi, et il me regarda de travers d'un air si sournois et si profond, que j'eus de la peine à m'empêcher de rire. Je répondis tout bas à la Grimani et d'un air encore plus confidentiel: « Signora, j'ai prévenu vos désirs, et le piano est juste au ton de l'orchestre de San-Carlo, qu'on baissa la saison dernière à cause de mon rhume. »

La signora prit alors le bras de son cousin d'un air théâtral, et l'emmena dans le jardin avec précipitation. Comme ils restèrent à se promener devant la façade, et que je voyais leurs ombres passer et repasser sur le rideau, je me mis derrière ce rideau, et j'écoutai leur conversation.

« C'est précisément ce que je voulais vous dire, cher cousin, disait la signora. Cet homme a une figure bizarre, effrayante; il ne se doute pas de ce que c'est qu'un piano, et jamais il ne viendra à bout de l'accorder. Vous verrez! C'est un chevalier d'industrie, n'en doutez pas. Ayons toujours l'œil sur lui, et tenez votre montre dans votre main quand il passera près de vous. Je vous jure que, pendant que je me penchais, sans me douter de rien, vers le piano, pour lui dire de le baisser, il a avancé la main pour me voler ma chaîne d'or.

— Eh! vous raillez, ma cousine! Il est impossible qu'un filou ait tant d'audace. Ce n'est pas du tout là ce que je veux vous dire, et vous feignez de ne pas me comprendre.

— Je feins, Hector? Vous m'accusez de feindre? Moi, feindre! En vérité, dites-moi si vous valez la peine que je me donnerais pour inventer un mensonge?

— Cette dureté est fort inutile, ma cousine. Il paraît que je vaux du moins la peine que vous cherchiez l'occasion de m'adresser des paroles mortifiantes.

— Mais, pour Dieu, de quoi parlez-vous, mon cousin? Et pourquoi dites-vous que cet homme...

— Je dis que cet homme n'est point un accordeur de pianos, qu'il n'accorde pas votre piano, qu'il n'a jamais accordé aucun piano. Je dis qu'il ne vous quitte pas de l'œil, qu'il épie tous vos mouvements, qu'il aspire toutes vos paroles. Je dis que c'est un homme qui vous aura vue quelque part, à Naples ou à Florence, au théâtre ou à la promenade, et qui est tombé amoureux de vous.

— Et qui s'est introduit ici *sous un déguisement*, pour me voir et pour me séduire peut-être, l'infâme, le scélérat! » En prononçant ces paroles d'un ton emphatique, la signora se renversa sur un banc en riant aux éclats. Comme je vis le cousin s'approcher de la porte du salon d'un air presque furieux, je retournai à mon poste, et, m'armant du marteau d'accordage, je résolus de l'en assommer s'il essayait de m'outrager; car j'avais déjà pressenti l'homme qui s'arrange de manière à ne pas se battre, et qui appelle ses valets quand on le brave à portée de l'antichambre. Il tombera raide mort avant de tirer le cordon de cette sonnette, pensai-je en serrant le marteau dans ma main et en jetant un rapide regard autour de moi. Mais mon aventure ne garda pas longtemps cette tournure dramatique.

Je revis la signora au bras de son cousin, se promenant sur la terrasse, et de temps en temps s'arrêtant devant la porte de glaces entr'ouverte, pour me regarder, elle, d'un air railleur, lui, d'un air embarrassé. Je ne savais plus ce qui se passait entre eux, et la colère me montait de plus en plus à la gorge.

Une jolie soubrette se trouva tout d'un coup en tiers sur la terrasse. La signora lui parlait d'un ton animé, tantôt riant, tantôt prenant un air absolu. La soubrette semblait hésiter; le cousin semblait supplier sa cousine de ne pas faire d'extravagance. Enfin la soubrette vint à moi d'un air confus, et me dit en rougissant jusqu'à la racine des cheveux : « Monsieur, la signora m'ordonne de vous dire, en propres termes, que vous êtes un insolent, et que vous feriez bien mieux d'accorder le piano que de la regarder comme vous faites. Pardon, Monsieur... Je crois bien que c'est une plaisanterie. — Et je le prends ainsi, répondis-je; mais répondez à la Signora que je lui présente mon profond respect, et que je la prie de ne pas me croire assez insolent pour la regarder. Je n'y pensais pas le moins du monde; et, s'il faut vous dire la vérité, à vous, ma belle enfant, c'est vous que je voyais au milieu de la prairie, et qui m'occupiez tellement que je ne songeais plus à continuer ma besogne.

—Moi! Monsieur, dit la soubrette en rougissant encore plus et en inclinant sa jolie tête sur son sein avec embarras. Comment pouvais-je occuper monsieur?

—Parce que vous êtes plus jolie cent fois que votre maîtresse, » lui dis-je en passant un bras autour d'elle et en lui donnant un baiser avant qu'elle eût le temps de se douter de ma fantaisie.

C'était une belle villageoise, une sœur de lait de la signora. Elle était brune aussi, grande et svelte, mais timide dans sa démarche, et aussi naïve, aussi douce dans son maintien que sa jeune maîtresse était résolue et rusée. Elle tomba dans un tel trouble en se voyant ainsi embrassée par surprise devant la signora, qui s'était approchée jusqu'au seuil du salon, entraînant son imbécile cousin, qu'elle s'enfuit en cachant son visage dans son tablier bleu brodé d'argent. La signora, qui ne s'attendait pas davantage à me voir prendre si philosophiquement ses impertinences, recula d'un pas, et le cousin, qui n'avait rien vu, répéta plusieurs fois de suite: « Qu'est-ce qu'il y a? Qu'est-ce que c'est? » La pauvre fillette continua de fuir sans vouloir répondre, et la signora éclata d'un rire forcé dont je feignis de ne pas m'apercevoir.

Au bout de peu d'instants, je la vis reparaître seule. Elle avait une expression de visage qui voulait être sévère, et qui était émue et troublée. « Il est heureux pour vous et pour moi, Monsieur, dit-elle d'une voix un peu altérée, que mon cousin soit crédule et simple; car sachez qu'il est jaloux et querelleur.

—En vérité, Mademoiselle? répondis-je gravement.

—Ne raillez pas, Monsieur, reprit-elle avec dépit. On

peut être aisé à tromper quand on aime; mais on est brave quand on s'appelle Grimani.

—Je n'en doute point, Mademoiselle, répondis-je sur le même ton.

—Je vous prie donc, Monsieur, reprit-elle encore avec une véhémence involontaire, de ne plus vous montrer ici; car toutes ces plaisanteries pourraient mal finir.

—C'est comme il vous plaira, Mademoiselle, répondis-je toujours imperturbable.

—Il me paraît cependant, Monsieur, qu'elles vous divertissent beaucoup; car vous ne paraissez pas disdisposé à les terminer.

—Si je m'en amuse, signora, c'est par obéissance, comme on s'amuse en Italie sous le règne du grand Napoléon. Je voulais me retirer il y a une heure, et c'est vous qui n'avez pas voulu.

—Je ne l'ai pas voulu? Osez-vous dire que je ne l'ai pas voulu?

—Je voulais dire, signora, que vous n'y avez pas songé; car j'attendais que vous me donnassiez un prétexte pour me retirer d'une manière tant soit peu vraisemblable au beau milieu de ma besogne, et il m'était impossible, quant à moi, de l'imaginer. Cela serait si peu naturel dans l'état où est le piano, et j'ai une si ferme volonté de ne rien faire qui puisse vous compromettre, que je reviendrai demain...

—Vous ne le ferez pas...

—J'en demande bien pardon à Votre Seigneurie, je reviendrai.

—Et pourquoi donc, Monsieur? Et de quel droit?

—Je reviendrai pour satisfaire la curiosité du seigneur Hector, qui est fort intrigué de savoir qui je suis, et j'y reviendrai du droit que vous m'avez donné de faire face à l'homme avec qui vous avez voulu rire de moi.

—Est-ce une menace, seigneur Lélio? dit-elle en cachant sa frayeur sous le manteau de son orgueil.

—Non, signora. Un homme qui ne veut pas reculer devant un autre homme n'est pas un homme qui menace.

—Mais mon cousin ne vous a rien dit, Monsieur; c'est contre son gré que je vous ai fait ces plaisanteries.

—Mais il est jaloux et querelleur... De plus, il est brave. Moi, je ne suis pas jaloux, signora, je n'en ai ni le droit ni la fantaisie. Mais je suis querelleur aussi, et peut-être que, moi aussi, bien que je ne m'appelle pas Grimani, je suis brave; qu'en savez-vous?

—Oh! je n'en doute pas, Lélio! » s'écria-t-elle avec un accent qui me fit frémir de la tête aux pieds, tant il était différent de ce que j'entendais depuis trois jours.

Je la regardai avec surprise; elle baissa les yeux d'un air à la fois modeste et fier. Je fus désarmé encore une fois. « Signora, repris-je, je ferai ce que vous voudrez, rien que ce que vous voudrez, comme vous le voudrez. »

Elle hésita un instant. « Vous ne pouvez pas revenir comme accordeur de pianos, dit-elle, vous me compromettriez; car mon cousin va certainement dire à ma tante qu'il vous soupçonne d'être un chercheur d'aventures galantes; et, si ma tante le sait, elle le dira à ma mère. Or, monsieur Lélio, sachez que je ne me soucie que d'une personne au monde, c'est de ma mère; que je ne crains qu'une chose au monde, c'est le déplaisir de ma mère. Elle m'a pourtant bien mal élevée, vous le voyez; elle m'a horriblement gâtée... mais elle est si bonne, si douce, si tendre, si triste... Elle m'aime tant... si vous saviez!... » Une grosse larme roula sur la noire paupière de la signora; elle essaya quelques instants de la retenir, mais elle vint tomber sur sa main. Ému, pénétré et terrassé par le terrible dieu avec lequel on ne joue pas en vain, je portai mes lèvres sur cette belle main, et je dévorai cette belle larme, poison subtil qui mit le feu dans mon sein. J'entendis revenir le cousin, et, me levant précipitamment : « Adieu, signora, lui dis-je, je vous obéirai aveuglément, je le jure sur mon honneur : si monsieur votre cousin m'offense, je me laisserai insulter ; je serai lâche plutôt que de vous faire verser une seconde larme... » Et, la saluant jusqu'à terre, je me retirai. Le cousin ne me parut pas aussi belliqueux qu'elle me l'avait dépeint ; car il me salua le premier, lorsque je passai devant lui. Je me retirai lentement, pénétré de tristesse ; car j'aimais, et je devais ne pas revenir. En devenant sincère, mon amour devenait généreux.

Je me retournai plusieurs fois pour voir la robe de velours de la signora ; mais elle avait disparu. Au moment où je franchissais la grille du parc, je l'aperçus dans une petite allée qui longeait la muraille intérieurement. Elle avait couru pour se trouver là en même temps que moi, et elle s'efforçait de prendre une démarche lente et rêveuse pour me faire croire que le hasard amenait cette rencontre ; mais elle était tout essoufflée, et ses beaux bandeaux de cheveux noirs s'étaient dérangés le long des branches qu'elle avait rapidement écartées pour venir à travers le taillis. Je voulus m'approcher d'elle, elle me fit un signe comme pour m'indiquer qu'on la suivait. J'essayai de franchir la grille ; je ne pouvais pas m'y décider. Elle me fit alors un signe d'adieu accompagné d'un regard et d'un sourire ineffables. En cet instant elle fut belle comme je ne l'avais point encore vue. Je mis une main sur mon cœur, l'autre sur mon front, et je m'enfuis, heureux et amoureux déjà comme un fou. Les branches avaient frémi à quelques pas derrière la signora ; mais, là comme ailleurs, le cousin n'arrivait pas à temps : j'avais disparu.

Je trouvai chez moi une lettre de la Checchina. « Je

me suis mise en route pour aller te rejoindre, me disait-elle, et me reposer sous les doux ombrages de Cafaggiolo des fatigues du théâtre. J'ai versé à San-Giovani; j'en suis quitte pour quelques contusions; mais ma voiture est brisée. Les maladroits ouvriers de ce village me demandent trois jours pour la réparer. Prends ta calèche, et viens me chercher, si tu ne veux que je périsse d'ennui dans cette auberge de muletiers, etc. » Je partis une heure après, et, au point du jour, j'arrivai à San-Giovani. « Comment se fait-il que tu sois seule? » lui dis-je en essayant de me débarrasser de ses grands bras et de ses fraternelles accolades, insupportables pour moi depuis ma maladie, à cause des parfums dont elle faisait un usage immodéré, soit qu'elle crût ainsi imiter les grandes dames, soit qu'elle aimât de passion tout ce qui flatte les sens. « Je me suis brouillée avec Nasi, me dit-elle; je l'ai planté là, et je ne veux plus entendre parler de lui! — Ce n'est pas très-sérieux, repris-je, puisque pour le fuir tu vas t'installer chez lui. — C'est très-sérieux, au contraire; car je lui ai défendu de me suivre. — Et c'est pour lui en ôter les moyens, apparemment, que tu prends sa voiture pour te sauver, et que tu la brises en chemin? — C'est sa faute; il fallait bien presser les postillons; pourquoi a-t-il la mauvaise habitude de courir après moi? J'aurais voulu me tuer en versant, et qu'il arrivât pour me voir expirer, et pour apprendre ce que c'est que de contrarier une femme comme moi. — C'est-à-dire une folle. Mais tu n'auras pas le plaisir de mourir pour te venger, puisque d'une part tu ne t'es pas fait de mal, et que de l'autre il n'a pas couru après toi. — Oh! il aura passé ici cette nuit sans se douter que j'y suis, et tu l'auras croisé en venant. Nous allons le trouver à Cafaggiolo. — Il est assez insensé pour cela. — Si j'en étais sûre, je voudrais rester ici huit jours cachée, afin de l'inquiéter, et de lui faire croire que je suis partie pour la France, comme je l'en ai menacé. — A ton plaisir, ma belle; je te salue et te laisse ma voiture. Quant à moi, j'ai peu de goût pour ce pays et pour cette auberge. —Si tu n'étais pas un sot, tu me vengerais, Lélio! — Merci! je ne suis pas offensé; tu ne l'es pas davantage, peut-être?—Oh! je le suis mortellement, Lélio! — Il aura refusé de te donner pour vingt-cinq mille francs de gants blancs, et il aura voulu te donner cinquante mille francs de diamants; quelque chose comme cela, sans doute? — Non, non, Lélio, il a voulu se marier! — Pourvu que ce ne soit pas avec toi, c'est une envie très-pardonnable.—Et ce qu'il y a de plus affreux, c'est qu'il s'était imaginé de me faire consentir à son mariage, et conserver mes bonnes grâces. Après une pareille insulte, crois-tu qu'il a eu l'audace de m'offrir un million, à condition que je le laisserais se marier, et que je lui resterais fidèle!—Un million! diable! voilà bien le quarantième million que je te vois refuser, ma pauvre Checchina. Il y aurait de quoi entretenir une famille royale avec les millions que tu as méprisés!—Tu plaisantes toujours, Lélio. Un jour viendra où tu verras que, si j'avais voulu j'aurais pu être reine tout comme une autre. Les sœurs de Napoléon sont-elles donc plus belles que moi? Ont-elles plus de talent, plus d'esprit, plus d'énergie! Ah! que je m'entendrais bien à tenir un royaume! — A peu près comme à tenir des livres en partie double dans un comptoir de commerce. Allons! tu as mis ta robe de chambre à l'envers, et tu essuies les pleurs de tes beaux yeux avec un de tes bas de soie. Fais trêve pour quelques instants à ces rêves d'ambition, habille-toi, et partons. »

Tout en regagnant la villa de Cafaggiolo et en laissant ma compagne de voyage donner un libre cours à ses déclamations héroïques, à ses divagations et à ses hâbleries, j'arrivai, non sans peine, à savoir que le bon Nasi avait été fasciné dans un bal par une belle personne et l'avait demandée en mariage ; qu'il était venu signifier sa résolution à Checchina ; que celle-ci ayant pris le parti de s'évanouir et d'avoir des convulsions, il avait été tellement épouvanté par la violence de son désespoir, qu'il l'avait suppliée d'accepter un terme moyen et de rester sa maîtresse malgré le mariage. Alors la Checchina, le voyant faiblir, avait orgueilleusement refusé de partager le cœur et la bourse de son amant. Elle avait demandé des chevaux de poste et signé ou feint de signer un engagement avec l'Opéra de Paris. Le débonnaire Nasi n'avait pu supporter l'idée de perdre une femme qu'il n'était pas sûr de ne plus adorer pour une femme que peut-être il n'adorait pas encore. Il avait demandé pardon à la cantatrice ; il avait retiré sa demande et cessé ses démarches de mariage auprès de l'illustre beauté dont la Checchina ignorait le nom. Checchina s'était laissé attendrir ; mais elle avait appris indirectement, le lendemain de ce grand sacrifice, que Nasi n'avait pas eu un grand mérite à le faire, puisqu'il venait entre la scène de fureur et la scène de raccommodement, d'être débouté de sa demande de mariage et dédaigné pour un heureux rival. La Checchina, outrée, était partie, laissant au comte une lettre foudroyante dans laquelle elle lui déclarait qu'elle ne le reverrait jamais ; et, prenant la route de France, car tout chemin mène à Paris aussi bien qu'à Rome, elle courait attendre à Cafaggiolo que son amant la poursuivit et vînt mettre son corps en travers du chemin pour l'empêcher de pousser plus avant une vengeance dont elle commençait à s'ennuyer un peu.

Tout cela n'était pas dans le cerveau de la Checchina à l'état de calcul étroit et d'intrigue cupide. Elle aimait l'opulence, il est vrai, et ne pouvait s'en passer ; mais elle avait tant de foi en sa destinée et tant d'audace dans le caractère, qu'elle risquait à chaque instant la fortune du jour pour celle du lendemain. Elle passait le Rubicon tous les matins, certaine de trouver sur l'autre rive un empire plus florissant que celui qu'elle abandonnait. Il n'y avait donc dans ces féminines rouries rien de vil parce qu'il n'y avait rien de craintif. Elle ne jouait pas la douleur; elle ne faisait ni fausses promesses ni feintes prières. Elle avait dans ses moments de contrariété de très-véritables attaques de nerfs. Pourquoi ses amants étaient-ils assez crédules pour prendre l'impétuosité de sa colère pour l'effet d'une douleur profonde combattue par l'orgueil? N'est-ce pas notre faute à tous quand nous sommes dupes de notre propre vanité?

D'ailleurs, quand même, pour conserver son empire, la Checchina aurait un peu joué la tragédie dans son boudoir, elle avait son excuse dans la grande sincérité de sa conduite. Je n'ai jamais rencontré de femme plus franche, plus fidèle aux amants qui lui étaient fidèles, plus téméraire dans ses aveux lorsqu'elle était vengée, plus incapable de ressaisir sa domination au prix d'un mensonge. Il est vrai qu'elle n'aimait pas assez pour cela, et que nul homme ne lui semblait valoir la peine de se contraindre et de s'humilier à ses propres yeux par une dissimulation prolongée. J'ai souvent pensé que nous étions bien fous, nous autres, d'exiger tant de franchise quand nous apprécions si peu le mérite de la fidélité. J'ai souvent éprouvé par moi-même qu'il faut plus de passion pour soutenir un mensonge qu'il ne faut de courage pour dire la vérité. Il est si facile d'être sincère avec ce qu'on n'aime pas! il est si agréable de l'être avec ce qu'on n'aime plus!

Cette simple réflexion vous expliquera pourquoi il me fut impossible d'aimer longtemps la Checchina, et comment il me fut impossible aussi de ne pas l'estimer toujours, en dépit de ses frasques insolentes et de son ambition démesurée. Je compris vite que c'était une détestable amante et une excellente amie, et puis, il y avait une sorte de poésie dans cette énergie d'aventurière, dans ce détachement des richesses, inspiré par l'amour même des richesses; dans cette fatuité inconcevable, couronnée toujours d'un succès plus inconcevable encore. Elle se comparait sans cesse aux sœurs de Napoléon pour se préférer à elles, et à Napoléon pour s'égaler à lui. Cela était plaisant et pas trop ridicule. Dans sa sphère, elle avait autant d'audace et de bonheur que le grand conquérant. Elle n'eut jamais pour amants que des hommes jeunes, riches, beaux, et honnêtes; et je ne crois pas qu'un seul se soit jamais plaint d'elle après l'avoir quittée ou perdue; car au fond elle était grande et noble. Elle savait toujours racheter mille puérilités et mille malices par un acte décisif de force et de bonté. Enfin, pour tout dire, elle était brave au moral et au physique, et les gens de ce tempérament valent toujours quelque chose, où qu'ils soient et quoi qu'ils fassent.

« Ma pauvre enfant, lui disais-je chemin faisant, tu vas être bien attrapée si Nasi te prend au mot et te laisse partir pour la France. — Il n'y a pas de danger, disait-elle en souriant, oubliant qu'elle venait de me dire que pour rien au monde elle ne se laisserait fléchir par ses soumissions. — Mais enfin, supposons que cela arrive, que feras-tu? Tu n'as rien au monde, et tu n'as pas coutume de garder les dons des amants que tu quittes. C'est pour cela que je t'estime un peu, malgré tous tes crimes. Voyons, dis-moi, que vas-tu devenir? — J'aurai du chagrin, me répondit-elle; oui, vraiment, Lélio, j'aurai des regrets; car Nasi est un digne homme, un excellent cœur. Je parie que je pleurerai pendant... je ne sais pas combien de temps! Mais enfin on a une destinée ou on n'en a pas. Si Dieu veut que j'aille en France, c'est apparemment parce que je n'ai plus rien d'heureux à rencontrer en Italie. Si je me sépare de ce bon et tendre amant, c'est sans doute que là-bas un homme plus dévoué et plus courageux m'attend pour m'épouser, et pour prouver au monde que l'amour est au-dessus de tous les préjugés. N'en doute pas, Lélio, je serai princesse, reine peut-être. Une vieille sorcière de Malamocco me l'a prédit dans mon horoscope, lorsque je n'avais que quatre ans, et je l'ai toujours cru; preuve que cela doit être! — Preuve concluante, repris-je, argument sans réplique! Reine de Barataria, je te salue!

—Qu'est-ce que c'est que la Barataria? Est-ce que c'est le nouvel opéra de Cimarosa?

—Non, c'est le nom de l'étoile qui préside à ta destinée. »

Nous arrivâmes à Cafaggiolo, et n'y trouvâmes point Nasi. « Ton étoile pâlit, la fortune t'abandonne, » dis-je à la Chioggiote. Elle se mordit les lèvres et reprit aussitôt avec un sourire: « Avant le lever du soleil, il y a toujours des brouillards sur les lagunes. Dans tous les cas, il faut prendre des forces, afin d'être préparé aux coups de la destinée. » En parlant ainsi, elle se mit à table, avala presque une daube truffée; après quoi elle dormit douze heures sans désemparer, passa trois heures à sa toilette, et pétilla d'esprit et d'absurdité jusqu'au soir. Nasi n'arriva point.

Pour moi, au milieu de la gaieté et de l'animation que cette bonne fille avait apportée dans ma solitude, j'étais préoccupé du souvenir de mon aventure à la villa Grimani, et tourmenté du désir de revoir ma belle patricienne. Mais quel moyen? Je me creusais vainement l'esprit pour en trouver un qui ne la compromît pas. En la quittant, je m'étais juré de ne faire aucune imprudence. En repassant dans ma mémoire le souvenir de ces derniers instants où elle m'avait semblé si naïve et si touchante, je sentais que je ne pouvais plus agir légèrement envers elle sans perdre ma propre estime. Je n'osais pas prendre des informations sur son entourage, encore moins sur son intérieur; je n'avais voulu voir personne dans les environs, et maintenant j'en étais presque fâché ; car j'eusse pu apprendre par hasard ce que je n'osais demander directement. Le domestique qui me servait était un Napolitain arrivé avec moi et comme moi pour la première fois dans le pays. Le jardinier était idiot et sourd. Une vieille femme de charge, qui tenait la maison depuis l'enfance de Nasi, eût pu m'instruire peut-être; mais je n'osais l'interroger, elle était curieuse et bavarde. Elle s'inquiétait beaucoup de savoir où j'allais, et, pendant les trois jours que je ne lui avais pas rapporté de gibier, ni rendu compte de mes promenades, elle était si intriguée, que je tremblais qu'elle ne vînt à découvrir mon roman. Un nom seul eût pu la mettre sur la voie. Je me gardai donc bien de le prononcer. Je ne voulais pas aller à Florence, j'y étais trop connu ; je m'y serais à peine montré, que j'eusse été inondé de visites. Or, dans la disposition maladive et misanthropique qui m'avait fait chercher la retraite de Cafaggiolo, j'avais caché mon nom et mon état tant aux gens des environs qu'aux serviteurs de la maison même. Je devais garder plus que jamais mon incognito ; car je présumais que le comte allait arriver, et que ses velléités de mariage pourraient bien lui faire désirer d'ensevelir dans le mystère la présence de la Checchina dans sa maison.

Deux jours s'écoulèrent ainsi sans que Nasi revînt, lui qui eût pu m'éclairer, et sans que j'osasse faire un pas dehors. La Checchina fut prise de vives douleurs et d'un gros rhume par suite des mésaventures de son voyage. Peut-être, ne sachant quelle figure faire vis-à-vis de moi, ne voulant pas avoir l'air d'attendre son infidèle après avoir juré qu'elle ne l'attendrait pas, n'était-elle pas fâchée d'avoir un prétexte pour rester à Cafaggiolo.

Un matin, ne pouvant y tenir, car cette signorina de quinze ans me trottait par la tête avec ses petites mains blanches et ses grands yeux noirs, je pris mon carnier, j'appelai mon chien, et je partis pour la chasse, n'oubliant que mon fusil. Je rôdai vainement autour de la villa Grimani; je n'aperçus pas un être vivant, je n'entendis pas un bruit humain. Toutes les grilles du parc étaient fermées, et je remarquai que dans la grande allée, d'où l'on apercevait le bas de la façade, on avait abattu de gros arbres, dont le branchage touffu interceptait complétement la vue. Était-ce à dessein qu'on avait dressé ces barricades? Était-ce une vengeance du cousin? Était-ce une précaution de la tante? Était-ce une malice de mon héroïne elle-même? Si je le croyais! me disais-je. Mais je ne le croyais pas. J'aimais bien mieux supposer qu'elle gémissait de mon absence et de sa captivité, et je faisais pour sa délivrance mille projets plus ridicules les uns que les autres.

En rentrant à Cafaggiolo, je trouvai dans la chambre de la Checchina une belle villageoise que je reconnus aussitôt pour la sœur de lait de la Grimani. « Voilà, me dit la Checchina, qui l'avait fait fait asseoir sans façon sur le pied de son lit, une belle enfant qui ne veut parler qu'à toi, Lélio. Je l'ai prise sous ma protection, parce que la vieille Cattina voulait la renvoyer insolemment. Moi, j'ai bien vu à son petit air modeste que c'est une honnête fille, et je ne lui ai pas fait de questions indiscrètes. N'est-ce pas, ma pauvre brunette? Allons, ne soyez pas honteuse, et passez dans le salon avec M. Lélio. Je ne suis pas curieuse, allez; j'ai autre chose à faire que de tourmenter mes amis.

— Venez, ma chère enfant, dis-je à la soubrette, et ne craignez rien; vous n'avez affaire ici qu'à d'honnêtes gens. »

La pauvre fille restait debout, éperdue, et triste à faire pitié. Bien qu'elle eût eu le courage de cacher jusque-là le motif de sa visite, elle tirait de sa poche et montrait à demi, dans son trouble, un billet qu'elle y renfonçait de nouveau, partagée entre le soin de son honneur et celui de l'honneur de sa maîtresse. « Oh! mon Dieu! dit-elle enfin d'une voix tremblante, si madame allait croire que je viens ici dans de mauvaises intentions!... — Moi, je ne crois rien du tout, ma pauvrette, s'écria la bonne Checchina en ouvrant un livre et en lisant au travers d'un lorgnon, bien qu'elle eût une vue excellente, car elle croyait qu'il était de bon air d'avoir les yeux faibles. — C'est que madame a l'air si bon, et m'a reçue avec tant de confiance, reprit la jeune fille. — Votre air inspire cette confiance à tout le monde, repartit la cantatrice, et si je suis bonne avec vous, c'est que vous le méritez. Allez, allez, je ne suis pas indiscrète, contez vos affaires à M. Lélio, cela ne me fâchera pas le moins du monde. Allons, Lélio, emmène-la donc! Pauvre petite! elle se croit perdue. Va, mon enfant, les comédiens sont d'aussi braves gens que les autres, sois-en sûre. »

La jeune fille fit une profonde révérence et me suivit dans le salon. Son cœur battait à briser le lacet de son corsage de velours vert, et ses joues étaient écarlates comme sa jupe. Elle se hâta de tirer la lettre de sa poche, et, en me la remettant, elle recula de trois pas, tant elle craignait que je ne fusse aussi insolent avec elle que la première fois. Je la rassurai par le calme de mon maintien, et lui demandai si elle avait quelque chose de plus à me dire. « Il faut que j'attende la réponse, me dit-elle d'un air d'angoisse. — Eh bien, lui dis-je, allez l'attendre dans l'appartement de madame. » Et je la reconduisis auprès de la Checchina. « Cette brave fille, lui dis-je, veut entrer au service d'une dame de Florence que je connais particulièrement, et elle vient me demander une lettre de recommandation. Pendant que je vais l'écrire, voulez-vous permettre qu'elle reste près de vous? — Oui, oui, certes! » dit la Checchina en lui faisant signe de s'asseoir, et en lui souriant d'un air de protection amicale. Cette douceur et cette simplicité de manières envers les gens de son ancienne condition étaient au nombre des belles qualités de la Chioggiote. En même temps qu'elle minaudait les allures de la grande dame, elle conservait la bonté brusque et naïve de la batelière. Ses manières, souvent ridicules, étaient toujours bienveillantes; et, si elle aimait à trôner dans un lit de satin garni de dentelles devant cette pauvre villageoise, elle n'en avait pas moins dans le cœur et sur les lèvres de tendres encouragements pour son humilité.

La lettre de la signora était conçue en ces termes :

« Trois jours sans revenir! Ou vous n'avez guère d'esprit, ou vous n'avez guère d'envie de me revoir. Est-ce donc à moi de trouver le moyen de continuer nos amicales relations? Si vous ne l'avez pas cherché, vous êtes un sot; si vous ne l'avez pas trouvé, vous êtes ce que vous m'accusez d'être. La preuve que je ne suis *ne superba, ne stupida*, c'est que je vous donne un rendez-vous. Demain matin dimanche, je serai à la messe de huit heures à Florence, à *Santa-Maria del Sasso*. Ma tante est malade; Lila, ma sœur de lait, doit seule m'accompagner. Si le domestique et le cocher vous remarquent ou vous interrogent, donnez-leur de l'argent, ce sont des coquins. Adieu, à demain. »

Répondre, promettre, jurer, remercier, et remettre à la belle Lila le plus ampoulé des billets d'amour, ce fut l'affaire de peu d'instants. Mais quand je voulus glisser une pièce d'or dans la main de la messagère, j'en fus empêché par un regard plein de tristesse et de dignité. Elle avait cédé par dévouement à la fantaisie de sa maîtresse ; mais il était évident que sa conscience lui reprochait cet acte de faiblesse, et que lui en offrir le paiement, c'eût été la châtier et l'humilier cruellement. Je me reprochais beaucoup en cet instant le baiser que j'avais osé lui dérober pour railler sa maîtresse, et j'essayai de réparer ma faute en la reconduisant jusqu'au bout du jardin avec autant de respect et de courtoisie que j'en eusse témoigné à une grande dame.

Je fus très-agité tout le reste du jour. La Checchina s'aperçut de ma préoccupation. « Voyons, Lélio, me dit-elle à la fin du souper que nous prenions tête à tête sur une jolie petite terrasse ombragée de pampres et de jasmins ; je vois que tu es tourmenté : pourquoi ne m'ouvres-tu pas ton cœur ? Ai-je jamais trahi un secret ? Ne suis-je pas digne de ta confiance ? Ai-je mérité qu'elle me fût retirée ? — Non, ma bonne Checchina, lui répondis-je, je rends justice à ta discrétion (et il est certain que la Checchina eût gardé, comme Porcia, les confidences de Brutus) ; mais, ajoutai-je, si tous mes secrets t'appartiennent, il en est d'autres... — Je sais ce que tu vas me dire, dit-elle avec vivacité. Il en est d'autres qui ne sont pas à toi seul et dont tu n'as pas le droit de disposer ; mais si, malgré toi, je les devine, dois-tu pousser le scrupule jusqu'à nier inutilement ce que je sais aussi bien que toi ? Allons, ami, j'ai fort bien compris la visite de cette belle fille ; j'ai vu sa main dans sa poche, et, avant qu'elle m'eût dit bonjour, je savais qu'elle apportait une lettre. A l'air timide et chagrin de cette pauvre Iris (la

Checchina aimait beaucoup les comparaisons mythologiques depuis qu'elle épelait l'*Aminta di Tasso* et l'*Adone del Guarini*), j'ai bien compris qu'il y avait là une véritable histoire de roman, une grande dame craignant le monde ou une petite fille risquant son établissement futur avec quelque honnête bourgeois. Ce qu'il y a de certain, c'est que tu as fait une de ces conquêtes dont vous autres hommes êtes si fiers, parce qu'elles passent pour difficiles et demandent beaucoup de cachotteries. Tu vois que j'ai deviné? » Je répondis par un sourire. « Je ne t'en demande pas davantage, reprit-elle ; je sais que tu ne dois trahir ni le nom, ni la demeure, ni la condition de la personne ; d'ailleurs, cela ne m'intéresse pas. Mais je puis te demander si tu es enchanté ou désespéré, et tu dois me dire si je puis te servir à quelque chose.

— Si j'ai besoin de toi, je te le dirai, répondis-je ; et, quant à te faire savoir si je suis enchanté ou désespéré, je puis t'assurer que je ne suis encore ni l'un ni l'autre.

— Eh bien! eh bien! prends garde à l'un comme à l'autre; car, dans les deux cas, il n'y aurait pas lieu à de si grandes émotions.

— Et qu'en sais-tu?

— Mon cher Lélio, reprit-elle d'un ton sentencieux, supposons que tu sois enchanté. Qu'est-ce qu'une femme facile de plus ou de moins dans la vie d'un homme de théâtre : le théâtre, où les femmes sont si belles, si étincelantes d'esprit? Vas-tu donc t'enivrer d'une bonne fortune du grand monde? Vanité! vanité! Les femmes du monde sont aussi inférieures à nous sous tous les rapports que la vanité est inférieure à la gloire.

— Voilà qui est modeste, je t'en félicite, répondis-je ; mais ne pourrait-on pas retourner l'aphorisme, et dire que c'est la vanité, et non l'amour, qui attire les hommes du monde aux pieds des femmes de théâtre?

— Oh! quelle différence! s'écria la Checchina. Une belle et grande actrice est un être privilégié de la nature et relevé par le prestige de l'art; livrée aux regards des hommes dans tout l'éclat de sa beauté, de son talent et de sa célébrité, n'est-il pas naturel qu'elle excite l'admiration et qu'elle allume les désirs? Pourquoi donc, vous autres, qui subjuguez la plupart d'entre nous avant les grands seigneurs; vous, qui nous épousez quand nous avons l'humeur sédentaire, et qui prélevez vos droits sur nous quand nous avons l'âme ardente; vous qui laissez jouer à d'autres le rôle d'amants magnifiques, et qui toujours êtes l'amant préféré, ou tout au moins l'ami du cœur; pourquoi tourneriez-vous vos pensées vers ces patriciennes qui vous sourient du bout des lèvres, et vous applaudissent du bout des doigts? Ah! Lélio! Lélio! je crains qu'ici ton bon sens ne soit fourvoyé dans quelque sotte aventure. A ta place, plutôt que d'être flatté des œillades de quelque marquise sur le retour, je serais attention à une belle choriste, à la Torquata ou à la Gargani, par exemple... Eh oui! eh oui! s'écria-t-elle en s'animant à mesure que je souriais; ces filles-là sont plus hardies en apparence, et je soutiens qu'elles sont moins corrompues en réalité que tes Cidalises de salon. Tu ne serais pas forcé de jouer auprès d'elles une longue comédie de sentiment, ou de livrer une misérable guerre de bel esprit... Mais voilà comme vous êtes! L'écusson d'un carrosse, la livrée d'un laquais, c'en est assez pour embellir à vos yeux le premier laideron titré qui laisse tomber sur vous un regard de protection...

— Ma chère amie, repris-je, tout cela est fort sensé; mais il ne manque à ton raisonnement que d'être appuyé sur un fait vrai. Pour mon honneur, tu aurais bien pu, je pense, supposer que la laideur et la vieillesse ne sont pas de rigueur chez une patricienne éprise d'un artiste. Il s'en est trouvé de jeunes et belles qui ont eu des yeux, et puisque tu me forces à te dire des choses ridicules dans un langage ridicule, pour te fermer la bouche, apprends que l'objet de *ma flamme* a quinze ans, et qu'elle est belle comme la *déesse Cypris*, dont tu apprends par cœur les prouesses en bouts rimés.

— Lélio! s'écria la Checchina en éclatant de rire, tu es le fat le plus insupportable que j'aie jamais rencontré.

— Si je suis fat, belle princesse, m'écriai-je, il y a un peu de votre faute, à ce qu'on prétend.

— Eh bien! dit-elle, si tu ne mens pas, si ta maîtresse est digne par sa beauté des folies que tu vas faire pour elle, prends bien garde à une chose, c'est qu'avant huit jours tu seras désespéré.

— Mais qu'avez-vous donc aujourd'hui, signora Checchina, pour me dire des choses si désobligeantes?

— Lélio, ne rions plus, dit-elle en posant sa main sur la mienne avec amitié. Je te connais mieux que tu ne te connais toi-même. Tu es sérieusement amoureux, et tu vas souffrir...

— Allons! allons, Checca, sur tes vieux jours tu te retireras à Malamocco, et tu y diras la bonne ou la mauvaise aventure aux bateliers des lagunes; en attendant, laisse-moi, belle sorcière, affronter la mienne sans lâches pressentiments.

— Non! non! Je ne me tairai pas que je n'aie tiré ton horoscope. S'il s'agissait d'une femme faite pour toi, je ne voudrais pas t'inquiéter; mais une noble, une femme du monde, marquise ou bourgeoise, il m'importe, je leur en veux! Quand je vois cet imbécile de Nasi me négliger pour une créature qui ne me va pas, je parie, au genou, je me dis que tous les hommes sont vains et sots. Ainsi, je te prédis que tu ne seras point aimé, parce qu'une femme du monde ne peut pas aimer un comédien; et, si par hasard tu es aimé, tu n'en seras que plus misérable; car tu seras humilié.

— Humilié! Checchina, qu'est-ce que vous dites donc là?

— A quoi connaît-on l'amour, Lélio? au plaisir qu'on donne ou à celui qu'on éprouve?...

— Pardieu! à l'un et à l'autre! Où veux-tu en venir?

— N'en est-il pas du dévouement comme du plaisir? Ne faut-il pas qu'il soit réciproque?

— Sans doute; après?

— Quel dévouement espères-tu rencontrer chez ta maîtresse? quelques nuits de plaisir? Tu sembles embarrassé de répondre.

— Je le suis, en effet; je t'ai dit qu'elle a quinze ans, et je suis un honnête homme.

— Espères-tu l'épouser?

— Epouser, moi! une fille riche et de grande maison! Dieu m'en préserve! Ah çà! tu crois donc que je suis dévoré comme toi de la matrimoniomanie?

— Mais je suppose, moi, que tu aies envie de l'épouser; tu crois qu'elle y consentira? tu en es sûr?

— Mais je te répète que pour rien au monde je ne veux épouser personne.

— Si c'est parce que tu serais mal venu à en avoir la prétention, ton rôle est triste, mon bon Lélio!

— *Corpo di Bacco!* tu m'ennuies, Checchina!

— C'est bien mon intention, cher ami de mon âme. Or donc, tu ne songes point à épouser, parce que ce serait une impertinente fantaisie de ta part, et que tu es un homme d'esprit. Tu ne songes point à séduire, parce que ce serait un crime, et que tu es un homme de cœur. Dis-moi, est-ce que ce sera bien amusant, ton roman?

— Mais, créature épaisse et positive que tu es, tu n'entends rien au sentiment. Si je veux faire une pastorale, qui m'en empêchera ?

— Une pastorale, c'est joli en musique. En amour, ce doit être bien fade.

— Mais ce n'est ni criminel ni humiliant.

— Et pourquoi es-tu si agité? Pourquoi es-tu triste, Lélio ?

— Tu rêves, Checchina; je suis tranquille et joyeux comme de coutume. Laissons toutes ces paroles; je ne te recommande pas le silence sur le peu que je t'ai dit, j'ai confiance en toi. Pour te rassurer sur ma situation d'esprit, sache seulement une chose : je suis plus fier de ma profession de comédien que jamais gentilhomme ne le fut de son marquisat. Il n'est au pouvoir de personne de m'en faire rougir. Je ne serai jamais assez fat, quoi que tu en dises, pour désirer des dévouements extraordinaires, et si un peu d'amour réchauffe mon cœur en cet instant, la joie modeste d'en inspirer un peu me suffit. Je ne nie pas les nombreuses supériorités des femmes de théâtre sur les femmes du monde. Il y a plus de beauté, de grâce, d'esprit et de feu dans les coulisses que partout ailleurs, je le sais. Il n'y a pas plus de pudeur, de désintéressement, de chasteté et de fidélité chez les grandes dames que partout ailleurs, je le sais encore. Mais la jeunesse et la beauté sont partout des idoles qui nous font plier le genou ; et quant au préjugé, c'est déjà beaucoup pour une femme élevée sous des lois tyranniques d'avoir en secret un pauvre regard et un pauvre battement de cœur pour un homme que ses préjugés même lui défendent de considérer comme un être de son espèce. Ce pauvre regard, ce pauvre *palpito*, ce serait bien peu pour le vaste désir d'une grande passion ; mais je te l'ai dit, cousine, je n'en suis pas là.

— Et qui te dit que tu n'y viendras pas?
— Alors il sera temps de me prêcher.
— Il sera trop tard, tu souffriras!
— Ah! Cassandra, laisse-moi vivre! »

Le lendemain, à sept heures du matin, j'errais lentement dans l'ombre des piliers de Santa-Maria. Ce rendez-vous était bien la plus grande imprudence que pût commettre ma jeune signora; car ma figure était aussi connue de la plupart des habitants de Florence que la grande route aux pieds de leurs chevaux. Je pris donc les plus minutieuses précautions pour entrer dans la ville à la lueur incertaine de l'aube, et je me tins caché sous les chapelles, la figure plongée dans mon manteau, me glissant en silence et n'éveillant point, par le moindre frôlement, les fidèles en prières parmi lesquels je cherchais à découvrir la dame de mes pensées. Je n'attendis pas longtemps : la belle Lila m'apparut au détour d'un pilier; elle me montra du regard un confessionnal vide dont la niche mystérieuse pouvait abriter deux personnes. Il y avait, dans le beau regard prompt et intelligent de cette jeune fille, quelque chose de triste qui m'alla au cœur; je m'agenouillai dans le confessional, et, peu d'instants après, une ombre noire se glissa près de moi et vint s'agenouiller à mes côtés. Lila se courba sur une chaise entre nous et les regards du public, qui, heureusement, était absorbé en cet instant par le commencement de la messe, et se prosternait bruyamment au son de la clochette de l'*introït*.

La signora était enveloppée d'un grand voile noir, et ses mains le retinrent croisé sur son visage pendant quelques instants. Elle ne me parlait point, elle courbait sa belle tête, comme si elle fût venue à l'église pour prier; mais, malgré tous ses efforts pour me paraître calme, je vis que son sein était oppressé, et qu'au milieu de son audace elle était frappée d'épouvante. Je n'osais la rassurer par des paroles tendres; car je la savais prompte à la repartie ironique, et je ne prévoyais pas quel ton elle prendrait avec moi en cette circonstance délicate. Je comprenais seulement que plus elle s'exposait avec moi, plus je devais me montrer respectueux et soumis. Avec un caractère comme le sien, l'impudence eût été promptement repoussée par le mépris. Enfin, je vis qu'il fallait le premier rompre le silence, et je la remerciai assez gauchement de la faveur de cette entrevue. Ma timidité sembla lui rendre le courage. Elle souleva doucement le coin de son voile, appuya son bras avec plus d'aisance sur le bois du confessionnal, et me dit d'un ton demi-railleur, demi-attendri :

« De quoi me remerciez-vous, s'il vous plaît ?

— D'avoir compté sur ma soumission, Madame, répondis-je; de n'avoir pas douté de l'empressement avec lequel je viendrais recevoir vos ordres.

— Ainsi, reprit-elle en raillant tout à fait, votre présence ici est un acte de pure soumission ?

— Je n'oserais pas me permettre de rien penser sur ma situation présente, sinon que je suis votre esclave, et qu'ayant une volonté souveraine à me manifester, vous m'avez commandé de venir m'agenouiller ici.

— Vous êtes un homme parfaitement élevé, » répondit-elle en dépliant lentement son éventail devant son visage et en remontant sa mitaine noire sur son bras arrondi, avec autant d'aisance que si elle eût parlé à son cousin.

Elle continua sur ce ton, et, en très-peu d'instants, je fus obsédé et presque attristé de son babil fantastique et mutin. « A quoi bon, me disais-je, tant d'audace pour si peu d'amour ! Un rendez-vous dans une église, à la vue de toute une population, le danger d'être découverte, maudite et reniée de sa famille et de toute sa caste, le tout pour échanger avec moi des quolibets, comme elle ferait avec une de ses amies en grande loge au théâtre ! Se plaît-elle donc aux aventures pour le seul amour du péril? Si elle s'expose ainsi sans m'aimer, que fera-t-elle pour l'homme qu'elle aimera ? Et puis combien de fois déjà et pour qui ne s'est-elle pas exposée de la sorte ? Si elle ne l'a pas fait encore, c'est le temps et l'occasion qui lui ont manqué. Elle est si jeune ! Mais quelle énorme série d'aventures galantes ne recèle pas cet avenir dangereux, et combien d'hommes en abuseront, et combien de souillures terniront cette fleur charmante avide de s'épanouir au vent des passions ! »

Elle s'aperçut de ma préoccupation, et me dit d'un ton brusque :

« Vous avez l'air de vous ennuyer ? »

J'allais répondre, lorsqu'un petit bruit nous fit tourner la tête par un mouvement spontané. Derrière nous s'ouvrit la coulisse de bois qui ferme la lucarne grillée par laquelle le prêtre reçoit les confessions, et une tête jaune et ridée, au regard pénétrant et sévère, nous apparut comme un mauvais rêve. Je me détournai précipitamment avant que ce tiers malencontreux eût le temps d'examiner mes traits. Mais je n'osai m'éloigner, de peur d'attirer l'attention des personnes environnantes. J'entendis donc ces paroles adressées à l'oreille de ma complice :

« Signora, la personne qui est auprès de vous n'est point venue dans la maison du Seigneur pour entendre les saints offices. J'ai vu dans toute son attitude et dans les distractions qu'elle vous donne que l'église est profanée par un entretien illicite. Ordonnez à cette personne de se retirer, ou je me verrai forcé d'avertir madame votre tante du peu de ferveur que vous portez à l'audition de la sainte messe, et de la complaisance avec laquelle vous ouvrez l'oreille aux fades propos des jeunes gens qui se glissent près de vous. »

La lucarne se referma aussitôt, et nous demeurâmes quelques instants immobiles, craignant de nous trahir par un mouvement. Alors Lila, s'approchant tout près de nous, dit à voix basse à sa maîtresse :

« Mon Dieu, retirons-nous, signora ! M. l'abbé Cignola, qui rôdait dans l'église depuis un quart d'heure, vient d'entrer dans le confessionnal et d'en ressortir presque aussitôt après vous avoir regardée sans doute par la lucarne. Je crains bien qu'il ne vous ait reconnue, ou qu'il n'ait entendu ce que vous disiez.

— Je le crois bien ; car il m'a parlé, répondit la signora, dont le noir sourcil s'était froncé durant le discours de l'abbé avec une expression de bravade. Mais peu m'importe.

— Je dois me retirer, signora, dis-je en me levant ; en restant une minute de plus, j'achèverais de vous perdre. Puisque vous connaissez ma demeure, vous me ferez savoir vos volontés...

— Restez, me dit-elle en me retenant avec force. Si vous vous éloignez, je perds le seul moyen de me disculper. N'aie pas peur, Lila. Ne dis pas un mot, je te le défends. Mon cousin, dit-elle en élevant un peu la voix, donnez-moi le bras et allons-nous-en.

— Y songez-vous, signora ? Tout Florence me connaît. Jamais vous ne pourrez me faire passer pour votre cousin.

— Mais tout Florence ne me connaît pas, répondit-elle en passant son bras sous le mien et en me forçant à marcher avec elle. D'ailleurs, je suis *hermétiquement* voilée, et vous n'avez qu'à enfoncer votre chapeau. Allons ! ayez donc mal aux dents ! Mettez votre mouchoir sur votre visage. Hé vite ! voici des gens qui me connaissent et qui me regardent. Ayez de l'assurance et doublez le pas. »

En parlant ainsi, et en marchant avec vivacité, elle gagna la porte de l'église, appuyée sur mon bras. J'allais prendre congé d'elle et m'enfoncer dans la foule qui s'écoulait avec nous, car la messe venait de finir, lorsque l'abbé Cignola nous apparut de nouveau, debout sur le portique et feignant de s'entretenir avec un des bedeaux. Son oblique regard nous suivait attentivement. « N'est-ce pas, Hector, » dit la signora en passant près de lui et en penchant sa tête entre le visage de l'abbé et le mien. Lila tremblait de tous ses membres ; la signora aussi ; mais son émotion redoublait son courage. Une voiture aux armoiries et à la livrée des Grimani s'avançait à grand bruit, et le peuple, qui a toujours coutume de regarder avidement l'étalage du luxe, se pressait sous les roues et sous les pieds des chevaux. D'ailleurs, l'équipage de la vieille Grimani en particulier attirait toujours une nuée de mendiants ; car la pieuse dame avait coutume de répandre des aumônes sur son passage. Un grand laquais fut forcé de les repousser pour ouvrir la portière, et j'avançais toujours, conduisant la signora, et toujours suivi du regard inquisitorial de l'abbé Cignola. « Montez avec moi, » me dit la signora d'un ton absolu et avec un serrement de main énergique en s'élançant sur le marchepied. J'hésitais ; il me semblait que ce dernier coup d'audace allait consommer sa perte. « Montez donc, » me dit-elle avec une sorte de fureur ; et dès que je fus assis près d'elle, elle leva elle-même la glace, donnant à peine à Lila le temps de s'asseoir vis-à-vis de nous, et au domestique celui de fermer la portière. Et déjà nous roulions avec la rapidité de l'éclair à travers les rues de Florence.

« N'aie pas peur, ma bonne Lila, dit la signora en passant un de ses bras au cou de sa sœur de lait, et en lui donnant un gros baiser sur la joue ; tout cela s'arrangera. L'abbé Cignola n'a pas encore vu mon cousin, et il est impossible qu'il ait assez bien vu le seigneur Lélio aujourd'hui pour s'apercevoir plus tard de la supercherie.

— Oh! signora, l'abbé Cignola est un homme qu'on ne trompe pas.

— Eh! que m'importe ton abbé Cignola? Je te dis que je fais croire à ma tante tout ce que je veux.

— Et le seigneur Hector dira bien qu'il ne vous a pas accompagnée à la messe, dis-je à mon tour.

— Oh! pour celui-là, je vous réponds qu'il dira tout ce que je voudrai; au besoin, je lui persuaderai à lui-même qu'il était à la messe tandis qu'il se figurait être à la chasse.

— Mais les domestiques, signora? Le valet de pied a regardé M. Lélio avec un air singulier, et tout d'un coup il a reculé de surprise, comme s'il eût reconnu l'accordeur de pianos.

— Eh bien! tu leur diras que j'ai rencontré cet *homme-là* dans l'église, et que je lui ai dit bonjour; qu'il m'a dit avoir une course à faire dans nos environs, et que, comme je suis très-bonne, j'ai voulu lui épargner la peine d'y aller à pied. Nous allons le déposer devant la première maison de campagne que nous trouverons sur la route. Et tu ajouteras que je suis bien étourdie, que ma tante a bien sujet de gronder; mais que je suis une excellente personne, quoique un peu folle, et que c'est bien affligeant de me voir toujours réprimandée. Comme ils m'aiment et que je leur ferai à chacun un petit cadeau, ils ne diront rien du tout. En voilà bien assez; n'avez-vous pas autre chose à me dire tous deux que des condoléances sur un fait accompli? Seigneur Lélio, comment trouvez-vous cette triste ville de Florence? Tous ces vieux palais noirs ferrés jusqu'aux dents n'ont-ils pas l'air de prisons? »

J'essayai de soutenir la conversation d'un air dégagé;

mais je n'étais rien moins que content. Je ne me sentais aucun goût pour des aventures où tout le risque était pour la femme et tout le tort de mon côté. Il me semblait que j'étais lestement traité, puisqu'on s'exposait pour moi à des dangers et à des malheurs qu'on ne me permettait pas de combattre ou de conjurer.

Je retombai malgré moi dans un silence pénible. La signora, ayant fait de vains efforts pour le vaincre, se tut aussi. La figure de Lila restait consternée. Nous étions sortis de la ville; deux fois je fis remarquer que le lieu me semblait favorable pour arrêter le cocher et me déposer sur la route. Deux fois la signora s'y opposa d'un ton impérieux, disant que c'était trop près de la ville, et qu'on courait encore risque de rencontrer quelque figure de connaissance.

Depuis un quart d'heure nous ne disions plus un mot; cette situation devenait horriblement désagréable. J'étais mécontent de la signora, qui m'avait engagé sans mon consentement dans une aventure où je ne pouvais marcher à ma guise. J'étais encore plus mécontent de moi-même pour m'être laissé entraîner à des enfantillages dont toute la honte devait retomber sur moi; car, aux yeux des hommes les moins scrupuleux, corrompre ou compromettre une fille de quinze ans doit toujours être considéré comme une lâche et mauvaise action. J'allais décidément arrêter le cocher pour descendre, lorsqu'en me retournant vers mes compagnes de voyage je vis le visage de la signora inondé de larmes silencieuses. Je fis une exclamation de surprise, et, par un mouvement irrésistible, je pris sa main; mais elle me la retira brusquement, et, se jetant au cou de Lila qui pleurait aussi, elle cacha, en sanglotant, sa tête dans le sein de sa fidèle soubrette.

« Au nom du ciel! qu'avez-vous à pleurer d'une manière si déchirante, ma chère signora? m'écriai-je en me laissant glisser presque à ses genoux. Si vous ne voulez pas me voir partir désespéré, dites-moi si cette malheureuse aventure est la cause de vos larmes, et si je puis détourner de vous les malheurs que vous redoutez. »

Elle releva sa tête penchée sur l'épaule de Lila, et me regardant avec une sorte d'indignation :

« Vous me croyez donc bien lâche! me dit-elle.

— Je ne crois rien, répondis-je, rien que ce que vous me direz. Mais vous vous détournez de moi et vous pleurez; comment puis-je savoir ce qui se passe dans votre âme? Ah! si je vous ai offensée ou si je vous ai déplu, si je suis la cause involontaire de votre chagrin, comment pourrais-je jamais me le pardonner?

— Ah! vous croyez que j'ai peur? répéta-t-elle avec une sorte d'amertume tendre. Vous me voyez pleurer, et vous dites : C'est une petite fille qui craint d'être grondée! »

Elle se mit à pleurer à chaudes larmes en cachant son visage dans son mouchoir. Je m'efforçais de la consoler, je la suppliais de me répondre, de me regarder, de s'expliquer; et, dans cet instant de trouble et d'attendrissement, je fus entraîné par un mouvement si paternel et si amical, que le hasard amena sur mes lèvres, au milieu des doux noms que je lui donnais, le nom d'un enfant qui m'avait été bien cher. Ce nom, j'avais gardé depuis longues années l'habitude de le donner involontairement à tous les beaux enfants que j'avais occasion de caresser. « Ma chère signorina, lui dis-je, ma bonne Alezia... » Je m'arrêtai, craignant de l'avoir offensée en lui donnant par mégarde un nom qui n'était pas le sien. Mais elle n'en parut pas offensée; elle me regarda avec un peu de surprise et me laissa prendre sa main que je couvris de baisers.

Cependant la voiture avançait rapide comme le vent, et avant que j'eusse pu obtenir l'explication que je demandais ardemment, Lila nous avertit qu'elle apercevait la villa Grimani, et qu'il fallait absolument nous séparer.

« Eh quoi! vais-je vous quitter ainsi? m'écriai-je, et combien de temps vais-je me consumer dans cette affreuse inquiétude?

— Eh bien! me dit-elle, venez ce soir dans le parc, le mur n'est pas bien haut. Je serai dans la petite allée qui longe le mur, auprès d'une statue que vous trouverez aisément en partant de la grille et en marchant toujours à droite. A une heure de la nuit! »

Je baisai de nouveau les mains de la signora.

— Oh! signora, signora! dit Lila d'un ton de reproche doux et triste.

— Lila, ne me contrarie pas, dit la signora avec véhémence; tu sais ce que je t'ai dit ce matin. »

Lila parut consternée.

« Qu'a donc dit la signora? demandai-je à la jeune fille.

— Elle veut se tuer, répondit Lila en sanglotant.

— Vous tuer, signora! m'écriai-je. Vous si belle, si gaie, si heureuse, si aimée!

— Si aimée, Lélio! répondit-elle d'un air désespéré, et de qui donc suis-je aimée? de ma pauvre mère seulement et de cette bonne Lila.

— Et du pauvre artiste qui n'ose pas vous le dire, repris-je, et qui pourtant donnerait sa vie pour vous faire aimer la vôtre.

— Vous mentez! dit-elle avec force; vous ne m'aimez pas! »

Je saisis convulsivement son bras et je la regardai stupéfait. En ce moment la voiture s'arrêta brusquement. Lila venait de tirer le cordon. Je m'élançai à terre, et j'essayai, en saluant, de reprendre l'humble attitude de l'accordeur de pianos. Mais ces deux jeunes filles, qui avaient les yeux rouges, n'échappèrent point à l'œil clairvoyant du valet de pied. Il me regarda avec une attention très-grande, et, quand la voiture s'éloigna, il se retourna plusieurs fois pour me suivre des yeux. Je crus bien me rappeler confusément ses traits; mais je n'avais pas osé le regarder en face, et je ne pensais guère à chercher où j'avais rencontré cette grosse face pâle et barbue.

— Lélio, Lélio! me dit la Checchina en soupant, vous êtes bien joyeux aujourd'hui. Prenez garde de pleurer demain, mon enfant. »

A minuit, j'avais escaladé le mur du parc; mais à peine avais-je fait quelques pas dans l'allée qu'une main saisit mon manteau. A tout événement, je m'étais muni de ce que dans mon village nous appelions un petit couteau de nuit; j'allais en faire briller la lame, lorsque je reconnus la belle Lila.

« Un mot bien vite, seigneur Lélio, me dit-elle à voix basse; ne dites pas que vous êtes marié.

— Qu'est-ce à dire, mon aimable enfant? Je ne le suis pas.

— Cela ne me regarde pas, reprit Lila; mais, je vous en supplie, ne parlez pas de cette dame qui demeure avec vous.

— Tu es donc dans mes intérêts, ma bonne Lila?

— Oh! non, Monsieur, certainement, non! Je fais tout ce que je peux pour empêcher la signora de commettre toutes ces imprudences. Mais elle ne m'écoute pas, et si je lui disais ce qui peut et ce qui doit l'éloigner pour toujours de vous... je ne sais ce qui en arriverait!

— Que veux-tu dire? Explique-toi.

— Hélas! vous avez vu aujourd'hui combien elle est exaltée. C'est un caractère si singulier! Quand on la chagrine, elle est capable de tout. Il y a un mois, lorsqu'on l'a séparée de sa mère pour l'enfermer ici, elle parlait de prendre du poison. Chaque fois que sa tante, qui est bien grondeuse, à la vérité, l'impatiente, elle a des attaques de nerfs qui tournent presque à la folie; et hier soir, comme je me hasardai à lui dire que peut-être vous aimiez quelqu'un, elle s'est élancée vers la fenêtre de sa chambre, en criant comme une folle : « Ah! si je le croyais!... » Je me suis jetée sur elle, je l'ai délacée, j'ai fermé ses fenêtres, je ne l'ai pas quittée de la nuit, et toute la nuit elle a pleuré, ou bien elle s'endormait pour se réveiller en sursaut et courait dans la chambre comme une insensée. Ah! monsieur Lélio, elle me donne bien du chagrin; je l'aime tant! car, malgré ses emportements et ses bizarreries, elle est si bonne, si aimante, si généreuse! Ne l'exaspérez pas, je vous en supplie; vous êtes un honnête homme, j'en suis sûre, je le sais; et puis à Naples tout le monde le disait, et la signora écoutait avec passion toutes les bonnes actions qu'on raconte de vous. Vous ne la tromperez donc pas, et puisque vous aimez cette belle dame que j'ai vue chez vous...

— Et qui te prouve que je l'aime, Lila? C'est ma sœur.

— Oh! monsieur Lélio, vous me trompez! car j'ai demandé à cette dame si vous étiez son frère, et elle m'a dit que non. Vous penserez que cela ne me regarde pas, et que je suis bien curieuse. Non, je ne suis pas curieuse, seigneur Lélio; mais je vous conjure d'avoir de l'amitié pour ma pauvre maîtresse, de l'amitié comme un frère en a pour sa sœur, comme un père pour sa fille. Songez donc! c'est un enfant qui sort du couvent et qui n'a pas l'idée du mal qu'on peut dire d'elle. Elle dit qu'elle s'en moque; mais je sais bien, moi, comment elle prend les choses quand elles arrivent. Parlez-lui bien doucement, faites-lui comprendre que vous ne pouvez la voir en cachette; mais promettez-lui d'aller la voir chez sa mère quand nous retournerons à Naples ; car sa mère est si bonne, et elle aime tant sa fille, que, pour lui faire plaisir, je suis sûre qu'elle vous inviterait à venir chez elle. Peut-être qu'ainsi la folie de mademoiselle s'apaisera peu à peu. Avec des amusements, des distractions, on lui fait souvent changer d'idée. Je lui ai parlé du beau chat angora que j'ai vu dans votre salon et qui vous caressait pendant que vous lisiez sa lettre, si bien que vous lui avez donné un grand coup de pied pour le renvoyer. Ma maîtresse n'aime pas du tout les chiens ; mais, en revanche, elle a l'amour des chats. Il lui a pris une si grande envie d'avoir le vôtre, que vous devriez lui en faire cadeau ; je suis sûre que cela l'occuperait et l'égaierait pendant quelques jours.

— S'il ne faut que mon chat, répondis-je, pour consoler ta maîtresse de mon absence, le mal n'est pas bien grand, et le remède est facile. Sois bien sûre, Lila, que je me conduirai avec ta maîtresse comme un père et un ami. Aie confiance en moi ; mais laisse-moi la rejoindre, car elle m'attend peut-être.

— Oh ! monsieur Lélio, encore un mot. Si vous voulez que mademoiselle vous écoute, n'allez pas lui dire que les gens du peuple valent les gens de qualité. Elle est entichée de sa noblesse... Que cela ne vous donne pas mauvaise opinion d'elle, c'est une maladie de famille ; ils sont tous comme cela dans la maison Grimani. Mais cela n'empêche pas ma jeune maîtresse d'être bonne et charitable. C'est seulement une idée qu'elle a dans la tête, et qui la fait entrer dans de grandes colères quand on la contrarie. Figurez-vous qu'elle a déjà refusé je ne sais combien de beaux jeunes gens bien riches, parce qu'elle dit qu'ils ne sont pas assez bien nés pour elle. Enfin, monsieur Lélio, dites d'abord comme elle à tout propos, et bientôt vous lui persuaderez tout ce que vous voudrez.

Ah! si vous pouviez la décider à épouser un jeune comte qui l'a demandée en mariage dernièrement!...

— Le comte Hector, son cousin ?

— Oh! non! celui-là est un sot, et il ennuie tout le monde ; jusqu'à ses chiens qui bâillent dès qu'ils l'aperçoivent. »

Tout en écoutant le babil de Lila, que mes manières paternelles avaient complétement mise à l'aise, je l'entraînais vers le lieu du rendez-vous. Ce n'est pas que je ne l'écoutasse avec beaucoup d'intérêt ; tous ces détails, puérils en apparence, étaient fort importants à mes yeux ; car ils me conduisaient par induction à la connaissance de l'énigmatique personnage à qui j'avais affaire. Il faut avouer aussi qu'ils refroidissaient beaucoup mon ardeur, et que je commençais à trouver bien ridicule d'être le héros d'une passion en concurrence avec le premier jouet venu, avec mon chat Soliman, et qui sait? peut-être avec le cousin Hector lui-même au premier jour. Les conseils de Lila étaient donc précisément ceux que je me donnais à moi-même et que j'avais le plus envie de suivre.

Nous trouvâmes la signora assise au pied de la colonne et toute vêtue de blanc, costume assez peu d'accord avec le mystère d'un rendez-vous en plein air, mais par cela même très-conforme à la logique de son caractère. En me voyant approcher, elle demeura tellement immobile, qu'on l'eût prise pour une statue placée aux pieds de la nymphe de marbre blanc.

Elle ne répondit rien à mes premières paroles. Le coude appuyé sur son genou et le menton dans sa main, elle était si rêveuse, si noblement posée, si belle, drapée dans son voile blanc au clair de la lune, que je l'eusse crue livrée à une contemplation sublime, sans l'amour du chat et celui du blason qui me revenaient en mémoire.

Comme elle me semblait décidée à ne pas faire attention à moi, j'essayai de prendre une de ses mains; mais elle me la retira avec un dédain superbe en me disant d'un ton plus majestueux que Louis XIV :

« J'ai attendu! »

Je ne pus m'empêcher de rire en entendant cette citation solennelle; mais ma gaieté ne fit qu'augmenter son sérieux.

« A votre aise! me dit-elle. Riez bien : l'heure et le lieu sont admirablement choisis pour cela! »

Elle prononça ces mots avec un dépit amer, et je vis bien qu'elle était réellement fâchée. Alors, redevenant grave tout d'un coup, je lui demandai pardon de ma faute involontaire, et lui dis que pour rien au monde je ne voudrais lui causer un instant de chagrin. Elle me regarda d'un air indécis, comme si elle n'eût pas osé me croire. Mais je me mis à lui parler avec une effusion si sincère de mon dévouement et de mon affection, qu'elle ne tarda pas à se laisser persuader.

« Tant mieux! tant mieux! me dit-elle; car, si vous ne m'aimiez pas, vous seriez bien ingrat, et je serais bien malheureuse. »

Et, comme je restais moi-même étonné de ces paroles :

« O Lélio! s'écria-t-elle, ô Lélio! je vous aime depuis le soir où je vous vis à Naples pour la première fois, jouant Roméo, où je vous regardais de cet air froid et dédaigneux qui vous épouvantait si fort. Ah! vous étiez bien éloquent dans vos chants et bien passionné ce soir-là. La lune vous éclairait comme à présent, mais moins belle, et Juliette était vêtue de blanc, comme moi. Et pourtant vous ne me dites rien, Lélio! »

Cette étrange fille exerçait sur moi une fascination perpétuelle qui m'entraînait toujours et partout au gré de sa mobile fantaisie. Tant qu'elle était loin de moi, ma pensée échappait à son empire, et j'analysais librement ses actions et ses paroles; mais une fois près d'elle, j'arrivais à mon insu à n'avoir bientôt plus d'autre volonté que la sienne. Cet élan de tendresse réveilla mon ardeur assoupie. Tous mes beaux projets de sagesse s'en allèrent en fumée, et je ne trouvai plus sur mes lèvres que des paroles d'amour. A chaque instant, il est vrai, je me sentais saisi de remords; mais j'avais beau faire, tous mes conseils paternels finissaient en paroles amoureuses. Une fatalité bizarre, ou plutôt cette lâcheté du cœur humain qui vous fait toujours céder à l'entraînement des délices présentes, me poussait toujours à dire le contraire de ce que me dictait ma conscience. Je me donnais à moi-même les meilleures raisons du monde pour me prouver que je n'avais pas tort : c'eût été une cruauté inutile de parler à cette enfant un langage qui eût déchiré son cœur; il serait toujours temps de l'éclairer sur la vérité, et mille autres choses pareilles. Une circonstance qui semblait devoir diminuer le péril contribuait encore à l'augmenter : c'était la présence de Lila. Si elle n'eût pas été là, mon honnêteté naturelle m'eût fait veiller sur moi avec d'autant plus de soin que tout m'eût été possible dans un moment d'emportement, et je n'eusse probablement pas avancé d'un pas de peur d'aller trop loin. Mais, sûr de n'avoir rien à craindre de mes sens, je m'inquiétai bien moins de la liberté de mes paroles. Aussi ne fus-je pas longtemps sans arriver au ton de la passion la plus ardente, quoique la plus pure; et, poussé par un mouvement irrésistible, je saisis une mèche des cheveux flottants de la jeune fille, et la baisai à deux reprises.

Je sentis alors qu'il était temps de m'en aller, et je m'éloignai rapidement de la signora en lui disant : « A demain. »

Pendant toute cette scène, j'avais peu à peu oublié

le passé, et je n'avais pas un seul instant songé à l'avenir. La voix de Lila, qui me reconduisait, me tira de mon extase.

« O monsieur Lélio ! me dit-elle, vous ne m'avez pas tenu parole. Vous n'avez été ce soir ni le père ni l'ami de ma maîtresse.

— C'est vrai, lui répondis-je assez tristement ; c'est vrai, j'ai eu tort. Mais sois tranquille, mon enfant ; demain je réparerai tout. »

Le lendemain vint et fut pareil, et l'autre lendemain encore. Seulement je me sentis chaque jour plus fortement épris ; et ce qui n'était au premier rendez-vous qu'une velléité d'amour était déjà devenu au troisième une véritable passion. L'air désolé de Lila me l'eût bien fait voir si je ne m'en fusse moi-même aperçu le premier. Tout le long du chemin je rêvais à l'avenir de cet amour, et je rentrais à la maison triste et pâle. Checca ne fut pas longtemps à voir de quoi il s'agissait.

« Povero, me dit-elle, je t'avais bien dit que tu pleurerais bientôt. »

Et, comme je levais la tête pour nier : « Si tu n'as déjà pleuré, ajouta-t-elle, tu vas pleurer ; et il y a de quoi. Ta position est triste et, et qui pis est, absurde. Tu aimes une jeune fille que ta fierté te défend de chercher à épouser, et que ta délicatesse t'empêche de séduire. Tu ne veux pas lui demander sa main, d'abord parce que tu sais qu'en te l'accordant elle te ferait un immense sacrifice et s'exposerait pour toi à mille souffrances (tu es trop généreux pour vouloir d'un bonheur qui coûterait si cher), ensuite parce que tu craindrais même d'être refusé, et que tu es trop orgueilleux pour t'exposer au dédain. Tu ne veux pas non plus prendre ce que tu es résolu à ne pas demander, et tu aimerais mieux, j'en suis sûre, aller te faire moine que d'abuser de l'ignorance d'une fille qui se confie à toi. Il faut pourtant te décider à quelque chose, mon pauvre camarade, si tu ne veux pas que la fin du monde te trouve soupirant pour les étoiles et envoyant des baisers aux nuages. Que les chiens aboient après la lune ; nous autres artistes, nous devons vivre à tout prix et toujours. Prends donc un parti.

— Tu as raison, lui répondis-je gravement. » Et j'allai me coucher.

La nuit suivante, je retournai au rendez-vous. Je trouvai la *signora* exaltée et joyeuse, ainsi que la veille ; mais je restai quelque temps sombre et taciturne. Elle me plaisanta d'abord sur ma mine de carbonaro et me demanda en riant si je songeais à détrôner le pape, ou à reconstruire l'empire romain. Puis, voyant que je ne répondais pas, elle me regarda fixement ; et, me prenant la main : « Vous êtes triste, Lélio. Qu'avez-vous ? »

Je lui ouvris alors mon cœur, et lui dis que la passion que je nourrissais pour elle était un malheur pour moi.

« Un malheur ! et pourquoi ?

— Je vais vous le dire, signora. Vous êtes l'héritière d'une noble et illustre famille. Vous avez été nourrie dans le respect de vos aïeux et dans la pensée qu'on ne vaut que par l'ancienneté et l'éclat de sa race. Je suis un pauvre diable sans passé, un homme de rien, qui me suis fait moi-même le peu que je suis. Pourtant, je crois qu'un homme en vaut un autre, et ne m'estime l'inférieur de personne. Or, il est évident que vous ne m'épouseriez pas. Tout vous le défendrait, vos idées, vos habitudes, votre position. Vous qui avez refusé des patriciens, parce qu'ils n'étaient pas d'assez bonne maison, vous pourriez ou voudriez moins que toute autre vous abaisser jusqu'à un misérable comédien comme moi. De princesse à histrion il y a loin, signora. Je ne puis donc pas être votre mari. Que me reste-t-il ? La perspective d'un amour partagé, mais malheureux, s'il n'était jamais satisfait, ou l'espoir d'être plus ou moins longtemps votre amant. Je ne puis accepter ni l'un ni l'autre, signora. Vivre en face l'un de l'autre, pleins d'une passion toujours ardente et jamais assouvie, s'aimer avec crainte et réserve, et se défier de soi-même autant que de l'objet aimé, c'est se soumettre volontairement à une souffrance insupportable, parce qu'elle n'a ni sens, ni espoir, ni but. Quant à vous posséder comme amant, quand je le pourrais, je ne le voudrais pas. Trop d'inquiétudes assiégeraient mon bonheur pour qu'il pût être complet. D'un côté, j'aurais toujours peur de vous compromettre; je ne dormirais pas avec la crainte de devenir pour vous la cause d'un grand chagrin ou d'une ruine complète; le jour je passerais des heures à rechercher tous les accidents qui pourraient amener votre malheur et par conséquent le mien, et la nuit je perdrais le temps de nos rendez-vous à trembler au bruit d'une feuille emportée par le vent, ou au cri d'un oiseau de nuit. Que sais-je? tout me serait un épouvantail. Et pourquoi jeter ainsi ma vie en proie à mille vains fantômes? pour un amour dont je ne pourrais jamais prévoir la durée, et qui ne compenserait pas les incertitudes de la journée par la sécurité du lendemain; car tôt ou tard, il faut bien le dire, signora, vous vous marieriez. Et ce serait avec un autre, ce serait avec un homme noble et riche comme vous. Cela vous coûterait, je le sais; je sais que votre âme est généreuse et sincère; vous éprouveriez un vif désir de me rester fidèle, et votre cœur se révolterait à la pensée de prononcer un mot qui dût tuer, sinon ma vie, au moins tout mon bonheur. Mais les continuelles obsessions de votre famille, l'obligation même de veiller à votre réputation, tout vous pousserait malgré vous à prendre ce parti. Vous lutteriez longtemps peut-être et fortement; mais vous souffririez d'autant plus. Votre affection pour moi serait toujours douce et tendre, mais moins expansive : et moi, qui verrais vos chagrins, et qui ne suis pas homme à accepter de longs et pénibles sacrifices sans les rendre, je vous forcerais moi-même, en m'éloignant, à ce mariage devenu nécessaire, aimant mieux vouer ma destinée tout entière à la douleur que de changer la vôtre par une lâcheté. Voilà, signora, ce que j'avais à vous dire, et vous devez comprendre maintenant pourquoi je crains que cet amour ne soit un malheur pour moi. »

Elle m'avait écouté dans le calme le plus parfait et le plus grand silence. Quand j'eus fini de parler, elle ne changea rien à son attitude. Seulement, comme je l'observais attentivement, je crus remarquer sur son visage l'expression d'une profonde incertitude. Je me dis alors que je ne m'étais pas trompé, que cette jeune fille était faible et vaine comme toutes les autres ; qu'elle avait seulement la bonne foi de le reconnaître dès qu'on le lui disait, et qu'elle aurait probablement celle de me l'avouer de même. Je lui gardai donc mon estime ; mais je sentis mon enthousiasme s'évanouir en un instant. Je me félicitais de ma clairvoyance et de ma résolution, quand je vis la signora se lever brusquement et s'éloigner de moi sans rien dire. Je n'étais pas préparé à ce coup, et je fus saisi d'une surprise douloureuse.

« Quoi ! sans un seul mot ! m'écriai-je. Me quitter, et pour jamais peut-être, sans m'adresser une parole de regret ou de consolation !

— Adieu ! me dit-elle en se retournant. De regret, je n'en puis avoir ; et de consolation, c'est moi qui en ai besoin. Vous ne m'avez pas comprise ; vous ne m'aimez pas.

— Moi !

— Et qui me comprendra, ajouta-t-elle en s'arrêtant,

si vous ne me comprenez pas? Et qui m'aimera, si vous ne m'aimez pas? »

Elle secoua tristement la tête, puis croisa les bras sur sa poitrine en fixant les yeux à terre. Elle était à la fois si belle et si désolée, que j'eus une folle envie de me précipiter à ses pieds, et qu'une crainte vague de l'irriter m'en empêcha au même instant. Je restai immobile et silencieux, les regards attachés sur elle, attendant avec anxiété ce qu'elle allait faire ou dire. Au bout de quelques secondes, elle vint à moi lentement et d'un air recueilli, et, s'appuyant en face de moi contre le piédestal de la statue, elle me dit :

« Ainsi, vous m'avez crue lâche et vaniteuse ; vous avez cru que je pourrais donner mon amour à un homme et accepter le sien, sans lui donner en même temps toute ma vie. Vous avez pensé que je resterais près de vous tant que le vent serait propice, et que je m'éloignerais dès qu'il deviendrait contraire. Comment cela se fait-il? Cependant vous êtes ferme et loyal, et vous ne commencez, j'en suis sûre, une action sérieuse que quand vous êtes résolu à la continuer jusqu'au bout. Pourquoi donc ne voulez-vous pas que je puisse faire ce que vous faites, et n'avez-vous pas de moi la bonne opinion que j'ai de vous? Ou vous méprisez bien les femmes, ou vous vous êtes laissé bien tromper par mon étourderie. Je suis souvent folle, je le sais; mais c'est peut-être un peu la faute de mon âge, et cela ne m'empêche pas d'être ferme et loyale. Du jour où j'ai senti que je vous aimais, Lélio, j'ai été résolue à vous épouser. Cela vous étonne. Vous vous rappelez non-seulement les pensées que j'ai dû avoir dans ma position, mais encore mes actions et mes paroles passées. Vous songez à tous ces patriciens que j'ai refusé d'épouser, parce qu'ils n'étaient pas assez nobles. Hélas! mon pauvre ami, je suis esclave de mon public, comme vous vous plaignez quelquefois de l'être du vôtre, et je suis obligée de jouer devant lui mon rôle jusqu'à ce que je trouve l'occasion de m'échapper de la scène. Mais, sous mon masque, j'ai gardé une âme libre, et, depuis que je possède ma raison, je suis résolue à ne me marier que selon mon cœur. Cependant, pour éloigner tous ces fades et impertinents patriciens dont vous me parlez, il me fallait un prétexte ; j'en cherchai un dans les préjugés même qui étaient communs à mes prétendants et à ma famille, et, blessant à la fois l'orgueil des uns et flattant celui des autres, je me prévalus de l'antiquité de ma race pour refuser la main d'hommes qui, tout nobles qu'ils étaient, ne se trouvaient pas encore, disais-je, assez nobles pour moi. Je réussis de la sorte à écarter tous ces importuns sans mécontenter ma famille ; car elle avait beau traiter mes refus de caprices d'enfant, et faire à ces poursuivants rebutés des excuses sur l'exagération de mon orgueil, elle n'en était pas moins, au fond, enchantée de ma fierté. Pendant un certain temps, je gagnai à cette conduite une plus grande liberté. Mais enfin le prince Grimani, mon beau-père, me dit qu'il était temps de prendre un parti, et me présenta son neveu, le comte Ettore, comme l'époux qu'il me destinait. Ce nouveau fiancé me déplut comme les autres, plus encore peut-être ; car l'excès de sa sottise m'amena bientôt à le mépriser complétement ; ce que voyant le prince, et pensant que ma mère, qui est excellente et m'aime de toute son âme, pourrait bien m'aider dans ma résistance contre lui, il résolut de m'éloigner d'elle, pour me contraindre plus aisément à l'obéissance. Il m'envoya ici vivre en tête-à-tête avec sa sœur et son neveu. Il espère que, forcée de choisir entre l'ennui et mon cousin Ettore, je finirai par me décider pour celui-ci ; mais il se trompe bien. Le comte Ettore est, en tout point, indigne de moi, et j'aimerais mieux mourir que de l'épouser. Je ne le leur avais pas encore dit, parce que je n'aimais personne, et que, fléau pour fléau, j'aimais autant celui-là qu'un autre. Mais maintenant je vous aime, Lélio ; je dirai à Ettore que je ne veux pas de lui ; nous partirons ensemble, nous irons trouver ma mère, nous lui dirons que nous nous aimons, et que nous voulons nous marier ; elle nous donnera son consentement, et vous m'épouserez. Voulez-vous ? »

Dès ses premières paroles, j'avais écouté la signora avec un profond étonnement, qui ne cessa pas même lorsqu'elle eut fini. Cette noblesse de cœur, cette hardiesse de pensée, cette force d'esprit, cette audace virile, mêlée à tant de sensibilité féminine ; tout cela, réuni dans une fille si jeune, élevée au milieu de l'aristocratie la plus insolente, me causa une vive admiration, et je ne sortis de ma surprise que pour passer à l'enthousiasme. Je fus sur le point de céder à mes transports, et de me jeter à ses genoux pour lui dire que j'étais heureux et fier d'être aimé d'une femme comme elle ; que je brûlais pour elle de la plus ardente passion, que je serais joyeux de donner ma vie pour elle, et que j'étais prêt à faire tout ce qu'elle voudrait. Mais la réflexion m'arrêta à temps, et je songeai à tous les inconvénients, à tous les dangers de la démarche qu'elle voulait tenter. Il était très-probable qu'elle serait refusée et sévèrement réprimandée ; et quelle serait alors sa position, après s'être échappée de chez sa tante, pour faire publiquement avec moi un voyage de quatre-vingts lieues ? Au lieu donc de m'abandonner aux mouvements tumultueux de mon cœur, je m'efforçai de redevenir calme, et au bout de quelques secondes de silence, je dis tranquillement à la signora : « Mais votre famille ?

— Il n'y a au monde qu'une seule personne à qui je reconnaisse des droits sur moi, et dont je craigne d'encourir la colère, c'est ma mère ; et je vous l'ai dit, ma mère est bonne comme un ange, et m'aime par-dessus tout. Son cœur consentira.

— O chère enfant! m'écriai-je alors en lui prenant les mains, que je serrai contre ma poitrine ; Dieu sait si ce que vous voulez faire n'est pas le but de tous mes désirs! C'est contre moi-même que je lutte quand je cherche à vous arrêter. Chaque objection que je vous fais est un espoir de bonheur que je m'enlève, et mon cœur souffre cruellement de tous les doutes de ma raison. Mais c'est de vous, mon cher ange bien-aimé, c'est de votre avenir, de votre réputation, de votre bonheur qu'il s'agit pour moi avant toute chose. J'aimerais mieux renoncer à vous que de vous voir souffrir à cause de moi. Ne vous alarmez donc pas de tous mes scrupules, n'y voyez pas l'indice du calme ou de l'indifférence, mais bien la preuve d'une tendresse sans bornes. Vous me dites que votre mère consentira, parce que vous la savez bonne. Mais vous êtes bien jeune, mon enfant; malgré votre force d'esprit, vous ne savez pas quelles bizarres alliances se font souvent entre les sentiments les plus opposés. Je crois tout ce que vous me dites de votre mère ; mais savez-vous si son orgueil ne luttera pas contre son amour pour vous? Elle croira peut-être, en empêchant votre union avec un comédien, remplir un devoir sacré.

— Peut-être, me répondit-elle, avez-vous raison à moitié. Ce n'est pas que je craigne l'orgueil de ma mère. Quoiqu'elle ait épousé deux princes, elle est de naissance bourgeoise, et n'a pas assez oublié son origine pour me faire un crime d'aimer un roturier. Mais l'influence du prince Grimani, une certaine faiblesse qui la fait céder presque toujours à l'opinion de ceux qui l'entourent, peut-être, en mettant les choses au pis, le besoin de se faire pardonner dans le monde où elle vit maintenant la médiocrité de sa naissance, l'empêcheraient de consentir facilement à notre mariage. Il n'y a alors qu'une chose à faire : c'est de nous marier d'abord, et de le lui déclarer ensuite. Quand notre union sera consacrée par l'Église, ma mère ne pourra pas se tourner contre moi. Elle souffrira peut-être un peu, moins de ma désobéissance, dont sa nouvelle famille la rendra pourtant responsable, que de ce qu'elle prendra pour un manque de confiance; mais elle s'apaisera bien vite, soyez-en sûr, et, par amour pour moi, vous tendra les bras comme à son fils.

— Merci de vos offres généreuses, chère signora ; mais j'ai mon honneur à garder, aussi bien que le plus fier patricien. Si je vous épousais sans le consentement de vos parents, après vous avoir enlevée, on ne manquerait pas de m'accuser des projets les plus bas et les plus lâches. Et votre mère! si, après notre mariage, elle vous refusait son pardon, ce serait sur moi qu'elle ferait tomber toute son indignation.

— Ainsi, pour m'épouser, reprit la signora, vous voudriez avoir au moins le consentement de ma mère?

— Oui, signora.

— Et si vous étiez sûr de l'obtenir, vous n'hésiteriez plus?

— Hélas! pourquoi me tenter? Que puis-je vous répondre, étant certain du contraire?

— Alors.... »

Elle s'arrêta tout d'un coup incertaine, et pencha sa tête sur son sein. Quand elle la releva, elle était un peu pâle, et deux larmes brillaient dans ses yeux. J'allais lui en demander la cause ; mais elle ne m'en laissa pas le temps.

« Lila, dit-elle d'un ton impérieux, éloigne-toi. »

La suivante obéit à regret, et alla se placer assez loin de nous pour ne pas nous entendre, mais encore assez près pour nous voir. Sa maîtresse attendit qu'elle se fût éloignée pour rompre le silence. Alors elle me prit gravement la main, et commença :

« Je vais vous dire une chose que je n'ai jamais dite à personne, et que je m'étais bien promis de ne jamais dire. Il s'agit de ma mère, objet de toute ma vénération et de tout mon amour. Jugez de ce qu'il m'en coûte pour réveiller un souvenir qui pourrait, devant d'autres yeux que les miens, ternir sa pureté et sa bonne renommée ! Mais je sais que vous êtes bon, et que je puis vous parler comme je parlerais à Dieu, sans craindre de vous voir supposer le mal. »

Elle se tut un instant pour rassembler ses souvenirs, et reprit :

« Je me rappelle que dans mon enfance j'étais très-fière de ma noblesse. C'étaient, je crois, les flatteries obséquieuses des gens de notre maison qui m'avaient inspiré de si bonne heure ce sentiment, et m'avaient portée à mépriser tout ce qui n'était pas noble comme moi. Parmi tous les serviteurs de ma mère, un seul ne ressemblait point aux autres, et avait su garder dans son humble position toute la dignité qui sied à un homme. Aussi me paraissait-il insolent, et peu s'en fallait que je ne le haïsse. Toujours est-il que je le craignais, surtout depuis un jour que je l'avais vu me regarder d'un air très-sérieux pendant que je piquais au cœur avec une grande épingle noire mes plus belles poupées.

« Une nuit, je fus réveillée dans la chambre de ma mère, où mon petit lit se trouvait placé, par la voix d'un homme. Cette voix parlait à ma mère avec une gravité presque sévère, et celle-ci lui répondait d'un ton douloureusement timide et comme suppliant. Étonnée, je crus d'abord que c'était le confesseur de maman ; et comme il semblait la gronder, selon sa coutume, je me mis à écouter de toutes mes oreilles, sans faire aucun bruit ni laisser soupçonner que je ne dormisse plus. On ne se méfiait pas de moi. On parlait librement. Mais quel entretien inouï! Ma mère disait : *Si tu m'aimais, tu m'épouserais*, et l'homme refusait de l'épouser! Puis ma mère pleurait, et l'homme aussi ; et j'entendais... ah! Lélio! il faut que j'aie bien de l'estime pour vous, puisque je vous raconte cela, j'entendais le bruit de leurs baisers. Il me semblait connaître cette voix d'homme ; mais je ne pouvais en croire le témoignage de mes oreilles. J'avais bien envie de regarder ; mais je n'osais pas faire un mouvement, parce que je sentais que je faisais une chose honteuse en écoutant ; et comme j'avais déjà quelques sentiments élevés, je faisais même des efforts pour ne pas entendre. Mais j'entendais malgré moi. Enfin, l'homme dit à ma mère : *Adieu, je te quitte pour toujours, ne me refuse pas une tresse de tes beaux cheveux blonds.* Et ma mère répondit : *Coupe-la toi-même.*

« Le soin que ma mère prenait de mes cheveux m'avait habituée à considérer la chevelure d'une femme comme une chose très-précieuse ; et lorsque je l'entendis donner une partie de la sienne, je fus prise d'un sentiment de jalousie et de chagrin, comme si elle se fût dépouillée d'un bien qu'elle ne devait sacrifier qu'à moi. Je me mis à pleurer silencieusement ; mais, entendant qu'on s'approchait de mon lit, j'essuyai bien vite mes yeux et feignis de dormir. Alors on entr'ouvrit mes rideaux, et je vis un homme habillé de rouge que je ne reconnus pas d'abord, parce que je ne l'avais pas encore vu sous ce costume : j'eus peur de lui ; mais il me parla, et je le reconnus bien vite ; c'était... Lélio! vous oublierez cette histoire, n'est-ce pas?

— Eh bien! signora?... m'écriai-je en serrant convulsivement sa main.

— C'était Nello, notre gondolier... Eh bien! Lélio,

qu'avez-vous? Vous frémissez, votre main tremble... O ciel! vous blâmez beaucoup ma mère!...

— Non, signora, non, répondis-je d'une voix éteinte ; je vous écoute avec attention. La scène se passait à Venise?

— Vous l'avais-je dit?

— Je crois que oui ; et c'était au palais Aldini, sans doute?

— Sans doute, puisque je vous dis que c'était dans la chambre de ma mère... Mais pourquoi cette émotion, Lélio?

— O mon Dieu! ô mon Dieu! vous vous appelez Alezia Aldini?

— Eh bien! à quoi songez-vous? dit-elle avec un peu d'impatience. On dirait que vous apprenez mon nom pour la première fois.

— Pardon, signora, votre nom de famille... Je vous avais toujours entendu appeler Grimani à Naples.

— Par des gens qui nous connaissaient peu, sans doute. Je suis la dernière des Aldini, une des plus anciennes familles de la république, orgueilleuse et ruinée. Mais ma mère est riche, et le prince Grimani, qui trouve ma naissance et ma fortune dignes de son neveu, tantôt me traite avec sévérité, tantôt me cajole pour me décider à l'épouser. Dans ses bons jours, il m'appelle sa chère fille ; et quand les étrangers lui demandent si je suis sa fille en effet, il répond, faisant allusion à son projet favori : « Sans doute, puisqu'elle sera comtesse Grimani. » Voilà pourquoi à Naples, où j'ai passé un mois, et où l'on ne me connaît guère, et dans ce pays-ci que j'habite depuis six semaines, où je ne vois ni ne connais personne, on me donne toujours un nom qui n'est pas le mien...

— Signora! repris-je en faisant effort sur moi-même pour rompre le silence pénible où j'étais tombé, daignerez-vous m'expliquer quel rapport peut avoir cette histoire avec notre amour, et comment, à l'aide du secret que vous possédez, vous pourriez arracher à votre mère un consentement qui lui répugnerait?

— Que dites-vous là, Lélio? Me supposez-vous capable d'un si odieux calcul? Si vous vouliez m'écouter, au lieu de passer vos mains sur votre front d'un air égaré... Mon ami, mon cher Lélio, quel nouveau chagrin, quel nouveau scrupule est donc entré dans votre âme depuis un instant?

— Chère signora, je vous supplie de continuer.

— Eh bien! sachez que cette aventure n'est jamais sortie de ma mémoire, qu'elle a causé tous les chagrins et toutes les joies de ma vie. Je compris que je ne devais jamais interroger ma mère sur ce sujet, ni en parler à personne. Vous êtes le premier, Lélio, sans en excepter ma bonne gouvernante Salomé, et ma sœur de lait, à qui je dis tout, qui ait reçu cette confidence. Mon orgueil souffrit de la faute de ma mère, qui semblait rejaillir sur moi. Cependant je continuai d'adorer ma mère. Je l'aimai peut-être d'autant plus que je la sentais plus faible, plus exposée au secret anathème de mes parents du côté paternel. Mais ma haine pour le peuple s'accrut de toute mon affection pour elle.

« Je vécus dans ces sentiments jusqu'à l'âge de quatorze ans, et ma mère ne parut pas s'en occuper. Au fond de l'âme, elle souffrait de mon dédain pour les classes inférieures, et un jour elle se décida à m'adresser de timides reproches. Je ne lui répondis rien, ce qui dut l'étonner; car j'avais l'habitude de discuter obstinément avec tout le monde et à propos de tout. Mais je sentais qu'il y avait une montagne entre ma mère et moi, et que nous ne pouvions raisonner avec désintéressement de part ni d'autre. Voyant que j'écoutais ses reproches avec une soumission miraculeuse, elle m'attira sur ses genoux, et, me caressant avec une ineffable tendresse, elle me parla de mon père dans les termes les plus convenables; mais elle m'apprit beaucoup de choses que je ne savais pas. J'avais toujours gardé pour ce père que j'avais à peine connu une sorte d'enthousiasme assez peu fondé. Quand j'appris qu'il n'avait épousé ma pauvre mère que pour sa fortune, et qu'après l'avoir épousée, il l'avait méprisée pour son obscure naissance et son éducation bourgeoise, il se fit en moi une réaction, et peu s'en fallut que je ne le haïsse autant que je l'avais chéri. Ma mère ajouta bien des choses qui me parurent très-étranges et qui me frappèrent beaucoup, sur le malheur de faire un mariage du pure convenance, et je crus comprendre que déjà elle n'était pas beaucoup plus heureuse avec son nouveau mari qu'elle ne l'avait été avec celui dont elle me parlait.

« Cet entretien me fit une profonde impression, et je commençai à réfléchir sur cette nécessité de faire du mariage une affaire, et sur l'humiliation d'être recherchée à cause d'un nom ou à cause d'une dot. Je résolus de ne pas me marier, et quelque temps après, causant encore avec ma mère, je lui déclarai ma résolution, pensant qu'elle l'approuverait. Elle en sourit et me dit que le temps n'était pas éloigné où mon cœur aurait besoin d'une autre affection que la sienne. Je lui assurai le contraire; mais peu à peu je sentis que j'avais parlé témérairement : car un insupportable ennui me gagnait à mesure que nous quittions notre vie douce et retirée de Venise, pour les voyages et pour la société brillante des autres villes. Puis, comme j'étais très-grande et très-avancée pour mon âge, à peine étais-je sortie de l'enfance qu'on me parlait déjà de choix et d'établissement, et chaque jour j'entendais discuter les avantages et les inconvénients d'un nouveau parti. Je ne sentais pas encore l'amour s'éveiller en moi; mais je sentais la répugnance et l'effroi qu'inspirent aux femmes bien nées les hommes sans cœur et sans esprit. J'étais difficile. Ayant vécu avec une si bonne mère, ayant été idolâtrée par elle, quel homme ne m'eût-il pas fallu rencontrer pour ne pas regretter amèrement son joug aimable et sa tendre protection! Ma fierté, déjà si irritable par elle-même, s'irrita chaque jour davantage à l'aspect de ces hommes si vains, si nuls et si guindés, qui osaient prétendre à moi. Je tenais à la naissance, parce que jusque-là je m'étais imaginé que les races illustres étaient supérieures aux autres en courage, en mérite, en politesse, en libéralité. Je n'avais vu la noblesse que du fond de la galerie de portraits du palais Aldini. Là tous mes aïeux m'apparaissaient dans leur gloire, ayant tous leurs grands faits d'armes ou leurs pieuses actions consignés sur des bas-reliefs de chêne. Celui-ci avait racheté trois cents esclaves à des corsaires barbaresques pour leur donner la vraie religion et la liberté; celui-là avait sacrifié tous ses biens pour le salut de la patrie dans une guerre; un troisième avait versé pour elle tout son sang au champ d'honneur. Mon admiration pour eux était donc légitime, et je ne sentais pas leur sang couler moins chaud et moins généreux dans mes veines. Mais combien les descendants des autres patriciens me parurent dégénérés! Ils n'avaient plus de leur race qu'une insupportable insuffisance et des prétentions révoltantes. Je me demandais où était la noblesse; je ne la trouvais plus que sur les écussons, aux portes des palais. Je résolus de me faire religieuse, et je priai ma mère avec tant d'instances de me laisser entrer au couvent, qu'elle y consentit. Elle versa beaucoup de larmes en m'y laissant; le prince Grimani donnait les mains à mon caprice; car depuis qu'il avait déterré, dans je ne sais quel coin de la Lombardie, une espèce de neveu qui pouvait devenir riche à mes dépens et porter avec éclat, grâce à ma dot, l'impérissable nom des Grimani, il ne songeait qu'à me rendre obéissante, et il se flattait que la dévotion allait assouplir mon caractère. Quelle ardente piété, quelle soif du martyre il eût fallu avoir pour accepter Hector! On me retira du couvent, il y a trois mois; le fait est que j'y périssais d'ennui, et que la discipline inflexible que j'avais à subir était au-dessus de mes forces. D'ailleurs, je fus si heureuse de retourner chez ma mère, et elle de me reprendre! Cependant six semaines de couvent avaient bien changé mes idées. J'avais compris Jésus, que je n'avais prié jusqu'alors que du bout des lèvres. Dans mes heures de solitude, à l'église, dans l'enthousiasme de la prière, j'avais compris que le fils de Marie était l'ami des pauvres laborieux, et qu'il avait méprisé avec raison les grandeurs de ce monde. Enfin que vous dirai-je? en même temps que j'ouvrais mon cœur à de nouvelles sympathies, ce que dans mon enfance j'appelais intérieurement la honte de ma mère se présenta à moi sous d'autres couleurs, et je n'y pensai plus qu'avec attendrissement. Puis, que se passait-il en moi? je l'ignore; mais je me disais : « Si je venais à faire comme maman, si je me prenais d'amour pour un homme d'une autre condition que la mienne, tout le monde me jetterait la pierre, excepté elle. Elle me prendrait dans ses bras, et cachant ma rougeur dans son sein, elle me dirait : « Obéis à ton cœur, afin d'être plus heureuse que je ne l'ai été en brisant le mien. » Vous êtes ému, Lélio! O mon Dieu! c'est une larme qui vient de tomber sur ma main. Vous êtes vaincu, mon ami! Vous voyez que je ne suis ni folle, ni méchante; à présent, vous direz *oui*, et vous viendrez me chercher demain. Jurez-le! »

Je voulus parler; mais je ne pus trouver un mot, j'avais le frisson. Je me sentais défaillir. Les yeux fixés sur moi, elle attendait avec anxiété ma réponse. Pour moi, j'étais anéanti. Aux premières paroles de ce récit, j'avais été frappé de son étrange ressemblance avec ma propre histoire, mais quand elle en vint aux circonstances qu'il m'était impossible de méconnaître, je restai confondu et ébloui, comme si la foudre eût passé devant mes yeux. Mille pensées contraires et toutes sinistres s'emparèrent de ma tête. Je vis s'agiter devant moi, pareilles à des fantômes, les images du crime et du désespoir. Emu du souvenir de ce qui avait été, effrayé de l'idée de ce qui eût pu être, je me voyais à la fois l'amant de la mère et le mari de la fille. Alezia, cette enfant que j'avais vue au berceau, était là, devant moi, me parlant en même temps de son amour et de celui de sa mère.

Un monde de souvenirs se déroulait devant moi, et la petite Alezia s'y présentait comme l'objet d'une tendresse déjà craintive et douloureuse. Je me rappelais son orgueil, sa haine pour moi, et les paroles qu'elle m'avait dites un jour lorsqu'elle avait vu la bague de son père à mon doigt. Qui sait, pensai-je, si ses préjugés sont à jamais abjurés? Peut-être que, si en cet instant elle apprenait que je suis Nello, son ancien valet, elle rougirait de m'aimer.

« Signora, lui dis-je, vous aimiez autrefois, dites-vous, à percer le cœur de vos poupées avec une grande épingle. Pourquoi faisiez-vous cela ?

— Que vous importe, me dit-elle, et pourquoi êtes-vous frappé de cette minutie?

— C'est que mon cœur souffre, et que vos épingles me reviennent naturellement à la mémoire.

— Je veux bien vous le dire pour vous montrer que ce n'était pas un mouvement de férocité, répondit-elle. J'entendais dire souvent, quand on parlait d'une lâcheté : « C'est n'avoir pas de sang dans le cœur; » et je prenais comme réelle cette expression figurée. Ainsi, quand je grondais mes poupées, je leur disais : « Vous êtes des lâches, et je m'en vais voir si vous avez du sang dans le cœur. »

— Vous méprisez bien les lâches, n'est-ce pas, signora ? » lui dis-je, me demandant quelle opinion elle aurait un jour de moi si je cédais en cet instant à sa passion romanesque. Je retombai dans une pénible rêverie.

« Qu'avez-vous donc ? » me dit Alezia.

Sa voix me rappela à moi. Je la regardai avec des yeux humides. Elle pleurait aussi, mais à cause de mon hésitation. Je le compris tout d'abord ; et lui serrant paternellement les mains :

« O mon enfant ! lui dis-je, ne m'accusez pas ! Ne doutez pas de mon pauvre cœur. Je souffre tant, si vous saviez ! »

Et je m'éloignai à grands pas, comme si en m'éloignant d'elle j'eusse pu fuir mon malheur. Rentré chez moi, je devins plus calme. Je repassai dans ma tête toute cette bizarre suite d'événements ; je m'en expliquai à moi-même tous les détails, et fis disparaître ainsi à mes propres yeux l'espèce de mystère qui m'avait d'abord glacé d'une terreur superstitieuse. Tout cela était étrange, mais naturel, jusqu'à ce nom de baptême, ce nom d'Alezia que j'avais toujours voulu savoir et que je n'avais jamais osé demander.

Je ne sais si un autre à ma place aurait pu conserver de l'amour pour la jeune Aldini. A la rigueur, je l'aurais pu sans crime ; car vous vous rappelez que j'étais resté l'amant chaste et soumis de sa mère. Mais ma conscience se soulevait à la pensée de cet inceste intellectuel. J'aimais la Grimani avec son prénom inconnu, je l'aimais de tout mon cœur et de tous mes sens ; mais Alezia, mais la signorina Aldini, la fille de Bianca, en vérité, je ne l'aimais pas ainsi, car il me semblait que j'étais son père.

Le souvenir des grâces et des qualités charmantes de Bianca était resté frais et pur dans ma vie, il m'avait suivi partout comme une providence. Il m'avait rendu bon envers les femmes et vaillant envers moi-même. Si j'avais rencontré depuis beaucoup de beautés égoïstes et fausses, du moins cette certitude m'était restée qu'il en existe de généreuses et de naïves. Bianca ne m'avait fait aucun sacrifice, parce que je ne l'avais pas voulu ; mais si j'eusse accepté son abnégation, si j'eusse cédé à son entraînement, elle m'eût tout immolé, amis, famille, fortune, honneur, religion, et peut-être même sa fille ! Quelle dette sacrée n'avais-je pas contractée envers elle ! Étais-je pleinement acquitté par mes refus, par mon départ ? Non ; car elle était femme, c'est-à-dire faible, asservie, en butte à des arrêts implacables et aux insultes plus amères encore de l'ironie. Elle eût affronté tout cela, elle si craintive, si douce, si enfant à mille égards. Elle eût fait une chose sublime ; et moi, en acceptant, j'eusse fait une lâcheté. Je n'avais donc accompli qu'un devoir envers moi-même, et elle s'était exposée pour moi au martyre. Pauvre Bianca, mon premier, mon seul amour peut-être ! comme elle était restée belle dans mon souvenir ! « Mon Dieu, me disais-je, pourquoi ai-je peur qu'elle soit vieillie et flétrie ? Ne dois-je pas être indifférent à cela ? L'aimerais-je encore ? non, sans doute ; mais, laide ou belle, pourrais-je aujourd'hui la revoir sans danger ? » Et à cette pensée mon cœur battit si fort que je compris combien il m'était impossible d'être l'époux ou l'amant de sa fille.

Et puis, me prévaloir du passé (ne fût-ce que par une muette adhésion aux volontés d'Alezia) pour obtenir la fille de Bianca, c'eût été une action déshonorante. Faible comme je connaissais Bianca, je savais qu'elle se croirait engagée à nous donner son consentement ; mais je savais aussi que son vieux mari, sa famille et son confesseur surtout l'accableraient de chagrin. Elle avait pu se remarier et faire un second mariage de convenance. Elle était donc au fond femme du monde, esclave des préjugés, et son amour pour moi n'était qu'un sublime épisode, dont le souvenir peut-être faisait sa honte et son désespoir, tandis qu'il faisait ma gloire et ma joie. « Non, pauvre Bianca ! pensais-je, non, je ne suis pas quitte envers toi. Tu as bien assez souffert, assez tremblé peut-être, à l'idée qu'un valet colportait de maison en maison le secret de ta faiblesse. Il est temps que tu dormes en paix, que tu ne rougisses plus des seuls jours heureux de ta jeunesse, et qu'apprenant l'éternel silence, l'éternel dévouement, l'éternel amour de Nello, tu puisses te dire, pauvre femme, qu'au milieu de ta vie enchaînée ou déçue tu as une fois connu l'amour et que tu l'as inspiré. »

Je marchais avec agitation dans ma chambre ; le jour commençait à poindre. C'est, dans la vie des hommes qui dorment peu, une heure décisive qui met fin aux incertitudes nourries dans les ténèbres, et qui change les projets en résolutions. J'eus un élan de joie enthousiaste et de légitime orgueil en songeant que Lélio le comédien n'était pas tombé au-dessous de Nello le gondolier. Quelquefois, dans mes idées de démocratie romanesque, je m'étais pris à rougir d'avoir abandonné le toit de joncs marins où j'aurais pu perpétuer une race forte, laborieuse et frugale ; je m'étais fait un crime d'avoir dédaigné l'humble profession de mes pères pour rechercher les amères jouissances du luxe, la vaine fumée de la gloire, les faux biens et les puérils travaux de l'art. Mais en accomplissant, sous les oripeaux de l'histrion, les mêmes actes de désintéressement et de fierté que j'avais accomplis sous la bure du batelier, j'ennoblissais deux fois ma vie, et deux fois j'élevais mon âme au-dessus de toutes les fausses grandeurs sociales. Ma conscience, ma dignité, me semblaient être la conscience et la dignité du peuple : en m'avilissant, j'eusse avili le peuple. « Carbonari ! carbonari ! m'écriai-je, je serai digne d'être l'un de vous. » Le culte de la délivrance est une foi nouvelle ; le libéralisme est une religion qui doit ennoblir ses adeptes, et faire, comme autrefois le jeune christianisme, de l'esclave un homme libre, de l'homme libre un saint ou un martyr.

J'écrivis la lettre suivante à la princesse Grimani :

« Madame,

« Un grand danger a menacé la signorina ; pourquoi vous, tendre et courageuse mère, avez-vous consenti à l'éloigner de vous ? N'est-elle pas dans l'âge où tout peut décider de la vie d'une femme, un instant, un regard, un soupir ? N'est-ce pas maintenant que vous devez veiller sur elle à toute heure, la nuit comme le jour, épier ses moindres soucis, compter les battements de son cœur ? Vous, Madame, qui êtes si douce et pleine de condescendance pour les petites choses, mais qui, pour les grandes, savez trouver dans le foyer de votre cœur tant d'énergie et de résolution, voici le moment où vous devez montrer le courage de la lionne qui ne se laisse point arracher ses petits. Venez, Madame, venez ; reprenez votre fille, et qu'elle ne vous quitte plus. Pourquoi la laissez-vous dans des mains étrangères, livrée à une direction malhabile qui l'irrite et la pousserait à de grands écarts, si elle n'était votre fille, si le germe de vertu et de dignité déposé par vous dans son sein pouvait devenir le jouet du premier vent qui passe ! Ouvrez les yeux ; voyez que l'on contrarie les inclinations de votre enfant dans des choses légitimes et sacrées, et qu'ainsi l'on s'expose à la voir résister aux sages conseils et se faire une habitude d'indépendance que l'on ne pourra plus vaincre. Ne souffrez pas qu'on lui impose un mari qu'elle déteste, et craignez que cette aversion ne la porte à faire un choix précipité, plus funeste encore. Assurez sa liberté. Qu'elle ne soit enchaînée que par la sollicitude de votre amour éclairé, de crainte que, se méfiant de votre énergie protectrice, elle ne cherche dans sa fantaisie un dangereux appui. Au nom du ciel, venez !

« Et si vous voulez savoir, Madame, de quel droit je vous adresse cet appel, apprenez que j'ai vu votre fille sans savoir son nom, que j'ai failli devenir amoureux d'elle ; que je l'ai suivie, observée, cherchée, et qu'elle n'était pas si bien gardée que je n'eusse pu lui parler et employer (en vain sans doute) tous les artifices par lesquels on séduit une femme ordinaire. Grâce au ciel ! votre fille n'a pas même été exposée à mes téméraires prétentions. J'ai appris à temps qu'elle avait pour mère la personne que je vénère et que je respecte le plus au monde, et dès cet instant les abords de sa demeure sont devenus sacrés pour moi. Si je ne m'éloigne pas à l'instant même, c'est afin d'être prêt à répondre à vos plus sévères interrogatoires, si, vous méfiant de mon honneur, vous m'ordonnez de paraître devant vous et de vous rendre compte de ma conduite.

« Agréez, Madame, les humbles respects de votre esclave dévoué,   Nello. »

Je cachetai cette lettre, songeant au moyen de la faire parvenir à son adresse avec le plus de célérité possible, sans qu'elle tombât en des mains étrangères. Je n'osais la porter moi-même, dans la crainte qu'Alezia irritée ne fît quelque acte de folie ou de désespoir en apprenant mon départ. D'ailleurs il était bien vrai que je voulais pouvoir m'ouvrir complétement à sa mère au moment où elle recevrait ma confidence tout entière ; car je prévoyais bien qu'Alezia ne lui cacherait aucun détail de ce petit roman, dont je n'avais pas le droit de me faire l'historien exact sans son ordre. Je craignais d'ailleurs que l'énergie de cette jeune fille effrayant la faiblesse de sa mère du tableau de sa passion, celle-ci ne vînt à lui donner un consentement que je ne voulais pas ratifier. L'une et l'autre avaient besoin du secours de ma volonté calme et inébranlable, et c'était peut-être lorsqu'elles seraient en présence l'une de l'autre que j'aurais besoin d'une force qui manquerait à toutes deux.

J'en étais là lorsqu'on frappa à ma porte, et un homme s'approcha dans une attitude respectueuse. Comme il avait eu soin d'ôter sa livrée, je ne le reconnus pas d'abord pour le domestique qui m'avait tant regardé le jour de l'aventure de l'église ; mais comme nous avions maintenant le loisir de nous examiner l'un l'autre, nous jetâmes spontanément un cri de surprise.

« C'est bien vous ! me dit-il ; je ne me trompais pas, vous êtes bien Nello ?

— Mandola, mon vieil ami ! » m'écriai-je, et je lui ouvris mes deux bras. Il hésita un instant, puis il s'y jeta avec effusion en pleurant de joie.

« Je vous avais bien reconnu ; mais j'ai voulu m'en assurer, et, au premier moment dont je puis disposer, me voilà. Comment se fait-il qu'on vous appelle dans ce pays le seigneur Lélio, à moins que vous ne soyez ce chanteur fameux dont on parlait tant à Naples, et que je n'ai jamais été voir ? car, voyez-vous, je m'endors toujours au théâtre, et, quant à la musique, je n'ai jamais pu y rien comprendre... Aussi la signora ne me force jamais de monter à sa loge avant la fin du spectacle.

— La signora ! oh ! parle-moi de la signora, mon vieux camarade.

— Moi, je parlais de la signora Alezia; car, pour la signora Bianca, elle ne va plus au théâtre. Elle a pris un confesseur piémontais, et elle est dans la plus haute dévotion depuis son second mariage. Pauvre bonne signora! je crains bien que ce mari-là ne la dédommage pas de l'autre. Ah! Nello, Nello, pourquoi n'as-tu pas...?

— Tais-toi, Mandola; pas un mot là-dessus. Il est des souvenirs qui ne doivent pas plus revenir sur nos lèvres que les morts ne doivent revenir à la vie. Dis-moi seulement où est ta maîtresse en ce moment, et le moyen de lui faire parvenir une lettre en secret et sur-le-champ.

— Est-ce que c'est quelque chose d'important pour vous?

— C'est quelque chose de plus important pour elle.

— En ce cas, donnez-la-moi; je prends la poste à franc étrier, et je vais la lui remettre à Bologne, où elle est maintenant. Ne le saviez-vous pas?

— Nullement. Oh! tant mieux! Tu peux être auprès d'elle ce soir?

— Oui, par Bacchus! Pauvre maîtresse, qu'elle sera étonnée de recevoir de vos nouvelles! car, vois-tu, Nello, voyez-vous, signor...

— Appelle-moi Nello quand nous sommes seuls, et Lélio devant le monde, tant que l'affaire de Chioggia ne sera pas assoupie tout à fait.

— Oh! je sais. Pauvre Massatone! Mais cela commence à s'arranger.

— Que me disais-tu de la signora Bianca? C'est là ce qui m'importe.

— Je disais qu'elle deviendra bien rouge et bien pâle quand je lui remettrai une lettre en lui disant tout bas : « C'est de Nello! Madame sait bien, Nello! celui qui chantait si bien... » Alors elle me dira d'un ton sérieux, car elle n'est plus gaie comme autrefois, la pauvre signora : « C'est bien, Mandola, allez-vous-en à l'office. » Et puis elle me rappellera pour me dire d'un ton doux, car elle est toujours bonne : « Mon pauvre Mandola, vous devez être bien fatigué ?... Salomé, donnez-lui du meilleur vin ! »

— Et Salomé ! m'écriai-je ; est-elle mariée aussi ?

— Oh ! celle-là ne se mariera jamais. C'est toujours la même fille, pas plus vieille, pas plus jeune ; ne souriant jamais, ne versant jamais une larme, adorant toujours madame, et lui résistant toujours ; chérissant mademoiselle, et la grondant sans cesse ; bonne au fond, mais point aimable... La signora Alezia vous a-t-elle reconnu ?

— Nullement.

— Je le crois ; j'ai eu bien de la peine moi-même à vous reconnaître. On change tant ! Vous étiez si petit, si fluet !

— Mais pas trop, ce me semble ?

— Et moi, continua Mandola avec une tristesse comique, j'étais si leste, si dégagé, si alerte, si joyeux ! Ah ! comme on vieillit ! »

Je me pris à rire en voyant combien l'on s'abuse sur les grâces de sa jeunesse quand on avance en âge. Mandola était à peu près le même Hercule lombard que j'avais connu ; il marchait toujours de côté comme une barque qui louvoie, et l'habitude de ramer en équilibre à la poupe de la gondole lui avait fait contracter celle de ne jamais se tenir sur ses deux jambes à la fois. On eût dit qu'il se méfiait toujours de l'aplomb du sol, et qu'il attendait le flot pour varier son attitude. J'eus bien de la peine à abréger notre entretien ; il y prenait grand plaisir, et moi j'éprouvais un bonheur douloureux à entendre parler de cet intérieur de famille où mon âme s'était ouverte à la poésie, à l'art, à l'amour et à l'honneur. Je ne pouvais me défendre d'une secrète joie pleine d'attendrissement et de reconnaissance en entendant le brave Lombard me raconter les longs regrets de Bianca après mon départ, sa santé longtemps altérée, ses larmes cachées, sa langueur, son dégoût de la vie. Puis elle s'était ranimée. Un nouvel amour avait effleuré son cœur. Un homme fort séduisant, mais assez mal famé, espèce d'aventurier de haut lieu, l'avait recherchée en mariage ; elle avait failli croire en lui. Eclairée à temps, elle avait frémi des dangers auxquels l'isolement exposait son repos et sa dignité ; elle avait frémi surtout pour sa fille, et s'était rejetée dans la dévotion.

« Mais son mariage avec le prince Grimani ? dis-je à Mandola.

— Oh ! c'est l'ouvrage du confesseur, répondit-il.

— Allons, il y a une fatalité, et l'on n'y échappe pas. Pars, Mandola ; voici de l'argent, voici la lettre. Ne perds pas un instant, et ne retourne pas à la villa Grimani sans m'avoir parlé ; car j'ai des recommandations importantes à te faire. » Il partit.

Je me jetai sur mon lit, et je commençais à m'endormir lorsque j'entendis les pas rapides d'un cheval dans l'allée du jardin sur laquelle donnait ma fenêtre. Je me demandai si ce n'était pas Mandola qui revenait, ayant oublié une partie de ses instructions. Je vainquis donc la fatigue, et me mis à la croisée. Mais, au lieu de Mandola, je vis une femme en amazone et la tête couverte d'une épaisse mantille de crêpe noir qui tombait sur ses épaules et voilait toute sa taille aussi bien que son visage. Elle montait un superbe cheval tout fumant de sueur ; et, sautant à terre avant que son domestique eût trouvé le temps de lui donner la main, elle parla à voix très-basse à la vieille Cattina, que la curiosité bien plus que le zèle avait fait accourir à sa rencontre. Je frissonnai en songeant qui ce pouvait, qui ce devait être ; et, maudissant l'imprudence de cette démarche, je me rhabillai à la hâte. Quand je fus prêt, Cattina ne venant point m'avertir, je m'élançai précipitamment dans l'escalier, craignant que la téméraire visiteuse ne restât sous le péristyle exposée à quelque regard indiscret. Mais je rencontrai sur les dernières marches Cattina, qui retournait à son travail après avoir introduit l'inconnue dans la maison.

« Où est cette dame? lui demandai-je vivement.

— Cette dame! répondit la vieille, quelle dame, mon *béni* seigneur Lélio?

— Quelle ruse veux-tu essayer là, vieille folle? N'ai-je pas vu entrer une dame en noir, et n'a-t-elle pas demandé à me parler?

— Non, sur la foi du baptême, monsieur Lélio. Cette dame a demandé la signora Checchina, et sans vous nommer. Elle m'a mis ce demi-sequin dans la main pour m'engager à cacher sa présence *aux autres habitants de la maison*. C'est ainsi qu'elle a dit.

— Est-ce que tu l'as vue, Cattina, cette dame?

— J'ai vu sa robe et son voile, et une grande mèche de cheveux noirs qui s'était détachée, et qui tombait sur une petite main superbe.... et deux grands yeux qui brillaient sous la dentelle comme deux lampes derrière un rideau.

— Et où l'as-tu fait entrer?

— Dans le petit salon de la signora Checchina, pendant que la signora s'habille pour la recevoir.

— C'est bien, Cattina; sois discrète, puisqu'on te l'a commandé. »

Je restai incertain si c'était Alezia qui venait se confier à la Checchina. Je devais l'empêcher sur-le-champ, et à tout prix, de rester dans cette maison, où chaque instant pouvait contribuer à la perte de sa réputation; mais si ce n'était point elle, de quel droit irais-je interroger une personne qui sans doute avait quelque grave intérêt à se cacher de la sorte? De ma fenêtre je n'avais pu juger la taille de cette femme voilée qui tout à coup s'était trouvée placée de manière à ce que je ne visse que le sommet de sa tête. J'avais examiné le domestique pendant qu'il emmenait les chevaux à l'écart dans un massif d'arbres que sa maîtresse lui avait désigné d'un geste. Je n'avais jamais vu ce visage; mais ce n'était pas une raison pour qu'il n'appartînt pas à la maison Grimani, dont, certes, je n'avais pas vu tous les serviteurs. Je répugnais à l'interroger et à tenter de le corrompre. Je résolus d'aller trouver la Checchina; je savais le temps qu'il lui fallait pour faire la plus simple toilette; elle ne devait pas encore être en présence de la visiteuse, et je pouvais entrer dans sa chambre sans traverser le salon d'attente. Je connaissais le mystérieux passage par lequel l'appartement de Nasi communiquait avec celui de ses maîtresses, cette villa de Cafaggiolo étant une véritable *petite maison* dans le goût français du xviiie siècle.

Je trouvai en effet la Checchina à demi vêtue, se frottant les yeux et s'apprêtant avec une nonchalance seigneuriale à cette matinale audience.

« Qu'est-ce à dire? s'écria-t-elle en me voyant entrer par son alcôve.

— Vite, un mot, Checchina, lui dis-je à l'oreille. Renvoie ta femme de chambre.

— Dépêche-toi, me dit-elle quand nous fûmes seuls, car il y a là quelqu'un qui m'attend.

— Je le sais, et c'est de cela que je viens te parler. Connais-tu cette femme qui te demande un entretien?

— Qu'en sais-je? elle n'a pas voulu dire son nom à ma femme de chambre, et là-dessus je lui ai fait répondre que je ne recevais pas, surtout à sept heures du matin, les personnes que je ne connais point; mais elle ne s'est pas rebutée, et elle a supplié Térésa avec tant d'instance (il est même probable qu'elle lui a donné de l'argent pour la mettre dans ses intérêts), que celle-ci est venue me tourmenter, et j'ai cédé, mais non sans un grand déplaisir de sortir si tôt du lit, car j'ai lu les amours d'Angélique et de Médor fort avant dans la nuit.

— Écoute, Checchina, je crois que cette femme est... celle que tu sais.

— Oh! crois-tu? En ce cas, va la trouver; je comprends pourquoi elle me fait demander, et pourquoi tu entres par le passage secret. Allons, je serai discrète, et charmée surtout de me rendormir tandis que tu seras le plus heureux des hommes.

— Non, ma bonne Francesca, tu te trompes. Si je m'étais ménagé un rendez-vous sous les auspices, sois sûre que je t'en aurais demandé la permission. D'ailleurs je n'en suis pas à ce point, et mon roman touche à sa fin, qui est la plus froide et la plus morale de toutes les fins. Mais cette jeune personne se perd si tu ne viens pas à son secours. N'accueille aucun des projets romanesques qu'elle vient sans doute te confier; fais-la partir sur-le-champ, qu'elle retourne chez ses parents à l'instant même. Si par hasard elle demande à me parler en ta présence, dis-lui que je suis absent et que je ne rentrerai pas de la journée.

— Quoi! Lélio! tu n'es pas plus passionné que cela, et on fait pour toi des extravagances! Peste! Voyez ce que c'est que d'être fat, on réussit toujours! Mais si tu te trompais, *cugino*; si par hasard cette belle aventurière, au lieu d'être ta Dulcinée, était une de ces pauvres filles dont tout pays fourmille, qui veulent entrer au théâtre pour fuir des parents cruels? Écoute, j'ai une inspiration. Entrons ensemble dans le petit salon; en faisant avancer le paravent devant la porte, au moment où nous entrerons tu peux te glisser en même temps que moi dans la chambre, te tenir caché, tout entendre et tout voir. Si cette femme est ta maîtresse, il est important que tu saches bien et vite ce dont il s'agit : car ce qu'elle me dira, je te le répéterais mot à mot, il sera donc plus tôt fait de l'entendre. »

J'hésitais, et pourtant j'avais bien envie de suivre ce mauvais conseil.

« Mais si c'est une autre femme, objectai-je, si elle a un secret à te confier?

— Avons-nous des secrets l'un pour l'autre? dit Checchina, et as-tu moins d'estime que moi pour toi-même? Allons, pas de sot scrupule, viens. »

Elle appela Térésa, lui dit deux mots à l'oreille, et quand le paravent fut arrangé, elle la renvoya et m'entraîna avec elle dans le salon. Je ne fus pas caché deux minutes sans trouver au paravent protecteur une brisure par laquelle je pouvais voir la dame mystérieuse. Elle n'avait pas encore relevé son voile; mais déjà je reconnaissais la taille élégante et les belles mains d'Alezia Aldini.

La pauvre enfant tremblait de tous ses membres; je la plaignais et la blâmais, car le boudoir où nous nous trouvions n'était pas décoré dans un goût très-chaste, et les bronzes antiques, les statuettes de marbre qui l'ornaient, quoique d'un choix exquis sous le rapport de l'art, n'étaient rien moins que faits pour attirer les regards d'une jeune fille ou d'une femme timide. Et en pensant que c'était Alezia Aldini qui avait osé pénétrer dans ce temple païen, j'étais malgré moi, par un reste d'amour peut-être, plus blessé que reconnaissant de sa démarche.

La Checchina, tout en se hâtant, n'avait pourtant pas négligé le soin si cher aux femmes d'éblouir par l'éclat de la toilette les personnes de leur sexe. Elle avait jeté sur ses épaules une robe de chambre de cachemire des Indes, objet d'un grand luxe à cette époque; elle avait roulé ses cheveux dénoués sous un réseau de bandelettes d'or et de pourpre; car l'antique était alors à la mode ; et sur ses jambes nues, qui étaient fortes et belles comme celles d'une statue de Diane, elle avait glissé une sorte de brodequin de peau de tigre, qui dissimulait ingénieusement la vulgaire nécessité des pantoufles. Elle avait chargé ses doigts de diamants et de camées, et tenait son éventail étincelant comme un sceptre de théâtre, tandis que l'inconnue, pour se donner une contenance, tourmentait gauchement le sien, qui était simplement de satin noir. Celle-ci était visiblement consternée de la beauté de Checca, beauté un peu virile, mais incontestable. Avec sa robe turque, sa chaussure mède et sa coiffure grecque, elle devait assez ressembler à ces femmes de satrapes qui se couvraient sans discernement des riches dépouilles des nations étrangères.

Elle salua son hôtesse d'un air de protection un peu impertinent ; puis, s'étendant avec nonchalance sur une ottomane, elle prit l'attitude la plus grecque qu'elle put imaginer. Tout cet étalage fit son effet : la jeune fille resta interdite et n'osa rompre le silence.

« Eh bien! Madame ou Mademoiselle, dit la Checca en dépliant lentement son éventail, car j'ignore absolument à qui j'ai le plaisir de parler... je suis à vos ordres. »

Alors l'inconnue, d'une voix claire et un peu âpre, avec un accent anglais très-prononcé, répondit en ces termes :

« Pardonnez-moi, Madame, d'être venue vous déranger si matin, et recevez mes remerciements pour la bonté que vous avez de m'accueillir. Je me nomme *Barbara Tempest*, et suis fille d'un lord établi depuis peu à Florence. Mes parents me font apprendre la musique, et j'ai déjà quelque talent ; mais j'avais une très-excellente institutrice qui est partie pour Milan, et mes parents veulent me donner pour maître de chant cet insipide Tosani, qui me dégoûtera à jamais de l'art avec sa vieille méthode et ses cadences ridicules. J'ai ouï dire que le signor Lélio (que j'ai entendu chanter plusieurs fois à Naples) allait venir dans ce pays, et qu'il avait loué pour la saison cette maison, dont je connais le propriétaire. J'ai un désir irrésistible de recevoir des leçons de ce chanteur célèbre, et j'en ai fait la demande à mes parents, qui me l'ont accordée ; mais ils en ont parlé à plusieurs personnes, et il leur a été dit que le signor Lélio était d'un caractère très-fier et un peu bizarre, qu'en outre il était affilié à ce qu'on appelle, je crois, la charbonnerie, c'est-à-dire qu'il a fait serment d'exterminer tous les riches et tous les nobles, et qu'en attendant il les déteste. Il ne laisse échapper, a-t-on dit à mon père, aucune occasion de leur témoigner son aversion, et, quand par hasard il consent à leur rendre quelque service, à chanter dans leurs soirées ou à donner des leçons dans leurs familles, c'est après s'être fait prier dans les termes les plus humbles. Si on lui prouve, par des instances très-grandes, combien on estime son talent et sa personne, il cède et redevient fort aimable ; mais si on le traite comme un artiste ordinaire, il refuse sèchement et n'épargne pas les moqueries. Voilà, Madame, ce qu'on a dit à mes parents, et voilà ce qu'ils redoutent ; car ils tirent un peu vanité de leur nom et de leur position dans le monde. Quant à moi, je n'ai aucun préjugé, et j'ai une admiration si vive pour le talent, que rien ne me coûterait pour obtenir de M. Lélio la faveur d'être son élève.

« Je me suis dit bien souvent que si j'étais à même de lui parler, certainement il ferait droit à ma requête.

Mais, outre que je n'aurai peut-être pas l'occasion de le rencontrer, il ne serait pas convenable qu'une jeune personne s'adressât ainsi à un jeune homme. Je pensais à cela précisément ce matin en me promenant à cheval. Vous savez, Madame, que dans mon pays les demoiselles sortent seules, et vont à la promenade accompagnées de leur domestique. Je sors donc de grand matin afin d'éviter la chaleur du jour, qui nous paraît bien terrible à nous autres gens du Nord. Comme je passais devant cette jolie maison, j'ai demandé à un paysan à qui elle appartenait. Quand j'ai su qu'elle était à M. le comte Nasi, qui est l'ami de ma famille, sachant précisément qu'il l'avait louée à M. Lélio, j'ai demandé si ce dernier était arrivé. « Pas encore, m'a-t-on répondu ; mais sa femme est venue d'avance pour préparer son établissement de campagne ; c'est une dame très-belle et très-bonne. » Alors, Madame, il m'est venu en tête l'idée d'entrer chez vous et de vous intéresser à mon désir, afin que vous m'accordiez votre protection toute-puissante auprès de votre mari, et qu'il veuille bien accéder à la demande de mes parents, lorsqu'ils la lui adresseront. Puis-je vous demander aussi, Madame, de vouloir bien garder mon petit secret, et de prier M. Lélio de le garder également ? car ma famille me blâmerait beaucoup de cette démarche, qui n'a pourtant rien que de très-innocent comme vous le voyez. »

Elle avait débité ce discours avec une volubilité si britannique ; en saccadant ses mots, en traînant sur les syllabes brèves et en étranglant les longues, elle faisait de si plaisants anglicismes, que je ne songeai plus à voir Alezia dans cette jeune lady, à la fois prude et téméraire. La Checchina, de son côté, ne songea plus qu'à se divertir de son étrangeté. Moi, qui n'étais guère en train de prendre plaisir à ce jeu, je me serais volontiers retiré ;

mais le moindre bruit eût trahi ma présence et jeté l'épouvante dans le cœur ingénu de miss Barbara.

« En vérité, miss, répondit la Checchina en cachant une forte envie de rire derrière un flacon d'essence de rose, votre demande est fort embarrassante, et je ne sais comment y répondre. Je vous avouerai que je n'ai pas sur M. Lélio l'empire que vous voulez bien m'attribuer...

— Ne seriez-vous pas sa femme? dit la jeune Anglaise avec candeur.

— Oh! miss, s'écria la Checchina en prenant un air de prude du plus mauvais ton, une jeune personne avoir de telles idées! Fi donc! Est-ce qu'en Angleterre l'usage permet aux demoiselles de faire de pareilles suppositions? »

La pauvre Barbara fut tout à fait troublée.

« Je ne sais pas si ma question était offensante, dit-elle d'un ton ému mais plein de résolution ; il est certain que ce n'était pas mon intention. Vous pourriez n'être pas la femme de M. Lélio et vivre avec lui sans crime. Vous pourriez être sa sœur... Voilà tout ce que j'ai voulu dire, Madame.

— Et ne pourrais-je pas aussi bien, dit Checca, n'être ni sa femme, ni sa sœur, ni sa maîtresse, mais demeurer ici chez moi? Ne puis-je pas aussi bien être la comtesse Nasi?

— Oh! Madame, répliqua ingénument Barbara, je sais bien que M. Nasi n'est pas marié.

— Il peut l'être en secret, miss.

— Ce serait donc bien récemment ; car il m'a demandée en mariage il n'y a pas plus de quinze jours.

— Ah! c'est vous, Mademoiselle? » s'écria la Checchina avec un geste tragique qui fit tomber son éventail. Il y eut un moment de silence. Puis la jeune miss, voulant absolument le rompre, sembla faire un grand effort sur elle-même, quitta sa chaise et ramassa l'éventail de la prima donna. Elle le lui présenta avec une grâce charmante, et lui dit d'un ton caressant, que rendait plus naïf encore son accent étranger :

« Vous aurez la bonté, n'est-ce pas, Madame, de parler de moi à monsieur votre frère?

— Vous voulez dire mon mari? » répondit Checchina en recevant son éventail d'un air moqueur et en toisant la jeune Anglaise avec une curiosité malveillante. L'Anglaise retomba sur sa chaise comme si elle eût été frappée à mort; et la Checchina, qui détestait les femmes du monde et prenait une joie féroce à les écraser quand elle se trouvait en rivalité avec elles, ajouta en se pavanant d'un air distrait dans la glace placée au-dessus de l'ottomane :

« Ecoutez, chère miss Barbara. Je vous veux du bien ; car vous me paraissez charmante. Mais il faut que vous me disiez toute la vérité : je crains que ce ne soit pas l'amour de l'art qui vous amène ici, mais bien une sorte d'inclination pour Lélio. Il a inspiré sans le vouloir beaucoup de passions romanesques dans sa vie, et je connais plus de dix pensionnaires qui en sont folles.

— Rassurez-vous, Madame, répondit l'Anglaise avec un accent italien qui me fit tressaillir, je ne saurais avoir la moindre inclination pour un homme marié; et quand je suis entrée dans cette maison, je savais que vous étiez la femme de M. Lélio. »

La Checchina fut un peu déconcertée du ton ferme et dédaigneux de cette réponse; mais, résolue de la pousser à bout et redoublant d'impertinence, elle se remit bientôt et lui dit avec un sourire étudié :

« Chère Barbara, vous me rassurez, et je vous crois l'âme trop noble pour vouloir m'enlever le cœur de Lélio; mais je ne puis vous cacher que j'ai une misérable faiblesse. Je suis d'une jalousie effrénée, tout me porte ombrage. Vous êtes peut-être plus belle que moi, et je le crains si j'en juge par le joli pied que j'aperçois et par les grands yeux que je devine. Vous serez indifférente pour Lélio, puisqu'il m'appartient ; vous êtes fière et généreuse, mais Lélio peut devenir amoureux de vous : vous ne seriez pas la première qui lui aurait tourné la tête. C'est un volage ; il s'enflamme pour toutes les belles femmes qu'il rencontre. Chère signora Barbara, ayez donc la complaisance de relever votre voile, afin que je voie ce que j'ai à craindre, et, pour parler à la française, si je puis exposer Lélio au feu de vos batteries. »

L'Anglaise fit un geste de dégoût, puis sembla hésiter ; et, se levant enfin de toute sa hauteur, elle répondit en commençant à détacher son voile :

« Regardez-moi, Madame, et rappelez-vous bien mes traits, afin d'en faire la description au seigneur Lélio ; et, si en vous écoutant il paraît ému, gardez-vous de l'envoyer vers moi ; car, s'il venait à vous être infidèle, je déclare que ce serait un malheur pour lui et qu'il n'obtiendrait que mon mépris. »

En parlant ainsi, elle avait découvert sa figure. Elle me tournait le dos, et j'essayais vainement de surprendre ses traits dans la glace. Mais avais-je besoin du témoignage de mes yeux, et celui de mes oreilles ne suffisait-il pas ? Elle avait oublié tout à fait son accent anglais et parlait le plus pur italien avec cette voix sonore et vibrante qui m'avait si souvent ému jusqu'au fond de l'âme.

« Pardon, miss, dit la Checchina sans se déconcerter, vous êtes si belle, que toutes mes craintes se réveillent. Je ne puis croire que Lélio ne vous ait pas déjà vue et qu'il ne soit pas d'accord avec vous pour me tromper.

— S'il vous demande mon nom, dit Alezia en arrachant avec violence une des grandes épingles d'acier bruni qui retenaient sur sa tête le pli de son voile, remettez-lui ceci de ma part, et dites-lui que mon blason porte une épingle avec cette devise : « Au cœur qui n'a pas de sang! »

En ce moment, ne pouvant rester sous le coup d'un tel mépris, je sortis brusquement de ma cachette et m'élançai vers Alezia avec assurance. « Non, signora, lui dis-je, ne croyez pas aux plaisanteries de mon amie Francesca. Tout ceci est une comédie qu'il lui a plu de jouer, vous prenant pour ce que vous voulez paraître et ne sachant pas l'importance de ses mensonges; c'est une comédie que j'ai laissé jouer, vous reconnaissant à peine, tant vous avez imité avec talent l'accent et les manières d'une Anglaise. »

Alezia ne parut ni surprise ni émue de mon apparition. Elle avait le calme et la dignité que les femmes *de condition* possèdent entre toutes les autres lorsqu'elles sont dans leur droit. A voir son impassibilité, éclairée peu à peu d'un charmant sourire d'ironie, on eût pu croire que son âme n'avait jamais connu la passion, et qu'elle était incapable de la connaître.

« Vous trouvez que j'ai bien joué mon rôle, Monsieur? répliqua-t-elle; cela vous prouve que j'avais peut-être quelque disposition pour cette profession que vous ennoblissez par vos talents et vos vertus. Je vous remercie profondément de m'avoir ménagé l'occasion de vous donner la comédie, et je rends grâces à madame, qui a bien voulu me donner la réplique. Mais je suis déjà dégoûtée de cet art sublime. Il faut y porter une expérience qui me coûterait trop à acquérir et une force d'esprit dont vous seul au monde êtes capable.

— Non, signora; vous êtes dans l'erreur, repris-je avec fermeté. Je n'ai point l'expérience du mal, et je n'ai de force que pour repousser des soupçons déshonorants. Je ne suis ni l'époux ni l'amant de Francesca. Elle est mon amie, ma sœur d'adoption, la confidente discrète et dévouée de tous mes sentiments; et pourtant elle ignore qui vous êtes, bien qu'elle vous soit aussi dévouée qu'à moi-même.

—Je déclare, signora, dit Francesca en s'asseyant d'une manière plus convenable, que je comprends fort peu ce qui se passe ici, et comment Lélio vous a laissé concevoir de pareils soupçons, lorsqu'il lui était si facile de les détruire. Ce qu'il vous dit en ce moment est la vérité, et vous n'imaginez pas, j'espère, que je voulusse me prêter à vous tromper, si j'étais autre chose pour lui qu'une amie bien calme et bien désintéressée. »

Alezia commença à trembler de tous ses membres, comme saisie de fièvre; et elle se rassit pâle et recueillie. Elle doutait encore.

« Tu as été méchante, ma cousine, dis-je tout bas à la Checchina. Tu as pris plaisir à faire souffrir un cœur pur pour venger ton sot amour-propre. Ne devrais-tu pas remercier ta rivale, puisqu'elle a refusé Nasi? »

La bonne Checca s'approcha d'elle, lui prit les mains familièrement et s'accroupit sur un coussin à ses pieds. « Mon bel ange, lui dit-elle, ne doutez pas de nous; vous ne connaissez pas la douce et honnête liberté des bohémiens. Dans votre monde on nous calomnie et on nous fait un crime de nos meilleures actions. Puisque vous avez permis à Lélio de vous aimer, c'est que vous ne partagez pas ces préventions injustes. Croyez donc bien que, à moins d'être la plus vile des créatures, je ne puis m'entendre avec Lélio pour vous tromper. Je comprends à peine quel plaisir ou quel profit j'en pourrais tirer. Ainsi calmez-vous, ma jolie signora. Pardonnez-moi de vous avoir arraché votre secret par mes folles plaisanteries. Vous devez avouer que, si la signora marchesina se fût jouée des comédiens, ce n'eût pas été dans l'ordre. Mais, au reste, tout ceci est fort heureux, et vous avez eu là une idée bonne et courageuse. Vous auriez conservé des soupçons et souffert longtemps, tandis que vous voilà rassurée, n'est-il pas vrai, *marchesina mia?* Et vous croyez bien que j'ai un trop grand cœur pour vous trahir en aucune façon? Allons, mon cher ange, il faut retourner auprès de vos parents, et Lélio ira vous voir aussitôt que vous le voudrez. Soyez tranquille, je vous l'enverrai, moi, et j'empêcherai bien qu'il ne vous donne d'autres sujets de chagrin. Ah! *poverina*, les hommes sont au monde pour désoler les femmes, et le meilleur d'entre eux ne vaut pas la dernière d'entre nous. Vous êtes une pauvre enfant qui ne connaît pas encore la souffrance. Cela ne viendra que trop tôt si vous livrez votre pauvre cœur au tourment d'amour, *oïmè!* »

Francesca ajouta bien d'autres choses toutes pleines de bonté et de sens. En même temps qu'Alezia était un peu blessée de cette familiarité naïve, elle était touchée de tant de bienveillance et vaincue par tant de franchise. Elle ne répondait pas encore aux caresses de Checca; mais de grosses larmes coulaient lentement sur ses joues livides. Enfin son cœur se brisa, et elle se jeta en sanglotant sur le sein de sa nouvelle amie.

« O Lélio! me dit-elle, me pardonnerez-vous l'outrage d'un pareil soupçon? N'accusez que l'état maladif où je suis, depuis quelques jours, de corps et d'esprit. C'est Lila qui, croyant me guérir et voulant m'empêcher de faire ce qu'elle appelle un coup de tête, m'a confié cette nuit que vous viviez ici avec une très-belle personne qui n'était pas votre sœur, ainsi qu'elle l'avait cru d'abord, mais votre femme ou votre maîtresse. Vous pensez bien que je n'ai pas pu fermer l'œil; j'ai roulé dans ma tête les projets les plus tragiques et les plus extravagants.

Enfin, je me suis arrêtée à l'idée que Lila avait pu se tromper, et j'ai voulu savoir la vérité par moi-même. Au point du jour, tandis que, vaincue par la fatigue, cette pauvre fille dormait dans ma chambre sur le tapis, je suis sortie sur la pointe du pied; j'ai appelé le plus soumis et le plus stupide des domestiques de ma tante, je lui ai fait seller le cheval de mon cousin Hector, qui est très-fougueux, et qui a failli dix fois me renverser. Mais que m'importait la vie? Je me disais: « Hélas! n'est pas tué qui veut! » et j'ai pris la route de Cafaggiolo, sans savoir ce que j'allais y faire. Chemin faisant, j'ai trouvé le conte que je me suis permis de faire à madame. Oh! qu'elle me le pardonne! Je voulais savoir si elle vous aimait, Lélio; si elle était aimée de vous, si elle avait des droits sur vous, si vous me trompiez. Pardonnez-moi tous deux; vous êtes si bons! vous me pardonnerez, et vous m'aimerez aussi, n'est-ce pas, Madame?

— Chère madonetta! je t'aime déjà de toute mon âme, » répondit la Checchina en lui passant ses grands bras nus autour du cou et en l'embrassant à l'étouffer.

Je désirais terminer cette scène et renvoyer Alezia chez sa tante. Je la suppliai de ne pas s'exposer davantage, et je me levai pour faire avancer son cheval; mais elle me retint en me disant avec force: « A quoi songez-vous, Lélio? Renvoyez chevaux et domestique chez ma tante; demandez la poste, et partons sur-le-champ. Votre amie sera assez bonne pour nous accompagner. Nous irons trouver ma mère, et je me jetterai à ses pieds en lui disant: « Je suis compromise, je suis perdue aux yeux du monde; je me suis enfuie de chez ma tante en plein jour, avec éclat. Il est trop tard pour réparer le tort que je me suis fait volontairement et délibérement. J'aime Lélio, et il m'aime; je lui ai donné ma vie. Il ne me reste sur la terre que lui et vous. Voulez-vous me maudire? »

Cette résolution me jetait dans une affreuse perplexité. Je la combattis en vain. Alezia s'irrita de mes scrupules, m'accusa de ne pas l'aimer, et invoqua le jugement de Francesca. Celle-ci voulait monter en voiture avec Alezia, et la conduire à sa mère sans moi. Moi, je voulais décider la signora à retourner chez sa tante, à écrire de là à sa mère, et à attendre sa réponse pour prendre un parti. Je m'engageais à ne plus avoir aucun scrupule de conscience, si la mère consentait; mais je ne voulais pas compromettre la fille : c'était une action odieuse que je suppliais Alezia de m'épargner. Elle me répondait que, si elle écrivait, sa mère montrerait sa lettre au prince Grimani, et que celui-ci la ferait enfermer dans un couvent.

Au milieu de ce débat, Lila, que Cattina s'efforçait en vain d'arrêter dans l'escalier, se précipita impétueusement au milieu de nous, rouge, essoufflée, près de s'évanouir. Quelques instants se passèrent avant qu'elle pût parler. Enfin elle nous dit, en mots entrecoupés, qu'elle avait devancé à la course le seigneur Hector Grimani, dont le cheval était heureusement boiteux, et ne pouvait passer par les prairies fermées de haies vives; mais qu'il était derrière elle, qu'il s'était informé tout le long du chemin de la route qu'Alezia avait suivie, et qu'il allait arriver dans un instant. Toute la maison Grimani savait, grâce à lui, la fuite de la signora. En vain la tante avait voulu faire des recherches avec prudence et imposer silence aux déclamations extravagantes d'Hector. Il faisait si grand bruit, que tout le pays serait informé dans la journée de sa position ridicule et de la démarche hasardée de la signora, si elle n'y mettait ordre elle-même en allant à sa rencontre, en lui fermant la bouche, et en retournant avec lui à la villa Grimani. Je fus de l'avis de Lila. Alezia pliait son cousin à toutes ses volontés. Rien n'était encore désespéré, si elle voulait sauter sur son cheval et retourner chez sa tante; elle pouvait prendre un autre chemin que celui par lequel venait Hector, tandis qu'on enverrait au-devant de lui des gens pour le dépister et l'empêcher d'arriver jusqu'à Cafaggiolo. Tout fut inutile. Alezia resta inébranlable. « Qu'il vienne, disait-elle, laissez-le entrer dans la maison, et nous le jetterons par la fenêtre s'il ose pénétrer jusqu'ici. » La Checchina riait comme une folle de cette idée, et, sur la description railleuse qu'Alezia faisait de son cousin, elle promettait, à elle seule, d'en débarrasser la compagnie. Toutes ces bravades et cette gaieté insensée, dans un moment décisif, me causaient un chagrin extrême.

Tout à coup une chaise de poste parut au bout de la longue avenue de figuiers qui conduisait de la grande route à la villa Nasi. « C'est Nasi! s'écria Checchina. — Si c'était Bianca! pensai-je. — Oh! s'écria Lila, voici madame votre tante elle-même qui vient vous chercher.

—Je résisterai à ma tante aussi bien qu'à mon cousin, répondit Alezia; car ils agissent indignement à mon égard. Ils veulent publier ma honte, m'abreuver de chagrins et d'humiliations, afin de me subjuguer. Lélio, cachez-moi, ou protégez-moi. — Ne craignez rien, lui dis-je; si c'est ainsi qu'on veut agir envers vous, nul n'entrera ici. Je vais recevoir madame votre tante au seuil de la maison, et puisqu'il est trop tard pour vous en faire sortir, je jure que personne n'y pénétrera. »

Je descendis précipitamment; je trouvai Cattina qui écoutait aux portes. Je la menaçai de la tuer si elle disait un mot; puis, songeant qu'aucune crainte n'était assez forte pour l'empêcher de céder au pouvoir de l'argent, je me ravisai, et, retournant sur mes pas, je la pris par le bras, la poussai dans une sorte d'office qui n'avait qu'une lucarne où elle ne pouvait atteindre; je fermai la porte sur elle à double tour malgré sa colère, je mis la clef dans ma poche, et je courus au-devant de la chaise de poste.

Mais de toutes nos appréhensions, la plus embarrassante se réalisa. Nasi sortit de la voiture et se jeta à mon cou. Comment l'empêcher d'entrer chez lui, comment lui cacher ce qui se passait? Il était facile de l'empêcher de violer l'incognito d'Alezia, en lui disant qu'une femme était venue pour moi dans sa maison, et que je le priais de ne point chercher à la voir. Mais la journée ne se passerait pas sans que la fuite d'Alézia et le désordre de la maison Grimani vinssent à ses oreilles. Une semaine suffirait pour l'apprendre à toute la contrée. Je ne savais vraiment que faire. Nasi, ne comprenant rien à mon air troublé, commençait à s'inquiéter et à craindre que la Checchina n'eût fait, par colère ou désespoir, quelque coup de tête. Il montait l'escalier avec précipitation; déjà il tenait le bouton de la porte de l'appartement de Checca, lorsque je l'arrêtai par le bras en lui disant d'un air très-sérieux que je le priais de ne pas entrer.

« Qu'est-ce à dire, Lélio? me dit-il d'une voix tremblante et en pâlissant; Francesca est ici et ne vient point à ma rencontre; vous me recevez d'un air glacé, et vous voulez m'empêcher d'entrer chez ma maîtresse? C'est pourtant vous qui m'avez écrit de revenir près d'elle, et vous sembliez vouloir nous réconcilier; que se passe-t-il donc entre vous? »

J'allais répondre, lorsque la porte s'ouvrit, et Alezia parut, couverte de son voile. En voyant Nasi, elle tressaillit et s'arrêta.

« Je comprends maintenant, je comprends, dit Nasi en souriant; mille pardons, mon cher Lélio! dis-moi dans quelle pièce je dois me retirer.—Ici, Monsieur! dit Alezia d'une voix ferme en lui prenant le bras et en l'entraînant dans le boudoir d'où elle venait de sortir et où se trouvaient toujours Francesca et Lila. » Je la suivis. Checchina, en voyant paraître le comte, prit son air le plus farouche, précisément celui qu'elle avait dans le rôle d'Arsace, lorsqu'elle faisait la partie de soprano dans la *Sémiramis* de Bianchi. Lila se mit devant la porte pour empêcher de nouvelles visites, et Alezia, écartant son voile, dit au comte stupéfait :

« Monsieur le comte, vous m'avez demandée en mariage, il y a quinze jours. Le peu de temps pendant lequel j'ai eu le plaisir de vous voir à Naples a suffi pour me donner de vous une plus haute idée que de tous mes autres prétendants. Ma mère m'a écrit pour me conjurer, pour m'ordonner presque d'agréer vos recherches. Le prince Grimani ajoutait en post-scriptum que, si définitivement j'avais de l'éloignement pour mon cousin Hector, il me permettait de revenir auprès de ma mère, à condition que je vous accepterais sur-le-champ pour mari. D'après ma réponse on devait ou venir me chercher pour me conduire à Venise et vous y donner rendez-vous, ou me laisser indéfiniment chez ma tante avec mon cousin. Eh bien ! malgré l'aversion que mon cousin m'inspire, malgré les tracasseries dont ma tante m'abreuve, malgré l'ardent désir que j'éprouve de revoir ma bonne mère et ma chère Venise; enfin, malgré la grande estime que j'ai pour vous, monsieur le comte, j'ai refusé. Vous avez dû croire que j'accordais la préférence à mon cousin... Tenez ! dit-elle en s'interrompant et en portant avec calme ses regards vers la croisée, le voilà qui entre à cheval jusque dans votre jardin. Arrêtez ! monsieur Lélio, ajouta-t-elle en me saisissant le bras, comme je m'élançais pour sortir; vous m'accorderez bien qu'en cet instant il n'y a ici d'autre volonté à écouter que la mienne. Placez-vous avec Lila devant cette porte jusqu'à ce que j'aie fini de parler. »

Je dérangeai Lila, et je tins la porte à sa place. Alezia continua :

« J'ai refusé, monsieur le comte, parce que je ne pouvais loyalement accepter vos honorables propositions. J'ai répondu à l'aimable lettre que vous aviez jointe à celle de ma mère.

— Oui, signora, dit le comte, vous m'avez répondu avec une bonté dont j'ai été fort touché, mais avec une franchise qui ne me laissait aucun espoir ; et si je reviens dans le pays que vous habitez, ce n'est point avec l'intention de vous importuner de nouveau, mais avec celle d'être votre serviteur soumis et votre ami dévoué, si vous daignez jamais faire appel à mes respectueux sentiments.

— Je le sais, et je compte sur vous, répondit Alezia en lui tendant sa main d'un air noblement affectueux. Le moment est venu, plus vite que vous ne l'auriez imaginé, de mettre ces généreux sentiments à l'épreuve. Si j'ai refusé votre main, c'est que j'aime Lélio ; si je suis ici, c'est que je suis résolue à n'épouser jamais que lui. »

Le comte fut si bouleversé de cette confidence, qu'il resta quelques instants sans pouvoir répondre. A Dieu ne plaise que je blasphème l'amitié du brave Nasi ; mais, en ce moment, je vis bien que chez les nobles il n'est pas d'amitié personnelle, de dévouement ni d'estime qui puissent extirper entièrement les préjugés. J'avais les yeux attachés sur lui avec une grande attention, je lus clairement sur son visage cette pensée : « J'ai pu, moi comte Nasi, aimer et demander en mariage une femme qui est amoureuse d'un comédien et qui veut l'épouser ! »

Mais ce fut l'affaire d'un instant. Le bon Nasi reprit sur-le-champ ses manières chevaleresques. « Quoi que vous ayez résolu, signora, dit-il, quoi que vous ayez à m'ordonner en vertu de vos résolutions, je suis prêt.

— Eh bien ! monsieur le comte, reprit Alezia, je suis

chez vous, et voici mon cousin qui vient, sinon me réclamer, du moins constater ici ma présence. Froissé par mes refus, il ne manquera pas de me décrier, parce qu'il est sans esprit, sans cœur et sans éducation. Ma tante feindra de blâmer l'emportement de son fils, et racontera ce qu'il lui plaira d'appeler ma honte à toutes les dévotes de sa connaissance qui le rediront à toute l'Italie. Je ne veux point, par de vaines précautions, ni par de lâches dénégations, essayer d'arrêter le scandale. J'ai appelé l'orage sur ma tête, qu'il éclate à la face du monde ! Je n'en souffrirai pas si, comme je l'espère, le cœur de ma mère me reste, et si, avec un époux content de mes sacrifices, je trouve encore un ami assez courageux pour avouer hautement la protection fraternelle qu'il m'accorde. A ce titre, voulez-vous empêcher qu'il n'y ait des explications inconvenantes, *impossibles* entre Lélio et mon cousin? Voulez-vous aller recevoir Hector, et lui déclarer de ma part que je ne sortirai de cette maison que pour aller trouver ma mère, et appuyée sur votre bras? »

Le comte regarda Alezia d'un air sérieux et triste, qui semblait dire : « Vous êtes la seule ici qui compreniez à quel point mon rôle, dans le monde, va paraître étrange, coupable et ridicule, » mit gracieusement un genou en terre, et baisa la main d'Alezia qu'il tenait toujours dans la sienne, en lui disant : « Madame, je suis votre chevalier à la vie et à la mort. » Puis il vint à moi et m'embrassa cordialement sans me rien dire. Il oublia de parler à la Checchina, qui du reste, appuyée sur le rebord de la fenêtre, les bras croisés sur sa poitrine, contemplait cette scène avec une attention philosophique.

Nasi se préparait à sortir. Moi, je ne pouvais souffrir l'idée qu'il allait s'établir, à ses risques et périls, le champion de la femme que j'étais censé compromettre. Je voulais du moins le suivre et prendre sur moi la moitié de la responsabilité. Il me donna, pour m'en empêcher, des raisons excellentes tirées du code du grand monde. Je n'y comprenais rien, et me sentais dominé en cet instant par la colère que me causaient l'insolence d'Hector et ses indignes intentions. Alezia essaya de me calmer en me disant : « Vous n'avez encore de droits que ceux qu'il me plaira de vous accorder. » J'obtins du moins d'accompagner Nasi, et de faire acte de présence devant Hector Grimani, à la condition de ne pas dire un mot sans la permission de Nasi.

Nous trouvâmes le cousin qui descendait de cheval, tout haletant et couvert de sueur. Il donna un grand coup de fouet, en jurant d'une manière ignoble, au pauvre animal, parce que, s'étant déferré et blessé en chemin, il n'était pas venu assez vite au gré de son impatience. Il me sembla voir dans ce début et dans toute la contenance d'Hector qu'il ne savait comment se tirer de la position où il s'était jeté à l'étourdie. Il fallait se montrer héroïque à force d'amour et de folle jalousie, ou absurde à force de lâche insolence. Ce qui mettait le comble à son embarras, c'est qu'il avait recruté en chemin deux jeunes gens de ses amis qui se rendaient à la chasse et avaient voulu l'accompagner dans son expédition, moins sans doute pour l'assister que pour se divertir à ses dépens.

Nous nous avançâmes jusqu'à lui sans le saluer, et Nasi le regarda de près au milieu du visage, d'un air glacé, sans lui dire un mot. Il parut ne pas me voir ou ne pas me reconnaître. « Ah ! c'est vous, Nasi ? » s'écria-t-il incertain s'il le saluerait ou s'il lui tendrait la main ; car il voyait bien que Nasi n'était pas disposé à lui rendre aucune espèce de révérence.

—Vous n'avez pas sujet de vous étonner, je pense, de me trouver chez moi, répondit Nasi.

—Pardonnez-moi, pardonnez-moi, reprit Hector en feignant d'être accroché par son éperon à un magnifique rosier qui se trouvait là, et qu'il écrasait de tout son poids. Je ne m'attendais pas du tout à vous retrouver ici ; je vous croyais à Naples.

—Que vous l'ayez cru ou non, peu importe. Vous voici, et me voici. De quoi s'agit-il ?

—Pardieu, mon cher, il s'agit de m'aider à retrouver ma cousine Alezia Aldini, qui se permet de courir seule à cheval sans la permission de ma mère, et qui, m'a-t-on dit, est par ici.

—Qu'entendez-vous par ce mot : *par ici?* Si vous pensez que la personne dont vous parlez soit dans les environs, suivez la rue, cherchez.

—Mais que diable, mon cher, elle est ici ! dit Hector forcé par le ton de Nasi et par la présence de ses témoins de se prononcer un peu plus nettement. Elle est dans votre maison ou dans votre jardin ; car l'on l'a vue entrer dans votre avenue, et, sang de Dieu ! voilà son cheval là-bas ! c'est-à-dire mon cheval ; car il lui a plu de le prendre pour courir les champs, et de me laisser sa haquenée. » Et il essayait par un gros rire forcé d'égayer un entretien que Nasi ne semblait pas disposé à traiter si gaiement.

« Monsieur, répondit-il, je n'ai pas l'honneur de vous connaître assez pour que vous m'appeliez *mon cher;* je vous prie donc de me traiter comme je vous traite. Ensuite, je vous ferai observer que ma maison n'est point une auberge, ni mon jardin une promenade publique, pour que les passants se permettent de l'explorer.

—Ma foi, Monsieur, si vous n'êtes pas content, dit Hector, j'en suis fâché. Je croyais vous connaître assez pour me permettre d'entrer chez vous, et je ne savais pas que votre maison de campagne fût un château-fort.

—Telle qu'elle est, monsieur, palais, ou chaumière, j'en suis le maître, et je vous prie de vous tenir pour averti que personne n'y entre sans ma permission.

—Par Bacchus! monsieur le comte, vous avez bien peur que je vous demande la permission d'entrer chez vous; car vous me la refusez d'avance avec une aigreur qui me donne beaucoup à penser. Si, comme je le crois, Alezia Aldini est dans cette maison, je commence à espérer pour elle qu'elle y est venue pour vous; donnez-m'en l'assurance, et je me retire satisfait.

—Je ne reconnais à personne, Monsieur, répondit Nasi, le droit de m'adresser aucune espèce de questions; et à vous, moins qu'à tout autre, celui de m'interroger sur le compte d'une femme que votre conduite outrage en cet instant.

—Eh! mordieu, je suis son cousin! Elle est confiée à ma mère; que voulez-vous que ma mère réponde à mon oncle, le prince Grimani, lorsqu'il lui demandera sa belle-fille? Et comment voulez-vous que ma mère, qui est âgée et infirme, coure après une jeune écervelée qui monte à cheval comme un dragon?

—Je suis certain, Monsieur, dit Nasi, que madame votre mère ne vous a pas chargé de chercher sa nièce d'une manière aussi bruyante, et de la demander à tout venant d'une manière aussi déplacée; car, dans ce cas, sa sollicitude serait un outrage plus qu'une protection, et mettre l'objet d'une telle protection à l'abri de votre zèle serait un devoir pour moi.

—Allons, dit Hector, je vois que vous ne voulez pas nous rendre notre fugitive. Vous êtes un chevalier des anciens temps, monsieur le comte! Souvenez-vous que désormais ma mère est déchargée de toute responsabilité envers la mère de mademoiselle Aldini. Vous arrangerez cette affaire désagréable comme vous l'entendrez pour votre propre compte. Quant à moi, je m'en lave les mains, j'ai fait ce que je devais et ce que je pouvais. Je vous prierai seulement de dire à Alezia Aldini qu'elle est bien libre d'épouser qui bon lui semblera, et que pour ma part je n'y mettrai pas d'obstacle. Je vous cède mes droits, mon cher comte; puissiez-vous n'avoir jamais à chercher votre femme dans la maison d'autrui, car vous voyez par mon exemple combien on y fait sotte figure.

— Beaucoup de gens pensent, monsieur le comte, répondit Nasi, qu'il y a toujours moyen d'ennoblir la position la plus fâcheuse et de faire respecter la plus ridicule. Il n'y a de sottes figures que là où il y a de sottes démarches. »

A cette réponse sévère, un murmure significatif des deux amis fit sentir à Hector qu'il ne pouvait plus reculer.

« Monsieur le comte, dit-il à Nasi, vous parlez de sottes démarches. Qu'appelez-vous sottes démarches, je vous prie?

— Vous donnerez à mes paroles l'explication que vous voudrez, Monsieur.

— Vous m'insultez, Monsieur!

— C'est vous qui en êtes juge, monsieur. Pour moi, cela ne me regarde pas.

— Vous me rendrez raison, je présume?

— Fort bien, Monsieur.

— Votre heure?

— Celle que vous voudrez.

— Demain matin à huit heures, dans la pairie de Maso, si vous le voulez bien, Monsieur. Mes témoins seront ces messieurs.

— Très-bien, Monsieur; mon ami que voici sera le mien. »

Hector me regarda avec un sourire de dédain, et, emmenant à l'écart Nasi avec ses deux compagnons, il lui dit:

« Ah çà, mon cher comte, permettez-moi de vous dire que c'est pousser la plaisanterie trop loin. Maintenant qu'il s'agit de se battre, il faudrait, ce me semble, un peu de sérieux. Mes témoins sont gens de qualité : monsieur est le marquis de Mazzorbo, et voici monsieur de Monteverbasco. Je ne pense pas que vous puissiez leur associer comme témoin ce monsieur à qui j'ai fait donner vingt francs l'autre jour pour avoir accordé un piano chez ma mère. Vraiment, je n'y conçois rien. Hier on découvre que ce monsieur a une intrigue avec ma cousine, et aujourd'hui vous nous dites que c'est votre ami intime. Veuillez nous dire au moins son nom.

—Vous vous trompez positivement, monsieur le comte. Ce *monsieur*, comme vous dites, n'accorde point de pianos, et n'a jamais mis le pied chez votre cousine. C'est le signor Lélio, l'un de nos plus grands artistes, et l'un des hommes les plus braves et les plus loyaux que je connaisse. »

J'avais entendu confusément le commencement de cette conversation, et, voyant qu'il s'agissait de moi, je m'étais rapproché assez rapidement. Quand j'entendis le comte Hector parler tout haut d'une *intrigue* à propos d'Alezia, la mauvaise humeur où m'avait mis ce combat engagé sans moi se changea en colère, et je résolus de faire payer à quelqu'un de nos adversaires la fausseté de ma position. Je ne pouvais m'en prendre au comte Hector, déjà provoqué par Nasi; ce fut sur M. de Monteverbasco que tomba l'orage. Le digne gentillâtre, en apprenant mon nom, s'était contenté de dire d'un air étonné :

« Tiens ! »

Je m'approchai de lui, et le regardant en face d'un air menaçant :

« Que voulez-vous dire, Monsieur ?
—Moi, Monsieur, je n'ai rien dit.

—Pardonnez-moi, Monsieur, vous avez dit : *C'est encore pire.*

—Non, Monsieur, je ne l'ai pas dit.

—Si, Monsieur, vous l'avez dit.

—Si vous y tenez absolument, Monsieur, mettons que je l'ai dit.

—Ah! vous en convenez enfin. Eh bien! Monsieur, si vous ne me trouvez pas bon pour témoin, je saurai bien vous forcer à me trouver bon pour adversaire.

—Est-ce une provocation, Monsieur?

—Monsieur, ce sera tout ce qu'il vous plaira. Mais je vous avertis que votre nom ne me revient pas, et que votre figure me déplaît.

—C'est bien, monsieur; nous prendrons donc, si cela vous convient, le rendez-vous de ces messieurs.

—Parfaitement. Messieurs, j'ai l'honneur de vous saluer. »

Après quoi nous rentrâmes, Nasi et moi, dans la maison, non sans avoir recommandé le silence aux domestiques.

La conduite d'Hector Grimani en cette occurrence me fit connaître un type d'homme du monde que je n'avais pas encore observé. Si j'avais songé à porter un jugement sur Hector, les premières fois que je l'avais vu à la villa Grimani, alors qu'il se renfermait dans sa cravate et dans sa nullité pour paraître supportable à sa cousine, j'aurais prononcé que c'était un homme faible, inoffensif, froid et bon. Cet homme si grêle pouvait-il nourrir un sentiment d'hostilité? Ces manières si méthodiquement élégantes pouvaient-elles cacher un instinct de domination brutale et de lâche ressentiment? Je ne l'aurais point cru; je ne ne m'attendais pas à le voir demander raison à Nasi de sa dure réception; car je le croyais plus poli et moins brave, et je fus étonné qu'ayant été assez sot pour s'attirer de telles leçons, il fût assez résolu pour s'en venger. Le fait est qu'Hector n'était pas un de ces hommes sans conséquence qui ne font jamais ni mal ni bien. Il était maussade, présomptueux ; mais, sentant malgré lui sa médiocrité intellectuelle, il se laissait toujours dominer dans les discussions ; puis, bientôt poussé par la haine et la vengeance, il demandait à se battre. Il se battait souvent et toujours mal à propos, de sorte que sa bravoure tardive et entêtée lui faisait plus de tort que de bien.

Avant de laisser Nasi retourner auprès d'Alezia, je le pris à l'écart et lui dis que tout ce qui venait de se passer était arrivé bien malgré moi, que mon intention n'avait jamais été de séduire, d'enlever, ni d'épouser mademoiselle Aldini, et que ma ferme résolution était de m'éloigner d'elle sur-le-champ et pour toujours, à moins que je ne fusse forcé par l'honneur à l'épouser en réparation du tort qu'elle venait de se faire à cause de moi. Je voulais que Nasi en fût juge. « Mais avant de vous raconter toute cette histoire, lui dis-je, il faut songer au plus pressé, et nous arranger de manière à compromettre le moins possible notre jeune hôtesse. Je dois vous confier un fait qu'elle ignore, c'est que sa mère sera ici demain soir. Je vais établir un homme de planton au prochain relais, afin qu'au lieu d'aller chercher sa fille à la villa Grimani, elle vienne ici directement la prendre. Dès que j'aurai remis la signora Alezia entre les mains de sa mère, j'espère que tout s'arrangera ; mais, jusque-là, quelle explication vais-je lui donner de l'extrême réserve dans laquelle je veux me renfermer envers elle ?

— Le mieux, dit Nasi, serait de la décider à sortir d'ici, et à retourner chez sa tante, ou du moins à se retirer dans un couvent pendant vingt-quatre heures. Je vais essayer de lui faire comprendre que sa position ici n'est pas tenable. »

Il alla trouver Alezia. Mais toutes ses bonnes raisons furent inutiles. Checca, fidèle à ses habitudes de jactance, avait dit à Alezia qu'elle était la maîtresse de Nasi, que le comte s'était détaché d'elle après une querelle, et qu'alors il avait pu demander Alezia en mariage; mais que, guéri par son refus, et ramené par un invincible amour aux pieds de sa maîtresse, il était prêt à l'épouser. Alezia se croyait donc très-convenablement chez Nasi, elle était charmée de le voir prendre, comme elle, le parti de se livrer au penchant de son cœur et de rompre avec l'opinion. Elle se promettait de trouver dans ce couple heureux une société pour toute sa vie et une amitié à toute épreuve. En quittant la maison de Nasi, elle craignait mes scrupules, et les efforts de sa famille pour la réconcilier avec le monde. Elle voulait donc obstinément se perdre, et elle finit par déclarer à Nasi qu'elle ne sortirait de chez lui que contrainte par la force.

« En ce cas, signora, lui dit le comte, vous me permettrez d'agir de mon côté comme l'honneur me l'ordonne. Je suis votre frère, vous l'avez voulu. J'ai accepté ce rôle avec reconnaissance et soumission, et j'ai déjà fait acte de protection fraternelle en éloignant de vous les insolentes réclamations du comte Hector. Je continuerai d'agir d'après les conseils de mon respect et de mon dévouement; mais si les droits d'un frère ne s'étendent pas jusqu'à commander à sa sœur, du moins ils l'autorisent à écarter d'elle tout ce qui pourrait nuire à sa réputation. Vous permettrez donc que j'empêche Lélio de rentrer dans cette maison tant que votre mère n'y sera pas, et je viens de lui envoyer un exprès, afin que demain soir vous puissiez l'embrasser.

— Demain soir? s'écria Alezia, c'est trop tôt. Non, je ne le veux pas. Quelque bonheur que j'aie à revoir ma mère bien-aimée, je veux avoir le temps d'être compromise aux yeux du monde, et perdue sans retour pour lui. Je veux partir avec Lélio, et courir au-devant de ma mère. Quand on saura que j'ai voyagé avec Lélio, personne ne m'excusera, personne ne pourra me pardonner, excepté ma mère.

— Lélio n'obéira pas à votre volonté, ma chère sœur, répondit Nasi ; il n'obéira qu'à la mienne ; car son âme n'est que délicatesse et loyauté, et il m'a pris pour arbitre suprême.

— Eh bien ! dit Alezia en riant, allez lui ordonner de ma part de venir ici.

— Je vais le trouver, répondit Nasi ; car je vois que vous n'êtes disposée à écouter aucune parole sage. Et je vais avec lui faire préparer deux chambres pour lui et pour moi dans l'auberge du village que vous voyez d'ici au bout de l'avenue. Si vous étiez encore exposée à quelque offense de la part de M. Hector Grimani, vous n'auriez qu'à faire signe de votre fenêtre et à faire sonner la cloche du jardin, nous serions sous les armes à l'instant même. Mais soyez tranquille, il ne reviendra pas. Vous allez donc vous emparer de l'appartement de Lélio, qui est plus convenable pour vous que celui-ci. Votre femme de chambre restera ici pour vous servir et pour m'apporter vos ordres, s'il vous plaît de m'en donner. »

Nasi étant venu me rejoindre et m'ayant rapporté cet entretien, je lui ouvris mon cœur et lui confiai à peu près tout ce que j'éprouvais, sans toutefois lui parler de Bianca. Je lui expliquai comment je m'étais étourdiment engagé dans une aventure dont l'héroïne m'avait d'abord semblé coquette jusqu'à l'effronterie, et comment, en découvrant de jour en jour la pureté de son âme et l'élévation de son caractère, je m'étais trouvé amené malgré moi à jouer le rôle d'un homme prêt à tout accepter et à tout entreprendre. « Vous n'aimez donc pas la signora Aldini? » dit le comte avec un étonnement où je crus voir percer un peu de mépris pour moi. Je n'en fus pas blessé; car je savais ne pas mériter ce mépris, et il me rendit son estime quand il sut quelles luttes j'avais soutenues pour rester vertueux, quoique dévoré d'amour et de désirs. Mais quand il fallut expliquer au comte comment il se faisait que je fusse si positivement décidé à ne pas épouser Alezia, quelque indulgence qu'elle trouvât dans le cœur de sa mère, je fus embarrassé. Je lui fis alors une question : je lui demandai si Alezia serait tellement compromise par l'action qu'elle venait de faire, qu'il fût de mon devoir de l'épouser pour réhabiliter son honneur. Le comte sourit, et, me prenant la main avec affection : « Mon bon Lélio, me dit-il, vous ne savez pas encore à quel point le monde où Alezia est née renferme de sottise, et combien sa sévérité cache de corruption. Sachez, afin d'en rire et de mépriser de semblables idées autant que je les méprise, sachez qu'Alezia séduite par vous dans la maison de sa tante, après avoir été votre maîtresse pendant un an, pourvu que la chose se fût passée sans bruit et sans scandale, pourrait encore faire ce qu'on appelle un bon mariage, et qu'aucune grande maison ne lui serait fermée. Elle entendrait chuchoter autour d'elle, et quelques femmes austères défendraient à leurs filles, nouvellement mariées, de se lier avec elle; mais elle n'en serait que plus à la mode et entourée de plus d'hommages par les hommes. Mais si vous épousiez Alezia, fût-il prouvé qu'elle est restée pure comme un ange jusqu'au jour de son mariage, on ne lui pardonnerait jamais d'être la femme d'un comédien. Vous êtes un de ces hommes sur lesquels aucune calomnie n'a de prise. Beaucoup de gens sensés penseraient peut-être qu'Alezia a fait un noble choix et une bonne action en vous épousant; bien peu l'oseraient dire tout haut, et je suppose qu'elle devînt veuve, les portes fermées sur elle ne se rouvriraient jamais; car elle ne trouverait jamais un homme du monde qui voulût l'épouser après vous; sa famille la considérerait comme morte, et il ne serait même plus permis à sa mère de prononcer son nom. Voilà le sort qui attend Alezia si vous l'épousez. Réfléchissez, et si vous n'êtes pas sûr de l'aimer toujours, craignez un mariage malheureux; car il ne vous sera plus possible de la rendre à sa famille et à ses amis quand elle aura porté votre nom. Si, au contraire, vous vous sentez la force de l'aimer toujours, épousez-la; car son dévouement pour vous est sublime, et nul homme au monde n'en est plus digne que vous. »

Je restai rêveur, et le comte craignit de m'avoir blessé par sa franchise, malgré les réflexions obligeantes par lesquelles il avait essayé d'en adoucir l'amertume. Je le rassurai.

« Ce n'est point à cela que je songe, lui dis-je; je songe à la signora Bianca, je veux dire à la princesse Grimani, et aux chagrins dont sa vie serait abreuvée si j'épousais sa fille.

— Ils seraient grands en effet, répliqua le comte; et si vous connaissiez cette aimable et charmante femme, vous y regarderiez à deux fois avant de l'exposer à la colère de ces insolents et implacables Grimani.

— Je ne l'y exposerai point, répondis-je avec force et comme me parlant à moi-même.

— Cette résolution ne part peut-être point d'un cœur fortement épris, dit le comte; mais, ce qui vaut mieux, elle part d'un cœur généreux et noble. Quoi que vous fassiez, je reste votre ami, et je soutiens votre détermination envers et contre tous. »

Je l'embrassai, et nous passâmes le reste de la journée

en tête-à-tête, à l'auberge voisine. Il me fit raconter encore toute mon aventure ; et l'intérêt avec lequel il m'interrogeait sur les plus petits détails, l'air d'anxiété secrète dont il écoutait le récit des circonstances périlleuses où ma vertu s'était trouvée à l'épreuve, me firent bien voir que ce noble cœur était fortement épris d'Alezia Aldini. En même temps qu'il souffrait d'entendre ces récits, il était évident pour moi que chaque preuve de courage et de dévouement que m'avait donnée Alezia enflammait son enthousiasme, et malgré lui ranimait son amour. A chaque instant, il m'interrompait pour me dire : « C'est beau, cela, Lélio ! c'est beau ! c'est grand ! A votre place je n'aurais pas tant de courage ! Je ferais mille folies pour cette femme. » Cependant, quand je lui donnais mes raisons (et je les lui donnais toutes, sans toutefois lui parler de l'amour que j'avais eu autrefois pour Bianca), il approuvait ma sagesse et ma fermeté ; et lorsque malgré moi je redevenais triste, il me disait : « Courage ! allons, courage ! Encore dix-huit ou vingt heures, et Alezia sera sauvée. Je crois que nous traiterons demain les Grimani de manière à leur ôter l'envie d'ébruiter l'affaire. La princesse emmènera sa fille, et un jour Alezia vous bénira d'avoir été plus sage qu'elle ; car l'amour ne vit qu'un jour, et les préjugés ont des racines indestructibles. »

Nous passâmes quelques heures de la nuit à mettre ordre à nos affaires ; à tout événement, Nasi légua sa villa à la Checchina. La conduite de cette bonne fille envers Alezia avait rempli d'estime et de reconnaissance l'âme généreuse du comte.

Quand nous eûmes fini, nous prîmes quelques heures de sommeil, et, au point du jour, je m'éveillai. Quelqu'un entrait dans ma chambre : c'était Checca.

« Tu te trompes, lui dis-je ; la chambre de Nasi est ici proche.

— Ce n'est pas lui, mais toi que je cherche, dit-elle. Écoute : il ne faut pas que tu épouses cette marchesina.

— Pourquoi, ma chère Francesca?

— Je vais te le dire : les obstacles et les dangers exaltent son amour pour toi ; mais elle n'est ni si forte d'esprit ni si libre de préjugés qu'elle le prétend. Elle est bonne, aimable, charmante ; crois-moi, je l'aime de tout mon cœur ; mais elle m'a dit sans s'en apercevoir, en causant avec moi, plus de cent choses qui me prouvent qu'elle croit faire pour toi un sacrifice immense, et qu'elle le regrettera un jour si tu n'en sens pas le prix aussi bien qu'elle. Et, dis-moi, pouvons-nous apprécier ces sacrifices, nous autres qui sommes pleins de justes préventions contre le monde, et qui le méprisons autant qu'il nous méprise? Non, non ; un jour viendrait, Lélio, je te le prédis, où, même sans regretter le monde, elle t'accuserait d'ingratitude au premier grief qu'elle aurait contre toi, et c'est un triste rôle pour un homme que d'être l'obligé insolvable de sa femme. »

En trois mots je fis savoir à la Checca quelles étaient mes intentions à l'égard d'Alezia. Quand elle vit que j'abondais dans son sens : « Mon bon Lélio, dit-elle, il m'est venu une idée. Il n'est pas question ici de penser à soi seul, ou du moins il faut penser à soi noblement, et assurer l'orgueil de la conscience pour l'avenir. Nasi aime Alezia. Elle n'a point été ta maîtresse ; il peut l'épouser : il faut qu'il l'épouse. » Je ne savais trop si Checca, mue par un sentiment d'inquiétude jalouse, ne me parlait pas ainsi pour me faire parler à mon tour ; mais elle ajouta, sans me donner le temps de répondre :

« Sois sûr de ce que je te dis, Lélio ; Nasi est fou d'elle. Il est triste à mourir. Il la regarde avec des yeux qui semblent dire *Que ne suis-je Lélio!* et, quand il me témoigne de l'affection, je vois bien que c'est par reconnaissance de ce que je fais pour elle.

— En vérité, le crois-tu, ma bonne Checca? lui dis-je, frappé de sa pénétration et du grand sens qu'elle déployait dans les grandes occasions, elle si absurde dans les petites.

— Je te dis que j'en suis sûre. Il faut donc qu'ils se marient. Laissons-les ensemble. Partons sur-le-champ.

— Partons la nuit prochaine, je le veux bien, répondis-je; jusque-là c'est impossible. Je t'en dirai la raison dans quelques heures. Retourne auprès d'Alezia avant qu'elle s'éveille.

— Oh! elle ne dort pas, répondit Checca; elle n'a fait que se promener en long et en large toute la nuit avec agitation. Sa soubrette Lila, qui a voulu coucher dans sa chambre, cause avec elle de temps en temps, et l'irrite beaucoup par ses remontrances; car elle n'approuve pas l'amour de sa maîtresse pour toi, je t'en avertis. Mais, quand elle se met à soupirer et à dire : *Povera signora Bianca! povera principessa madre!* la belle Alezia fond en larmes et se jette sur son lit en sanglotant. Alors la soubrette la supplie de ne pas faire mourir sa mère de chagrin. J'entends tout cela de ma chambre. Adieu, j'y retourne. Si tu es bien décidé à repousser ce mariage, songe à mon projet, et prépare-toi à servir l'amour de notre pauvre comte. »

A huit heures du matin, nous nous rendîmes sur le terrain. Le comte Hector tirait l'épée comme Saint-Georges; et bien lui prenait de s'être beaucoup exercé à ce détestable argument, car c'était le seul qu'il eût à son service. Nasi fut blessé peu gravement; par bonheur, Hector se conduisit assez bien; sans faire d'excuses pour sa conduite à l'égard de Nasi, il convint qu'il avait mal parlé de sa cousine dans un premier mouvement de colère, et il pria Nasi de lui en demander pardon de sa part. Il termina en demandant à ses deux amis leur parole d'honneur de garder le secret sur toute cette aventure, et ils la donnèrent. Comme nous étions témoins l'un de l'autre, Nasi ne voulut point quitter le terrain avant que je me fusse battu. Son domestique pansa sa blessure sur le lieu même, et le combat commença entre M. de Monteverbasco et moi. Je le blessai assez grièvement, mais non à mort, et, son médecin l'ayant transporté dans sa voiture, nous rentrâmes, Nasi et moi, à la villa. Comme il ne voulait point faire savoir à l'auberge qu'il était blessé, il se fit transporter dans le kiosque de son jardin. La Checchina, prévenue en secret de ce qui venait de se passer, vint nous joindre, et l'entoura des soins que son état réclamait. Quand il fut de force à se montrer, il pria la Checchina de dire à Alezia qu'il avait fait une chute de cheval, et il se présenta pour lui souhaiter le bonjour. Mais la vieille Cattina, qu'on avait délivrée, et qui, malgré la leçon, ne pouvait s'empêcher de s'enquérir de tout, afin de le redire à tous, savait déjà que nous nous étions battus, et déjà elle avait été le dire à Alezia, qui courut se jeter dans les bras du comte dès qu'il entra au salon. Quand elle l'eut remercié avec effusion, elle lui demanda où j'étais. Ce fut en vain que le comte répondit que j'étais aux arrêts par son ordre dans le kiosque : elle s'obstina à croire que j'étais dangereusement blessé, et qu'on voulait le lui cacher. Elle menaçait de descendre au jardin pour s'en assurer par elle-même. Le comte tenait beaucoup à ce qu'elle ne fît pas d'imprudence devant les domestiques. Il aima mieux venir me chercher et m'amener devant elle. Alors Alezia, sans s'inquiéter de la présence de Nasi et de Checchina, me fit de grands reproches sur ce qu'elle appelait mes scrupules exagérés. « Vous ne m'aimez guère, me disait-elle, puisque, quand je veux absolument me compromettre pour vous, vous ne voulez pas m'aider. » Elle me dit les choses les plus folles et les plus tendres, sans manquer à l'instinct d'exquise pudeur que possèdent les jeunes filles quand elles ont de l'esprit. Checchina, qui écoutait ce dialogue au point de vue de l'art, était émerveillée, comme elle me dit par la suite, *della parte della marchesina*. Quant à Nasi, je rencontrai dix fois son regard mélancolique attaché sur Alezia et sur moi avec une émotion indicible.

Alezia devenait embarrassante par sa véhémence. Elle me trouvait froid, contraint; elle prétendait que mon regard manquait de joie, c'est-à-dire de franchise. Elle s'alarmait de mes dispositions, elle s'indignait de mon peu de courage. Elle avait la fièvre, elle était belle comme la sibylle du Dominiquin. J'étais fort malheureux en cet instant, car mon amour se réveillait, et je sentais tout le prix du sacrifice qu'il fallait faire.

Une voiture entra dans le jardin, et nous ne l'entendîmes pas, tant l'entretien était animé. Tout à coup la porte s'ouvrit, et la princesse Grimani parut.

Alezia poussa un cri perçant et s'élança dans les bras de sa mère, qui la tint longtemps embrassée sans dire une seule parole; puis elle tomba suffoquée sur une chaise. Sa fille et Lila, à ses pieds, la couvraient de caresses. Je ne sais ce que lui dit Nasi, je ne sais ce qu'elle lui répondit en lui serrant les mains. J'étais cloué à ma place; je revoyais Bianca après dix ans d'absence. Combien elle était changée! mais qu'elle me paraissait touchante, malgré la perte de sa beauté première! Que ses grands yeux bleus, enfoncés dans leurs orbites creusés par les larmes, me parurent plus tendres encore et plus doux que je ne me les rappelais. Combien sa pâleur m'émut, et comme sa taille, amincie et un peu brisée, me parut mieux convenir à cette âme aimante et fatiguée! Elle ne me reconnaissait pas; et, lorsque Nasi me nomma, elle parut surprise; car ce nom de Lélio ne lui apprenait rien. Enfin je me décidai à lui parler; mais à peine eut-elle entendu le premier mot, que, me reconnaissant au son de ma voix, elle se leva et me tendit les bras en s'écriant :

« O mon cher Nello!

— Nello! s'écria Alezia en se relevant avec précipitation; Nello le gondolier?

— Ne le savais-tu pas, lui dit sa mère, et ne le reconnais-tu qu'en cet instant?

— Ah! je comprends, dit Alezia d'une voix étouffée, je comprends pourquoi il ne peut pas m'aimer? » Et elle tomba évanouie de toute sa hauteur sur le parquet.

Je passai le reste du jour dans le salon avec Nasi et Checca. Alezia était au lit, en proie à des attaques de nerfs et à un violent délire. Sa mère était enfermée seule avec elle. Nous soupâmes fort tristement tous les trois. Enfin, vers dix heures, Bianca vint nous dire que sa fille était calmée et que bientôt elle reviendrait causer avec moi. Vers minuit elle revint, et nous passâmes deux heures ensemble, tandis que Nasi et Checchina étaient allés tenir compagnie à Alezia, qui se trouvait beaucoup mieux et avait demandé à les voir. Bianca fut bonne comme un ange avec moi. En toute autre circonstance, peut-être son titre de princesse et sa nouvelle position l'eussent gênée; mais la tendresse maternelle étouffait en elle tout autre sentiment. Elle ne songeait qu'à me témoigner sa reconnaissance : elle l'exprima dans les termes les plus flatteurs et de la manière la plus affectueuse. Elle ne sembla pas un seul instant avoir conçu l'idée que je pusse hésiter à lui rendre sa fille et à repousser la pensée de l'épouser. Je lui en sus gré. Ce fut la seule manière dont elle m'exprima que le passé était vivant dans sa mémoire. J'eus la délicatesse de n'y faire aucune allusion ; cependant j'eusse été heureux qu'elle ne craignît pas de m'en parler avec abandon : c'eût été une marque d'estime plus grande que toutes les autres.

Sans doute Alezia lui avait tout raconté ; sans doute elle lui avait fait une confession générale de toutes les pensées de sa vie, depuis la nuit où elle avait surpris ses amours avec le gondolier jusqu'à celle où elle avait confié ce secret au comédien Lélio. Sans doute les souffrances mutuelles d'un tel épanchement avaient été purifiées par le feu de l'amour maternel et filial. Bianca me dit que sa fille était calme, résignée, qu'elle désirait me voir *un jour* et me témoigner son amitié inaltérable, sa haute estime, sa vive reconnaissance... En un mot, le sacrifice était consommé.

Je ne quittai pas la princesse sans lui témoigner le désir que j'avais de voir un jour Alezia agréer l'amour de Nasi, et je l'engageai à cultiver les dispositions de ce brave et excellent jeune homme.

Je retournai à mon auberge à quatre heures du matin. J'y trouvai Nasi, qui, selon mes instructions, avait tout fait préparer pour mon départ. Lorsqu'il me vit arriver avec Francesca, il crut qu'elle venait me reconduire et me dire adieu. Quelle fut sa surprise lorsqu'elle l'embrassa en lui disant d'un ton vraiment impérial :

« Nasi, soyez libre ! faites-vous aimer d'Alezia ; je vous rends vos promesses et vous conserve mon amitié.

— Lélio, s'écria-t-il, m'enlevez-vous donc aussi celle-là ?

— Croyez-vous à mon honneur ? lui dis-je. Ne vous en ai-je pas donné assez de preuves depuis hier ? Et doutez-vous de la grandeur d'âme de Francesca ? »

Il se jeta dans nos bras en pleurant. Nous montâmes en voiture au lever du soleil. Au moment où nous passâmes devant la villa Nasi, une persienne s'ouvrit avec précaution, et une femme se pencha pour nous voir. Elle avait une main sur son cœur, l'autre tendue vers moi en signe d'adieu, et elle levait les yeux au ciel en signe de remerciement : c'était Bianca.

Trois mois après, Checca et moi nous arrivâmes à Venise par une belle soirée d'automne. Nous avions un engagement à la Fenice, et nous allâmes nous loger sur le grand canal, dans le meilleur hôtel de la ville. Nous passâmes les premières heures de notre arrivée à déballer nos malles et à mettre en ordre toute notre garde-robe de théâtre. Nous ne dînâmes qu'ensuite. Il était déjà assez tard. Au dessert on m'apporta plusieurs paquets de lettres, parmi lesquels un seul fixa mon attention. Après l'avoir parcouru, j'allai ouvrir la fenêtre du balcon, j'y fis monter avec moi Checca, et lui dis de regarder vis-à-vis. Parmi les nombreux palais qui projetaient leurs ombres sur les eaux du canal, il y en avait un, placé en face même de notre appartement, qui se distinguait par sa grandeur et son antiquité. Il venait d'être magnifiquement restauré. Tout avait un air de fête. A travers les fenêtres on apercevait, à la lueur de mille bougies, de riches bouquets de fleurs et de somptueux rideaux, et l'on entendait les sons harmonieux d'un puissant orchestre. Des gondoles illuminées, glissant silencieusement sur le grand canal, venaient déposer à la porte du palais des femmes parées de fleurs ou de pierreries étincelantes avec leurs cavaliers en habit de cérémonie.

« Sais-tu, dis-je à Checca, quel est ce palais qui est devant nous et pourquoi se donne cette fête?

— Non, et je ne m'en inquiète guère.

— C'est le palais Aldini, où l'on célèbre le mariage d'Alezia Aldini avec le comte Nasi.

— Bah! » me dit-elle avec un air demi-étonné, demi-indifférent.

Je lui montrai le paquet que j'avais reçu. Il était de Nasi. Il contenait deux lettres de faire part, deux autres lettres autographes, l'une de Nasi pour elle, l'autre d'Alezia pour moi, charmantes toutes deux.

« Tu vois, repris-je lorsque Checca eut fini de lire, que nous n'avons pas à nous plaindre de leurs procédés. Ce paquet nous a cherchés à Florence et à Milan, et s'il ne nous est parvenu qu'ici, c'est la faute de nos voyages. Ces lettres sont, du reste, aussi bienveillantes et aussi agréables que possible. On reconnaît aisément qu'elles ont été écrites par de nobles cœurs. Tout grands seigneurs qu'ils sont, ils ne craignent pas de nous parler, l'un de son amitié, l'autre de sa reconnaissance.

— Oui, mais en attendant ils ne nous invitent pas à leurs noces.

— D'abord, ils ne nous savent pas ici; et puis ensuite, ma pauvre sœur, les nobles et les riches n'invitent les chanteurs à leurs réunions que pour les faire chanter; et ceux qui ne veulent pas chanter pour amuser les amphitryons, on ne les invite pas du tout. C'est là la justice du monde; et, tout bons et tout raisonnables que sont nos deux jeunes amis, vivant dans ce monde, ils sont obligés de se soumettre à ses lois.

— Ma foi! tant pis pour eux, mon brave Lélio! Qu'ils s'arrangent. Ils nous laissent nous amuser sans eux; laissons-les s'ennuyer sans nous. Narguons l'orgueil des grands, rions de leurs sottises, dépensons gaiement la richesse quand nous l'avons, recevons sans souci la pauvreté si elle vient; sauvons avant tout notre liberté, jouissons de la vie quand même, et vive la Bohême! »

Là finit le récit de Lélio. Quand il eut cessé de parler, nous gardâmes un silence mélancolique. Notre ami paraissait plus triste encore que tous les autres. Tout à coup il releva sa tête, qu'il avait appuyée sur sa main, et nous dit :

« Le dernier soir dont je vous parle, il y avait beaucoup de Français invités à la fête ; et comme ils étaient alors très-engoués de la musique allemande, ils avaient fait jouer pendant toute la nuit les valses de Weber et de Beethoven. C'est pour cela que ces valses me sont si chères ; elles me rappellent une époque de ma vie que je regretterai toujours malgré les souffrances dont elle fut remplie. Il faut avouer, mes amis, que le destin s'est montré cruel envers moi, en me faisant trouver deux amours si ardents, si sincères, si dévoués, sans me permettre de jouir d'aucun. Hélas ! mon temps est fini maintenant, et je ne retrouverai plus de ces nobles passions dont il faut avoir épuisé au moins une pour pouvoir dire qu'on a connu la vie.

— Ne te plains pas, lui répondit Beppa, qu'avait réveillée le chagrin de son camarade ; tu as derrière toi une vie irréprochable, autour de toi une belle gloire et de bonnes amitiés, dans l'avenir et toujours l'indépendance ; et je te dis que, quand tu voudras, l'amour ne te fera pas défaut. Remplis donc encore une fois ton verre de ce vin généreux, trinque joyeusement avec nous, et fais-nous répéter en chœur le refrain sacré. »

Lélio hésita un instant, remplit son verre, fit un profond soupir ; puis un éclair de jeunesse et de gaieté jaillissant de ses beaux yeux noirs, humides de larmes, il chanta d'une voix tonnante, à laquelle nous répondimes en cœur : Vive la Bohème !

FIN DE LA DERNIÈRE ALDINI.

SIMON

NOTICE

Simon vint, je crois, en 1836, vers le même temps que *Mauprat*. Le roman n'est pas, je crois, des mieux conduits; mais il m'a semblé que maître Parquet et sa fille Bonne étaient des personnages assez vrais. J'avais connu leurs types, en plusieurs exemplaires, dans la réalité.

GEORGE SAND.

Nohant, octobre 1853.

A MADAME LA COMTESSE DE ***.

Mystérieuse amie, soyez la patronne de ce pauvre petit conte.
Patricienne, excusez les antipathies du conteur rustique.
Madame, ne dites à personne que vous êtes sa sœur.
Cœur trois fois noble, descendez jusqu'à lui et rendez-le fier.
Comtesse, soyez pardonnée.
Étoile cachée, reconnaissez-vous à ces litanies.

SIMON

I.

A quelque distance du chef-lieu de préfecture, dans un beau vallon de la Marche, on remarque, au-dessus d'un village nommé Fougères, un vieux château plus recommandable par l'ancienneté et la solidité de sa construction que par sa forme ou son étendue. Il paraît avoir été fortifié. Sa position sur la pointe d'une colline assez escarpée à l'ouest, et les ruines d'un petit fort posé vis-à-vis sur une autre colline, semblent l'attester. En 1820, on voyait encore plusieurs bastions et de larges pans de murailles former une dentelure imposante autour du château; mais ces débris encombrant les cours de la ferme, les propriétaires en vendaient chaque année les matériaux, et même les donnaient à ceux des habitants qui voulaient bien prendre la peine de les emporter. Ces propriétaires étaient de riches fermiers qui habitaient une maison blanche à un étage et couverte en tuiles, à deux portées de fusil du château. Quelques portions de bâtiment, qui avaient été les communs et les écuries du châtelain, servaient désormais d'étables pour les troupeaux et de logement pour les garçons de ferme. Quant aux vastes salles du manoir féodal, elles étaient vides, délabrées, et seulement bien munies de portes et fenêtres, car elles servaient de greniers à blé. Ce n'est pas que le pays produise beaucoup de grains; mais les cultivateurs qui avaient acheté les terres de Fougères comme biens nationaux, avaient amassé une assez belle fortune en s'approvisionnant, dans le Berri, de céréales qu'ils entassaient dans leur château, et revendaient dans leur province à un plus haut prix. C'est une spéculation dont le peuple se trouverait bien, si le spéculateur consentait à subir avec lui le déficit des mauvaises années. Mais alors, au contraire, sous prétexte du grand dommage que les rats et les charançons ont fait dans les greniers, il porte ses denrées à un taux exorbitant, et s'engraisse des derniers deniers que le pauvre se laisse arracher au temps de la disette.

Les frères Mathieu, propriétaires de Fougères, avaient, à tort ou à raison, encouru ce reproche de rapacité; il est certain qu'on entendit avec joie, dans le hameau, circuler la nouvelle suivante :

Le comte de Fougères, émigré, que le retour des Bourbons n'avait pas encore ramené en France, écrivait d'Italie à M. Parquet, ancien procureur, maintenant avoué au chef-lieu du département, pour lui annoncer qu'ayant relevé sa fortune par des spéculations commerciales, il désirait revenir dans sa patrie et reprendre possession du domaine de ses pères. Il chargeait donc M. Parquet d'entrer en négociation avec les acquéreurs du château et de ses dépendances, non sans lui recommander de bien cacher de quelle part venaient ces propositions.

Pourtant, le comte de Fougères, las de la profession de négociant qu'il exerçait depuis vingt ans au delà des Alpes, et voyant la possibilité de reprendre ses honneurs et ses titres en France, ne put s'empêcher d'écrire son espoir et son impatience à ses parents et à ses alliés, lesquels, pour leur part, ne purent s'empêcher de dire tout haut que la noblesse n'était pas tout à fait écrasée par la révolution, et que bientôt peut-être on verrait les armoiries de la famille refleurir au tympan des portes du château de Fougères.

Pourquoi la population reçut-elle cette nouvelle avec plaisir? La famille de Fougères n'avait laissé dans le pays que le souvenir de dîners fort honorables et d'une politesse exquise. Cela s'appelait des bienfaits, parce qu'une quantité de marmitons, de braconniers et de filles de basse-cour avaient trouvé leur compte à servir dans cette maison. Le bonheur des riches est inappréciable, puisqu'en se contentant de manger leurs revenus de quelque façon que ce soit, ils répandent l'abondance autour d'eux. Le pauvre les bénit, pourvu qu'il lui soit accordé de gagner, au prix de ses sueurs, un mince salaire. Le bourgeois les salue et les honore, pour peu qu'il en obtienne une marque de protection. Leurs égaux les soutiennent de leur crédit et de leur influence, pourvu qu'ils fassent un bon usage de leur argent, c'est-à-dire pourvu qu'ils ne soient ni trop économes ni trop généreux. Ces habitudes contractées depuis le commencement de la société n'avaient pas tendu à s'affaiblir sous l'empire. La restauration venait leur donner un nouveau sacre en rendant ou accordant à l'aristocratie des titres et des priviléges tacites, dont tout le monde feignait de ne point accepter l'injustice et le ridicule, et que tout le monde recherchait, respectait ou enviait. Il en est, il en sera encore long-temps ainsi. Le système monarchique ne tend pas à ennoblir le cœur de l'homme.

Quelques vieux paysans patriotes déclamèrent un peu contre les bastions qu'on allait reconstruire, contre les meurtrières du haut desquelles on allait assommer le pauvre peuple. Mais on n'y crut pas. La seule logique que connaisse bien le paysan, c'est le sentiment de sa force. On ne s'effraya donc pas du retour des anciens maîtres : on en plaisanta un peu, on le désira encore davantage. Les fermiers enrichis sont de mauvais seigneurs pour la plupart ; l'économie, qui faisait leur vertu dans le travail, devient leur grand vice dans la jouissance. Le journalier les trouve rudes et parcimonieux ; il aime mieux avoir affaire à ces hommes aux mains blanches, qui ne savent pas au juste combien pèse le soc d'une charrue au bras d'un rustre, et qui paient selon les convenances plus que selon le tarif.

Et puis le maire, l'adjoint, le percepteur, le curé et toutes les autorités civiles et religieuses du canton, tressaillaient d'aise à l'idée de ces estimables dîners qui leur revenaient de droit si la noble famille recouvrait son héritage. On a beau dire, les fonctionnaires ont un grand crédit sur l'esprit du peuple. Ils proclament, ils placardent, ils emprisonnent et ils délivrent, ils protégent et ils nuisent. Jamais des hommes qui ont à leur disposition les pancartes imprimées, les ménétriers, les gendarmes, les clefs de l'hôpital et les listes de dénonciation, ne seront des personnages indifférents. Ils pourront se passer du suffrage de leurs administrés, et leurs administrés ne pourront se dispenser de leur complaire. Quand donc le curé, le maire, les adjoints, le percepteur, le juge de paix, et *tutti quanti*, eurent décidé que le retour de la famille de Fougères était un bonheur inappréciable pour la commune, les vieilles femmes dirent des prières pour qu'il plût au ciel de la ramener bien vite ; la jeunesse du village se réjouit à l'idée des fêtes champêtres qui auraient lieu pour célébrer son installation, et les journaliers tinrent une espèce de conseil dans lequel il fut résolu qu'on demanderait au nouveau seigneur l'augmentation d'un sou par jour dans le salaire du travail agricole.

M. de Fougères, qui, en recevant de son avoué M. Parquet la promesse d'un succès, s'était rendu à Paris afin d'être plus à portée de négocier son affaire, fut informé de ces détails, et reçut même une lettre écrite par le garde champêtre de Fougères, et revêtue, en guise de signatures, d'une vingtaine de croix, par laquelle on le suppliait d'accéder à cette demande d'augmentation dans le salaire des journées. On ajoutait que la commune faisait des vœux pour la réussite des négociations de M. Parquet, et on espérait qu'en fin de cause, pour peu que les frères Mathieu montrassent de l'obstination, sa majesté le *Roi Dix-Huit* ferait finir ces difficultés et *lâcherait un ordre* de mettre dehors les *spogliateurs* de la famille et M. le comte.

M. de Fougères avait trop bien appris la vie réelle durant son exil pour ne pas savoir que les affaires ne se faisaient pas ainsi; mais, en véritable négociant qu'il était, il comprit le parti qu'il pouvait tirer des dispositions de ses ex-vassaux. Il chargea ses émissaires de promettre une augmentation de deux sous par jour aux journaliers; et dès lors ce qu'il avait prévu arriva. Il n'y eut sorte de vexations sourdes et perfides dont les frères Mathieu ne fussent accablés. On arrachait l'épine qui bordait leurs prés, afin que toutes les brebis du pays pussent, en passant, manger et coucher l'herbe; et si un des agneaux de la ferme Mathieu venait, par la négligence du berger, à tondre la largeur de sa langue chez le voisin, on le mettait en fourrière, et le garde champêtre, qui était à la tête de la conspiration pour cause de vengeance particulière, dressait procès-verbal et constatait un délit tel que quinze vaches n'eussent pu le faire. D'autres fois on habituait les oies de toute la commune à chercher pâture jusque dans le jardin des Mathieu; et si une de leurs poules s'avisait de voler sur le chaume d'un toit, on lui tordait le cou sans pitié, sous prétexte qu'elle avait cherché à dégrader la maison. On poussa la dérision jusqu'à empoisonner leurs chiens, sous prétexte qu'ils avaient eu l'*intention* de mordre les enfants du village.

Mais l'artifice tourna contre son auteur; les frères Mathieu comprirent bientôt de quoi il s'agissait. Paysans eux-mêmes, et paysans marchois, qui plus est, ils savaient les ruses de la guerre. Ils commencèrent par lâcher pied, et, quittant leur habitation de Fougères, ils s'allèrent fixer dans une autre propriété qu'ils avaient près de la ville. De cette manière, les vexations eurent moins d'ardeur, ne tombant plus directement sur les objets d'animadversion qu'on voulait expulser. Les paysans continuèrent à faire un peu de pillage, dans un pur esprit de rapine, ayant pris goût à la chose. Mais les Mathieu se soucièrent médiocrement d'un déficit momentané dans leurs revenus; ce déficit dût-il durer deux ou trois ans, ils se promirent de le faire payer cher à M. le comte, et se réjouirent de voir les habitants de Fougères contracter des habitudes de filouterie qu'il ne leur serait pas facile désormais de perdre et dont leur nouveau seigneur serait la première victime.

Les négociations durèrent quatre ans, et M. de Fougères dut s'estimer heureux de payer sa terre cent mille francs au-dessus de sa valeur. L'avoué Parquet lui écrivit : « Hâtez-vous de les prendre au mot, car, si vous tardez un peu, ils en demanderont le double. » Le comte se soumit, et le contrat fut rédigé.

II.

Parmi le petit nombre des vieux partisans de la liberté qui voyaient d'un mauvais œil et dans un triste silence le retour de l'ancien seigneur, il y avait un personnage remarquable, et dont, pour la première fois peut-être, dans le cours de sa longue carrière, l'influence se voyait méconnue. C'était une femme âgée de soixante-dix ans, et courbée par les fatigues et les chagrins plus encore que par la vieillesse. Malgré son existence débile, son visage avait encore une expression de vivacité intelligente, et son caractère n'avait rien perdu de la fermeté virile qui l'avait rendue respectable à tous les habitants du village. Cette femme s'appelait Jeanne Féline ; elle était veuve d'un laboureur, et n'avait conservé d'une nombreuse famille qu'un fils, dernier enfant de sa vieillesse, faible de corps, mais doué comme elle d'une noble intelligence. Cette intelligence, qui brille rarement sous le chaume, parce que les facultés élevées n'y trouvent point l'occasion de se développer, avait su se faire jour dans la famille Féline. Le frère de Jeanne, de simple pâtre, était devenu un prêtre aussi estimable par ses mœurs que par ses lumières. Il avait laissé une mémoire honorable dans le pays, et le mince héritage de douze cents livres de rente à sa sœur, ce qui pour elle était une véritable fortune. Se voyant arrivée à la vieillesse, et n'ayant plus qu'un enfant peu propre par sa constitution à suivre la profession de ses pères, Jeanne lui avait fait donner une éducation aussi bonne que ses moyens l'avaient permis. L'école du village, puis le collége de la ville avaient suffi au jeune Simon pour comprendre qu'il était destiné à vivre de l'intelligence et non d'un travail manuel ; mais lorsque sa mère voulut le faire entrer au séminaire, la bonne femme n'appréciant, dans sa piété, aucune vocation plus haute que l'état religieux, le jeune homme montra une invincible répugnance, et la supplia de le laisser partir pour quelque grande ville où il pût achever son éducation et tenter une autre carrière. Ce fut une grande douleur pour Jeanne ; mais elle céda aux raisons que lui donnait son fils.

« J'ai toujours reconnu, lui dit-elle, que l'esprit de sagesse était dans notre famille. Mon père fut un homme sage et craignant Dieu. Mon frère a été un homme sage, instruit dans la science et aimant Dieu. Vous devez être sage aussi, quand les épreuves de la jeunesse seront finies. Je pense donc que votre dessein vous est inspiré par le bon ange. Peut-être aussi que la volonté divine n'est pas de laisser finir notre race. Vous en êtes le dernier rejeton ; c'était peut-être un désir téméraire de ma part que celui de vous engager dans le célibat. Sans doute, les moindres familles sont aussi précieuses devant Dieu que les plus illustres, et nul homme n'a le droit de tarir dans ses veines le sang de sa lignée, s'il n'a des frères ou des sœurs pour la perpétuer. Allez donc où vous voulez, mon fils, et que la volonté d'en haut soit faite. »

Ainsi parlait, ainsi pensait la mère Féline. C'était une noble créature, vraiment religieuse, et n'ayant d'une paysanne que le costume, la frugalité et les laborieuses habitudes ; ou plutôt c'était une de ces paysannes comme il a dû en exister beaucoup avant que les mœurs patriarcales eussent été remplacées par l'âge de fer de la corruption et de la servitude. Mais cet âge d'or a-t-il jamais existé lui-même ?

Jeanne était née sage et droite ; son frère, l'abbé Féline, l'avait perfectionnée par ses exemples et par ses discours. Il lui avait tout au plus appris à lire ; mais il lui avait enseigné par toutes les actions, par toutes les pensées, par toutes les paroles de sa vie, le véritable esprit du christianisme. Cet esprit de religion, si effacé, si corrompu, si perverti, si souillé par ses ministres, depuis le fondateur jusqu'à nos jours, semble heureusement, de temps à autre, se réveiller, avec sa pureté sans tache et sa simplicité antique, dans quelques âmes d'élite qui le font encore comprendre et goûter autour d'elles. L'abbé Féline, et par suite sa sœur Jeanne, étaient de ces nobles âmes, les seules et les vraies âmes apostoliques, dont l'apparition a toujours été rare, quelque nombreux que fussent les ministres et les adeptes du culte. Il y en a beaucoup d'appelés, mais peu d'élus, a dit le Christ. Beaucoup prennent le thyrse, a dit Platon, mais peu sont inspirés par le dieu.

Malheureusement, cet enthousiasme de la foi et cette simplicité de cœur qui font l'homme pieux sont presque impossibles à conserver dans le contact de notre civilisation investigatrice. Le jeune Simon subit la fatalité attachée à notre époque ; il ne put pas éclairer son esprit sans perdre le trésor de son enfance, la conviction. Cependant il demeura aussi attaché à la foi catholique qu'il est possible de l'être à un homme de ce monde. Le souvenir des vertus de son oncle, le spectacle de la sainte vieillesse de sa mère, lui restèrent sous les yeux comme un monument sacré devant lequel il devait passer toute sa vie en s'inclinant et sans oser porter ostensiblement un regard d'examen profane dans le sanctuaire. Il eut donc soin de cacher à Jeanne les ravages que l'esprit de raisonnement et de scepticisme avaient faits en lui. Chaque fois que les vacances lui permettaient de revenir passer l'automne auprès d'elle, il veillait attentivement à ce que rien ne trahît la situation de son esprit. Il lui fut facile d'agir ainsi sans hypocrisie et sans effort. Il trouvait chez cette vénérable femme une haute sagesse et une poétique naïveté, qui ne permettaient jamais à l'ennui ou au dédain de condamner ou de critiquer le moindre de ses actes. D'ailleurs, un profond sentiment d'amour unissait ces âmes formées de la même essence, et jamais rien de ce qui remplissait l'une ne pouvait fatiguer ni blesser l'autre.

Dans leur ignorance des besoins de la civilisation, Jeanne et Simon s'étaient crus assez riches pour vivre l'un et l'autre avec les douze cents livres de rente léguées par le curé ; la moitié de ce même revenu avait suffi à la première éducation du jeune homme, l'autre avait procuré une douce aisance à la sobre et rustique existence de Jeanne ; mais Simon, qui désirait vivement aller étudier à Paris, et qui déjà se trouvait endetté à Poitiers après deux ans de séjour, éprouva de grandes perplexités. Il lui était odieux de penser à abandonner son entreprise et de retomber dans l'ignorance du paysan. Il lui était plus odieux encore de retrancher à sa mère l'humble bien-être qu'il eût voulu doubler au prix de sa vie. Il songea sérieusement à se brûler la cervelle ; son caractère avait trop de force pour communiquer sa douleur ; Féline l'ignora, mais elle s'effraya de voir la sombre mélancolie qui envahissait cette jeune âme, et qui, dès cette époque, y laissa les traces ineffaçables d'une rude et profonde souffrance.

Heureusement dans cette détresse le ciel envoya un ami à Simon : ce fut son parrain, le voisin Parquet, un des meilleurs hommes que cette province ait possédés. Parquet était natif du village de Fougères, et, bien que sa charge l'eût établi à la ville dans une maison confortable achetée de ses deniers, il aimait à venir passer les trois jours de la semaine dont il pouvait disposer dans la maisonnette de ses ancêtres, tous procureurs de père en fils, tous bons vivants, laborieux, et s'étant, à ce qu'il semblait, fait une règle héréditaire de gagner beaucoup, afin de beaucoup dépenser sans ruiner leurs enfants. Néanmoins, maître Simon Parquet, après avoir montré beaucoup de penchant à la prodigalité dans sa jeunesse, était devenu assez rangé dans son âge mûr pour amasser une jolie fortune. Ce miracle s'était opéré, disait-on, par l'amour qu'il portait à sa fille chérie, qu'il voulait voir avantageusement établie. Le fait est que la parcimonie de sa femme lui avait fait autrefois aimer le désordre, par esprit de contradiction; mais aussitôt que la dame fut morte, Parquet goûta beaucoup moins de plaisir en mangeant le fruit qui n'était plus défendu, et trouva dans ses ressources assez de temps et d'argent pour bien profiter et pour bien user de la vie; il demeura généreux et devint sage. Sa fille était agréable sans être jolie, sensée plus que spirituelle, douce, laborieuse, pleine d'ordre pour sa maison, de soin pour son père et de bonté pour tous; elle semblait avoir pris à cœur de mériter le doux nom de *Bonne*, que son père lui avait donné par suite d'idées systématiques analogues à celles de M. Shandy.

La maison de campagne de maître Parquet était située à l'entrée du village, au-dessus de la chaumière de Jeanne Féline, au-dessous du château de Fougères. Ces trois habitations, avec leurs grandes et petites dépendances, couvraient la colline. L'ancien parc du château, converti en pâturage, descendait jusqu'aux confins du jardin symétrique de M. Parquet, et le mur crépi de ce dernier n'était séparé que par un sentier de la haie qui fermait le potager rustique de la mère Féline. Ce voisinage intime avait permis aux deux familles de se connaître et de s'apprécier. Simon Féline et Bonne Parquet étaient amis et compagnons d'enfance. L'avoué avait été uni d'une profonde estime et d'une vive amitié avec l'abbé Féline; on disait même que, dans sa jeunesse, il avait soupiré inutilement pour les yeux noirs de Jeanne. Il est certain que, dans son amitié pour cette vieille femme, il y avait un mélange de respect et de galanterie surannée qui faisait parfois sourire le grave Simon. C'était, du reste, la seule passion romanesque qui eût trouvé place dans l'existence très-positive de l'ex-procureur. Des distractions fort peu exquises, et qu'il appelait assez mal à propos *les conso-*

lations d'une douce philosophie, étaient venues à son secours, et avaient empêché, disait-il, que sa vie ne fût livrée à un désespoir abrutissant. Depuis cette époque *de rêves enchanteurs et de larmes vaines*, il avait vu Jeanne devenir mère de douze enfants. Dans sa prospérité comme dans sa douleur, elle avait toujours trouvé dans M. Parquet un digne voisin et un ami dévoué.

L'excellent homme était rempli de finesse et de pénétration. Il devina plutôt qu'il ne découvrit le secret de Simon. Il lui arracha enfin l'aveu de ses dettes et de son embarras. Alors, l'emmenant dans son cabinet, à la ville :

« Tiens, lui dit-il en lui mettant un portefeuille dans la main, voici une somme de dix mille francs que je viens de recevoir d'un riche, pour lui en avoir fait gagner autrefois quatre cent mille. C'est une aubaine sur laquelle je ne comptais plus, le client s'étant ruiné et enrichi deux ou trois fois depuis. Personne ne sait que cette somme m'est rentrée, pas même ma fille ; garde-moi le secret. Il n'est pas bon qu'un jeune homme laisse dire qu'il a reçu un service. La plus noble chose du monde, c'est de l'accepter d'un véritable ami ; mais le monde ne comprend rien à cela. Peut-être qu'un autre t'eût proposé de te compter une pension ou de payer tes lettres de change. Ce dernier point est contraire à mes principes d'ordre, et, quant au premier, je trouve qu'il en coûte assez à ton orgueil d'accepter une fois. Renouveler cette cérémonie serait te condamner à un supplice périodique. Tu as du cœur, tu as de la modération ; cette somme doit te suffire pour passer à Paris plusieurs années, à moins que tu ne contractes des vices. Songe à cela, c'est ton affaire. Tout ce que je te dirais à cet égard n'y changerait rien. Dieu te garde d'une jeunesse orageuse comme fut la mienne ! »

Simon, étourdi d'un service si considérable, voulut en

vain le refuser en exprimant ses craintes de ne pouvoir le rendre assez vite.

« Je te donne trente ans de crédit, répondit Parquet en riant ; tu paieras aux enfants de ma fille, avec les intérêts, si tu veux. Je ne cherche point à blesser ta fierté.

— Mais s'il m'arrive de mourir sans m'acquitter, comment fera ma mère ?

— Aussi je ne te demande pas de billet, reprit l'avoué d'un ton brusque ; ni ta mère ni mes héritiers n'en sauront rien. Allons, va-t'en, en voilà assez ; sache seulement que je ne suis ni si généreux ni si imprudent que tu le penses. Simon, tu es destiné à faire ton chemin, souviens-toi de ce que je te dis : le neveu de mon pauvre Féline, le fils de Jeanne, n'est pas voué à l'obscurité. Avant qu'il soit vingt ans peut-être, je serai fort honoré de ta protection. Je ne ris pas. Adieu, Simon, laisse-moi déjeuner. »

Simon paya mille francs de dettes qu'il avait à Poitiers, et alla travailler à Paris. Il n'aimait pas l'étude des lois, et avait songé à y renoncer. Mais le service que Parquet venait de lui rendre lui faisait presque un devoir de persévérer dans une profession qui, en raison des études déjà faites et de la protection assurée à ses débuts par son vieil ami, lui offrirait plus vite que toute autre les moyens de s'acquitter. L'enfant travailla donc avec courage, avec héroïsme ; il simplifia ses dépenses autant que possible, et rendit sa vie aussi solitaire que celle d'un jeune lévite. La nature ne l'avait pas fait pour cette retraite et pour ces privations ; des passions ardentes fermentaient dans son sein ; une énergie extraordinaire, le besoin d'une large existence, le débordaient. Il sut comprimer les élans de son caractère sous la terrible loi de la conscience. Toute cette existence de sacrifices et de mortifications fut un véritable martyre, dont pas un ami ne reçut la confidence; Dieu seul en fut témoin. Jeanne s'effraya de la maigreur et de la pâleur de son fils, lorsqu'elle le revit les années suivantes. Elle sut seulement qu'il avait la mauvaise habitude de travailler la nuit. Parquet se demanda si c'était le vice ou la sagesse qui avait terni déjà la fleur de la jeunesse sur ce noble visage. Il n'osa le lui demander à lui-même, car Simon n'était pas très-expansif; il était dévoré de fierté, et, quoiqu'il ressentît au fond du cœur une vive reconnaissance pour son ami, il ne pouvait surmonter la souffrance qu'il éprouvait auprès de lui. Il le fuyait avec douleur et n'avait pas seulement la force de lui dire : « Je travaille, et j'espère le succès de mes peines; » car il rougissait de sa honte même, il ne craignait rien tant que de se l'entendre reprocher. Le caractère de Parquet étant plus ouvert et plus hardi, il ne comprit pas les sentiments de Simon, et les attribua à la honte ou au remords d'avoir mal employé son temps et son argent. Il eut la délicatesse de ne pas lui faire de question et de ne pas sembler s'apercevoir de son embarras. Bonne, qui ne sut à quoi attribuer la conduite de son compagnon d'enfance, s'en affligea assez sérieusement pour faire craindre à son père que ce jeune homme ne lui inspirât un sentiment plus vif que la simple amitié.

Cependant, à l'automne de 1824, Simon revint avec son diplôme d'avocat et sa thèse en latin dédiée à l'ami Parquet. Personne ne s'attendait à un succès aussi prompt. Simon ne l'avait pas même annoncé à sa mère dans ses lettres. Ce fut un grand jour de joie et d'attendrissement pour les deux vieillards. Bonne eut les larmes aux yeux en serrant la main de son jeune ami. Mais la tristesse et la pâleur de Simon ne s'animèrent pas un instant. Il sembla impatient de voir finir le dîner que Parquet donnait, pour lui faire fête, aux notables du pays et aux plus proches amis. Il s'éclipsa sur le premier prétexte qu'il put trouver, et alla se promener seul dans la montagne. Tous les jours suivants il montra le même amour pour la solitude, le même besoin de silence et d'oubli. Parquet l'engageait avec chaleur à s'emparer de la première affaire qui serait plaidée à la fin des vacances, et à faire son début au barreau. Simon lui serrait la main et répondait : « Avant tout, il faut que je me repose. Je suis accablé de fatigue. »

Cela n'était que trop vrai. Mais à ce malaise venait se joindre une tristesse profonde. Simon portait au dedans de lui-même la lèpre qui consume les âmes actives lorsque leur destinée ne répond pas à leurs facultés. Il était dévoré d'une inquiétude sans cause et d'une impatience sans but qu'il eût été bien embarrassé d'expliquer et de confier à tout autre qu'à lui-même, car il comprenait à peine son mal et n'osait se l'avouer. Il était ambitieux. Il se sentait à l'étroit dans la vie et ne savait vers quelle issue s'envoler. Ce qu'il avait souhaité d'être ne lui semblait plus, maintenant qu'il avait mis les deux pieds sur cet échelon, qu'une conquête dérisoire hasardée sur le champ de l'infini. Simple paysan, il avait désiré une profession éclairée ; avocat, il rêvait les succès parlementaires de la politique, sans savoir encore s'il aurait assez de talent oratoire pour défendre la propriété d'une haie ou d'un sillon. Ainsi partagé entre le mépris de sa condition présente, le désir de monter au-dessus et la crainte de rester au-dessous, il était en proie à de véritables angoisses et les cachait avec soin, sachant mieux que personne que cet état tenait de la folie et qu'il fallait le surmonter par l'effort de sa propre volonté. Cette maladie de l'âme est commune aujourd'hui à tous les jeunes gens qui abandonnent la position de leur famille pour en conquérir une plus élevée. C'est une pitié que de les en voir tous atteints, même les plus médiocres, chez qui l'ambition (déjà si répréhensible dans les grandes âmes lorsqu'elle y naît trop vite) devient ridicule et insupportable, n'étant fondée sur aucune prétention légitime. Simon n'était pas de ces génies avortés qui se dévorent du regret de n'avoir pu exister. Il sentait sa force, il savait ce qu'il avait accompli, ce qu'il accomplirait encore. Mais *quand?* Toute la question était une question de temps. Il savait bien qu'à l'heure dite il reprendrait la charrue pour tracer dans le roc le pénible sillon de sa vie. Il souffrait par anticipation les douleurs de ce nouveau martyre, auquel il savait bien que la mollesse et l'amour grossier de soi-même ne viendraient pas le soustraire. Il souffrait, mais non pas comme la plupart de ceux qui se lamentent de leur impuissance; il subissait en silence le mal des grandes âmes. Il sentait se former en lui un géant, et sa frêle jeunesse pliait sous le poids de cet autre lui-même qui grondait dans son sein.

Il s'appliquait cette métaphore, et souvent, lorsqu'au fond d'un ravin, il se jetait avec accablement sur la bruyère, il se disait en lui-même qu'il était comme une femme enceinte, fatiguée de porter le fruit de ses entrailles. « Quand donc te produirai-je au jour, dragon? s'écriait-il dans son délire; quand donc te lancerai-je devant moi à travers le monde pour m'y frayer une route? Seras-tu vaste comme mon aspiration, seras-tu étroit comme ma poitrine? Est-ce la cité, est-ce la souris qui va sortir de ce pénible et long enfantement? »

En attendant cette heure terrible, il s'étendait sur la mousse des collines et à l'ombre des forêts de bouleaux qui serpentent sur les bords pittoresques de la Creuse; il goûtait parfois quelques heures d'un sommeil agité comme l'onde du torrent et comme le vent de l'orage. Tantôt il marchait avec rapidité pendant tout un jour, tantôt il restait assis sur un rocher, du lever au coucher du soleil. Sa santé périssait, mais son âme ne vivait qu'avec plus d'intensité, et son courage renaissait avec les douleurs physiques qui lui donnaient un aliment.

A ces maux se réunissaient les irritations bilieuses d'un sentiment politique très-prononcé. A vingt-deux ans, les sentiments sont des principes, et ces principes-là sont des passions. Simon avait sucé les idées républicaines au sein de sa mère. Son père, soldat de la république, avait été massacré par les chouans. L'abbé Féline avait compris la fraternité des hommes comme Jésus l'avait enseignée, et Jeanne, imbue de ses pensées, admettait si peu le droit divin pour les dignités temporelles, qu'à son insu, vingt fois par jour, elle était hérétique. Son fils prenait plaisir à l'entendre proférer ces saints blasphèmes. Il se gardait de les lui faire apercevoir, et s'enivrait de l'énergie de cette sauvage vertu qui répondait si bien à toutes les fibres de son être. « Ma mère, s'écriait-il quelquefois avec enthousiasme, vous étiez digne d'être une matrone romaine aux plus beaux jours de la république. » Jeanne ne savait pas l'histoire romaine, mais elle avait réellement les vertus de l'ancienne Rome.

A cette époque, où il était sérieusement question du retour des anciens priviléges, où l'on présentait des lois sur le droit d'aînesse, où l'on votait des indemnités pour les émigrés, quoique la mère et le fils Féline n'eussent aucune prévention personnelle contre la famille de Fougères, ils virent avec regret tout l'attirail aratoire des frères Mathieu sortir du donjon féodal pour faire place à la livrée du comte. La vieille Jeanne prévoyait bien, dans son expérience, que, l'amour du nouveau une fois calmé, ce maître tant désiré ne manquerait ni d'ennemis ni de défauts. Elle était blessée, surtout, d'entendre le jeune curé de Fougères parler de lui rendre des honneurs semblables à ceux qui escorteraient les reliques d'un saint, et demandait par quelles vertus cet inconnu avait mérité qu'on parlât d'aller le recevoir en procession. Néanmoins, comme elle ne s'exprimait devant ses concitoyens qu'avec douceur et mesure, malgré le grand crédit que ses vertus, sa sagesse et sa piété lui avaient acquis sur leurs esprits, ils la traitèrent un peu comme Cassandre, et n'en continuèrent pas moins d'élever des reposoirs sur la route par laquelle le comte de Fougères devait arriver.

III.

Quelques jours avant celui où le comte de Fougères était attendu dans son domaine, on vit, dès le matin, mademoiselle Bonne faire charger un mulet des plus beaux fruits de son jardin, fruits rares dans le pays, et que M. Parquet soignait presque aussi tendrement que sa fille. Le digne homme était parti la veille. Bonne monta en croupe, suivant l'usage, derrière son domestique. On attacha le mulet chargé de vivres à la queue du cheval que montaient la demoiselle et son écuyer en blouse et en guêtres de toile. Dans cet équipage, la fille de l'avoué descendit au petit trot le chemin tournant qui se plonge avec rapidité dans la vallée; car, quoique Fougères soit situé dans un joli vallon bien creusé en entonnoir, le sol de ce vallon est encore beaucoup plus élevé que celui de la vallée principale, où l'on découvre au loin les clochers du chef-lieu, et notre hameau est caché dans ces collines rocailleuses qu'on décore du nom de montagnes dans le pays, comme un nid de milan dans le cratère éteint d'un ancien volcan.

Le soleil, encore rouge, commençait à monter sur l'horizon de bruyères qui se découpe en lignes arrondies vers tous les points de ce paysage, lorsque Simon, en débusquant d'un sentier rapide caché dans les genêts épineux, se trouva face à face sur la route avec sa douce voisine. Pour tout autre que lui la rencontre de cette aimable personne eût été ce que le vol d'une colombe était jadis pour les augures. Mais Simon, toujours brusque et préoccupé, ne s'aperçut point de la vive rougeur qui colora les joues de la jeune fille, et du mélange de plaisir et de peine qui passa dans son regard.

« Eh bien, mademoiselle Bonne, lui dit-il de sa voix pleine et grave, vous voilà donc entrée en fonctions ? je vous en fais mon compliment.

— Que voulez-vous dire, monsieur Simon ? répondit mademoiselle Parquet un peu fâchée de cette apostrophe.

— Mais n'allez-vous pas à la ville pour cette grande et solennelle cérémonie de la signature du contrat ? M. le comte, notre bon et illustre seigneur, veux-je dire, n'est-il pas arrivé chez vous hier soir, et ne daigne-t-il pas manger vos provisions en attendant qu'il ait la bonté de nous apporter ici sa botte à baiser ? Ne vous voilà-t-il pas en route pour courir à sa rencontre, lui préparer son dîner et le saluer avec tout le respect d'une humble vassale ? Combien de temps allez-vous nous dérober la présence de cet astre resplendissant ? Songez à l'impatience...

— Taisez-vous, monsieur Simon, interrompit Bonne avec un peu d'humeur. Toutes ces plaisanteries-là sont fort méchantes. Croyez-vous que mon père et moi soyons les humbles serviteurs de qui que ce soit ? Pensez-vous que votre monsieur le comte soit autre chose pour nous qu'un client et un hôte envers lequel nous n'avons que des devoirs de probité et de politesse à remplir ?

— A Dieu ne plaise que j'en pense autrement ! répondit Simon avec plus de douceur. Cependant, voisine, il me semble que votre père n'avait pas jugé convenable ou du moins nécessaire, de vous emmener hier avec lui.

D'où vient donc que vous voilà en route ce matin pour le rejoindre?

— C'est que j'ai reçu un exprès et une lettre de lui au point du jour, répondit Bonne.

— Si matin? répliqua Simon d'un air de doute.

— Tenez, monsieur le censeur! dit Bonne en tirant de son sein un billet qu'elle lui jeta.

— Oh! je vous crois, s'écria-t-il en voulant le lui rendre.

— Non pas, non pas, repartit la jeune fille; vous m'accusez de courir au-devant d'un homme malgré la défense de mon père, je veux que vous me fassiez des excuses.

— A la bonne heure, dit Simon en jetant les yeux sur le billet, qui était conçu en ces termes :

« Lève-toi vite, ma chère enfant, et viens me trouver. M. de Fougères n'est point un freluquet; ou, s'il l'est, son équipage du moins ne me donne pas de crainte. En outre, il m'a amené une dame que je suis fort en peine de recevoir convenablement. J'ai besoin de ta présence au logis. Apporte des fruits, des gâteaux et des confitures.

« *Ton père qui t'aime.* »

— En ce cas, chère voisine, dit Simon en lui rendant le billet, je vous demande pardon et déclare que je suis un brutal.

— Est-ce là tout? répondit Bonne en lui tendant la main.

— Je déclare, dit-il en la lui baisant, que vous êtes Bonne la bien baptisée. C'est le mot de ma mère toutes les fois qu'elle vous nomme.

— Et répondez-vous toujours *amen?*
— Toujours.

— Surtout quand vous ne pensez pas à autre chose?

— Pourquoi cela? que signifie ce reproche? » répondit Simon avec beaucoup d'étonnement.

Bonne rougit et baissa les yeux avec embarras. Elle eût mieux aimé que Simon soutînt cette petite guerre que de ne pas comprendre l'intérêt qu'elle y mettait. Elle n'avait pas assez de vivacité dans l'esprit pour continuer sur ce ton, et pour réparer une étourderie par une plaisanterie quelconque. Elle se troubla, et lui dit adieu en frappant le flanc de son cheval avec une branche de peuplier qui lui servait de cravache. Simon la suivit des yeux quelques minutes avec surprise; puis, haussant les épaules comme un homme qui s'aperçoit de l'emploi puéril de son temps et de son attention, il reprit en sifflant le cours de sa promenade solitaire. La pauvre Bonne avait eu un instant de joie et de confiance imprudente. Elle l'avait cru jaloux en le voyant blâmer son empressement d'aller recevoir M. de Fougères; mais d'ordinaire elle s'apercevait vite, après ces lueurs d'espoir, qu'elle s'était abusée, et que Simon n'était pas même occupé d'elle.

La Marche est un pays montueux qui n'a rien de grandiose, mais dont l'aspect, à la fois calme et sauvage, m'a toujours paru propre à tenter un ermite ou un poëte. Plusieurs personnes le préfèrent à l'Auvergne, en ce qu'il a un caractère plus simple et plus décidé. L'Auvergne, dont le ciel me garde d'ailleurs de médire! a des beautés un peu empruntées aux Alpes, mais réduites à des dimensions trop étroites pour produire de grands effets. Le pays marchois, son voisin, a, si je puis m'exprimer ainsi, plus de bonhomie et de naïveté dans son désordre; ses montagnes de fougères ne se hérissent pas de roches menaçantes; elles entr'ouvrent çà et là leur robe de verdure pour montrer leurs flancs arides que ronge un lichen blanchâtre. Les torrents fougueux ne s'élancent pas de leur sein et ne grondent pas parmi les décombres ; de mystérieux ruisseaux, cachés sous la mousse, filtrent goutte à goutte le long des parois granitiques et s'y creusent parfois un bassin qui suffit à désaltérer la bécassine solitaire ou le vanneau à la voix mélancolique. Le bouleau allonge sa taille serrée dans un étui de satin blanc, et balance son léger branchage sur le versant des ravins rocailleux ; là où la croupe des collines s'arrondit sous le pied des pâtres, une herbe longue et fine, bien coupée de ruisseaux et bien plantée de hêtres et de châtaigniers, nourrit de grands moutons très-blancs et couverts d'une laine plate et rude, des poulains trapus et robustes, des vaches naines fécondes en lait excellent. Dans les vallées, on cultive l'orge, l'avoine et le seigle ; sur les monticules, on engraisse les troupeaux. Dans la partie plus sauvage qu'on appelle la montagne, et où le vallon de Fougères se trouve jeté comme une oasis, on trouve du gibier en abondance, et on recueille la digitale, cette belle plante sauvage que la mode des anévrismes a mise en faveur, et qui élève dans les lieux les plus arides ses hautes pyramides de cloches purpurines, tigrées de noir et de blanc. Là aussi le buis sauvage et le houx aux feuilles d'émeraude tapissent les gorges où serpente la Creuse. La Creuse est une des plus charmantes rivières de France ; c'est un torrent profond et rapide, mais silencieux et calme dans sa course, encaissé, limpide, toujours couronné de verdure, et baisant le pied de ces *monti ameni* qu'eût aimés Métastase.

Somme toute, le pays est pauvre ; les gros propriétaires y mènent plus joyeuse vie que dans les provinces plus fertiles, comme il arrive toujours. Nulle part la bonne chère ne compte des dévots plus fervents. Mais le paysan économe, laborieux et frugal, habitué à la rudesse de son sort, et dédaignant de l'adoucir par de folles dépenses, vit de châtaignes et de sarrasin ; il aime l'argent plus que le bien-être ; la chicane est son élément, le commerce tant soit peu frauduleux est son art et son théâtre. Un marchand forain marchois est pour les provinces voisines un personnage aussi redoutable que nécessaire ; il a le talent incroyable de tromper toujours et de ne jamais perdre son crédit. J'en ai connu plus d'un qui aurait donné des leçons de diplomatie au prince de Talleyrand. Le cultivateur du Berri est destiné, de père en fils, à être sa proie, à le maudire, à l'enrichir et à le donner au diable, qui le lui renvoie chaque année plus rusé, plus prodigue de belles paroles, plus irrésistible et plus fripon.

Simon Féline était une de ces natures supérieures par leur habileté et leur puissance, qui peuvent faire beaucoup de mal ou beaucoup de bien, suivant la direction qui leur est imprimée. Dès le principe, son éducation éteignit en lui l'instinct marchois de maquignonnage, et développa d'abord le sentiment religieux. A l'âge de puberté, l'éducation philosophique vint mêler la logique à la pensée, la réflexion à l'enthousiasme ; puis, la passion sillonna son âme de ces grands éclairs qui peu à peu devaient la révéler à elle-même. Mais au milieu de ces ouragans elle conserva toujours un caractère de mysticisme, et l'amour de la contemplation domina l'esprit d'examen. A côté de sa soif d'avenir et de ses appétits de puissance, Simon conservait dans la solitude un sentiment d'extase religieuse. Il s'y plongeait pour guérir les blessures qu'il avait reçues dans un choc imaginaire avec la société ; et parfois, au lieu du rôle actif qu'il avait entrevu, il se surprenait à caresser je ne sais quel rêve de perfection chrétienne et philosophique, quasi militante, quasi monacale.

Il passait souvent, comme je l'ai déjà dit, des journées

entières au fond des bois, sans épuiser la vigueur de cette imagination qu'il n'osait montrer au logis. Le jour de sa rencontre avec mademoiselle Parquet, il fit une assez longue course pour n'être de retour que vers le soir. Avant de regagner sa chaumière, Simon voulut voir coucher le soleil au même lieu d'où il avait contemplé son lever. C'était le sommet de la dernière colline qui encadrait le vallon, et sur lequel s'élevaient les ruines du petit fort destiné jadis à répondre aux batteries du château et à garder l'entrée du vallon. De cette colline on jouissait d'une vue magnifique ; on plongeait d'une part dans le vallon de Fougères, et de l'autre on embrassait la vaste et profonde arène où serpente la Creuse. Simon aimait de prédilection cette ruine qu'habitaient de grands lézards verts et des orfraies au plumage flamboyant. La seule tour qui restait debout en entier avait été aussi un but de promenade quotidienne pour l'abbé Féline. Simon avait à peine connu ce digne homme ; mais il en conservait un vague souvenir, exalté par l'enthousiasme de sa mère et par la vénération des habitants. Il ne passait pas un jour sans aller saluer ces décombres sur lesquels son oncle s'était tant de fois assis dans le silence de la méditation, et dont plusieurs pierres portaient encore les initiales de son nom, creusées avec un couteau. L'abbé avait donné à cette tour le nom de *Tour de la Duchesse*, parce qu'un de ces grands oiseaux de nuit, remarquables par leur voix effrayante, et assez rares en tous pays, en avait fait longtemps sa demeure ; ce nom s'était conservé dans les environs, et les amis superstitieux du bon curé prétendaient que, la nuit anniversaire de ses funérailles, la *duchesse* revenait encore se percher sur le sommet de la tour et jeter de longs cris de détresse jusqu'au premier coup de l'*Angelus* du matin.

Assis sur le seuil de la tour, Simon regardait l'astre

magnifique s'abaisser lentement sur les collines de Glenny, lorsqu'il entendit une voix inconnue parler à deux pas de lui une langue étrangère, et en se retournant il vit deux personnages d'un aspect fort singulier.

Le plus rapproché était un homme d'environ cinquante ans, d'une figure assez ouverte en apparence, mais moins agréable au second coup d'œil qu'au premier. Cette physionomie, qui n'avait pourtant rien de repoussant, était singularisée par une coiffure poudrée à ailes de pigeon, tout à fait surannée ; une large cravate tombant sur un ample jabot, des culottes courtes, des bottes à revers et un habit à basques très-longues, rappelaient exactement le costume qu'on portait en France au commencement de l'empire. Ce personnage stationnaire tenait une cravache de laquelle il désignait les objets environnants à sa compagne ; et, au milieu du dialecte ultramontain qu'il parlait, Simon fut surpris de lui entendre prononcer purement le nom des collines et des villages qui s'étendaient sous leurs yeux.

La compagne de ce voyageur bizarre était une jeune femme d'une taille élégante que dessinait un habit d'amazone. Mais, au lieu du chapeau de castor que portent chez nous les femmes avec ce costume, l'étrangère était coiffée seulement d'un grand voile de dentelle noire qui tombait sur ses épaules et se nouait sur sa poitrine. Au lieu de cravache, elle avait à la main une ombrelle, et, occupée de l'autre main à dégager sa longue jupe des ronces qui l'accrochaient, elle avançait lentement, tournant souvent la tête en arrière, ou rabattant son voile et son ombrelle pour se préserver de l'éclat du soleil couchant qui dardait ses rayons du niveau de l'horizon. Tout cela fut cause que, malgré l'attention avec laquelle Simon stupéfait observait l'un et l'autre inconnus, il ne put voir que confusément les traits de la jeune dame.

IV.

Par suite de son caractère farouche, ennemi des puérilités de la conversation et de toute espèce d'oisiveté d'esprit, Simon se leva après deux ou trois minutes d'examen, et fit quelques pas pour fuir les importuns qui prenaient possession de sa solitude ; mais l'homme à ailes de pigeon, courant vers lui avec une politesse empressée, lui adressa la parole dans le patois des montagnes, pour lui faire cette question dont Simon resta stupéfait :

« Mille pardons si je vous dérange, Monsieur ; mais n'êtes-vous pas un parent de feu le digne abbé Féline ?

— Je suis son neveu, répondit Simon en français ; car le patois marchois ne lui était déjà plus familier, après quelques années de séjour au dehors.

— En ce cas, Monsieur, dit l'étranger, parlant français à son tour sans le moindre accent ultramontain, permettez-moi de presser votre main avec une vive émotion. Votre figure me rappelle exactement les nobles traits d'un des hommes les plus estimables dont notre province honore la mémoire. Vous devez être le fils de... Permettez que je recueille mes souvenirs... » Après un moment d'hésitation, il ajouta : « Vous devez être un des fils de sa sœur ; elle venait de se marier lorsque le règne de la terreur me chassa de mon pays.

— Je suis le dernier de ses fils, » répondit Simon de plus en plus étonné de la prodigieuse mémoire de celui qu'il reconnaissait devoir être le comte de Fougères. Et il en était presque touché, lorsque la pensée lui vint que, le comte ayant déjà pu prendre des renseignements de M. Parquet sur les personnes du village, il pouvait bien y avoir un peu de charlatanisme dans cette affectation de tendre souvenance. Alors, ramené au sentiment d'antipathie qu'il avait pour tout objet d'adulation, et retirant sa main qu'il avait laissé prendre, il salua et tenta encore de s'éloigner.

Mais M. de Fougères ne lui en laissa pas le loisir. Il l'accabla de questions sur sa famille, sur ses voisins, sur ses études, et parut attendre ses réponses avec tant d'intérêt que Simon ne put jamais trouver un instant pour s'échapper. Malgré ses préventions et sa méfiance, il ne put s'empêcher de remarquer dans ce bavardage une naïveté puérile qui ressemblait à de la bonhomie. Il acheva de se réconcilier avec lui lorsque le comte lui dit qu'il était parti de la ville, à cheval, aussitôt après la signature du contrat, afin d'éviter les honneurs solennels qui l'attendaient sur son passage. « Le bon M. Parquet m'a dit, ajouta-t-il, que ces braves gens voulaient faire des folies pour nous. Je pensais qu'en arrivant plusieurs jours plus tôt qu'ils n'y comptaient j'échapperais à cette ovation ridicule ; mais avant de serrer la main de mes anciens amis, je n'ai pu résister au désir de contempler ce beau site et de monter jusqu'à la tour où, dans mon adolescence, je venais rêver comme vous, monsieur Féline. Oui, j'y suis venu souvent avec votre oncle lorsqu'il n'était encore que séminariste ; nous y avons parlé plus d'une fois de l'incertitude de l'avenir et des vicissitudes de la fortune. La ruine de ma caste était assez imminente alors pour qu'il pût me prédire les désastres qui m'attendaient. Il me prêchait le courage, le détachement, le travail... Oui, mon cher monsieur, continua le comte en voyant que Simon l'écoutait avec intérêt, et je puis dire que ses bons conseils n'ont pas été entièrement perdus... Je n'ai pas été de ceux qui passèrent le temps à se lamenter, ou qui oublièrent leur dignité jusqu'à tendre la main. J'ai pensé que travailler était plus noble que mendier. Et puis, je suis un franc Marchois, voyez-vous ! J'avais emporté d'ici l'instinct industrieux qui n'abandonne jamais le montagnard. Savez-vous ce que je fis ? Je réalisai le produit de quelques diamants que j'avais réussi à sauver ainsi qu'un peu d'or ; j'achetai un petit fonds de commerce, et je me fixai dans une ville où le négoce commençait à fleurir. Les affaires de Trieste prospérèrent vite, et les miennes par conséquent. Nous étions là une colonie de transfuges de tous pays : Français, Anglais, Orientaux, Italiens. Les habitants nous accueillaient avec empressement. Les débris de la noblesse vénitienne, à laquelle on avait arraché sa forme de gouvernement et jusqu'à sa nationalité, vinrent plus tard se joindre à nous, pour acquérir ou pour consommer. Oh ! maintenant, Trieste est une ville de commerce d'une grande importance. J'en revendique ma part de gloire, entendez-vous ? On a dit assez de mal des émigrés, et la plupart d'entre eux l'ont mérité ; il est juste que l'on ne confonde pas les boucs avec les brebis, comme disait le bon abbé Féline. J'ai reçu plusieurs lettres de lui dans mon exil, et je les ai conservées ; je vous les ferai voir. Elles sont pleines d'approbation et d'encouragement. Ce sont là des titres véritables, monsieur Féline ; on peut en être fier, n'est-ce pas ? *Non è vero, Fiamma ?* » ajouta-t-il en se tournant, avec la vivacité inquiète et un peu triviale qui caractérisait ses manières, vers la jeune dame qui l'accompagnait, et qui, depuis un instant seulement, s'était rapprochée de lui.

La personne qui portait ce nom étrange ne répondit que par un signe de tête ; mais elle releva son ombrelle, et ses yeux rencontrèrent ceux de Simon Féline.

Lorsque deux personnes d'un caractère analogue très-énergique se regardent pour la première fois, sans aucun doute il se passe entre elles, avant de se reconnaître et de sympathiser, une sorte de lutte mystérieuse qui les émeut profondément. Pressées de s'adopter, mais incertaines et craintives, ces âmes sœurs s'appellent et se repoussent en même temps. Elles cherchent à se saisir et craignent de se laisser étreindre. La haine et l'amour sont alors des passions également imminentes, également prêtes à jaillir comme l'éclair du choc de ces natures qui ont la dureté du caillou, et qui, comme lui, recèlent le feu sacré dans leur sein.

Simon Féline ne put s'expliquer l'effet que cette femme produisit sur lui. Il eut besoin de toute sa force pour soutenir un regard qui, en cet instant sans doute, rencontrait le seul être auquel il pût faire comprendre toute sa puissance. Ce regard, qui n'avait probablement rien de surnaturel pour le vulgaire, fit tressaillir Féline comme un appel ou comme un défi; il ne sut pas lequel des deux; mais toute sa volonté se concentra dans son œil pour y répondre ou pour l'affronter. Le visage de la femme inconnue n'avait pourtant rien qui ressemblât à l'effronterie; son front semblait être le siége d'une audace noble; le reste du visage, pâle et d'une régulière beauté, exprimait un calme voisin de la froideur. Le regard seul était un mystère; il semblait être le ministre d'une pensée scrutatrice et impénétrable. Simon était d'une organisation délicate et nerveuse; son émotion fut si vive que son trouble intérieur produisit quelque chose comme un sentiment de colère et de répulsion.

Tout cela se passa plus rapidement que la parole ne peut le raconter; mais, depuis le moment où elle leva son ombrelle jusqu'à celui où elle la baissa lentement sur son visage, tant d'étonnement se peignit sur celui de Simon que le comte de Fougères en fut frappé. Il attribua à la seule admiration la fixité du regard de sa nouvelle connaissance et la légère contraction de sa bouche.

« C'est ma fille, lui dit-il d'un air de vanité satisfaite, mon unique enfant; c'est une Italienne. J'aurais voulu l'élever un peu plus à la française; mais son sexe la plaçait sous l'autorité plus immédiate de sa mère...

— Vous vous êtes marié en pays étranger? » demanda Simon, qui dès cet instant affecta des manières très-assurées, sans doute pour faire sentir à mademoiselle de Fougères qu'elle ne l'avait pas intimidé.

Le comte, qui n'aimait rien tant que de parler de lui, de sa famille et de ses affaires, satisfit la curiosité feinte ou réelle de son interlocuteur.

« J'ai épousé une Vénitienne, répondit-il, et j'ai eu le malheur de la perdre il y a quelques années; c'est ce qui m'a dégoûté de l'Italie. C'était une Falier, grande famille qui reçut une rude atteinte dans la personne de Marino, le doge décapité; vous savez cette histoire? Les descendants ont été ruinés du coup, ce qui ne les empêche pas d'être d'une illustre race... Au reste, ce sont là des vanités dont la raison de notre siècle fait justice. Ce qui fait la véritable puissance aujourd'hui, ce n'est pas le parchemin, c'est l'argent... Eh! eh! n'est-ce pas, monsieur Féline? *Non è vero, Fiamma?*

— *E l'onore,* » prononça derrière l'ombrelle une voix à la fois mâle et douce, qui fit tressaillir Simon.

Ce timbre pectoral et grave des femmes italiennes, indice de courage et de générosité, n'avait jamais frappé son oreille. Quand une Française n'a pas une voix flûtée, elle a une voix rauque et choquante. Il n'appartient qu'aux ultramontaines d'avoir ces notes pleines et harmonieuses qui font douter au premier instant si elles sortent d'une poitrine de femme ou de celle d'un adolescent. Cet organe sévère, cette réponse fière et laconique, détruisirent en un instant les préventions défavorables de Simon.

Le comte parut un peu confus, même un peu mécontent; mais il se hâta de parler d'autre chose. Il semblait dominé par la supériorité de sa fille; du moins, malgré le peu d'attention qu'elle accordait à la conversation, marchant toujours deux pas en arrière et ne répondant que par monosyllabes, il ne pouvait résister à l'habitude d'invoquer toujours son suffrage et de terminer toutes ses périodes par ce *Non è vero, Fiamma?* qui produisait un effet magnétique sur Simon et le forçait à reporter ses regards sur la silencieuse Italienne.

Quoique le comte de Fougères eût complétement détruit l'idée que Simon s'était faite de la morgue et des prétentions ridicules d'un émigré redevenu seigneur de village, il était bien loin d'avoir gagné son cœur par ses cajoleries. Il est vrai que Simon le prenait pour un excellent homme, plein de franchise et d'abandon; néanmoins, et comme si l'esprit de contradiction se fût emparé de son jugement, il était choqué de je ne sais quoi de bourgeois que le châtelain de Fougères avait contracté, sans doute, à son comptoir. Il en était à se dire qu'il valait mieux être ce que la société nous a fait que de jouer un rôle amphibie entre la roture et le patriciat. Il trouvait ce désaccord frappant dans chaque parole du comte, et ne pouvant, d'après son extérieur expansif, l'attribuer à la mauvaise foi, il l'attribuait à un manque total d'intelligence et de logique. Par exemple, il eut envie de sourire quand l'ex-négociant de Trieste lui dit:

« Qu'est-ce qu'un nom? je vous le demande; est-il propriété plus chimérique ou plus inutile? Quand *j'ai monté ma boutique* à Trieste, je commençai par quitter mon nom et mon titre, et je reconstruisis ma fortune sous celui de signor Spazzetta, ce qui veut dire M. Labrosse. Eh bien! mon commerce a prospéré, mon nom est devenu estimable et m'a ouvert le plus grand crédit. Je voudrais bien que quelqu'un vînt me prouver que le nom de Spazzetta ne vaut pas celui de Fougères ! »

Simon, fatigué de ce raisonnement absurde, se permit, dans sa franchise montagnarde, de le contredire, mais sans aigreur.

« Permettez-moi de croire, Monsieur, lui dit-il, que vous n'êtes pas bien convaincu de ce que vous dites ou que vous n'y avez pas bien réfléchi ; car si vous estimiez beaucoup votre nom de commerce, vous le conserveriez aujourd'hui ; et si vous n'aviez pas estimé infiniment votre nom de famille, vous ne l'auriez jamais quitté, et vous n'auriez pas craint de le compromettre dans le négoce. Enfin, vous devez préférer un titre seigneurial à un nom de maison d'entrepôt, puisque vous avez fait de grands sacrifices d'argent pour rentrer dans la possession de votre domaine héréditaire. »

Ces réflexions parurent frapper le comte, et soulevant un œil très-vif, quoique fatigué par des rides nombreuses, il examina Simon d'un air de surprise et de doute. Mais reprenant aussitôt l'aisance communicative de ses manières : « Et l'amour du pays, Monsieur, le comptez-vous pour rien ? reprit-il. Croyez-vous qu'on oublie les lieux qui vous ont vu naître ? Ah ! jeune homme ! vous ne savez pas ce que c'est que l'exil. »

Toute raison de sentiment imposait silence à Simon. Lors même qu'il ne l'eût pas cru bien sincère, il n'eût osé montrer ses doutes. Quelle objection la délicatesse nous permet-elle lorsqu'on invoque des choses que nous respectons nous-mêmes ? Lorsque les patriciens nous vantent l'excellence de leur race ennoblie par les exploits de leurs pères, nous sommes sans réponse ; nous ne saurions dire que nous ne faisons point de cas de l'héroïsme, et nous ne pouvons pas leur insinuer qu'il faudrait avant tout ressembler à leurs pères.

La nuit tombait lorsque Simon, forcé de descendre le sentier de la colline avec le comte, put enfin espérer de le quitter. Pour rien au monde, après avoir si chaudement blâmé l'empressement des habitants à courir à la rencontre de leur seigneur, il n'eût voulu se rendre leur complice en lui servant d'escorte. Il prévint donc l'offre que le comte allait lui faire de l'accompagner à pied, et doubla le pas sous prétexte de faire avancer ses chevaux de selle, que tenait un domestique, sous un massif de châtaigniers, au bord de la route. Cette politesse, qui était si peu dans son caractère, facilita son évasion; mais, après avoir fait signe au jockey d'aller rejoindre ses maîtres, il ne put surmonter la curiosité de jeter un dernier regard sur la fière Italienne dont les yeux noirs l'avaient troublé un moment. Se cachant dans le massif, il vit mademoiselle de Fougères monter avec calme et lenteur sur le cheval de pays qu'elle avait loué à la ville. C'était une haquenée noire et échevelée, vigoureuse et peu habituée à l'obéissance. Elle semblait se croire libre d'aller à sa fantaisie sous la main d'une femme; mais la brune amazone lui fit sentir si durement le mors et l'éperon, qu'elle se cabra d'une manière furieuse à plusieurs reprises. « Finissez, Fiamma, finissez ces imprudences, pour l'amour de Dieu! s'écria le comte d'un air plus ennuyé qu'effrayé; cette affreuse bête va vous tuer!

— Non, mon père, répondit la jeune fille en italien; elle va m'obéir. »

Et en effet, Fiamma mit tranquillement sa monture au trot, sans avoir changé un seul instant de visage. Simon crut retrouver, dans cette parole, l'esprit despotique du sang patricien, et il s'éloigna en maudissant cette race incorrigible qui aspire sans cesse à traiter les hommes comme des chevaux.

V.

Pendant qu'à la faveur des ombres de la nuit, et en suivant un chemin dont le comte avait conservé le plan dans un des mille recoins de sa méthodique mémoire, les voyageurs longeaient le village et se glissaient incognito vers la demeure de M. Parquet; l'avoué, monté sur sa mule et portant sa fille en croupe, revenait aussi à Fougères, murmurant un peu contre l'activité inquiète de son hôte.

« Après tout, disait-il à la mélancolique mademoiselle Bonne, j'approuve fort le bon sens qu'il a eu de se soustraire à la cérémonie grotesque qu'on lui réservait, mais, quant à moi, j'aurais voulu voir cela, ne fût-ce que pour me désopiler un tant soit peu la rate. Ce Fougères est un bon diable, pas trop ridicule, et ne manquant pas de sens à certains égards. Mais quand, après tout, il aurait essuyé les salves d'artillerie du village avec leurs fusils sans batteries, quand il aurait avalé la harangue du maire, celle du curé et celle du garde champêtre, ce n'eût pas été trop payer le bonheur qu'il a eu de ne perdre que cent mille francs sur son marché. Le pauvre comte! il était bien tranquille et bien heureux là-bas dans son pays d'Istrie, où il vendait de la belle et bonne chandelle, d'excellent amadou, du savon, du poivre..., car, il ne faut pas gazer, notre cher comte était épicier. Qu'on appelle ce commerce-là comme on voudra, et qu'on y gagne tout l'argent du monde, ce n'est pas moins le même commerce que fait en petit la mère L'Oignon à Fougères.

— Comment, épicier! reprit naïvement mademoiselle Parquet; j'avais cru lui entendre dire qu'il était *armateur*...

— Eh! sans doute, armateur en épiceries. Eh! mon Dieu! à présent il va faire le commerce des bestiaux. Je ne sais pas lequel est moins noble du mouton ou de sa graisse, du bœuf ou de sa corne, de l'abeille ou de son miel. Cependant ces gens-là s'imaginent que la propriété d'une terre les relève, surtout quand il y a quelque vieux pan de muraille armoriée qui croule sur le bord d'un ravin. Jolie habitation, ma foi! que celle du château de Fougères! Avant de la rendre supportable, il lui faudra encore dépenser cinquante mille francs. Je parie qu'il avait là-bas une bonne maison bien close et bien meublée, sur la vente de laquelle il aura perdu moitié, dans son empressement de revoir ses tourelles lézardées et ses belles salles délabrées, où les rats tiennent cour plénière.

— Il m'a pourtant semblé, reprit Bonne, être un homme dégagé de tous ces vieux préjugés.

— Est-ce que tu le crois sincère? répondit vivement M. Parquet. Il se peut qu'il aime l'argent, et j'ai cru m'en apercevoir, malgré la sottise qu'il a faite de racheter son fief... mais sois sûre qu'il est encore plus vaniteux que cupide. Quand tu verras un noble cracher sur son blason, souviens-toi de ce que je te dis, Bonne, tu verras ton père travailler gratis pour les riches.

— Avez-vous fait attention à sa fille, mon père? dit mademoiselle Parquet en sortant d'une sorte de rêverie.

— Eh! eh! si j'avais seulement une trentaine d'années de moins, j'y ferais beaucoup d'attention. Ce n'est pas qu'il faille croire les mauvaises plaisanteries de nos amis, Bonne, entends-tu? J'ai toujours été un homme sage et donnant le bon exemple; mais je veux dire que mademoiselle de Fougères est une gaillarde bien tournée et qui a une paire d'yeux noirs... Je n'ai jamais vu d'yeux aussi beaux, si ce n'est lorsque Jeanne Féline avait vingt-cinq ans.

— Il y a longtemps de cela, mon père, interrompit Bonne en souriant.

— Eh! sans doute, il y a longtemps, répondit l'avoué. Je n'avais que quinze ans alors. Je la regardais lorsqu'elle allait à l'église : c'était un ange, belle comme mademoiselle de Fougères, et bonne comme toi, ma fille.

— Et croyez-vous, mon père, que mademoiselle de Fougères ne soit pas aussi bonne qu'elle est belle?

— Oh! cela, je n'en sais rien; si elle est bonne, c'est de trop : car elle a de l'esprit comme un diable et tout le jugement qui manque à son père.

— Elle ne me paraît pas approuver beaucoup son obstination à revoir Fougères, et le séjour de notre village paraît la tenter médiocrement, » ajouta mademoiselle Bonne.

Tandis que le père et la fille devisaient ainsi, la mule, arrivée à la porte du logis, s'était arrêtée, et M. Parquet, en mettant pied à terre pour ouvrir cette porte et en cherchant les clefs dans ses poches, continuait la conversation sans faire attention à Simon Féline, qui était à deux pas de lui, appuyé contre la haie de son jardin.

« Sans doute médiocrement, répétait l'ex-procureur. Une fille de cet âge-là, qu'on amène en France, doit avoir laissé sur la rive étrangère quelque damoiseau épris d'elle. Si j'avais été le galant d'une si belle créature, je ne me la serais pas laissé enlever.

— Est-ce votre avis en pareille matière, monsieur Parquet? dit Simon en souriant.

— Au diable, grommela M. Parquet. Oh! bonsoir, voisin Simon, répondit-il; vous écoutiez? Vraiment, pensa-t-il en faisant entrer dans sa cour le mulet qui portait Bonne, je ne viendrai donc jamais à bout de me persuader que je suis vieux et que ma fille est jeune? Ah!

qu'il est difficile de parler convenablement à une fille dont on est le père. »

Tandis que M. Parquet donnait des ordres à l'écurie, mademoiselle Bonne en donnait à la cuisine, et s'occupait avec activité de préparer le lit et le souper de ses hôtes. Ils arrivèrent peu d'instants après. Ce n'était pas un petit embarras pour l'avoué que d'héberger ces illustres personnages à la ville et à la campagne. La maison du village était très-petite; cependant elle était très-confortable, comme tout ce qui devait contribuer à embellir l'existence de M. Parquet. M. Parquet était à la fois le plus poétique et le plus positif de tous les hommes. Quand il avait les pieds bien chauds, un fauteuil bien mollet, une table bien servie, de bon vin dans un large verre, il était capable de s'attendrir jusqu'aux larmes, et de déclamer un sonnet de Pétrarque en regardant du coin de l'œil la vieille Jeanne Féline, occupée gravement à tourner son rouet sur le seuil de sa porte. Quoiqu'il fût encore actif, alerte, bien qu'un peu gros, et préservé de toute infirmité, il prenait parfois le ton plaintif et philosophique pour célébrer en petits vers, dans le goût de La Fare et de Chaulieu, la *solennité de la tombe, qui s'entr'ouvrait pour le recevoir, et sur le bord de laquelle il voulait encore effeuiller les roses du plaisir.*

Mais le mérite de M. Parquet ne se bornait pas à l'aimable humeur d'un vieillard anacréontique. C'était un homme généreux, un ami sincère, un voisin cordial, et, qui plus est, un homme d'affaires voué, depuis le commencement de sa carrière, au culte de la plus stricte probité. Il avait trop d'esprit et de sens pour n'avoir pas su arranger sa vie de manière à contenter les autres et soi-même. Sa grande pratique, sa profonde et impitoyable connaissance des rouries de la procédure, et son activité infatigable, en avaient fait, dans la province, l'homme de sa classe le plus important et le plus recherché. A ces talents il joignait, tant bien que mal, celui de la parole; car M. Parquet cumulait les fonctions d'avoué et celles d'avocat. Il s'exprimait en bons termes, pérorait avec abondance, et dans les affaires civiles, grâce à une dialectique serrée et à une obstination puissante, il était presque toujours sûr du succès. Il est vrai qu'au criminel il produisait des effets de moins bon aloi. Comme tout avocat de province, il aimait de passion les discours de cour d'assises; c'est l'occasion d'arrondir des périodes sonores, et de lancer des métaphores chatoyantes. Les juges et le gros public en étaient émerveillés; les dames de la ville pleuraient à chaudes larmes, et pendant trois jours, maître Parquet, rouge et bouffi, conservait dans son ménage l'accent emphatique et le geste théâtral. Il faut avouer que, dans cet état d'irritation et de triomphe, il était beaucoup moins aimable que de coutume. Il s'enivrait de ses propres paroles et tombait dans des divagations un peu trop prolongées; ou bien il se maintenait dans un état de colère factice qui faisait trembler ses chiens et ses servantes. A l'entendre alors demander son café d'une voix tonnante, ou s'emporter, à la lecture du journal, contre les abus de la tyrannie, on l'eût pris pour un Cromwell ou pour un Spartacus. Mais mademoiselle Bonne, qui connaissait son caractère, s'en effrayait fort peu, et ne craignait pas de l'interrompre pour lui dire :

« Mon père, si tu parles si fort, tu seras enroué demain matin, et tu ne pourras pas plaider.

— C'est vrai, répondait l'excellent homme avec douceur. Ah! Bonne, le ciel t'a placée près de moi comme un ange gardien, pour me préserver de moi-même. Fais-moi taire et emporte les liqueurs. Que sommes-nous sans les femmes? des animaux cruels, livrés à de funestes emportements. Mais elles! comme des divinités bienfaisantes, elles veillent sur nous et adoucissent la rudesse de nos âmes! Allons, Bonne, laisse-moi m'attendrir, et verse-moi encore un peu d'anisette.

—Non, mon père, c'est assez, disait la jeune fille; vous avez déjà mal à la gorge.

— O mon enfant! reprenait l'avocat d'une voix plaintive et d'un regard suppliant, refuseras-tu les consolations du dieu de l'Inde et de la Thrace à un vieillard infortuné dont les forces s'éteignent? Vois, ma tête s'affaiblit et se penche vers la tombe, ma voix tremblante se glace dans mon gosier par l'effet de l'âge et du malheur...»

Si, au milieu de ces lamentations élégiaques, un client importun venait interrompre maître Parquet, il bondissait comme un lion sur son fauteuil, et s'écriait d'une voix de stentor :

« Laissez-moi tranquille, laissez-moi jouir de la vie; je vous donne tous au diable! Je ne veux pas entendre parler d'affaires quand je dîne. »

Cependant, si quelque lucrative occasion se présentait, ou s'il s'agissait de rendre service à un ami, maître Parquet revenait à la raison comme par enchantement. Toujours sage dans sa conduite et entendant bien ses intérêts, toujours bon et prêt à se dévouer pour les siens, il passait des fumées du souper aux subtilités de la chicane avec une aisance merveilleuse. Quelques-uns de ceux qui ne le connaissaient qu'à demi le croyaient égoïste, parce qu'ils le voyaient sensuel. Ils ne saisissaient qu'un côté de cet homme richement organisé pour jouir de la vie, jaloux d'associer les autres à son bonheur, et prêt à quitter les douceurs du coin du feu afin d'avoir la volupté d'y revenir, le cœur rempli du témoignage d'une bonne action. C'est ainsi qu'il était épicurien, disait-il gaiement. Il pratiquait en grand la doctrine.

Du reste, quand il avait affaire aux fripons ou aux ladres, c'était le plus fin matois et le plus impitoyable écorcheur qu'eût jamais enfanté son ordre. Autant il se montrait modeste et généreux envers les pauvres, autant il rançonnait les riches. A l'égard des avares, il était sardonique jusqu'à la cruauté. Il avait coutume de dire que l'argent du pauvre n'avait pour lui qu'une mauvaise odeur de cuivre; mais le cuivre même du mauvais riche avait une couleur d'or qui l'affriandait.

Ce n'était donc pas par déférence pour son rang ni par pur esprit d'hospitalité qu'il se faisait l'homme d'affaires et l'aubergiste du comte de Fougères. Sans flatter ses travers, il avait le bon goût de ne point les choquer, et disait tout bas à sa fille que cet homme devait avoir les poches pleines de sequins de Venise, dont il ne lui serait pas désagréable de connaître l'effigie. Bonne, dont le rôle était plus désintéressé, regardait comme un point d'honneur de recevoir convenablement ses hôtes, et surtout de montrer à mademoiselle de Fougères qu'elle possédait à fond la science de l'économie domestique. La candide enfant s'imaginait que, dans toutes les positions de la vie, les soins du ménage sont la gloire la plus brillante de la femme. Mais, hélas, la jeune étrangère ne s'apercevait pas seulement de la manière dont le linge était blanchi et parfumé. Elle n'accordait pas la plus légère marque d'admiration à la cuisson des confitures. Elle se contentait de dire, en prenant la main de Bonne, chaque fois qu'elle lui présentait quelque chose: « C'est bon, c'est bien. On est bien chez vous; vous êtes bonne comme un ange; » et la fille de l'avoué, étonnée de ce ton brusque et affectueux, ne pouvait s'empêcher d'aimer l'Italienne, bien qu'elle renversât toutes ses notions sur l'idéal de la sympathie.

M. Parquet, ayant appris, de la bouche de M. de Fougères, sa rencontre et sa connaissance avec Simon Féline, voulut, moins pour faire honneur à son hôte que pour se désennuyer d'une société qui le gênait un peu, aller chercher son voisin et le faire souper chez lui; mais il ne put y déterminer Simon. Le jeune républicain eût trop craint de paraître rechercher la faveur du puissant.

« Je sais que le seigneur est affable, répondit-il aux instances de Parquet, mais je sens que j'aurais de la peine à l'être autant que lui; et n'étant pas disposé à lui accorder une dose de bienveillance égale à celle qu'il me jette à la tête, je crois qu'il est bon que nos relations en restent là. »

Parquet fut obligé d'aller dire à M. de Fougères que son jeune ami, fatigué d'avoir chassé tout le jour, était déjà couché et endormi. On se mit à table; mais, malgré les soins que l'on avait pris pour cacher l'arrivée du comte, il n'était pas possible qu'un aussi grand événement fût ignoré tout un soir, et une députation de villageois, ayant en tête le garde champêtre, orateur fort remarquable, se présenta à la porte et frappa de manière à l'enfoncer jusqu'à ce qu'on eût pris le parti de capituler et d'écouter le compliment. Après ceux-là arriva une seconde bande avec les violons, la cornemuse et les coups de pistolet; puis un chœur de dindonnières qui chanta faux une ballade en quatre-vingt-dix couplets dans le dialecte barbare du pays, et présenta des bouquets à mademoiselle de Fougères. Enfin, l'arrière-garde des polissons et des goujats, qui s'attendaient bien à prendre la truelle pour recrépir le vieux château, ferma la marche avec des brandons, des pétards et des cris de joie à faire dresser les cheveux sur la tête. Par émulation, le sacristain courut sonner les cloches, tous les chiens du village se mirent à pousser des hurlements affreux auxquels répondirent du fond des bois tous les loups de la montagne. Jamais, de mémoire d'homme, on n'avait entendu un pareil vacarme dans le vallon de Fougères. En vain le comte supplia qu'on lui épargnât ces honneurs; en vain le procureur furieux menaça de faire jouer la pompe-arrosoir de son jardin sur les récalcitrants; en vain les deux demoiselles se barricadèrent dans leur chambre pour échapper au bruit et à l'ennui de ces adorations. On vit dans cette mémorable soirée combien l'amour des peuples est ardent pour ses maîtres quand il ne les connaît pas. Les pétards, le désordre et les chants se prolongèrent bien avant dans la nuit. Le comte avait donné de l'argent qu'on alla boire au cabaret. Personne ne put dormir dans le village. La mère Féline en eut un peu de mécontentement, et Simon en témoigna beaucoup d'humeur.

Simon se leva au point du jour et alla chercher, dans les retraites les plus désertes des ravins, le repos et le silence que la présence des étrangers avait chassés du village. Dans ses rêves de philosophie poétique, l'état rustique lui avait toujours semblé le plus pur et le plus agréable à Dieu; lorsque, dans les villes, il avait été choqué des désordres et de la corruption des hommes civilisés, il avait aimé à reporter sa pensée sur ces paisibles habitants de la campagne, sur ce peuple de pâtres et de laboureurs qu'il voyait au travers de Virgile et de la magie des souvenirs de l'enfance. Mais à mesure qu'il avait avancé dans les réalités de la vie, de vives souffrances s'étaient fait sentir. Il voyait maintenant que, là comme ailleurs, l'homme de bien était une exception, que les turpitudes que l'on ne pouvait commettre faute de moyens d'exécution étaient effectivement les seules qu'on ne commît pas; que ces hommes grossiers n'étaient pas des hommes simples, et que cette vie de frugalité n'était pas une vie de tempérance. Il en était vivement affecté, et par instants sa douleur tournait à la colère et à la misanthropie.

C'est une crise grave, une épreuve terrible dans la destinée d'un jeune homme, que cette époque de transition entre les beaux rêves de l'adolescence contemplative et les expériences tristes de la vie d'action! Presque tous ceux qui la subissent y succombent. Il faut une âme forte et riche en générosité pour résister au découragement qui naît de la déception. Les esprits faibles, en pareille occasion, se dégradent et se corrompent; les imaginations vives et superbes s'endurcissent et se dessèchent. Il n'appartient qu'aux hommes d'intelligence et de cœur de résister à la tentation qu'ils éprouvent de haïr ou d'imiter la foule, au besoin de se détacher de l'humanité par le mépris, ou de se laisser choir à son niveau par l'abrutissement. Simon sentit qu'il fallait combattre de toute sa force l'amertume empoisonnée de ce calice. Son organisation ardente lui eût ouvert assez volontiers l'accès du vice; son intelligence élevée lui eût également suggéré le dédain de ses semblables. Sa perte était imminente, car il était de ces hommes qui ne peuvent se perdre à demi. Il n'avait pas à choisir entre le rôle de la sensualité qui se vautre dans le bourbier et celui de la raison orgueilleuse qui s'en prend à Dieu et aux hommes de sa chute. Il lui fallait jouer ces deux rôles à la fois, sans pouvoir abjurer une des deux faces de son être. Heureusement, il en possédait une troisième, la bonté du cœur, le besoin d'amour et de pitié. Celle-là l'emporta. C'est elle qui lui fit verser des larmes abondantes au fond des bois, et qui lui donna la force d'y rester pour ne pas voir la sottise et l'avilissement de ses concitoyens, pour n'être pas tenté de maudire ce qu'il ne pouvait empêcher.

Il prit le parti d'aller voir un parent qui demeurait

dans la montagne. Il fit ce voyage à pied, le long des ravins, lits desséchés des torrents d'hiver. Il resta plusieurs jours absent, et, quand il revint au village, M. de Fougères était parti. Depuis cette époque jusqu'au printemps suivant, le comte habita la ville. Il y loua une maison et y reçut toute la province. Il trouva la même servilité dans toutes les classes. Il était riche, sagement honorable, et, pour des dîners de province, ses dîners ne manquaient pas de mérite. Il était en outre assez bien en cour pour faire obtenir de petits emplois à des gens incapables, ou pour prévenir des destitutions méritées par l'inconduite. Les créatures servent mieux la vanité que les amis. M. de Fougères put bientôt jouir d'un grand crédit et de ce qu'on appelle l'estime générale, c'est-à-dire l'instinct de solidarité dans les intérêts bourgeois. Dès le lendemain de son arrivée à Fougères, il avait mis les ouvriers en besogne. Comme par esprit de représailles, la maison blanche des frères Mathieu avait été convertie en grange, et les greniers à blé du château redevenaient des salles de plaisance. Les grosses réparations furent peu considérables; la carcasse du vieux donjon était solide et saine. Les maçons furent employés à relever les tourelles qui pouvaient encore servir de communs autour du préau, à déblayer les ruines qui gênaient, à rétrécir et à régulariser autant que possible l'ancienne enceinte. Avec tous ces soins on réussit à faire du château un logis assez laid, fort incommode encore, très-froid, mais vaste, et meublé avec une richesse apparente. Comme on vit passer beaucoup de dorures et d'étoffes hautes en couleur, on ne manqua pas de dire d'abord que M. de Fougères déployait un luxe éblouissant; mais un connaisseur eût facilement reconnu que, dans tous ces objets de parade, il n'y avait aucune valeur réelle. M. de Fougères tenait, dans ses choix, le milieu entre l'ostentation des anciens nobles et l'économie du marchand d'épices. Il eut pendant ce semestre une vie très-agitée et qui semblait convenir exclusivement à ses habitudes de tracasserie commerciale. Il allait de Paris à Guéret, de Limoges à Fougères, avec autant de facilité que ses ancêtres eussent été de leur chambre à coucher à la tribune de leur chapelle. Il achetait, il revendait, il spéculait sur tout; il étonnait ses fournisseurs par sa finesse, sa mémoire et sa ponctualité dans les plus petites choses. On s'aperçut bientôt dans le pays qu'il n'y avait pas tant à gagner avec lui qu'on se l'était imaginé. Il était impossible de le tromper; et quand il avait supputé à un centime près la valeur d'un objet, il déclarait généreusement que le gain du marchand devait être de *tant*. Ce *tant*, tout équitable qu'il était, la plume à la main, était si peu de chose au prix de ce qu'on avait espéré arracher de sa vanité, qu'on était fort mécontent. Mais on n'osait pas le dire : car on voyait bien que le comte était encore généreux (retiré des affaires comme il l'était) de discuter tout bas les secrets du métier et de ne pas les révéler à ses pareils. A ces vexations honnêtes, il joignait les formes d'une obséquieuse politesse contractée en Italie, le pays des révérences et des belles paroles. Les mauvais plaisants de l'endroit prétendaient que lorsqu'on allait lui rendre visite, dans la précipitation avec laquelle il offrait une chaise et sa protection, il lui arrivait souvent encore de faire à la hâte un cornet de papier pour présenter la cannelle ou la cassonade qu'il était habitué à débiter. Du reste, on le disait bon homme, serviable, incapable d'un mauvais procédé. On avait espéré trouver en lui un supérieur avec tous les avantages *y attachés*. Il fallait bien se contenter de n'avoir affaire qu'à un égal. Les ouvriers de Fougères employés à la journée étaient les plus satisfaits; ils étaient surveillés de près, à la vérité, par des agents sévères, mais ils avaient leurs deux sous d'augmentation de salaire, et chaque fois que le comte venait donner un coup d'œil aux travaux, ils avaient copieusement pour boire. Il eût pu avoir tous les vices, on l'eût porté en triomphe s'il l'eût voulu.

Quant à mademoiselle de Fougères, on n'en disait absolument rien, sinon que c'était une très-belle personne, ne parlant pas français. On attribuait à cette ignorance de la langue sa réserve et son absence de liaison avec les femmes du pays. Cependant quelques beaux esprits, qui prétendaient savoir l'italien, ayant essayé de lier conversation avec elle, ne l'avaient pas trouvée moins laconique dans ses réponses. M. de Fougères, qui semblait inquiet lorsqu'on parlait à sa fille, non de ce qu'on lui disait, mais de ce qu'elle allait répondre, cherchait à pallier la sécheresse de ses manières en disant aux uns qu'elle était fort timide et craignait de faire des fautes de français ; aux autres, qu'elle n'était pas habituée à parler l'italien, mais le dialecte de Venise et de Trieste.

Simon, pressé par M. Parquet de faire son début au barreau, s'en abstint pendant tout l'hiver. Ce ne fut chez lui ni l'effet de la paresse ni celui du dégoût. Le métier d'avocat lui inspirait, il est vrai, une extrême répugnance, mais il ne voulait pas se soustraire à la tâche pénible de la vie. Aux heures où les flatteries de l'ambition faisaient place au spectacle de la nécessité aride, quand cette montagne d'ennuis et de misères s'élevait entre lui et le but inconnu et chimérique peut-être de ses vagues désirs, il se raidissait contre la difficulté et comparait sa destinée au calvaire que tout homme de bien doit gravir courageusement, sans se demander si le terme du voyage sera le ciel ou la croix, la potence ou l'immortalité.

Le retard qu'il voulait apporter à ses débuts ne fut

fondé d'abord que sur le besoin de repos physique et intellectuel, puis sur la crainte de n'être pas suffisamment éclairé touchant les devoirs de sa nouvelle profession. Il avait jusque-là étudié la lettre des lois ; maintenant il en voulait pénétrer l'esprit, afin de l'observer ou de le combattre, selon qu'il conviendrait à sa conscience et à sa raison de le faire. Enfermé dans sa cabane, durant les soirs d'hiver, avec les livres poudreux que lui prêtait M. Parquet, il lisait quelques pages et méditait durant de longues heures. Son imagination se détournait bien souvent de la voie et faisait de fougueux écarts dans les espaces de la pensée. Mais ces excursions ne sont jamais sans fruit pour une grande intelligence : elle y va en écolier, elle en revient en conquérant. Simon pensait qu'il y a bien des manières d'être orateur, et que, malgré les systèmes arrêtés de M. Parquet sur la forme et sur le fond, chaque homme doué de la parole a en soi ses moyens de conviction et ses éléments de puissance propres à lui-même. Ennemi-né des discussions inutiles, il écoutait les leçons et les préceptes de son vieil ami avec le respect de la jeunesse et de l'affection ; mais il notait, dans le secret de sa raison, les objections qu'il eût faites à un disciple, et renfermait le secret de sa supériorité autant par prudence que par modestie. Une seule fois, il s'était laissé aller à discuter un point de droit public, et Parquet, frappé de la hardiesse de ses opinions, s'était écrié : « Diable ! mon cher ami, quand on pense ainsi, il ne faut pas le dire trop tôt. Avant de faire le législateur, il faut se résoudre à être légiste. Si un homme célèbre se permet de censurer la loi, on l'écoute ; mais si un enfant comme vous s'en avise, on se moque de lui.

—Vous avez raison, » répondit Simon ; et il se tut aussitôt.

Cependant, décidé à ne pas suivre une routine pour

laquelle il ne se sentait pas fait, il voulait se laisser mûrir autant que possible. Rien ne le pressait plus de se lancer dans la carrière, maintenant qu'il était reçu avocat, qu'il n'avait plus de dépense à faire, et qu'il était sûr de s'acquitter quand il voudrait. D'ailleurs, il travaillait à faire des extraits, des recherches et des analyses, pour aider M. Parquet dans son travail, et celui-ci s'en trouvait si bien qu'il était obligé de faire un effort de générosité et de désintéressement pour l'engager à travailler pour son propre compte.

Durant cet hiver, qui fut assez doux pour le climat, Simon eut soin d'éviter la rencontre du comte de Fougères. Malgré les prévenances dont l'accablait ce gentilhomme, il ne sentait aucune sympathie pour lui. Il y avait dans son extérieur une absence de dignité qui le choquait plus que n'eût fait la morgue seigneuriale d'un vrai patricien. Il lui semblait toujours voir, dans les concessions libérales de son langage et dans la politesse insinuante de ses manières, la peur d'être maltraité dans une nouvelle révolution et d'être forcé de retourner à son comptoir de Trieste.

Mademoiselle de Fougères menait une vie assez étrange pour une jeune personne. Elle semblait aimer la solitude passionnément, ou goûter fort peu la société de la province. Du moins elle ne paraissait dans le salon de son père que le temps strictement nécessaire pour en faire les honneurs, ce dont elle s'acquittait avec une politesse froide et silencieuse. Elle n'accompagnait pas son père dans ses fréquents voyages, et restait enfermée dans sa chambre avec des livres, ou montait à cheval, escortée d'un seul domestique. Quelquefois elle venait à Fougères faire une visite à mademoiselle Parquet, ou donner un coup d'œil rapide aux travaux du château. Il lui arrivait parfois alors de sortir avec Bonne pour faire une promenade à pied dans la montagne, ou même de s'enfoncer dans les ravins, à cheval et entièrement seule.

Simon, qui, malgré le froid et les glaces, continuait son genre de vie errante et rêveuse, la rencontra quelquefois dans les lieux les plus déserts, tantôt galopant sur le bord du torrent avec une hardiesse téméraire, tantôt immobile sur un rocher, tandis que son cheval fumant cherchait, sous le givre, quelques brins d'herbe aux environs. Lorsqu'elle était surprise dans ses méditations, elle se levait précipitamment, appelait son cheval, qu'elle avait dressé comme un chien à venir au nom de *Sauvage*, lui ordonnait de se tendre sur les jambes afin qu'elle pût atteindre à l'étrier sans le secours de personne, et, se lançant au milieu des rochers ou sur le versant glacé des collines, elle disparaissait avec la rapidité d'une flèche. Ces rencontres avaient un caractère romanesque qui plaisait à Simon, quoiqu'il n'y attachât pas plus d'importance que ces petits incidents ne méritaient.

Cependant, malgré le sentiment d'orgueil qui l'empêchait de s'abandonner à l'attrait d'une beauté placée hors de sa sphère, et destinée sans doute à n'avoir jamais pour lui qu'un dédain insolent s'il essayait de franchir la ligne chimérique qui les séparait, Simon ne pouvait défendre son imagination d'accueillir un peu trop obstinément l'image de cette personne fantastique. C'était une si belle créature, que tout être doué de poésie devait lui rendre hommage, au moins un hommage d'artiste, calme, désintéressé, sincère ; et Simon était plus poëte et plus artiste qu'il ne croyait l'être.

Peu à peu cette image devint si importune, qu'il désira s'en débarrasser, et appeler à son secours l'impression pénible qu'elle lui avait faite au premier abord. Il chercha un motif d'antipathie à lui opposer et fit des questions sur son compte, afin d'entendre répéter qu'elle semblait hautaine et froide. En outre, on blâmait beaucoup dans le pays ses courses à cheval et son genre de vie solitaire. En province, tout ce qui est excentrique est criminel. Cependant l'attrait de curiosité qui, chez Simon, se cachait sous ses efforts d'aversion, ne fut pas satisfait par les réponses vagues qu'il obtint. Il se résolut à presser de questions mademoiselle Bonne, qui seule semblait connaître un peu l'étrangère. Jusque-là, Bonne avait détourné la conversation lorsqu'il s'était agi de sa mystérieuse amie; mais, lorsque Simon insista, elle lui répondit avec un peu d'humeur :

« Cela ne vous regarde pas. Quel que soit le caractère de mademoiselle de Fougères, il ne lui plaît pas apparemment qu'on le juge, puisqu'elle ne le montre pas. Elle m'a priée, une fois pour toutes, de ne jamais redire à personne un mot de nos conversations, quelque puériles et indifférentes qu'elles pussent être. Il y a bien des choses dans son caractère que je ne comprends pas; elle a beaucoup plus d'esprit que moi. Qu'il vous suffise de savoir que c'est une personne que j'estime et que j'aime de toute mon âme. »

Simon essaya de la faire parler en piquant son amour-propre. « Si vous voulez que je vous dise ma pensée, chère voisine, reprit-il, vous saurez que je doute fort de votre intimité avec mademoiselle de Fougères. Je croirais presque qu'il y a de votre part un peu de vanité, je ne dis pas à être liée avec notre future châtelaine, mais à être la seule confidente d'une personne si réservée dans sa conduite et dans ses paroles. D'abord, permettez-moi de vous demander en quelle langue s'expriment ces épanchements de vos âmes, car mademoiselle de Fougères ne sait pas, à ce que l'on dit, assembler trois phrases de la nôtre. »

Mais cet artifice ne réussit point. Bonne se prit à sourire et lui répondit : « Êtes-vous bien sûr que je ne sache pas l'italien ? » Il fut impossible d'en obtenir autre chose.

VI.

Par une belle matinée du printemps de 1825, Simon étant sorti avec son fusil donna la chasse à un de ces milans de forte race qu'on trouve dans la Marche. Cousins germains de l'aigle, presque aussi grands que lui, ils en ont le courage et l'intelligence. Les enfants qui peuvent s'en emparer dans le nid les élèvent et les habituent à chasser les souris de la maison. Ils deviennent très-familiers et très-doux. J'en ai vu un qui prenait très-délicatement des mouches sur le visage d'un enfant endormi, en l'effleurant de ce bec terrible dont il déchirait les lapereaux et les couleuvres.

Simon, ayant cru blesser légèrement sa proie, la vit s'éloigner et se perdre, et continua sa promenade. Au bout de quelques heures, il repassa par la même gorge; et comme il pensait à tout autre chose, il vit tout à coup mademoiselle de Fougères qui descendait précipitamment la colline au-dessus de lui, en lui criant : « Arrêtez-le, arrêtez-le ! il est à vos pieds ! » Il crut qu'elle avait laissé échapper son cheval et se pencha sur le ravin pour le chercher; mais il n'aperçut rien, et, reportant ses regards sur mademoiselle de Fougères, il vit qu'elle venait à lui en courant toujours, et qu'elle avait les mains et la figure ensanglantées. Soit l'effet de la compassion qu'éprouve un noble cœur à l'aspect de la souffrance, soit la douleur de voir une si belle créature en cet état, Simon fut surpris d'une angoisse inexprimable en pensant qu'elle venait de faire une chute de cheval. Il s'élança vers elle pour la secourir; mais son visage n'exprimait point la souffrance : elle avait le teint animé d'un éclat que Simon ne lui avait pas encore vu, et, riant d'un rire juvénile, elle lui montrait une touffe de bruyères vers laquelle elle se hâtait d'arriver en criant : « Il est là ! courez donc dessus ! » Avant que Simon eût pu comprendre de quoi il s'agissait, elle s'élança sur sa proie et jeta dessus son écharpe de soie, que l'oiseau mit en pièces en se débattant. C'était le milan royal que Simon avait démonté le matin, et qu'il avait perdu. Il se hâta de faire cesser le combat furieux qu'il livrait à la jeune amazone, et dans lequel tous deux montraient un courage et un acharnement singuliers ; l'oiseau, renversé sur le dos, se défendait avec désespoir des ongles et du bec ; la jeune fille, malgré les blessures qu'elle recevait, s'obstinait à le saisir et semblait résolue à se laisser déchirer plutôt que de renoncer à sa conquête. Simon le vainquit, lui lia les pieds avec sa cravate, et, le prenant par le bec, le présenta à mademoiselle de Fougères. Accablée de fatigue, elle s'était jetée sur la bruyère, et son cœur palpitait si fort que Simon en pouvait distinguer les battements ; elle était déjà redevenue pâle. Simon jeta le milan à ses pieds, et, s'agenouillant près d'elle avec vivacité, lui demanda si elle était grièvement blessée.

« Je n'en sais rien, répondit-elle, je ne crois pas.

— Mais vous êtes couverte de sang !

— Bah ! c'est le sang de cette bête rebelle.

— Je vous assure qu'elle vous a déchirée ; vos gants sont en lambeaux. »

Sans attendre sa réponse, il lui prit la main, et, lui retirant ses gants avec précaution, il vit qu'elle avait reçu des entailles profondes.

— Vous voyez que c'est bien votre sang, lui dit-il d'une voix émue et cherchant à l'étancher.

— Bon ! dit-elle, je ne m'en suis pas aperçue. Je voulais l'avoir et je le tiens.

— Mais vous souffrez; vous êtes pâle.

— Non, je suis essoufflée.

— Vous êtes blessée au visage.

— Oh! vraiment? le combat aurait-il été si acharné? Eh bien! c'est bon; je suis d'autant plus fière de la victoire, quoique, après tout, c'est à vous que je la dois. Je l'avais saisi trois fois, trois fois il m'a échappé. Je ne sais ce qui serait arrivé si je ne vous eusse pas rencontré. Maintenant, il faut voir s'il est blessé mortellement. J'espère que non.

— Il faudrait voir d'abord si vous n'êtes pas blessée vous-même auprès de l'œil. Voulez-vous descendre jusqu'au ruisseau?

— Bah! ce n'est pas nécessaire. Je ne sens aucun mal.

— Mais ce n'est pas une raison; venez, je vous en supplie. Je vous aiderai à descendre; je porterai ce vilain animal, qui mériterait bien que je lui tordisse le cou.

— Oh! ne vous avisez pas de cela, s'écria la jeune fille; j'ai payé sa conquête de mon sang : j'y tiens. »

Elle se laissa emmener au bord du ruisseau. Près de son lit, un rocher à pic s'élevait de quelques pieds au-dessus du sable. Simon voulut aider la chasseresse à le franchir; mais, dédaignant de poser sa main dans la sienne, elle sauta avec l'agilité superbe d'une nymphe de Diane. Elle était si belle de courage et de gaieté, que Simon lui pardonna le reste de fierté que conservaient jusque-là ses manières. Peut-être même trouva-t-il en cet instant que c'était chez elle un attrait de plus. Son âme était trop ardente pour ne pas s'élancer tout entière vers cette noble création; il était comme hors de lui-même et ne songeait pas seulement à s'expliquer le désordre de ses esprits. Lui, dont les émotions avaient toujours été si concentrées et les manières si graves que sa mère

elle-même en obtenait rarement un baiser, il se sentait
prêt maintenant à entourer cette jeune fille de ses bras
et à la presser contre son cœur, non avec le trouble
d'un désir amoureux (il était loin d'y songer), mais
avec l'effusion d'une tendresse fraternelle pour un enfant
blessé ; c'était un caractère trop impétueux, un cœur
trop chaste pour subir la contrainte d'une vaine timidité
ou pour accepter celle des préjugés, lorsqu'il était vivement ému. Il prit le mouchoir de mademoiselle de Fougères, le trempa dans l'eau, et se mit à lui laver les tempes avec tant de soin, d'affection et de simplicité, qu'elle,
à son tour, sentit sa méfiance et sa rudesse habituelles
céder à l'ascendant d'une irrésistible sympathie. « Dieu
merci ! vous n'êtes pas blessée au visage, lui dit-il avec
attendrissement ; c'est avec ses ailes ensanglantées que
l'insensé vous aura fait ces taches ; mais vos mains !
laissez-les tremper dans l'eau... laissez-moi les voir... il
y a vraiment beaucoup de mal !... » Et Simon, qui avait
la vue courte, se baissant pour les regarder, en approcha
ses lèvres avec un entraînement incroyable. Mademoiselle
de Fougères retira brusquement ses mains et fixa sur
lui ce regard sévère qui l'avait choqué à la première
rencontre. Mais cette fois il trouva sa fierté légitime ; ses
yeux lui firent une réponse si amicale, si franche et si
persuasive, qu'elle s'adoucit tout à coup ; elle reprit confiance, et lui dit d'un air gai :

« Vous avez du sang sur les lèvres, et savez-vous bien
quel sang ?

— C'est du sang aristocratique, répondit Simon, mais
c'est le vôtre.

— C'est du sang noble, Monsieur, reprit l'Italienne
avec hauteur ; c'est du pur sang républicain. Êtes-vous
digne de porter un pareil cachet sur la bouche ?

— Juste ciel ! s'écria Simon en se levant, si je n'en

suis pas digne encore par mes actions, je le suis par mes sentiments ; mais, ajouta-t-il en retombant à genoux près d'elle, vous vous moquez de moi, vous n'êtes pas républicaine ; vous ne pouvez pas l'être.

— Apprenez, répondit-elle, que je suis d'un pays où on ne peut pas cesser de l'être à moins de se dégrader. Notre république a duré plus que celle de Rome, et ce n'est que d'hier que nous sommes esclaves ; mais sachez que nous savons haïr nos tyrans, nous autres. Un Vénitien, à moins d'avoir abjuré sa patrie, ne baiserait pas la main d'une Allemande, tandis que vous êtes à genoux près de moi, que vous croyez monarchique.

— Je sais que vous êtes belle comme un ange et brave comme un lion, et à présent que je vous sais républicaine, je baiserais vos pieds si vous me le permettiez.

— Vous êtes forts en beaux discours sur la liberté, vous autres, reprit-elle ; mais nous avons un proverbe que vous devez comprendre : *Più fatti che parole*. A l'heure qu'il est nous sommes sous le joug, et on nous croit écrasés parce que nous le portons en silence ; mais on ne sait pas ce que sera notre réveil quand l'heure sera venue.

— Je crains qu'elle n'arrive pas plus tôt pour vous que pour nous, répondit Simon ; si toutes les âmes italiennes étaient aussi courageuses que la vôtre, si tous les cœurs français étaient aussi convaincus que le mien, nous ne subirions pas la honte des lois étrangères.

— Espérons des jours meilleurs, dit Fiamma ; mais ce n'est pas le moment de parler politique. Pourquoi ne venez-vous pas chez mon père ?

— Mais, dit Simon un peu embarrassé, je n'ai pas l'honneur de le connaître.

— Il vous a engagé plusieurs fois, je le sais ; pourquoi avez-vous refusé ?

— Vous savez combien mes opinions diffèrent des siennes, et vous me le demandez?

— Mon père n'a point d'opinions politiques, répondit brusquement Fiamma ; et, à cause de cela, il serait désobligeant autant qu'inutile de discuter avec lui. C'est un homme très-doux et très-poli, et si les gens de bien ne s'éloignaient pas de lui à cause de ses prétendues opinions, il ne serait pas réduit à remplir son salon de cette canaille qui s'y traîne à genoux.

— Vous parlez bien durement de vos courtisans, dit Simon ; si votre père les accueillait avec une franchise aussi rude, j'ai peine à croire qu'ils fussent aussi empressés à lui rendre hommage.

— Sans doute, si mon père avait assez de force pour comprendre ses véritables intérêts et sa véritable dignité, il aurait en France un beau rôle à jouer. Mais votre noblesse française est démoralisée ; vous l'avez si maltraitée qu'elle ne sait plus ce qu'elle fait. Ce n'est pas ainsi que nous agissons et que nous pensons chez nous. Le peuple n'a qu'un ennemi : l'étranger ; ses vieux nobles sont les capitaines qu'il choisirait si le temps était venu de marcher au combat. Nous sommes familiers avec le peuple, nous autres ; nous savons qu'il nous aime, et il sait que nous ne le craignons pas. Ce n'est pas lui qui a profité de nos dépouilles ; ce n'est pas lui qui voudrait en profiter, si on pouvait nous dépouiller encore. Mais nous sommes ruinés, et nous n'en valons que mieux ; je suis convaincue qu'il n'est pas bon de faire fortune, et j'ai vu souvent perdre en mérite ce qu'on gagnait en argent. Restez donc pauvre le plus longtemps que vous pourrez, monsieur Féline, et ne vous pressez pas de faire servir votre intelligence à votre bien-être.

— C'est ce dont on ne manquerait pas de m'accuser si je me montrais chez votre père dans la société de ceux qui y vont, répondit Simon, et je suis malheureux de vous connaître à présent; car j'aurai souvent la tentation de m'exposer au blâme de ceux qui pensent bien.

— Si cela doit être, il faut résister à la tentation, reprit la jeune fille avec l'air grave et assuré qui lui était habituel; mais dans peu de jours nous serons installés à Fougères, et je pense bien que vous pourrez nous voir sans vous compromettre. J'espère que mon père se réservera chaque semaine des jours de liberté, où les gens de cœur pourront l'aborder sans coudoyer les valets de l'administration. Du moins j'y travaillerai de tout mon pouvoir. Maintenant occupons-nous de ma capture; il faut que vous lui rendiez le même service qu'à moi, et que vous examiniez ses plaies. »

Simon obéit, soigna le captif blessé, et procéda sur-le-champ à l'amputation de l'aile brisée; après quoi il l'enveloppa d'un linge humide et se chargea de le soigner, s'engageant sur l'honneur à le porter lui-même au château dès qu'il serait guéri et apprivoisé.

« Ce n'est pas tout, lui dit-elle; vous allez m'aider à chercher mon cheval, que j'ai abandonné dans le bois.

— Je cours le chercher, et je vous l'amènerai ici, répondit Simon.

— Non pas, dit Fiamma en souriant; selon vos coutumes et vos idées françaises, je suis votre ennemie; vous ne devez pas me servir.

— Selon mon cœur et selon ma raison, je suis votre ami le plus respectueux et le plus dévoué, répondit Simon. Dites-moi de quel côté vous avez laissé Sauvage.

— Vous savez son nom? dit-elle en souriant; allons-y ensemble. Il n'obéit qu'à ma voix ou à celle de mon serviteur; et puisque vous êtes mon ami...

— Je suis à la fois l'un et l'autre, reprit Simon. Voulez-vous prendre mon bras?

— Ce n'est pas la coutume de mon pays, répondit Fiamma. Chez nous, les femmes n'ont pas besoin de s'appuyer sur un défenseur. Le peuple ne les coudoie pas. Nous sortons seules et à toute heure. Personne ne nous insulte. On nous respecte parce qu'on nous aime. Ici, on ne nous distingue des hommes que pour nous opprimer ou nous railler. C'est un méchant pays que votre France. J'espère que vous valez mieux qu'elle.

— Faites une révolution en Italie, répondit Simon, et j'irai m'y faire tuer sous vos drapeaux. »

Tout en parlant ainsi ils arrivèrent à la lisière du bois. Fiamma appela son cheval à plusieurs reprises, et bientôt il fit entendre le bruit de son sabot sur les cailloux. Comme elle avait les mains empaquetées, Simon l'aida à monter et la conduisit jusqu'à l'entrée du vallon en tenant Sauvage par la bride. Chemin faisant, ils échangèrent, en peu de paroles, les confidences de toute leur vie. C'était une histoire bien courte et bien pure de part et d'autre. Ils étaient du même âge. Fiamma avait chéri sa mère comme Féline chérissait la sienne. Depuis qu'elle l'avait perdue, elle avait vécu à la campagne dans une villa que son père avait achetée entre les bords de l'Adriatique et le pied des Alpes. Là, Fiamma s'était habituée à une vie active, aventureuse et guerrière, tantôt chassant l'ours et le chamois dans les montagnes, tantôt bravant la tempête sur mer dans une barque, et toujours se nourrissant de l'idée romanesque qu'un jour peut-être elle pourrait faire la guerre de partisan dans ces contrées dont elle connaissait tous les sentiers. L'absence de M. de Fougères, qui était venu en France pour racheter ses terres, l'avait laissée maîtresse de ses actions, et son indépendance naturelle avait pris un dévelopement qu'il n'était plus possible de restreindre. Cependant le respect qu'elle avait pour son père était seul capable de lui dicter des lois; elle avait obéi à ses ordres en quittant l'Italie avec une gouvernante. Après peu de mois de séjour à Paris, elle était venue s'établir à Guéret, en attendant qu'elle s'établît à Fougères.

« Il me tarde que cela soit fait, dit-elle en achevant son récit. Puisqu'il faut abandonner ma patrie, j'aime mieux vivre dans ce vallon sauvage, qui me rappelle certains sites à l'entrée de mes Alpes chéries, que dans vos villes prosaïques et dans ce pandémonium sans physionomie et sans caractère que vous appelez votre capitale, et que vous devriez appeler votre peste, votre abîme et votre fléau. Maintenant, adieu; je vous prie d'appeler notre milan *Italia*, de ne pas oublier que nous en avons fait la conquête ensemble et d'en avoir bien soin. Si quelqu'un vous parle de moi, dites que je ne sais pas deux mots de français; je ne me soucie pas de parler avec tous ces laquais de la royauté qui ont baisé le knout des Cosaques et le bâton des caporaux schlagueurs de l'Autriche.

— Laissez-moi baiser le sabot de votre cheval, dit Simon en riant; c'est une noble créature qui n'obéit qu'à vous.

— Et qui ne m'obéit que par amitié, reprit Fiamma. Mais ne touchez pas à son sabot, et donnez-moi une poignée de main : *E viva la libertà!* »

Elle lui tendit sa main qui saignait encore, et entra dans le vallon au galop. Simon baisa encore ce sang généreux et essuya ses doigts à nu sur sa poitrine. Puis il alla s'enfermer dans sa chambre, et, jetant sa tête dans ses mains, il resta éveillé jusqu'au matin dans un état d'ivresse impossible à décrire.

VII.

Simon demeura plus de vingt-quatre heures sous le charme de cette aventure. Aucune réflexion fâcheuse ne pouvait trouver place au milieu de son enivrement. Les âmes les plus fortes sont les plus spontanément vaincues et les plus complétement envahies par une passion digne d'elles. En elles, rien ne résiste, rien ne se défend de l'enthousiasme, parce que leur premier besoin est de chérir et d'admirer. Les conseils de la prudence et de l'intérêt personnel sont étouffés par ce besoin d'amour et de dévouement qui les déborde.

Mais, après les élans de la joie et le sentiment de l'adoration, Simon sentit le besoin de renouveler cette pure jouissance à la source qui l'avait produite. Il lui fallait revoir mademoiselle de Fougères; tout ce qui n'était pas elle n'existait plus. La tendresse que sa mère lui avait uniquement et exclusivement inspirée jusque-là s'affaiblissait elle-même sous les tressaillements convulsifs de son cœur impatient. Il s'effraya des ravages de cet incendie, sans penser d'abord à l'éteindre; mais plusieurs jours écoulés sans revoir Fiamma portèrent son désir à un tel point d'angoisse et de souffrance qu'il sentit la nécessité de le combattre.

Simon ne s'était pas beaucoup inquiété jusque-là de ce qu'il éprouvait. Il n'avait pas encore aimé, il ne savait pas à quel ennemi il avait affaire; il s'imaginait qu'il triompherait dès qu'il serait bien résolu à triompher, dès qu'il lui serait prouvé que les souffrances de cet amour l'emportaient sur les joies. Cet instant venu, il appela la réflexion à son secours. Il se demanda sur quelle certitude était fondée cette admiration extatique qui absorbait toutes ses pensés, quel lien durable quelques paroles échangées avec cette jeune fille pouvaient avoir cimenté. En quoi s'était-elle montrée grande, forte, magnanime, brave, sincère? Qu'avait-il vu? une lutte enfantine avec un oiseau de proie, et l'ardeur romanesque d'une jeune tête pour des idées généreuses dont l'application serait peut-être au-dessus de la portée de son caractère.

Mais, hélas! toutes les réflexions de Simon manquèrent leur but, et ses armes tournèrent leur pointe contre son cœur. Plus il y songeait, plus Fiamma se trouvait digne de son enthousiasme. Ce n'était pas un enfant, la femme qui se condamnait au silence et à la feinte depuis six mois plutôt que d'échanger ses nobles pensées avec des êtres indignes de la comprendre; et ce qu'aucune adulation n'avait pu obtenir de sa défiance stoïque, Simon l'avait conquis avec un regard. Profond comme la sagesse et hardi comme la bonne foi, celui de Fiamma avait lu en lui rapidement, et sa langue s'était déliée comme par magie. Elle lui avait dit le secret de son âme, le mystère de sa vie; et elle ne lui avait pas seulement recommandé le silence, tant elle semblait sûre de sa discrétion. Il y avait en elle quelque chose de viril qui semblait fait pour ressentir l'amitié sérieuse et l'estime tranquille. Avec quel dévouement une telle créature n'était-elle pas capable de braver la mort pour une noble cause, elle qui pour un jouet d'enfant se laissait déchirer du bec de l'aigle comme une jeune Spartiate! Enfin, les séductions d'aucune vanité n'étaient capables de l'entraîner, puisqu'elle s'était fait un genre de vie entièrement en dehors de celui que la fortune de son père semblait lui tracer, puisqu'elle fuyait les salons pour les bois, les fades conversations pour la lecture, et les flagorneries d'une petite cour pour l'entretien ingénu de la douce mademoiselle Parquet. Il se demandait comment il n'avait pas compris, dès le premier jour de sa rencontre sur la colline, le feu divin caché sous le voile de cette mystérieuse Isis; comment cette voix généreuse qui avait prononcé avec un accent si ferme le mot d'*honneur* à son oreille n'avait pas éveillé jusqu'au fond de ses entrailles le sentiment d'une fraternité sainte; puis, il se l'expliquait en se disant qu'une femme comme elle était la réalisation d'un si beau rêve qu'en touchant à cette réalité on n'osait pas encore y croire.

Simon ne songea plus à lutter contre son admiration, mais il résolut de s'efforcer à en modérer l'exaltation. Il sentait qu'il lui serait impossible désormais de faire attention à aucune autre femme; mais il se disait que la société ayant posé une barrière insurmontable entre celle-là et lui, il ne devait pas se nourrir d'illusions auprès d'elle. Mademoiselle de Fougères était indépendante par son caractère et par sa position. Elle était majeure, et sa mère, disait-on, lui avait laissé de quoi vivre. Mais Simon eût rougi de rechercher la main d'une riche héritière. Il se disait qu'au premier mot d'amour d'un jeune bachelier, elle devait s'imaginer nécessairement qu'il avait des vues de séduction méprisables. L'idée seule que l'opinion publique eût pu lui attribuer ces sentiments le faisait frémir de colère et de honte. Il prit donc la ferme résolution, au cas même où mademoiselle de Fougères accorderait plus d'attention à son dévouement qu'il n'était raisonnable de s'y attendre, de s'en tenir avec elle aux termes de la plus respectueuse amitié. Pour cela, il ne fallait pas être surpris par ces émotions irrésistibles qui l'avaient dominé auprès d'elle. Simon espéra en avoir la force; mais, pour y parvenir, il se décida à s'éloigner pendant quelque temps des lieux qui lui retraçaient trop vivement cette scène d'enchantement. Il partit pour Nevers, où un étudiant de ses amis, récemment reçu avocat, l'appelait pour fêter son installation.

Pendant ce temps, le comte de Fougères vint prendre possession de sa nouvelle demeure. Les villageois tenaient trop à lui faire payer une sorte de *denier à Dieu* pour lui épargner de nouvelles fêtes et de nouveaux honneurs. Quand il vit que rien ne pouvait l'y soustraire, il s'exécuta noblement et paya une barrique de vin aux chers vassaux, en désirant de tout son cœur que leur vive affection se refroidît un peu à son égard. Ce n'était pas là le moyen. Il fut fêté, chanté, complimenté, aubadé encore une fois de cornemuse, bombardé encore une fois de pétards. Il se comporta en bon prince, donna une quantité exorbitante de poignées de main, leva son chapeau jusque devant les chiens du village, varia à l'infini l'arrangement des mots invariables de ses gracieuses réponses, subit les plus interminables et les plus fatigantes conversations avec une patience évangélique, baisa enfin, comme disait poétiquement M. Parquet, le bas de la robe de la déesse *Incongruité*, et, s'étant fait souverain populaire autant que possible, alla se coucher brisé de fatigue, infecté de miasmes prolétaires, et supputant dans sa cervelle administrative de combien (en raison de ses avances de fonds en affabilité paternelle) il augmenterait le loyer de ceux-ci et diminuerait les gages de ceux-là.

Mademoiselle de Fougères montra un caractère qui fut décidément taxé de hauteur et d'impertinence, en s'enfermant dans sa chambre durant toutes ces pasquinades sentimentales. Elle se rendit invisible, et son père ne put faire plier cette franchise sauvage devant les considérations politiques de sa situation; elle avait une manière muette et respectueuse de lui résister qui le brisait comme une paille, lui, mesquin d'idées, de sentiments et de langage. Il sentait qu'il ne pouvait régner sur cette âme de fer que par la conviction, et que précisément la puissance de conviction lui manquait. Désespérant de corriger sa fille, il prenait le parti de lui permettre de se cacher ou de se taire.

Quelques jours après ces fêtes extraordinaires, la fête patronale du village arriva. M. de Fougères était parti la veille pour une foire de bestiaux dans le Bourbonnais; car, à peine investi de la dignité de châtelain, il était redevenu commerçant. De tous les personnages qui lui avaient témoigné leur zèle, un seul croyait n'avoir pas assez plié le genou devant son nom et devant son titre. C'était le curé, jeune homme sans jugement et sans vraie piété, qui, ayant lu je ne sais quelle chartre ecclésiastique, s'imagina ressusciter une coutume singulière à la première occasion. Le jour de la fête patronale, le sacristain fut dépêché auprès de mademoiselle de Fougères pour la prier de ne pas manquer d'assister à la bénédiction du saint-sacrement. Ce message étonna beaucoup la jeune Italienne. Elle trouva étrange qu'un prêtre s'arrogeât le droit de lui tracer son devoir de cette manière. Néanmoins elle ne crut pas pouvoir se dispenser d'accomplir ce devoir, que son éducation lui rendait sacré. Mais, redoutant quelque embûche dans le genre de celles qu'elle avait su éviter jusque-là, elle ne monta pas à la tribune réservée aux anciens seigneurs de Fougères, tribune placée en évidence à la droite du chœur, et que le curé avait fait décorer à ses frais d'un tapis et de plusieurs fauteuils. Fiamma attendit que les vêpres fussent commencées, et, se glissant dans l'église sous le costume le plus simple, elle se mêla à la foule des femmes qui, dans ces campagnes, s'agenouillent sur le pavé de l'église. Elle détestait les adulations faites à une classe quelconque, mais elle pensait que devant Dieu elle ne pouvait se courber avec trop d'humilité.

C'est en vain qu'elle espérait échapper au regard investigateur du curé ou à celui du sacristain qui était chargé de la découvrir. L'église était fort petite, et l'usage du pays veut que toutes les femmes soient séparées des hommes et rassemblées dans une des nefs. Entre le *Magnificat* et le *Pange lingua*, dans l'intervalle réservé à l'officiant pour revêtir ses ornements pontificaux, le sacristain traversa la foule féminine et vint supplier mademoiselle de Fougères, de la part du curé, de prendre une place plus convenable à son rang. Sur son refus de monter à la tribune, l'opiniâtre desservant fit apporter auprès de la balustrade qui sépare les deux sexes, à l'entrée du chœur, un fauteuil et un coussin, comme il eût fait pour son évêque. Il pensait que mademoiselle de Fougères ne résisterait pas à cette honorable invitation, et il se décida à monter à l'autel.

Pendant ce temps, les rangs de femmes qui séparaient mademoiselle de Fougères du fauteuil insolent s'étaient entr'ouverts, et tous les regards la sollicitaient pour qu'elle daignât en prendre possession. La seule Jeanne Féline, un peu distraite de sa fervente prière et profondément choquée dans son sens droit et incorruptible de ce qui se passait, abaissa son livre, releva son capulet, et fixa sur mademoiselle de Fougères ce regard où l'orgueil de la vertu et le feu de la jeunesse brillaient au milieu des ravages de l'âge et de la douleur. Fiamma la vit et reconnut la mère de Simon, à une lointaine analogie de traits, à une similitude frappante d'expression. Elle avait entendu mademoiselle Parquet vanter le mérite de cette femme, elle avait désiré rencontrer l'occasion de la connaître. Elle soutint donc son regard et lui exprima par le sien qu'elle était prête à entrer en communication avec elle.

Madame Féline, hardie et ingénue comme la vérité, lui adressa aussitôt la parole pour lui dire à demi-voix :

« Eh bien ! Mademoiselle, qu'est-ce que votre conscience vous ordonne de faire ?

— Ma conscience, répondit Fiamma sans hésiter, m'ordonne de rester ici, et de vous offrir ce fauteuil comme une marque de respect qui vous est due. »

Jeanne Féline s'attendait si peu à cette réponse, qu'elle resta stupéfaite.

Mademoiselle de Fougères n'était pas une personne que l'on pût accuser, comme son père, de courtiser la popularité. On lui reprochait le défaut contraire, et Jeanne n'avait pas compris pourquoi elle était restée mêlée à la foule depuis le commencement de la cérémonie. Enfin son visage s'adoucit ; et, résistant à Fiamma qui voulait la conduire au fauteuil, elle lui dit :

« Non pas moi : il me siérait mal de prendre une place d'honneur devant Dieu qui connaît le fond du cœur et ses misères. Mais voyez ! la doyenne du village, celle qui a vu quatre générations, et qui d'ordinaire a une chaise, est ici par terre. On l'a oubliée à cause de vous aujourd'hui. »

Mademoiselle de Fougères suivit la direction du geste de Jeanne, et vit une femme centenaire à laquelle de jeunes filles avaient fait une sorte de coussin avec leurs capes de futaine. Elle s'approcha d'elle, et, avec l'aide de madame Féline, elle l'aida à se relever et à s'installer sur le fauteuil. La doyenne se laissa faire, ne comprenant rien à ce qui se passait, et remerciant d'un signe de sa tête tremblante. Mademoiselle de Fougères se mit à genoux sur le pavé auprès de Jeanne, de manière à être entièrement cachée par le dossier du grand fauteuil sur lequel la doyenne, qui ne remplissait plus ses devoirs de piété que par habitude, s'assoupit doucement au bout de quelques minutes.

Cependant le curé, qui n'avait pas la vue très-bonne et

qui savait d'ailleurs que le regard baissé convient à la ferveur de l'officiant, aperçut confusément une femme coiffée de blanc sur le fauteuil. Il pensa que sa négociation avait réussi et se mit à officier tranquillement ; mais lorsqu'au moment réservé à l'explosion de son vaste projet, après avoir descendu les trois marches de l'autel et s'être mis à genoux pour encenser le saint-sacrement, il se releva, traversa le chœur et s'avança vers le fauteuil pour rendre le même honneur à mademoiselle de Fougères, selon les us et coutumes de l'ancienne féodalité, il s'aperçut de sa méprise, et son bras resta suspendu entre le ciel et la terre, tandis que toute la congrégation des fidèles, l'œil ouvert et la bouche béante, se demandait la cause des honneurs insolites rendus à la mère Mathurin.

Le jeune curé ne perdit point la tête, et, voyant que mademoiselle de Fougères avait mis un peu d'obstination et de malice dans cette aventure, il lui prouva qu'elle n'aurait pas le dernier mot ; car il se retourna vivement de l'autre côté et se mit à encenser la tribune seigneuriale, comme pour rendre à cette place vide les honneurs dus au titre plus qu'à la personne. Tout le village resta ébahi, et il fallut plus de six mois pour faire adopter la véritable version de cet événement aux commentateurs exténués de recherches et de discussions. Les parents de la mère doyenne ne manquèrent pas de dire qu'elle avait été bénie en vertu d'un ancien usage qui décernait cette préférence aux centenaires, et que M. le curé avait trouvé dans les archives de la commune. Quant à elle, comme elle était à peu près aveugle et dormait plus qu'à demi pendant qu'on lui rendait cet honneur ; comme son oreille avait le bonheur d'être fermée pour jamais à toutes les paroles humaines et à tous les bruits de la terre, elle mourut sans savoir qu'elle avait été encensée.

Depuis cette aventure, Jeanne Féline conçut une haute estime pour mademoiselle de Fougères; et, au lieu d'éviter de parler d'elle comme elle avait fait jusqu'alors, elle questionna mademoiselle Bonne avec intérêt sur le caractère de sa noble amie. Bonne avait tant de respect pour la sagesse et la prudence de sa voisine, qu'elle se crut dispensée avec elle du secret que Fiamma lui avait imposé. Elle lui confia les sentiments généreux et les vertus vraiment libérales de cette jeune fille, et lui dit le désir qu'elle avait témoigné de la connaître. Malgré le plaisir que la bonne Féline ressentit de ces réponses, elle se défendit de faire connaissance avec la châtelaine. « Comment voulez-vous que cela se fasse ? répondit-elle. Son père trouverait mauvais sans doute au fond du cœur qu'elle vînt me voir; et quant à moi, je ne saurais aller demander à ses domestiques la permission de l'approcher. J'attendrai l'occasion; et, si je la rencontre, je lui dirai ma satisfaction de sa conduite à l'église. Sans la sagesse de cette enfant, M. le curé, qui est vraiment trop léger pour un ministre du Seigneur, eût offensé la majesté de Dieu par un véritable scandale. »

Madame Féline étant dans ces dispositions, l'occasion ne se fit pas attendre. Un matin que mademoiselle de Fougères passait devant sa cabane pour aller voir mademoiselle Parquet, elle vit Jeanne penchée sur sa petite fenêtre à hauteur d'appui, qu'encadrait le pampre rustique. La bonne dame était occupée à faire manger dans sa main le milan royal.

« Bonjour, Italia! » dit Fiamma en passant.

Madame Féline releva la tête, et, charmée de voir la jeune fille, elle lia conversation avec elle. L'éducation et la santé de l'oiseau étaient un sujet tout trouvé.

« Comment se fait-il que vous sachiez son nom? demanda Jeanne. Je ne l'ai dit à personne, car je ne pouvais pas m'en souvenir; mais, quand vous l'avez prononcé, j'ai bien reconnu celui que mon fils lui donnait; car c'est mon fils qui l'a rapporté de la montagne.

—Et qui l'a pris dans la gorge aux Hérissons, reprit Fiamma.

—Vraiment! vous le savez? s'écria Jeanne. Vous l'avez donc rencontré à la chasse?

—Et j'ai même chassé avec lui ce jour-là, répondit mademoiselle de Fougères. J'ai encore sur les mains les marques de courage de monsieur, ajouta-t-elle en donnant une petite tape à l'oiseau; et c'est M. Simon qui nous a servi de chirurgien à tous deux.

—En vérité!... Oh! à présent, dit madame Féline en secouant la tête avec un sourire, je comprends l'amitié qu'il portait à ce gourmand, et pourquoi il m'a tant recommandé en partant d'en avoir soin. Allons! maintenant j'en prendrai plus de souci encore; car, si vous êtes telle que vous semblez être, je vous aime, vous!

— Vous ne pouvez pas me dire une chose plus agréable, » répondit Fiamma en portant vivement à ses lèvres la main ridée que lui tendait Jeanne. Puis, comme si ce mouvement impétueux eût trahi quelque secrète pensée de son cœur, elle rougit et garda le silence. Féline ne pouvait interpréter cette émotion: elle se mit tout de suite à lui parler du curé et de la doyenne, de la république et de la monarchie, de la religion, de tout ce qui l'intéressait, et par-dessus tout de son fils. Mademoiselle de Fougères fut étonnée du sens profond et même de la grâce spirituelle et naïve de cet esprit supérieur, vierge de toute corruption sociale. Elle n'avait pas cru qu'il fût possible de joindre si peu de culture à tant de fonds. Ce fut pour elle un sujet d'admiration et bientôt d'enthousiasme; car autant Fiamma était indomptable dans ses antipathies, autant elle était passionnée dans ses amitiés. C'est en effet un magnifique spectacle pour une âme tourmentée de l'amour du beau et contristée par la vue du laid, que celui d'une organisation assez riche pour se passer d'embellissement factice et pour recevoir tout de Dieu et d'elle-même. En peu de jours une affection profonde, une sympathie complète s'établit entre Jeanne et Fiamma. Mettant de côté l'une et l'autre les entraves de ces considérations sociales faites pour le vulgaire, elles se lièrent étroitement, et Jeanne passa autant d'heures dans la chambre et dans l'oratoire de Fiamma que celle-ci en passa dans la cabane et dans le potager rustique de Jeanne. Mademoiselle Parquet se joignit souvent à leurs entretiens, et sa jeune amie lui apprit à connaître madame Féline. Jusque-là Bonne n'avait respecté en elle qu'une solide vertu, une admirable bonté; elle ignorait qu'il y eût aussi à admirer une haute intelligence. Elle s'étonna d'abord de voir que Fiamma, avec toutes ses lectures et toutes ses connaissances, ne s'ennuyait pas un instant dans la compagnie d'une femme qui n'avait jamais lu que la Bible. Fiamma lui fit comprendre que la Bible était la source de toute sagesse et de toute poésie; que l'esprit de ces pages divines s'était incarné dans la personne de Jeanne, dont toutes les paroles, comme toutes les pensées, avaient la grandeur et la simplicité des saintes Écritures. L'âme de Bonne fit elle-même un progrès dans le contact de ces deux âmes supérieures à la sienne, non en bonté, mais en vigueur.

VIII.

Un jour, au mois de mai, vers midi, l'air étant fort chaud au dehors, et la cabane de Féline remplie d'une agréable fraîcheur, ces trois femmes étaient réunies dans une douce intimité. Jeanne, enfoncée dans son vieux fauteuil, roulait un écheveau de fil de chanvre sur une noix; Italia, perchée sur le pivot du dévidoir, et conservant encore un peu d'irritabilité, poussait de temps en temps un petit cri aigre-doux, allongeait le bec pour saisir le fil, mais sans oser toucher aux doigts de son institutrice; mademoiselle Parquet, assise sur le buffet, lisait tout haut le livre de Ruth dans la vieille Bible de la famille Féline, dont le caractère était si fin que Jeanne ne pouvait plus le distinguer. Quant à mademoiselle de Fougères, fatiguée d'une course rapide qu'elle avait faite avec Sauvage dans la matinée, elle s'était assise sur une botte de pois secs, aux pieds de Jeanne; et, cédant au bien-être que lui apportaient la fraîcheur, le repos, le bruit monotone et doux de la voix qui lisait, elle s'était laissée aller au sommeil. Jeanne, semblable à la vieille Noémi, avait attiré sur ses genoux la tête de cette fille chérie, et chassait avec tendresse les insectes dont le bourdonnement eût pu la tourmenter. Simon entra dans ce moment. Il arrivait de Nevers; on ne l'attendait pas encore. Il fit un pas et resta immobile. Le soleil, glissant à travers le feuillage de la croisée et tombant en poussière d'or sur le front humide et sur les cheveux de jais de Fiamma, lui montra d'abord le dernier objet qu'il dût s'attendre à rencontrer dans sa cabane et sur le giron de sa mère. Il venait de faire bien des efforts depuis trois mois pour chasser de son âme l'image de cette femme, et c'était là qu'il la retrouvait! Il crut rêver, resta quelques instants sans pouvoir articuler un mot; et enfin, joignant les mains, il murmura une parole que ni sa mère ni Bonne ne pouvaient comprendre: *O fatum!* Fiamma reconnut sa voix et n'ouvrit pas les yeux. Ce fut le premier artifice de sa vie.

L'amour n'est que magie et divination. Elle vit à travers ses paupières abaissées et frémissantes de curiosité l'émotion et la joie mêlée de consternation qu'éprouvait Simon. Madame Féline, poussant un cri de joie, avait tendu les bras à son fils. Fiamma, l'entendant s'approcher, jugea qu'il était temps de se réveiller : elle prit le parti de soulever sa tête et de se frotter les yeux pendant qu'il embrassait sa mère. « Oh ! dit la bonne femme, vous voilà un peu étonné, Simon ! vous me pensiez trop vieille pour avoir d'autres enfants que vous, et pourtant voilà que je suis devenue mère de deux filles en votre absence.

—Vous êtes heureuse, ma mère, répondit-il ; mais moi, me voilà humilié ; car je ne suis pas digne d'être leur frère.

—Je ne sais pas si Bonne est superbe à ce point de ne vouloir pas reconnaître votre parenté, dit mademoiselle de Fougères en lui tendant la main ; mais, quant à moi, j'avais déjà signé avec vous un pacte de fraternité d'opinions. » Simon ne put rien répondre. Il lui pressa la main avec un trouble plus indiscret que tout ce qu'il eût pu dire ; et, pour se donner de l'aplomb, il demanda à Bonne la permission de l'embrasser, ce dont il s'acquitta avec assurance. Cette marque d'amitié enorgueillit Bonne comme une préférence ; elle ne connaissait rien aux rouoeries ingénues de la passion.

Madame Féline s'empressa de questionner son fils sur sa santé, sur la fatigue, sur la faim qu'il devait éprouver. Il demanda à manger, afin d'avoir une occupation et un maintien. Il ne pouvait se remettre de son désordre. Un champion qui s'est préparé longtemps à un rude combat, et qui, en arrivant, voit l'ennemi tranquille et déjà maître du champ de bataille, n'est pas plus bouleversé et embarrassé de son rôle que ne l'était Simon. Bonne courut dans tous les coins de la cabane pour aider Jeanne à rassembler quelques aliments et à les servir sur une petite table. Voulant marquer son affection à sa manière, l'excellente fille alla cueillir des fruits au jardin, et revint toute rouge et tout empressée, sans songer que les hommes s'éprennent plus volontiers d'une chimère que d'un bien qui s'offre de lui-même.

« Il n'y a que moi, dit mademoiselle de Fougères à Simon, qui ne fasse rien pour vous ici. Vous êtes comme Jésus arrivant chez Marthe et Marie. Je suis celle qui se tient tranquille à écouter le Seigneur, tandis que l'autre travaille et se dévoue.

— Et cependant, répondit Simon, le Seigneur préféra Marie, et conseilla à sa sœur de ne pas prendre une peine inutile.

— Pourquoi me dites-vous cela si bas? reprit mademoiselle de Fougères avec sa brusquerie accoutumée. On dirait que vous craignez une méchante application de vos paroles.

— Oh! j'espère qu'il ne se prend pas pour *notre Seigneur!* répliqua mademoiselle Bonne en riant.

— Mais voulez-vous que je vous aide, chère amie? dit mademoiselle de Fougères. Ce ne sera pas pour faire ma cour à *monsignor Popolo*, je vous prie de le croire; ce sera pour vous soulager, *mia buona.*

— Oh! je n'ai pas besoin de vous, ma *dogaressa*, répondit Bonne, à qui sa compagne avait appris quelques mots italiens. Vos mains sont trop fines pour les soins du ménage.

— Croyez-vous? dit vivement Fiamma. Pourquoi traînez-vous ce seau d'eau avec tant de gaucherie, ma petite?

— Voulez-vous bien me faire le plaisir de l'enlever de terre d'un demi-pouce? répondit l'autre jeune fille d'un air de défi.

— Je vais vous montrer comme il faut vous y prendre, dit Fiamma sur le même ton; car vraiment, ma mignonne, vous n'y entendez rien, et vous me faites peine. »

Alors, saisissant d'une seule main le seau rempli d'eau, elle l'enleva de terre et le posa sur la table.

« Oh ! la force et le courage du lion de Venise ! » s'écria Simon avec chaleur.

Bonne fut un peu piquée.

« Ne vous fâchez pas, cher ange, dit Fiamma à son amie ; la prudence des serpents et la douceur des colombes vous restent en partage. Mais quant à cela, ajouta-t-elle en étendant son bras blanc et ferme comme du marbre de Carrare, sachez qu'il y a autant de différence entre mes muscles et les vôtres qu'entre vos collines de la Marche et nos montagnes des Alpes, entre vos petites graines de sarrasin et nos larges épis de maïs. Allons, Bonne, c'est vous qui êtes la dogaresse ; je suis la montagnarde : c'est moi qui suis Marthe à mon tour ; vous êtes Marie. Le Seigneur vous bénira ; je vous cède mes droits. Mais, chut ! voici madame Féline ; ne disons pas de légèretés sur des choses aussi saintes ; elle nous gronderait, et elle ferait bien. »

Tandis que Simon se condamnait à déjeuner, quoiqu'il fût trop oppressé pour en avoir envie ; que Bonne, assise à table entre lui et madame Féline, feignait d'écouter la relation de son voyage avec curiosité, afin d'avoir le droit de lui verser du cidre et de lui couper du pain d'orge ; tandis que mademoiselle de Fougères jouait avec Italia et luttait avec elle d'attitudes impérieuses en la contrefaisant et en imitant ses cris d'impatience, M. Parquet entra dans la chaumière.

« *Bravi tutti!* s'écria-t-il en voyant cette aimable compagnie ; le ciel est favorable aux braves gens. » Et après avoir embrassé tendrement son filleul, il baisa la main de mademoiselle de Fougères avec assez de grâce pour montrer qu'il avait été faire un tour de promenade à Versailles dans sa jeunesse. Puis, jetant un coup d'œil perspicace de l'un à l'autre : « Y a-t-il longtemps que vous n'avez reçu de nouvelles de monsieur votre père, belle demoiselle ? » demanda-t-il à Fiamma d'un air très-significatif.

Cette question fut pour Simon comme une goutte d'eau froide sur un brasier. Il était en train de se laisser aller à de nouveaux enchantements; le seul nom du comte réveilla en lui mille réflexions pénibles. Il examina le visage de mademoiselle de Fougères pour savoir si elle avait quelque appréhension du retour de son père ; mais la noble harmonie de ce visage n'était jamais troublée par des craintes légères.

« Je l'attends demain, répondit-elle tranquillement ; mais il se pourrait cependant qu'il fût déjà de retour, car il est si actif en toutes choses qu'il part et revient toujours plus tôt qu'il ne l'avait projeté.

— Et s'il était à cette heure au château ? fit observer Simon, incapable de maîtriser son inquiétude.

— Il y serait sans doute occupé déjà de mille soins, répondit-elle, et plus pressé de compter avec son régisseur que de toute autre chose. »

Elle resta encore une demi-heure, affectant beaucoup de calme ; puis elle mit son chapeau et pria M. Parquet de lui donner le bras jusqu'au château. Dès qu'ils furent sortis de la chaumière : « Pourquoi ne m'avez-vous pas appris tout franchement que mon père était arrivé ? lui dit-elle. Croyez-vous que je n'aie pas lu cela sur votre figure ?

— En vérité ! fit l'avoué. Fin contre fin...

— Il ne s'agit pas de nous adresser des compliments réciproques, interrompit la pétulante Fiamma. Voyons, mon cher sigisbée, que signifiait votre physionomie ? qu'avez-vous dans l'esprit ?

—J'ai dans l'esprit, répondit Parquet d'un ton doux et paternel, que vous avez écouté un peu trop votre bon cœur durant cette dernière absence de M. le comte. Je vous l'ai dit, Jeanne Féline est un ange de vertu ; je ne vous souhaiterais pas de plus haute noblesse que d'être sa fille. Simon est un digne jeune homme qui mériterait de Dieu la faveur d'avoir une sœur telle que vous ; mais votre père, qui n'entend rien aux relations de sentiments, si belles et si saintes qu'elles soient, blâmera certainement votre intimité avec cette famille de paysans. Il n'eût pas approuvé que vous vissiez madame Féline sur le pied d'égalité, comme vous faites ; à plus forte raison maintenant que voici son fils de retour. Vous savez tout ce que la malice du public peut imaginer en cette occasion. Avez-vous réfléchi à cela? Ne croyez-vous pas que désormais, du moins pendant les semaines du séjour de M. de Fougères au château, vous feriez bien de cesser vos relations avec la maison Féline?

—Je sais, mon ami, répondit Fiamma, que ce serait une conduite prudente, si tant est que l'intérêt personnel doive céder à l'absurdité par crainte de querelles ; je sais que mon père, tout en accablant M. Féline de compliments et de prévenances, le remercierait volontiers de ne pas répondre à ses invitations. Malgré sa ponctualité à saluer profondément madame Féline et à lui demander de ses nouvelles dans la rue, il n'oserait lui offrir une chaise dans son salon à côté de la femme du sous-préfet. Cependant il faudra bien qu'il en vienne là. Il m'en coûtera quelque peine ; j'essuierai des admonestations ennuyeuses, et j'entendrai émettre des principes de morale et de bienséance qui feront bouillir mon sang dans mes veines ; mais, comme à l'ordinaire, je tiendrai bon, je serai respectueuse, et ma volonté sera faite. Ne vous inquiétez donc de rien ; mon père est un homme qu'il faut forcer à bien agir en le prenant au mot. Je me charge de faire dîner madame Féline à sa table; chargez-vous d'amener M. Féline à lui rendre visite.

— Mais vous tenez donc bien à la société de ces Féline? demanda M. Parquet, qui voulait toujours savoir le fin mot de toute affaire, et ne commençait aucune démarche, si légère qu'elle fût, sans avoir confessé sa partie.

— J'y tiens comme je tiens à vous et à votre fille, répondit Fiamma avec fermeté. Si mon père croyait conforme à ses intérêts et à ses préjugés de m'éloigner de vous, pensez-vous que je ne résisterais pas de toutes mes forces à cette injustice?

— Vous avez une manière de dire, reprit maître Parquet tout attendri, qui fait qu'on vous obéit aveuglément; vous me feriez fabriquer de la fausse monnaie. Cependant, avant de vous céder, je veux, ma chère fille, pour me venger de l'ascendant que vous prenez sur moi, vous adresser quelques reproches. Vous n'avez pas assez de déférence pour votre père; vous lui faites trop sentir votre supériorité... Ecoutez-moi jusqu'au bout. Je sais que vous avez avec lui le meilleur ton, et que jamais une parole blessante n'est sortie de votre bouche; mais, voyez-vous! si Bonne, avec tout votre respect extérieur, me traitait comme vous le traitez au fond de l'âme, j'aimerais mieux qu'elle m'arrachât ma perruque et qu'elle me la jetât au visage, sauf à se rendre ensuite à mes raisons.

— Ah! monsieur Parquet, s'écria Fiamma d'un ton douloureux, pouvez-vous comparer la sympathie de cœur et la conformité des principes qui vous lient à votre fille avec ce qui se passe entre M. de Fougères et moi? Je conviens que, dans ma conduite envers lui, je manque souvent de prudence.

— *Prudence!* interrompit M. Parquet avec un mouvement chagrin. Voilà de ces mots qui sont cruels à entendre! Je ne m'explique pas, Fiamma, que vous, si généreuse, si tendre, si dévouée pour nous, vous n'ayez pas dans le cœur le moindre sentiment d'affection pour votre père. Moi, je suis enchanté que vous ne lui ressembliez pas; je l'aime médiocrement, et vous, je vous chéris comme une seconde fille; mais enfin, cette clairvoyance, cette justice cruelle avec laquelle vous pesez les défauts de celui qui vous a donné le jour...

— Arrêtez, Parquet, s'écria Fiamma, et regardez le mal que vous me faites! »

Parquet fut effrayé de l'altération de son visage et de la pâleur mortelle de ses lèvres.

— Eh bien! mon Dieu, s'écria-t-il à son tour, ne parlons plus de tout cela.

— Oh! mon ami! n'en parlons jamais, répondit la jeune fille en faisant un effort pour marcher; car vous me feriez dire ce que je ne veux pas, ce que je ne dois jamais dire à personne.

— Juste ciel! reprit M. Parquet, dont la curiosité s'éveilla vivement. A-t-il donc eu quelque tort exécrable à votre égard? Avez-vous contre lui des sujets de plainte assez terribles pour étouffer la voix du sang?

— Non, monsieur Parquet, ce n'est pas cela, répondit-elle. Il y a dans ma vie un mystère que je ne peux jamais révéler et dont je ne peux me plaindre qu'à la destinée. Ne m'interrogez pas, mais soyez indulgent pour moi et ne me jugez pas. Ma situation est si exceptionnelle, que mon caractère et ma conduite doivent être bizarres.

— Adieu, voici en effet la chaise de poste du comte dans la cour. Faites ce que je vous ai dit : *vale et me ama.* »

Pauvre enfant! pensa M. Parquet en retournant chez

lui. Il faut qu'elle ait une âme bien orageuse, ou que ce Fougères soit un bien méchant cuistre avec ses ailes de pigeon ! Allons ! il y aura eu là quelque cas d'inclination contrariée. Ah ! les jeunes filles ! L'amour, c'est l'insecte rongeur qui s'attaque aux plus belles roses ! Décidément, pour ma part, je renonce aux lois du trop aimable Cupidon, et je m'abandonne aux consolations d'une douce philosophie.

IX.

Gouverné entièrement par la chère dogaresse (c'est ainsi qu'en raison de son caractère absolu et de ses manières impériales l'érudit avoué avait surnommé mademoiselle de Fougères), M. Parquet céda à ses désirs et se contenta de lui adresser de temps en temps une tendre admonestation, à laquelle Fiamma mettait fin par des réticences mystérieuses. Au grand étonnement de l'avoué, madame Féline et son fils reçurent au salon du château un accueil tel que, malgré l'extrême fierté de Jeanne et la méfiance ombrageuse de Simon, ils ne craignirent point d'y retourner plusieurs fois, et purent se trouver presque tous les jours avec mademoiselle de Fougères, soit chez eux, soit chez M. Parquet, sans craindre de voir ces précieuses relations interrompues par une intervention étrangère. L'avoué, qui seul connaissait à fond le caractère du comte, avait sujet d'être plus surpris qu'eux ; car il ne l'avait jamais vu plier sous aucun ascendant, et il savait que ses formes gracieuses et son babil prévenant cachaient une opiniâtreté inflexible et beaucoup de despotisme. Sa fille était la seule personne de son ménage qu'il ne dominât point. Toutes les autres étaient réduites à une servilité qu'on eût pu prendre pour de l'amour, à voir le ton patelin dont il leur commandait en présence des étrangers, mais qui n'était rien moins que cela aux yeux de M. Parquet, initié aux mystères de l'intérieur. Il est vrai que Fiamma était un être organisé pour une résistance indomptable. Mais autant notre avoué avait jugé impossible que le père entravât les libertés de la fille, autant il lui avait semblé certain que jamais la fille n'obtiendrait un acte de complaisance paternelle. Leurs deux existences avaient marché côte à côte, s'effleurant tous les jours et ne se touchant jamais. Leurs goûts, en se montrant diamétralement opposés, semblaient consacrer irrévocablement ce divorce de deux êtres que la société avait condamnés à vivre sous le même toit, et que le sentiment des convenances enveloppait à cet égard d'un voile impénétrable pour le public. En voyant le comte vaincu, ou du moins entamé dans cette lutte mystérieuse, M. Parquet se livra à mille commentaires. Un homme qui savait le secret de toutes les familles ne pouvait se résoudre tranquillement à ignorer celui-là. Cependant Fiamma, qui connaissait tous ses faibles et qui déployait toutes les coquetteries enfantines de son esprit pour le gouverner, seule au monde sut résister à sa curiosité et la museler.

Dans les premiers temps, Simon, résolu à s'observer héroïquement, eut beaucoup à souffrir. Toutes ses joies avaient un aiguillon empoisonné. Il se croyait toujours à la veille d'une explosion dont le dénoûment devait le couvrir de honte et de remords. Mais peu à peu il se rassura. La conduite et le caractère de mademoiselle de Fougères vinrent à son aide d'une façon merveilleuse. Soit qu'elle eût deviné le secret de Simon et qu'elle employât toute la pudeur de son âme à en refouler l'aveu trop prompt, soit qu'elle portât dans son affection pour lui le calme d'une sagesse au-dessus de son âge, elle mit dans leurs relations le charme d'une confiance réciproque. En la voyant tous les jours, Simon découvrit qu'elle possédait au plus haut point la force et la tranquillité morales qu'excluent ordinairement des facultés impétueuses et des besoins d'activité comme ceux dont elle était douée. A l'emportement d'amour qui l'avait surpris d'abord vinrent se joindre un respect et une vénération dont la douceur se répandit sur toutes ses pensées. Pendant six mois, cette sérénité fut si saintement soutenue de part et d'autre que ces deux jeunes gens, dont l'un était bien presque aussi homme que l'autre, se crurent destinés à se chérir toute leur vie comme deux frères. Mais un événement important dans leur vie uniforme et paisible vint réveiller chez Simon l'intensité douloureuse de son amour.

Au retour de l'hiver, M. de Fougères reçut la visite d'un parent de sa défunte épouse, qui arrivait d'Italie, chargé pour lui de valeurs considérables, réalisation de ses derniers fonds commerciaux, qu'il voulait placer en fonds de terre pour *arrondir* sa propriété. Le comte n'était pas homme à accueillir froidement un hôte chargé d'or, et son estime pour le marquis d'Asolo était fondée déjà sur la fortune que possédait ce jeune patricien par lui-même. Il lui pardonnait d'être républicain, parce qu'en Vénétie l'opinion républicaine n'engage pas à d'autre dévouement à la cause populaire qu'à la haine de l'étranger et à des actes de résistance contre lui dans l'occasion. Il plaisait au noble caractère de Fiamma de poétiser cet esprit libéral de ses compatriotes; mais elle savait bien au fond que la république de Venise était aussi loin de son idéal politique, que la France constitutionnelle l'était encore, à ses yeux, de Venise esclave. Elle n'en disait rien à Simon par orgueil national; elle s'en plaignait avec son compatriote, parce qu'elle n'eût pu lui faire partager ses illusions.

Elle avait vu quelquefois le marquis en Italie et le connaissait assez peu ; mais la vue d'un compatriote et d'un co-opinionnaire fut pour elle un événement agréable au fond de l'exil. C'était un bon jeune homme, extraordinairement cultivé pour un Lombard. Quoique un peu gros, il était d'une beauté remarquable ; l'expression de son visage était sereine, noble et douce ; la santé, le courage et l'amour de la vie brillaient dans ses yeux d'un tel éclat qu'on eût pu parfois s'y tromper et y voir le feu de l'intelligence. Tout en lui inspirait la confiance et l'estime. Il avait un cœur aimant et sincère, le caractère loyal et brave, l'imagination vive et toujours prête pour la grande passion, comme cela est d'usage en son pays. Il était venu en France pour s'instruire des choses et des hommes, et il avait tiré assez bon parti de son voyage. Mais, au milieu de son cours de philosophie et de politique, l'amour des aventures, si naturel à vingt-cinq ans, l'avait poussé en personne à Fougères, où la présence de sa belle cousine lui faisait espérer de bâtir un roman négligé en Italie.

C'était un de ces hommes un peu corrompus, mais encore naïfs, que le monde entraîne, et qui ne sont pas fâchés d'y paraître beaucoup plus roués qu'ils ne le sont en effet. Une femme d'esprit peut les rendre aussi sérieusement amoureux qu'ils affectent d'être incapables de le devenir, surtout si, comme Fiamma, elle ne songe pas à opérer ce miracle. Asolo était fort capable d'enlever sa cousine si elle eût été aussi éventée qu'elle avait passé pour l'être dans sa province d'Italie, où ses courses à cheval et sa vie indépendante avaient, comme en Marche, excité, non le blâme, mais le doute et la curiosité de ceux qui ne voyaient pas de près sa conduite irréprochable. Il avait assez d'esprit pour la jouer et la punir s'il l'eût trouvée habile en coquetterie ; mais, quand il la vit si différente de ce qu'il l'avait jugée de loin ; quand il la trouva si forte, si prudente, si fière, et en même temps si bonne, si franche et si naïve, il en devint éperdûment amoureux ; et, au bout de huit jours passés près d'elle, il lui eût offert, s'il l'eût osé déjà, son nom et sa fortune, son sang et sa vie. Cette facilité à se prendre à l'amour est le beau côté des âmes que le vice entraîne facilement. Elle est plus remarquable en Italie, où les organisations, plus fécondes et plus mobiles, passent du plaisir grossier à l'exaltation romanesque, comme de l'apathie politique à l'héroïsme, avec une promptitude et une bonne foi extraordinaires. Ces âmes ont plusieurs caractères opposés qui vivent dans le même être en bonne intelligence, chacun régnant à son tour. Asolo avait fait assez bon marché de son républicanisme dans le beau monde de Paris. Il l'avait un peu traité comme un habit de parade qui, n'étant pas de mode à l'étranger, devait être remplacé par le costume de bon ton du pays ; mais, quand il vit Fiamma si ardente et si romanesque sur ce chapitre, il reprit l'habit ultramontain, et les principes républicains retrouvèrent de l'éloquence dans sa bouche, grâce à cette belle langue italienne, où les lieux communs ont encore de la pompe et de la grandeur.

Dans les premiers jours il adopta ce rôle pour lui plaire ; mais avant la fin de la semaine il était aussi convaincu que déclamatoire, et sans aucun doute il eût sacrifié son marquisat de Vénétie et versé tout son sang pour un regard de son héroïne.

Fiamma, confiante et bonne pour ceux qui semblaient penser comme elle, crut le voir à son état normal et le prit en grande amitié. Cependant elle la lui eût fait acheter par quelque malice si elle eût connu sa conduite antérieure dans les salons parisiens.

Le comte de Fougères enchanté de son allié le premier jour, en rabattit beaucoup lorsque cette explosion de patriotisme eut lieu. Il craignit que cet insensé ne le discréditât complétement, d'autant plus que, pour complaire à sa cousine, le Lombard affecta de terrasser le préfet et le receveur général dans un déjeuner orageux où le bon vin aida à son éloquence. Les vulgaires amis du pouvoir ont ce bonheur inappréciable qu'entre eux ils se craignent et se regardent comme tous également capables de dénonciation. Le comte devint pâle comme la mort. Il était porté comme candidat à la députation, et, s'il avait fait de grands sacrifices pour racheter son fief, c'était dans l'espoir d'être pair de France un jour, quand le roi daignerait élargir les mailles du filet et donner de l'élasticité aux institutions. Il lui fallut beaucoup d'habileté pour expliquer à ses hôtes ce que c'était que la république vénitienne et pour leur prouver que le marquis venait de parler dans le sens aristocratique.

Mais toute chose a son bon côté pour le navigateur habile, attentif au moindre souffle du vent. Le comte crut bientôt s'apercevoir d'une différence extraordinaire dans les manières de sa fille; et, espérant l'accomplissement d'un miracle dans ses idées, il fit entendre au cousin qu'elle serait un jour aussi riche qu'elle était belle. Sa joie fut grande quand le marquis lui répondit clairement qu'il serait le plus heureux des hommes s'il pouvait fléchir l'obstination avec laquelle sa cousine semblait s'être vouée au célibat, et qu'il suppliait le comte de lui laisser le temps de prouver son dévouement à cette belle insensible. La permission de prolonger son séjour à Fougères lui fut accordée d'autant plus vite, qu'il écouta fort peu attentivement l'énumération des biens du beau-père, ce qui montrait le désintéressement d'un homme vraiment épris et peu chatouilleux sur la rédaction d'un contrat.

Cependant, comme le comte se souvint de l'opiniâtreté avec laquelle Fiamma avait refusé plusieurs propositions de mariage et avec quelle sécheresse elle avait traité à Paris tous les jeunes gens qu'elle avait soupçonnés d'avoir des prétentions à sa main, il ne regarda pas encore la partie comme gagnée, et conseilla au marquis de ne pas brusquer sa déclaration.

Les semaines s'écoulèrent donc pour le marquis d'une manière charmante au château de Fougères. De plus en plus amoureux, il conçut beaucoup d'espoir; car Fiamma, lui ayant dit dès le principe qu'elle ne voulait pas se marier, ne lui reparla plus de ses projets pour l'avenir et lui témoigna désormais une affection sincère. Dans l'attente du succès, le marquis, un peu impatient, un peu dépité de voir toujours la famille Féline et la famille Parquet s'opposer à de longs tête-à-tête avec sa cousine, mais plein de franchise dans le fond de l'âme et touché de l'amitié qu'on lui témoignait, vécut pendant ces jours rigoureux de l'hiver d'une vie chaude et pleine qui faisait diversion à celle du monde. Fiamma lui avait présenté ses amis de village, et elle avait prié ceux-ci d'adopter la parenté de son cousin. L'esprit enjoué, l'originalité tout italienne de Parquet et la grâce modeste de Bonne charmèrent le marquis. Il goûta moins Simon, dont les longs regards, tournés sans cesse vers Fiamma, lui donnèrent tout de suite à penser. Mais le calme des manières de celle-ci avec le jeune légiste et la comparaison que le brillant marquis fit de cette figure maigre, pâle et souffrante, avec l'image radieuse que lui présentait son miroir, le rassurèrent bientôt; il était fat, comme tout Italien jeune et passablement fait, mais d'une fatuité qui n'a rien d'insolent, et qui se résigne d'autant mieux à manquer un succès qu'elle est plus certaine d'en obtenir beaucoup d'autres.

Quant à la mère Féline, Asolo n'y comprit rien du tout. Il pensa que l'affection de Fiamma pour cette vieille venait de quelque habitude de dévote, de quelque association de chapelet ou d'ex-voto. Jeanne passait sa vie à jeûner pour donner son pain aux pauvres; elle soignait les malades, et instruisait les orphelins dans la religion. Le marquis pensa qu'elle était le ministre des charités, la surintendante des aumônes de la châtelaine; et, empressé de complaire à tout ce qui plaisait à Fiamma, il se mit à chanter des cantiques à madame Féline. Il avait une voix magnifique, et le soir, dans le silence du parc ou du verger, tous se taisaient pour l'écouter. La bonne Jeanne était émue jusqu'aux larmes de cette pure mélodie italienne qu'elle entendait pour la première fois de sa vie, et pendant ce temps le marquis se réjouissait de faire souffrir son pâle et silencieux rival.

On prétend que les femmes seules ont le secret de ces petites rivalités d'amour-propre. J'en appelle à tout homme de bonne foi : est-il un de nous qui n'ait eu envie de jeter par la fenêtre un rival assez heureux pour attendrir par ses chants la femme que nous aimons? Ne sommes-nous pas jaloux de sa science, de son esprit, de sa réputation, de son cheval, de son habit? Ne trouvons-nous pas fort mauvais que notre maîtresse s'aperçoive de ses avantages? Plus ces avantages sont puérils, plus nous en sommes blessés.

Simon souffrait horriblement. Cette parenté, cette familiarité, ce dialecte qu'il ne comprenait pas, cette habitation actuelle sous le même toit, tout le blessait. Dans les premiers jours cependant il trouvait naturel que Fiamma eût du plaisir à retrouver un parent, un compatriote, un débris de sa chère république; mais, lorsqu'il vit cette prétendue visite se prolonger indéfiniment et ce compatriote devenir un ami, il le craignit d'abord comme tel;

puis il découvrit qu'il était amoureux, qu'il cherchait à se faire aimer, et toutes les tortures de la jalousie entrèrent dans son cœur.

Trop fier pour montrer ses angoisses, sachant d'ailleurs qu'il ne pouvait faire à Fiamma ni question ni reproche sans trahir le secret d'une passion qu'elle devait ignorer, craignant par-dessus tout la vanité du Lombard, il résolut de s'éloigner, sauf à en mourir de désespoir.

X.

Un matin, Fiamma, profitant d'un de ces rayons de soleil si précieux dans les montagnes en hiver, était montée à cheval avec son parent, et le hasard les avait conduits à la gorge aux Hérissons, non loin de l'endroit où l'aventure du milan était arrivée. Fiamma tomba dans la rêverie, et Ruggier Asolo, surpris de cette mélancolie subite, la pressa de questions. Elle voulut d'abord les éluder; mais, comme il insista et qu'elle avait de l'amitié pour lui, elle chercha quelque sujet de chagrin sans importance qu'elle pût lui donner comme une confidence pour le satisfaire. Elle ne trouva rien de mieux à lui dire, si ce n'est que l'aspect de ces montagnes lui rappelait sa patrie et la remplissait de tristesse.

« Juste ciel! s'écria le marquis, et qui vous empêche d'y retourner?

— Mon père a vendu ses dernières propriétés et jusqu'à la maison de campagne que j'aimais. C'est là que ma mère m'avait élevée et, pour ainsi dire, cachée, afin de me soustraire aux tracasseries odieuses de cette vie de lucre et de parcimonie, qu'on appelle une honnête industrie. C'est là qu'après la mort de cette *malheureuse bien-aimée* j'aurais voulu passer le reste de mes jours dans l'étude, le silence et la prière; mais la destinée, qui me condamnait à être riche, en dépit de mon mépris pour toutes les jouissances du luxe, m'a poursuivie jusque-là. Elle a vendu et rasé mon ermitage; elle m'a jetée dans ce pays glacé, loin des souvenirs qui m'étaient chers et chez une nation que je méprise. Voilà pourquoi je suis triste quelquefois; car je suis plus heureuse que je ne croyais possible de l'être à une fille qui a perdu sa mère. Je me suis soumise aux habitudes et au climat de cette contrée; la rigueur de ce ciel mélancolique convient d'ailleurs aux soucis de mon cœur. J'ai rencontré dans ce village un bonheur inespéré. Ce vallon renfermait des êtres qui devaient s'emparer de ma destinée, la fixer, l'asservir et la consoler! Chose étrange que les desseins cachés de la Providence! Qui m'eût prédit cela, alors que je gravissais les rives escarpées de la Piave, et les forêts terribles de Feltre, si chères au vieux Titien?

— *Anima mia*, répondit le marquis avec sa tendresse d'expressions italiennes, vous ne pouvez pas vivre dans ce nid de corbeaux, parmi ces bonnes gens qui ne vous vont pas à la cheville, quelque effort que vous fassiez pour les élever jusqu'à vous. Que le cher comte, votre père, ait trouvé à satisfaire ses vues d'intérêt et d'ambition en revenant ici, c'est fort bien, et il a eu le droit de vous y traîner à sa suite; mais la nature et la société, la voix de Dieu et celle du peuple, vous rappellent dans notre belle patrie. Avec vos talents, votre caractère viril et magnanime, votre courage héroïque, vous êtes appelée à y jouer un rôle actif...

— Croyez-vous? s'écria Fiamma, dont les yeux brillaient d'un feu sauvage. Ah! s'il y avait quelque chose à faire pour la liberté; si les seigneurs de nos campagnes, si les paysans de nos vallons, si le peuple de nos villes, pouvaient se réveiller! Si seulement ces généreux bandits de nos Alpes, qui se retranchèrent dans les gorges des torrents pour fermer le passage aux soldats étrangers, et qui moururent tous jusqu'au dernier, comme les hommes des Thermopyles, plutôt que de subir un joug infâme ; si ces bandes héroïques de contrebandiers et de pâtres, auxquels il n'a manqué que des chefs à la fois puissants et fidèles, pouvaient se ranimer et sortir de leurs cendres éparses sous nos bruyères!... Mais quelles folies disons-nous! Parlons d'autre chose, cousin ; cela me donne la fièvre.

— Eh bien! ayons la fièvre, et parlons-en, ma Fiamma. Songe, noble sœur, qu'à force de parler de son mal on s'indigne contre sa faiblesse, on se lève et on marche. Sache que chaque jour, dans notre Italie, un patriote, à force de se plaindre comme nous, s'éveille et se tient prêt à nous suivre. Les paysans sont prêts, je te le dis, cousine. Les hommes des Alpes n'ont pas changé; leur courage n'a pas plus faibli sous la verge autrichienne que les cimes de nos glaciers n'ont fondu au soleil. Il ne leur manque que des chefs qui s'entendent. Sait-on où s'arrêterait l'avalanche qu'une poignée d'hommes pourrait détacher? Toi et moi, et cinq ou six de nos amis qui sont résolus à me suivre et à m'obéir aveuglément, c'en serait assez pour entraîner la première masse.

— O Ruggier! s'écria Fiamma en crispant la main qui tenait les rênes et en faisant cabrer son cheval, si vous disiez vrai, s'il y avait seulement une lueur d'espoir!... mais, hélas! tout cela est un cauchemar. Il vous est permis de tenter de le réaliser; mais moi, misérable! ce détestable accoutrement de femme, qui me comprime le cœur, me force à rester là immobile, à faire de stériles vœux et à me déchirer les entrailles de colère!

— Tu seras parmi nous, Fiamma! s'écria le marquis, profitant de sa fantaisie et entraîné par son amour à la partager. Tu serais, à notre tête, la Jeanne d'Arc de l'Italie, belle et sainte comme elle, comme elle brave et inspirée! Crois-tu que cette héroïne ait eu plus de force et de cœur que toi? Crois-tu qu'elle ait aimé sa patrie avec plus d'ardeur? Vois, Dieu semble t'avoir formée exprès pour un rôle extraordinaire. Dès le premier jour où je t'ai vue, j'ai pressenti ta grandeur future, j'ai vu sur ton visage le sceau d'une mission divine. Vois ta beauté, vois ton intelligence, vois ta santé robuste qui s'accommode de tous les climats, de toutes les privations; vois ta hardiesse si contraire à l'esprit de ton sexe ; vois jusqu'à la force musculaire, jusqu'à cette petite main qui est de fer pour dompter un cheval et qui porterait un mousquet aussi bien que Carpaccio!... »

Fiamma tressaillit comme si une flèche l'eût touchée.

« Qu'avez-vous donc? lui dit son cousin en voyant une vive rougeur couvrir aussitôt son visage; chère enfant, si le brave bandit Carpaccio n'avait pas été pendu à deux pas de mon domaine d'Asolo peu d'années après votre naissance, je croirais qu'une aventure de roman vous a rendu ce souvenir terrible.

— Parlons d'autre chose, je vous prie, répondit Fiamma, je me sens mal; vous flattez trop mon penchant à l'exaltation. Toutes ces chimères sont bonnes à forger sur le versant des Alpes, quand on n'a qu'un pas à faire pour être hors de la portée de ce monde railleur et sceptique qui paralyse toutes les idées grandes en les traitant de folies. Ici, au milieu du cloaque, on est ridicule rien que de se promener sur un cheval pour prendre l'air. Rentrons, cousin ; le froid me gagne. »

Ruggier Asolo tourna son cheval dans la direction que lui imposait Fiamma du bout de sa cravache; mais il avait fait vibrer une corde dont il espérait tirer tous les tons de sa mélopée. Ramenant sa cousine, malgré elle, à l'idée romanesque d'une guerre de partisans, il la ramenait au désir de revoir l'Italie et de le suivre. Fiamma était tellement absorbée par la partie poétique de cette idée, qu'elle ne songeait seulement pas aux conséquences positives que son cousin cherchait à déduire comme moyens d'exécution. La voyant enflammée d'une ardeur guerrière, il commençait à faire entendre clairement l'offre de son amour et de sa main, lorsqu'il s'aperçut que Fiamma ne l'écoutait plus. Elle avait poussé son cheval jusqu'au bord du ravin, et de là elle contemplait un objet éloigné dans la vallée de la Creuse.

« Dites-moi, mon bon Ruggier, dit-elle en l'interrompant, ce voyageur à cheval, là-bas, sur le chemin de Guéret, n'est-ce pas Simon Féline?

— Oui, c'est lui, répondit Ruggier, autant que je puis reconnaître cette taille voûtée et ce chapeau à la mode il y a trois ans. Votre ami Simon est vraiment taillé, chère cousine, pour faire un curé de village. J'espère que vous le ferez entrer au séminaire, et qu'il confessera dans quelques années vos jolis petits péchés.

— Dites-moi, cousin, reprit Fiamma sans entendre qu'il lui parlait, la tête de son cheval n'est-elle pas tournée du côté de la ville, et n'a-t-il pas un porte-manteau derrière lui?

— Exactement comme vous dites, ma cousine; vous avez une vue excellente pour discerner tout l'attirail presbytérien de M. Féline. Je crois que, pour vous plaire, nous serons obligés de l'emmener avec nous. Il pourra servir d'aumônier à notre petite armée.

— Ne plaisantez pas sur Simon Féline, cousin Ruggier, répondit Fiamma d'un ton ferme et grave. C'est un homme qui vaudrait à lui seul plus que nous tous ensemble; et s'il avait un rôle de prêtre à jouer parmi nous, sachez qu'il aurait plus d'âme, plus de génie et plus d'éloquence que saint Bernard pour prêcher les nouvelles croisades contre la tyrannie et pour en montrer le chemin. Mais pourquoi s'en va-t-il, et sans nous avoir prévenus? » ajouta-t-elle avec beaucoup de préoccupation, et comme se parlant à elle-même.

Elle tomba dans une rêverie profonde, et son cheval, qu'elle faisait bondir comme un chevreuil quelques instants auparavant, obéissant à l'impulsion de son bras calme et détendu, se mit à suivre au pas le sentier. Ruggier étonné la vit se pencher devant une roche que baignait l'eau du torrent. C'est là qu'elle s'était assise avec Simon, lorsqu'il avait lavé lui-même le sang de son visage, alors que le torrent, desséché par l'été, n'était qu'un paisible ruisseau. A la vive exaltation qu'elle venait d'éprouver succédèrent des pensées d'un autre genre, et des larmes qu'elle ne put retenir mouillèrent sa paupière. Alors elle laissa tomber tout à fait de ses mains la bride de Sauvage, et le docile animal, obéissant à toutes ses impressions, s'arrêta.

« Adieu, Italie! dit-elle d'une voix étouffée. C'en est fait! Tu viens de recevoir le dernier élan de mon cœur, la dernière étreinte de mon amoureuse ambition. Montagnes sublimes, patrie bien-aimée, terre poétique, nous ne nous reverrons plus; c'est ici que je suis enchaînée; ce rocher abritera mes os.

— Ne vous désespérez pas ainsi, ma vie, mon bien! s'écria le marquis avec feu, vous me déchirez l'âme. Eh quoi! le courage vous manque-t-il au moment d'accomplir le vœu de toute votre vie! Ne suis-je pas à vos pieds? Ne comprenez-vous pas que mon âme tout entière...

— C'est vous qui ne me comprenez pas, ami Ruggier, interrompit Fiamma; et puisque vous avez surpris le secret de mes pensées, puisque vous avez vu quelle puissance une ambition enthousiaste et folle exerce sur moi, je veux lever tout à fait le voile qui me couvre à vos yeux, et vous montrer le fond de mon cœur. J'ai dans le sang une ardeur martiale qui m'égare souvent et me jette dans un monde imaginaire où nulle affection humaine ne semble pouvoir me suivre. Vous devez croire que la guerre et les aventures sont les seules passions que je connaisse. Eh bien! sachez que ce n'est là qu'une face de mon être. J'ai cru longtemps n'en avoir pas d'autre; mais j'ai reconnu depuis peu que c'était une maladie de mon âme oisive, et qu'une passion plus vraie, plus douce, plus conforme à la destinée que le ciel marque aux femmes, dominait et calmait dans mon cœur ces agitations fébriles, ces désirs presque féroces de vengeance politique. Cette passion, c'est l'amour. Vous êtes mon parent, soyez mon confident et mon ami. Nous allons nous quitter bientôt, sans doute. Vous allez revoir l'Italie où je ne retournerai plus. Peut-être ne presserai-je plus jamais votre main loyale. Souvenez-vous, quand nous serons de nouveau séparés par les Alpes, que, ne pouvant rien vous offrir pour marque d'amitié et vous laisser comme gage de souvenir, je vous ai donné le secret de mon cœur et l'ai mis dans le vôtre. J'aime Simon Féline. »

Le marquis fut tellement bouleversé de cette naïve confidence, qu'il eut un véritable mouvement de fureur et de désespoir. Tournant un regard inexprimable vers le ciel, puis sur sa cousine, il eut envie de jurer, de pleurer et de rire en même temps; mais comme chez les hommes de sa trempe l'affection et la vanité ne se détrônent jamais complétement l'une l'autre, le sentiment de l'orgueil blessé et la crainte d'être ridicule emportèrent son amour, comme le vent balaie la neige nouvellement tombée. Un sang-froid sublime rendit à ses manières la politesse, la grâce et le bon goût avec lesquels doit s'exprimer le plus parfait dédain.

« Ce que vous me dites m'étonne peu, chère cousine, répondit-il. Dans l'isolement où vous vivez, il est naturel que le seul homme que vous connaissiez soit celui dont vous vous enamouriez... »

Il allait débiter avec une admirable douceur une longue suite de riens charmants dont l'ironie eût semblé l'effet de la maladresse et de l'indifférence ; mais Fiamma, dont l'humeur était peu endurante, se sentit blessée de cette première remarque et l'interrompit en lui disant :

« Vous vous trompez d'une unité, mon cher cousin, en disant que Simon Féline est le seul homme que j'aie pu choisir. Vous êtes deux ici, et vous avez certes d'assez grandes qualités pour lutter avec lui dans mon estime ; en outre, personne ne peut nier que vous ne soyez plus grand, plus beau, plus riche et mieux habillé que Simon le presbytérien ; il y avait donc bien des raisons pour que je me prisse pour vous d'une passion romanesque, de préférence à ce pauvre paysan que j'ai vu tout à l'heure passer là-bas sur la route, et dont le départ m'a fait plus de peine que la réalisation de tous mes châteaux en Espagne ne me ferait de plaisir. Eh bien ! cependant, je vous jure que je n'ai pas plus songé à m'enamourer de vous que vous de moi. Continuez vos observations, cousin, je vous écoute. »

Le marquis, voyant qu'il n'aurait pas beau jeu avec Fiamma Faliero, prit le parti d'abjurer toute amertume et de parler sérieusement et de bonne amitié avec elle. Il discuta avec beaucoup de calme et de bonne foi les chances d'un mariage entre elle et Simon.

« Je n'en vois aucune d'admissible, lui répondit Fiamma, je n'ai jamais compté là-dessus ; je ne sais même pas si je l'ai jamais souhaité. Cette amitié fraternelle, exclusive de tout autre amour et de toute autre union, satis-

fait le besoin de mon âme et n'ébranle pas l'aversion
que j'ai pour le mariage. »

Ils rentrèrent fort bons amis. Le marquis témoigna
beaucoup de reconnaissance de la marque de confiance
qu'il venait de recevoir; mais, dès qu'il fut entré, il
commanda à son valet de chambre de recharger sa voiture et de demander des chevaux de poste. Il exprima
au comte, dans des termes laconiques, sa douleur d'avoir
été repoussé, et son impatience ne se calma qu'en voyant
les chevaux entrer dans la cour. Alors un reste d'amour
fit passer un vif attendrissement dans son âme. L'air de
regret sincère avec lequel Fiamma, après avoir écouté le
mensonge accoutumé d'une *lettre imprévue* et d'une
affaire importante, lui serra cordialement la main,
amena sur ses lèvres quelques paroles entrecoupées et
dans ses yeux quelques larmes passionnées. Il sentit que
cet épisode laisserait un souvenir tendre dans sa vie. On
peut croire cependant qu'il n'en mourut pas de douleur,
et qu'il reparut trois jours après, en parfaite santé, au
balcon de l'Opéra italien.

XI.

Le plus grand désir du comte de Fougères, depuis
qu'il avait sa fille auprès de lui, c'était de s'en débarrasser. Il semblait que la destinée capricieuse, jalouse
d'opérer dans cette famille le contraste le plus complet,
eût imposé à la fille la haine du mariage en raison in-
verse de l'impatience que le père éprouvait de la voir
établie. Outre les raisons mystérieuses que M. Parquet
cherchait à déduire de cette manie réciproque, il en existait de bien palpables, et qui, prenant leur source dans
le caractère de l'un et de l'autre, suffisait presque pour
l'expliquer. M. de Fougères était de la véritable race des

avares. Son intelligence n'était développée que sous la face de l'habileté et de l'activité en affaires, et la seule vanité qu'il eût, c'était celle d'être riche. Il n'appliquait pas trop cette vanité aux menus détails de la vie, et l'économie se faisait remarquer dans toutes ses habitudes. Son point d'honneur était d'avoir toujours à sa disposition des sommes considérables pour tenter des coups de fortune, et de savoir doubler à point son enjeu dans les calculs de la finance. C'est ainsi qu'il n'avait pas hésité à abjurer son patriciat lorsque les chances de la destinée lui avaient fait entrevoir le succès dans le négoce ; c'est ainsi qu'il venait d'abjurer le négoce pour reprendre le patriciat en voyant la fortune sourire de nouveau à cette classe disgraciée. Il avait compté qu'un titre et un château le mettraient à même de briguer toutes les faveurs de la nouvelle cour de France. Ensuite il calcula qu'une belle fille étant un fonds de commerce, c'était bien longtemps le laisser dormir, et qu'un gendre influent par sa naissance pourrait l'aider dans son ambition. C'était dans ces idées qu'il s'était souvenu de sa fille, à peu près oubliée en Italie, et que, rendant grâces au caprice qui lui avait fait aimer le célibat jusqu'à l'âge de vingt deux ans, il l'avait rappelée auprès de lui et l'avait produite à Paris dans les salons du faubourg Saint-Germain. Mais quand il vit que ce caprice était insurmontable, il éprouva beaucoup de regret d'avoir sur les bras une personne qu'il connaissait à peine, et dont le caractère inflexible et les idées absolues lui étaient un continuel sujet de malaise et de contrariété. Les opinions républicaines de cette enfant enthousiaste avaient achevé de le désespérer ; il craignait à chaque instant qu'elle ne le compromît ; il rougissait d'elle, et, ne la comprenant nullement, il la regardait sincèrement comme une folle du genre sérieux et splenétique.

Alors il n'avait plus désiré que de s'en défaire à tout prix, pourvu toutefois que son gendre futur eût assez de fortune ou assez d'amour pour ne pas lui demander une dot considérable, et pourvu surtout que sa naissance fût assez élevée pour ne porter aucune atteinte au blason de Fougères. Le comte faisait en réalité très-peu de cas de la noblesse ; il ne comprenait nullement le parti poétique et chevaleresque que la vanité peut en tirer. Mais comme à cette époque c'était le premier point pour parvenir, comme d'ailleurs le comte n'avait pas d'autre titre à la faveur royale que sa naissance et sa qualité d'émigré, il eût mieux aimé garder sa fille toute sa vie auprès de lui que de la donner à un roturier.

Malheureusement cette fille était majeure, et, avec les singularités de son humeur et l'audace tranquille de ses résolutions, il était à craindre qu'elle ne fît un choix étrange. Son père avait frémi de la voir liée si étroitement à la famille Féline. Il avait eu avec elle à ce sujet une seule explication, à la suite de laquelle il s'était résigné, comme par miracle, à la laisser maîtresse de ses actions, et même à faire un accueil obligeant à ses nouveaux amis. Mais, depuis, cette intimité lui avait donné de nouvelles inquiétudes, et le bon accueil que Fiamma avait fait à son cousin l'avait soulagé à temps d'une grande anxiété. Soit que le marquis d'Asolo, abjurant ses opinions, se fixât en France et se rattachât aux principes de la cour, soit qu'il retournât faire de la république en Italie et reconquérir les priviléges de la seigneurie vénitienne, c'était un beau parti pour l'ambition, et de plus un prompt moyen de se délivrer de celle qu'en public le comte appelait sa fille chérie, affectant de la consulter sur tout et de rechercher sans cesse son approbation, quoique en réalité tous les sacrifices de sa tendresse paternelle se fussent bornés à contracter l'innocente habi-

tude de finir toutes ses dissertations par ces trois mots :
Non è vero, Fiamma?

Lorsqu'il vit le marquis d'Asolo si brusquement éconduit, il entra dans un de ces accès de violence dont les gens du dehors ne l'eussent jamais cru capable, mais devant lesquels sa maison avait souvent l'occasion de trembler. Il appela sa fille au moment où le cousin s'éloignait de Fougères dans sa chaise de poste, tandis que Fiamma prenait naturellement le chemin de la maison Féline; alors, la priant de remonter dans sa chambre, il l'y suivit, et en ferma les fenêtres et les portes pour que l'explosion de sa colère ne se fît pas entendre au loin.

Fiamma avait prévu cette éruption volcanique. Elle la contempla avec une insensibilité apparente, quoiqu'une fureur profonde embrasât les secrets replis de son âme orgueilleuse. Quand le comte eut frappé sur la table (sans pourtant s'oublier lui-même jusqu'à la briser); quand il eut lancé autour de lui les éclairs de ses petits yeux bridés, et qu'il lui eut intimé, dans les termes les plus blessants qu'il pût trouver, l'ordre d'entrer dans un couvent ou de cesser toute relation avec la famille Féline, elle le pria avec un sang-froid cruel de modérer son emportement, dans la crainte, lui dit-elle, d'un de ces accès de toux nerveuse auxquels il était sujet; puis, s'asseyant de manière à ne pas friper sa robe et à conserver dans leur liberté tous les mouvements de son corps, elle lui répondit ainsi dans le plus pur toscan, avec cette gesticulation noble et avec cet accent sonore et un peu ampoulé des Vénitiens lorsqu'ils quittent leur dialecte rapide et serré :

« Il me semble que l'objet de cette décision a déjà été discuté entre nous au printemps dernier, et que nous avons pris des conclusions à cet égard. *Votre Seigneurie* les aurait-elle oubliées, ou bien me serais-je écartée des conventions que notre mutuelle parole d'honneur avait rendues sacrées?

—Oui, certes, Mademoiselle! vous avez violé ces conventions et vos promesses. J'ai été bien sot, pour ma part, de me fier aux singeries majestueuses d'une petite comédienne qui passe sa vie à essayer de m'en imposer par ses poses tragiques et ses réponses solennelles! Vous avez beaucoup trop suivi le théâtre de la Fenice, Signora, et je dois m'estimer heureux que vous n'ayez pas pris la fantaisie de monter sur les planches.

—Vous devriez savoir, Monsieur, qu'il n'y a aucune fantaisie folle et désespérée dont il soit prudent de défier une fille dans ma position. Cependant vous avez raison d'être sûr que vous me défieriez en vain de faire une chose qui ne fût pas conforme à mon orgueil et à ma réserve habituelle.

—En vérité, c'est bien de la bonté de votre part! reprit le comte avec aigreur. Et en quoi, s'il vous plaît, votre position est-elle si malheureuse?

—Je ne me suis pas servie de cette expression, Monsieur, répondit Fiamma. Je ne me suis jamais permis de qualifier en aucune façon la position que vous m'avez faite...

— Laissez cette ironie, répondit brusquement le comte; je sais de reste ce que valent vos simulacres de respect et de politesse. Allons, répondez franchement: d'où vient votre inconcevable ardeur à me désespérer, et votre obstination surhumaine à prendre toujours le parti diamétralement contraire à celui qui pourrait satisfaire la raison et ma sollicitude pour un enfant ingrat? »

Les tentatives de déclamation sentimentale étaient ordinairement le second point des remontrances du comte. C'était le moment où Fiamma voyait clairement faiblir son adversaire sous le sentiment d'une honte intérieure.

Un sourire d'une amère éloquence effleura ses lèvres pâles. Puis, après un instant de silence, que le comte oppressé n'eut pas la force de rompre, elle lui dit avec une douceur d'intonation qui cherchait à pallier la rudesse de son raisonnement:

« Pourquoi, mon père, chercher vainement à raviver en vous-même un sentiment qui n'a jamais habité vos entrailles? Je ne me suis jamais plainte, et mon intention n'est pas de rompre l'éternel silence que le devoir m'impose. Si je comprends bien le sujet de votre colère, vous me faites un crime de n'avoir point écouté les propositions du marquis d'Asolo, et vous craignez que je ne songe à contracter une union disproportionnée selon vous avec Simon Féline. J'ai l'honneur de vous rappeler que vous avez reçu de moi une parole sacrée de négation à cet égard. Mon intention, aujourd'hui comme alors, est de ne point me marier; et quoique vous ne connaissiez point mon caractère, vous avez pu examiner assez ma conduite pour savoir que je ne suis point capable de me livrer à un sentiment contraire à mes devoirs et à ma fierté. Vouée au célibat par mes goûts et par mes convictions, j'ai l'honneur de vous renouveler l'engagement formel que j'ai pris de ne jamais disposer de moi sans votre approbation, tant que vous continuerez à me traiter avec la justice et la modération que j'implore et que je réclame de votre sagesse et de votre prudence.

—Oui, sans doute! répliqua le comte en faisant des efforts pour redevenir plus calme, tandis qu'un profond dépit succédait à sa violence irréfléchie. Vous voudrez bien ne pas vous aller joindre à quelque troupe de bohémiens dans vos Alpes, ou ne pas vous marier à un paysan de ce village, tant que je consentirai à vous laisser vivre de la façon la plus étrange et la plus indécente qu'une jeune personne puisse rêver, tant que je vous verrai tranquillement courir les bois à cheval avec je ne sais qui ; tant que je fermerai les yeux sur je ne sais quelle intrigue sentimentale dont moi seul peut-être ici suis la dupe... »

Le feu de la colère monta au visage de mademoiselle de Fougères. Elle se leva, et regarda son père en face avec une telle expression de reproche et une telle fierté d'innocence, qu'il fut obligé un instant de baisser les yeux. Jamais elle n'avait mieux mérité le nom symbolique que sa mère lui avait choisi.

« Monsieur, dit-elle en prenant sa voix de contralto trois notes plus bas qu'à l'ordinaire, il y a vingt-deux ans que je suis au monde, déshéritée de votre tendresse et même de votre attention. J'ai accepté cette indifférence sans surprise et sans dépit, comme une chose juste et naturelle... »

Le comte se leva à son tour en frémissant, et ses petits yeux sortirent de sa tête.

— Que voulez-vous dire, Fiamma ? s'écria-t-il avec un accent de fureur et d'angoisse.

— Rien qui doive vous irriter à ce point, répondit Fiamma tranquillement. Je veux dire (et j'ai le droit de le dire) que vos intérêts commerciaux et l'importance de vos affaires ne vous ont jamais permis de vous occuper de moi, et que j'ai compris combien mon éducation et mes goûts me rendaient étrangère aux sujets de votre sollicitude.

— Est-ce là tout ce que vous vouliez dire ? reprit le comte toujours debout et tremblant.

— Quelle autre chose pourrais-je avoir à vous dire ? répondit Fiamma avec une froideur dont l'autorité le força de se rasseoir.

— Continuez votre discours à grand effet, dit-il en levant les épaules et en se tournant de côté sur son fauteuil avec impatience ; puisqu'il faut que j'avale votre récitatif, allez, que j'arrive au moins au *finale* le plus tôt possible.

— Je dis, Monsieur, reprit Fiamma, insensible en apparence à une raillerie qui lui déchirait les entrailles, car rien n'est plus amer à une personne grave et de bonne foi que le reproche de charlatanisme; je dis, Monsieur, qu'il y a vingt-deux ans que j'existe, et que vous ne vous occupez pas de moi. Il y en a six *aujourd'hui* (je vous prie de remarquer cet anniversaire) que je vis absolument seule, privée d'une mère adorable, sans conseil, sans appui, entièrement livrée à moi-même. Quoique vivant loin de moi depuis le jour de ma naissance, quoique séparé de moi par les Alpes durant cinq de ces dernières années, vous avez pu prendre sur moi assez d'informations pour savoir que jamais le soupçon d'une faute n'a effleuré ma vie, que jamais l'ombre d'un homme n'a passé sur le mur du parc où vous m'avez laissée à la garde d'une servante infirme et débonnaire; et depuis que je suis sous vos yeux, si vous avez daigné les jeter sur mes démarches, vous avez pu savoir que je n'ai eu que deux tête-à-tête en ma vie avec un homme : le premier fut amené avec M. Féline par l'effet d'un hasard que je vous ai raconté; le second, avec le marquis d'Asolo, fut amené par l'effet de votre désir et de votre volonté.

— Est-il vrai que cela soit ainsi? dit le comte, embarrassé de son rôle et craignant d'avoir à demander pardon.

— Vous m'avez fait l'honneur jusqu'ici, répondit Fiamma, de croire à ma parole et de ne pas la récuser.

— Et c'est peut-être une folie que j'ai faite, répliqua-t-il avec une aménité mêlée d'humeur. Vous êtes toujours là prête à vous emporter comme un cheval ombrageux ou à vous défendre comme un lion blessé!

Que sais-je, après tout, moi, de votre vie passée? Je n'y étais pas...

—Puisque *vous n'y étiez pas*, Monsieur, reprit Fiamma avec force, vous supposiez sans doute que vous n'aviez rien à craindre pour moi des dangers de la jeunesse et de l'isolement, ou bien...

—Sans doute! sans doute! certainement! interrompit le comte, honteux, terrassé et pressé d'échapper à cette logique rigoureuse. Eh bien! voyons; à quoi nous arrêtons-nous? Vous n'aimez pas votre cousin, et vous ne voulez pas vous marier? Vous ne voulez pas non plus de M. Féline, mais vous voulez le voir, me contraindre à le recevoir ici pour empêcher qu'on en jase, et passer votre vie chez la vieille femme à dire des *oremus* et à faire de la politique de village. Tout cela me serait fort égal s'il était possible qu'on connût l'inflexibilité de vos principes et la régularité de vos mœurs; mais vous n'avez pas daigné vous laisser connaître, et l'on fait déjà sur vous, dans le pays, des commentaires de toute sorte. Il faut donc que ces relations inconvenantes et cette intimité déplacée cessent absolument, ou bien je vous exhorterai à suivre la première intention que vous eûtes en arrivant en France, qui était de vous retirer dans un couvent, et à laquelle je m'opposai, espérant que vous prendriez le parti de vous établir plus avantageusement.

—Vous avez trop de bonté pour moi maintenant, Monsieur, répondit Fiamma; mais je vous ferai observer qu'aucune loi ne condamne plus les filles à entrer au couvent malgré elles, et que, d'ailleurs, je suis majeure, par conséquent libre de fixer mon domicile où il me plaira. Le sentiment des convenances et la crainte du scandale m'ont engagée jusqu'ici à vous imposer le déplaisir de ma présence; mais si votre désir est de m'éloigner des lieux que vous habitez, je vous prierai de me laisser choisir ma retraite et vivre avec les quinze cents livres de rente que ma mère m'a léguées et qui ont suffi jusqu'ici, même dans l'intérieur de votre riche maison, à toutes mes dépenses. Votre Seigneurie le sait!... »

Elle appuya sur ces derniers mots avec affectation.

« En vérité, Fiamma, vous me rendrez fou, s'écria le comte en mettant ses deux mains sur ses tempes. Vous joignez à votre amertume de caractère des singularités inouïes. Vous vous obstinez à vivre misérablement au sein du luxe, pour faire croire apparemment que je suis avare envers vous.

— J'espère, Monsieur, répondit-elle, que vous ne me supposez pas de si lâches pensées, et que vous voudrez bien attribuer à mes goûts seulement la modestie de mes habitudes.

— Enfin, vous dites, reprit le comte impatienté, que vous voulez vivre ici à votre guise, en dépit du déshonneur qui peut rejaillir sur moi, ou me couvrir d'une autre sorte de déshonneur en allant vivre seule et loin de moi? Il faut que je passe pour un lâche Cassandre ou pour un tyran domestique : charmante alternative, en vérité!

— Non, Monsieur, répondit Fiamma, je ne veux point vous mettre dans cette alternative. S'il est vrai que mes relations avec la famille Féline soient un objet de scandale, vous avez le droit de m'en avertir, et je suis prête à les faire cesser s'il est nécessaire. Mais le hasard s'est chargé à point de remédier au mal. M. Féline est parti ce matin du village, pour se fixer à Guéret, où il va exercer sa profession, et où vous savez que je ne vais jamais. Nos entrevues ici deviendront donc assez rares et assez courtes pour n'attirer l'attention de personne.

— A la bonne heure, dit le comte de Fougères, heureux d'en être quitte à si bon marché. Maintenant, restons tranquilles, Fiamma, et n'ayons plus de querelles ; car cela me fait un mal affreux, et voilà que je commence à tousser.

— Il me semble, Monsieur, que ce n'est pas moi qui les provoque, répliqua-t-elle. »

Le comte affecta d'être suffoqué par son asthme, afin de terminer une discussion où, comme de coutume, il avait été forcé de battre en retraite. Il sortit en se maudissant de n'avoir pas su résister à un mouvement de colère, et en se promettant bien de ne plus s'occuper de longtemps de la conduite et de l'avenir de sa fille.

XII.

Fiamma, non moins impatiente que le comte de voir arriver la fin d'une discussion où elle avait parlé cependant avec lenteur et gravité, courut chez la mère Féline. Elle la trouva triste et malade ; elle lui dit qu'elle avait aperçu de loin Simon sur la route de Guéret, et demanda s'il reviendrait le soir, quoique, à voir son attirail, elle eût bien observé qu'il allait faire une longue absence. Le ton dont madame Féline lui répondit qu'il ne reviendrait pas même le lendemain, lui fit comprendre, qu'elle ne s'était pas trompée dans ses conjectures. Fiamma depuis plusieurs jours avait compris la douleur de Simon et n'avait cherché qu'une occasion pour la faire cesser. Cette impatience d'avoir une explication avec le marquis avait été remarquée et interprétée en sens contraire par l'infortuné Simon. Il était parti une heure trop tôt. Le cœur de Fiamma se brisait en songeant aux tortures qu'il avait dû éprouver et qu'il éprouvait sans doute encore ; mais, d'un autre côté, ce départ étant devenu une chose nécessaire, elle devait maintenir son jeune ami dans sa résolution courageuse. Il lui restait à chercher un moyen de lui donner des consolations sans affaiblir ce courage : elle y songea un instant ; c'était une position délicate que la sienne vis-à-vis de Jeanne. Il était facile de voir dans les traits et dans les manières de la vieille femme qu'elle avait deviné récemment le secret de son fils et qu'elle croyait ses douleurs sans remède.

« C'est le jour des départs, lui dit tout d'un coup Fiamma, sans paraître comprendre l'importance de celui de Simon. Mon cousin vient de partir tout à l'heure !

— De partir ! sainte Vierge ! s'écria la vieille femme avec la vivacité de l'amour maternel ; votre cousin est parti, chère demoiselle ? Chère enfant ! et comment donc si vite ?

— C'est un petit secret que je ne veux confier qu'à vous, ma chère vieille mère, » répondit Fiamma ; et, approchant son escabeau de la chaise de Jeanne, elle lui parla ainsi en baissant la voix d'un petit air mystérieux : « Vous saurez que le cher cousin s'était mis en tête de m'épouser.

— Je le savais bien, interrompit Jeanne, nous en parlions avec Simon tous les soirs...

— Vous en parliez ? qu'en disait-il ?

— Il me demandait s'il ne me semblait pas que ce jeune homme fût amoureux de vous, et s'il était possible que, la chose étant, vous ne vous en aperçussiez pas... Je vous demande pardon de nos réflexions, ma petite, cela ne nous regardait pas ; mais, moi, je vous aime tant que je ne puis me lasser de parler de vous et d'y penser.

— Eh bien ! mère Féline, vous ne vous trompiez pas si vous supposiez que je m'en étais aperçue. Il y avait huit jours que je savais le beau secret de mon cousin et que je m'attendais à une déclaration, lorsque j'ai trouvé l'occasion de prévenir ses frais d'éloquence et de lui déclarer, moi, que je ne voulais me soumettre ni à l'amour ni au mariage.

— Il paraît que vous avez parlé clairement et prononcé sans appel, puisqu'il est parti tout de suite?

— Une heure après! Voyez comme l'amour est chose facile à guérir! A l'heure qu'il est, je suis sûre qu'il est à l'auberge de Guéret et qu'il se regarde dans un beau miroir de poche pour s'assurer que l'air de nos montagnes n'a pas altéré la fraîcheur de ses lèvres et la rondeur de ses joues. Mais pourquoi secouez-vous la tête, mère? On dirait que, dans votre jugement, l'amour est une chose plus sérieuse que cela?

— Quant à moi, je n'ai pas connu ses douleurs dans ma jeunesse, répondit Jeanne. J'aimai Pierre Féline, mon cousin, et je l'épousai. Nous étions pauvres tous deux; j'étais une paysanne comme lui; il n'y eut ni obstacles ni retards. Quand il est mort, j'étais vieille déjà; alors j'étais habituée au malheur; j'avais enterré successivement onze enfants, et, sans mon Simon, je n'avais plus qu'à mourir. La douleur est le fait de la vieillesse; je ne me révoltai pas d'être éprouvée après avoir été heureuse. Cependant, si j'étais appelée aujourd'hui à voir périr mon Simon, mon dernier bonheur, ma seule consolation!... Ah! Dieu me préserve seulement d'y songer!

— Et pourquoi auriez-vous cette affreuse pensée? Simon est d'une bonne santé.

— Hélas! pas trop!

— Mais il a la force d'âme qui commande au corps de vivre.

— Il n'a bien que trop de force d'âme comme cela! elle le ronge! Mais parlons de vous, Fiamma.

— Non, parlons de lui, mère Jeanne. Moi, je suis forte, bien portante, tranquille, délivrée de mon cousin;

occupons-nous de Simon. Il est parti triste, j'ai vu cela ces jours-ci. Je ne vous demande pas ce qu'il avait; je m'en doute.

— Vous vous en doutez? s'écria Jeanne en relevant sa tête inclinée par l'âge, et en fixant ses yeux encore vifs et beaux sur Fiamma.

— Sans doute, répondit la jeune hypocrite; je sais combien sa profession lui est antipathique, et je sais pourtant qu'il n'y a plus à reculer. Il m'a confié ses dégoûts, ses ennuis, ses craintes pour l'avenir.

— En effet, c'est là ce qui le tourmente, répondit Jeanne, et je suis fâchée qu'il ne vous ait pas parlé avant de partir; mais il avait tant de chagrin de nous quitter, qu'il a craint de manquer de force s'il nous faisait des adieux.

— Je comprends tout cela, reprit Fiamma; cependant je trouve qu'il est parti un peu brusquement; je lui aurais donné du courage s'il m'eût consultée.

— Oui, certes, dit Jeanne, s'il vous eût vue aujourd'hui, il serait parti moins malheureux.

— Il faudra qu'il revienne causer avec nous, dit Fiamma; mais pas avant quelques jours, afin de ne pas perdre le fruit de ce grand effort. En attendant, ne pourriez-vous lui écrire, mère Féline?

— Hélas! je ne lui écris jamais, et pour cause.

— Oh bien! sainte femme, vous ne savez pas écrire; je pose les deux genoux devant vous, illettrée sublime!

— Qu'est-ce que vous dites là, mon enfant? vous vous moquez de moi!

— Je baise le bas de ta robe, sainte Geneviève-des-Prés, paysanne sur la terre, reine dans les cieux! Mais voyons, je vais écrire à Simon sous votre dictée...

— Eh bien oui! Mais non; j'ai bien des petits secrets à lui dire, dans lesquels vous êtes de trop, mignonne.

— En vérité? Eh bien! je vais lui écrire de ma part, et vous lui porterez ma lettre.

— Bonté divine! que lui écrirez-vous donc?

— Rien d'important ni d'efficace pour le consoler, malheureusement. L'avenir seul peut apporter le remède à ses maux; mais je lui parlerai de mon amitié, de celle de son parrain, de celle de Bonne... Je lui dirai qu'il se doit à nous tous, à vous surtout, sa mère chérie... qu'il faut espérer, prendre courage, soigner sa santé, surmonter ses peines, vivre enfin, et nous aimer comme nous l'aimons.

— Écrivez donc tout cela, cher ange, et je le porterai moi-même; car j'ai quelque chose en outre à lui dire.

— Quoi donc? dit la malicieuse Fiamma.

— Rien qui vous concerne, dit la vieille femme.

— Oh! je le crois! » reprit l'enfant avec un sourire.

Elle se plaça dans un coin pour écrire, et la vieille se prépara au départ; elle mit son jupon rayé, sa cape de molleton blanc et ses mitons de laine tricotée.

« Mais, comment irai-je? s'écria-t-elle tout d'un coup; il a emprunté le cheval de M. Parquet pour s'en aller, et la mule de mademoiselle Bonne est en campagne.

— Je vous prêterai Sauvage.

— Oh! oh! non pas, je ne suis pas lasse de vivre tant que j'aurai mon Simon!

— Comment donc faire? dit Fiamma. Chercher un cheval dans le village? cela va nous retarder. Il est déjà quatre heures. Et si nous n'en trouvons pas, il faudra que Simon passe cette soirée dans la tristesse!

— Et cette nuit, dit Jeanne, oh! c'est cette nuit que je redoute pour lui; la dernière a été si terrible!

— Pauvre Simon! dit Fiamma. Allons, mère Féline, il n'y a qu'un moyen. Vous monterez sur Sauvage; il est doux comme un mouton quand je suis avec lui. Je le tiendrai par la bride, et je vous conduirai à pied jusqu'à la ville.

— Il y a trois lieues! Je ne le souffrirai jamais. Prenez-moi en croupe.

— Sauvage n'est pas habitué à cela; il pourrait nous jeter toutes deux par terre; d'ailleurs il est si petit que nous serions fort mal à l'aise sur son dos. Allons, je cours le chercher; êtes-vous prête?

— Je ne me laisserai jamais conduire ainsi par vous.

— Il le faut pourtant bien; ce sera charmant, nous aurons l'air de la *Fuite en Égypte*.

— Mais que va-t-on dire? Il ne faut pas nous montrer ainsi dans le village.

— Traversez-le à pied, et attendez-moi au grand buis, à l'entrée de la montagne; nous irons par la Coursière, nous ne rencontrerons personne. Allons, partez; j'y serai aussitôt que vous. »

Un quart d'heure après, ces deux femmes cheminaient sur le sentier sinueux de la montagne, Jeanne assise sur le petit cheval et enveloppée dans sa cape. Fiamma marchait devant elle, un petit manteau espagnol jeté sur l'épaule, la bride passée au bras, et de temps en temps parlant à Sauvage pour le calmer; car il était fort ennuyé d'aller ainsi au pas, et de n'être pas sollicité à caracoler de temps en temps. Cependant, le sentier devenant de plus en plus difficile et escarpé, la nuit commençant à tomber, l'instinct de la prudence le rendit calme et attentif à tous ses pas. Quoique Fiamma marchât comme un Basque, franchissant les roches et se débarrassant des broussailles avec plus de légèreté que Sauvage lui-même, il était sept heures du soir lorsqu'elle aperçut les lumières de la ville. Elle engagea sa vieille amie à mettre pied à terre pour descendre le versant rapide de la dernière colline; et tandis que Sauvage les suivait de lui-même comme un chien, elle soutint Jeanne de son bras robuste, et la conduisit jusqu'aux premières maisons. Là, elle lui remit sa lettre pour Simon, et, après l'avoir embrassée, elle remonta sur son cheval.

« Bon Dieu! dit Jeanne, si je ne craignais pas les mauvaises langues, je vous emmènerais avec moi coucher à la ville. Voilà le vent qui se lève; il fait noir comme dans l'enfer, et si la neige venait à tomber! Hélas! je suis effrayée de vous voir partir ainsi, seule, à cette heure, par ce froid mortel.

— Allons, bonne mère, ne craignez rien ; donnez-moi votre bénédiction, elle me préservera de tout danger. Je vous salue, je vous aime, et comme une véritable héroïne de roman, *je m'élance à cheval dans la nuit orageuse.* »

Jeanne, transie de froid, resta pourtant immobile à l'entrée de la rue jusqu'à ce qu'elle eût cessé d'entendre le galop de Sauvage sur la terre durcie par la gelée. « O neige! ne tombe pas, murmura la vieille femme en se signant; lune blanche, lève-toi vite; et vous, sainte Vierge, veillez sur elle ! »

Lorsqu'elle arriva au domicile de maître Parquet, elle fut enchantée d'apprendre de la servante que l'avoué était au café, et que Simon était seul dans l'étude. Elle entra, et le vit appuyé contre le poêle, la tête dans ses mains. Le bruit des petits sabots plats de sa mère le fit tressaillir. Avant qu'elle eût parlé, il avait reconnu son pas encore égal et ferme. Il s'élança dans ses bras, et pour la première fois de sa vie il s'abandonna au besoin de se laisser consoler par la tendresse maternelle. Un torrent de larmes coula de ses yeux sur le sein de la vieille Jeanne.

« Vous avez fui votre mère, et votre mère court après vous, lui dit-elle avec l'accent grondeur de la tendresse.

Autrefois vous n'eussiez pas agi ainsi, votre mère était votre seul amour ; à présent j'ai une rivale, un ange que j'aime aussi, mais que j'aime moins que vous. Pourquoi l'aimez-vous plus que moi?

— Oh! ma bonne vieille, ma sainte mère! ne me faites pas de reproches, répondit Simon; je suis trop malheureux. N'empoisonnez pas cet instant où la seule vue de vos cheveux blancs suffit à me donner de la joie au milieu de mon désespoir. Ne croyez pas que je vous aime moins que par le passé. Tant que je vous aurai, je pourrai tout supporter ; quand vous mourrez, je mourrai.

— Tais-toi, enfant. Il y a quelqu'un qui saura bien te consoler!... Tais-toi, écoute. Le cousin est parti; on ne l'aime pas, on ne veut pas de lui; il ne reviendra pas.

— Grand Dieu! ma mère, ne me trompez-vous pas pour me consoler? » s'écria Simon.

Et il se fit raconter les moindres détails de l'entrevue de Fiamma avec sa mère. Il était si ému, si oppressé, qu'il écoutait à peine la réponse à ses mille questions, tant il avait hâte d'en faire de nouvelles! Il ne comprenait pas la plupart du temps, et se faisait répéter cent fois la même chose. Ce ne fut qu'au bout d'une heure de conversation qu'il comprit la manière dont Fiamma avait accompagné sa mère; et alors seulement Jeanne, rassurée sur le désespoir de son fils, sentit se réveiller ses inquiétudes pour Fiamma, et laissa échapper ces mots :

« O mon Dieu! je ne m'effraie pour elle ni de la nuit ni de la solitude; elle a un bon cheval, elle est brave et forte comme lui; mais s'il venait à tomber de la neige avant qu'elle fût rentrée! C'est si dangereux dans nos montagnes ! »

Simon pâlit et fit signe à Jeanne d'écouter. Le vent sifflait avec violence autour de cette maison bien close et bien chauffée. Simon pensa au froid qui devait glacer les membres de Fiamma durant cette nuit rigoureuse ; l'angoisse passa dans son cœur, il courut ouvrir la fenêtre : des flocons de neige, amoncelés sur la vitre, tombèrent à ses pieds. Un cri sympathique partit de son sein et de celui de sa mère ; puis ils restèrent immobiles et pâles à se regarder en silence.

Simon courut seller le cheval de M. Parquet, et bientôt il fut sur le sentier de la montagne, courant à toute bride sur les traces de Sauvage. Hélas ! la neige les avait couvertes. Jeanne n'avait pas dit un mot pour l'empêcher de partir. Mais, quand elle se trouva seule, le poids d'une double inquiétude tombant sur son cœur, elle leva les bras vers le ciel et lui demanda de ne pas voir lever le jour si son fils ne devait pas revenir. Cependant, elle se rassura peu à peu en voyant que la neige n'épaississait pas. Simon rentra à deux heures du matin. Il avait été loin sans atteindre la trace de Fiamma. Elle avait été rapide comme le vent et les nuages. Mais la neige ayant cessé de tomber et la lune s'étant levée dans tout son éclat, il avait reconnu la piste de Sauvage, et, un peu en arrière, celle de plusieurs loups qui avaient dû le suivre assez longtemps ; car il avait remarqué ces traces jusqu'à l'entrée du village de Fougères. Là les sabots du cheval s'étaient montrés délivrés de leur sinistre cortége, et il avait espéré atteindre la brave amazone, mais en vain. Il avait conduit sa monture à la cabane pour la faire reposer un instant, et, pendant ce temps, il s'était glissé dans les cours du château. Il avait vu, à la lueur des flambeaux, Sauvage fumant de sueur, entre deux palefreniers empressés à le frotter et à l'envelopper de couvertures. Il avait même entendu dire à un de ces laquais : « Diable ! voilà une drôle de promenade ! Heureusement que M. le comte est couché. Sa toux nerveuse l'occupe plus que sa fille. » L'autre avait répondu : « C'est bon ! cela ne nous regarde pas. Mademoiselle n'est pas ce qu'elle paraît, ni monsieur non plus. Mademoiselle est bonne, il ne faut pas parler d'elle. Monsieur a le diable au corps, il faut avoir soin d'en dire du bien. »

Simon était revenu à Guéret par la grande route. C'était le plus long, mais il y avait moins de dangers et de difficultés. En attendant, M. Parquet s'était fait raconter toute l'histoire, et, quoique madame Féline eût caché le secret de Simon, il avait tout compris et tout deviné d'avance. Ils soupèrent tous trois ensemble, et, tout en buvant la presque totalité du vin chaud qu'il avait fait préparer pour son filleul, M. Parquet parla ainsi :

« Enfant, tu es amoureux de mademoiselle de Fougères, et tu ne lui déplais pas. Elle a fait vœu de célibat, tu as fait vœu de ne lui parler jamais de ton amour, M. de Fougères ne consentira jamais à te la donner ; voilà trois obstacles à ton mariage. Cependant ces trois-là ne pèsent pas une once si tu viens à bout de lever le quatrième ; et celui-là, c'est ta misère et ton obscurité. Il faut sortir d'incertitude ; il faut plaider d'aujourd'hui en huit. Si tu n'as pas de talent, il faut en acquérir ; si tu en as, il n'y a plus qu'un peu de patience à prendre, un peu d'argent à gagner, et mademoiselle de Fougères est à toi. »

Simon, dont le cœur frémissait durant ce discours, supplia son cher parrain de ne point le leurrer de ces chimères. Mais M. Parquet était un optimiste absolu après boire.

« Cela sera comme je te dis, s'écria-t-il avec colère ; tu as du talent, j'en suis sûr. Quand j'avance une chose pareille, on doit me croire. Tu seras un jour célèbre, et par conséquent riche et puissant. C'est assez reculer, il faut sauter ; il faut jeter ton anneau ducal dans l'Adriatique ; il faut être le doge de notre dogaresse. Tu as tout ce qu'il faut dans ta cervelle et dans ta poitrine, dans ton âme et dans tes poumons pour être orateur. Dans huit jours la question sera résolue, ou bien il faudra poser une nouvelle question sans se rebuter. »

Simon, craignant que le vin chaud et les divagations décevantes de son parrain ne vinssent à lui porter à la tête, alla se coucher. En se déshabillant, il trouva dans son gilet la lettre que sa mère lui avait remise de la part de Fiamma, et que, dans son effroi à l'aspect de la neige et dans les agitations qui en avaient été la suite, il n'avait pas pu lire. A ce surcroît de bonheur, il baisa la lettre avec effusion; il l'ouvrit d'une main tremblante. Il croyait y trouver une amicale semonce; il n'y trouva que ces mots :

« Simon, travaillez. Je vous aime. »

Pendant que, brisé de fatigue, mais heureux comme il ne l'avait jamais été de sa vie, il s'endormait dans un bon lit, sa mère, conduite galamment par l'avoué jusqu'à la porte de la meilleure chambre de la maison, lui adressait quelques reproches.

« Vous échauffez trop la tête de mon pauvre enfant, lui disait-elle. Vous lui promettez comme certaines des choses presque impossibles. Au premier obstacle, vous le verrez perdre courage pour s'être trop vite flatté; et ce sera votre faute, voisin.

— Ne craignez donc rien, répondit M. Parquet; il lui faut un aiguillon. L'ambition s'est endormie; il faut se servir de l'amour pour l'aider à poser hardiment les fondements de sa destinée. Il importe peu qu'il épouse sa belle, pourvu qu'il épouse sa profession. »

XIII.

Simon débuta. Parquet lui avait réservé une belle affaire; il la lui avait gardée avec amour. C'était un beau crime à grand effet, avec passion, scènes tragiques, mystères, tout ce qui rend le spectacle de la cour d'assises si émouvant pour le peuple. Tout le monde s'étonna de voir que Parquet cédait le monopole de cette matière à succès à un enfant dont on n'espérait pas grand'chose, attendu son extérieur débile et ses manières réservées. La plupart des dilettanti de déclamation faillirent se retirer avec humeur. Simon fit un effort inouï sur le dégoût qu'il éprouvait à se mettre en évidence et sur la timidité naturelle à l'homme consciencieux. Il articula les premiers mots avec une angoisse inexprimable. Ses genoux se dérobaient sous lui; un nuage flottait autour de sa tête. Plusieurs fois il hésita à se rasseoir ou à s'enfuir. Il avait écrit sur une feuille volante de ses pièces, au moment de se lever : « Cet instant va décider de ma vie. S'il y a une lueur d'espoir, je vais la rallumer ou l'éteindre à jamais. » C'était à Fiamma qu'il pensait. La crise était arrivée : il allait faire un pas vers elle ou voir un abîme s'ouvrir entre eux. L'importance du succès n'était pas en rapport avec le tort irréparable de la défaite. Avec du talent, il avait une chance pour posséder cette femme; sans talent, il les avait toutes pour la perdre. Que de motifs de terreur et d'éblouissement!

Mais il avait mis sur son cœur le billet de Fiamma, les trois seuls mots qu'il possédait de son écriture. Il eut confiance en cette relique, et continua, quoique sa parole fût confuse et entrecoupée. Le bon Parquet, assis à ses côtés, était plus à plaindre encore que lui; il rougissait et pâlissait tour à tour. Il portait alternativement un regard d'anxiété sur Simon, comme pour le supplier d'avoir courage; puis, comme s'il eût craint d'avoir été aperçu, il reportait son regard terrible et menaçant sur les juges, pour défendre à leurs visages cette expression de pitié ou d'ironie qui condamne et décourage. Enfin, il se tournait de temps en temps vers le public, pour faire taire ses chuchotements et ses murmures d'un air à la fois imposant et paternel qui semblait dire : « Prenez patience, vous allez être satisfaits; c'est moi qui vous en réponds. »

Cette agonie ne fut pas longue, Simon eut bientôt pris le dessus. Sa taille se redressa et grandit peu à peu. Sa voix pure et grave prit de la force, sans perdre un reste d'émotion qui lui donnait plus de puissance encore. Son visage resta pâle et mélancolique ; mais ses grands yeux noirs lancèrent des éclairs, et une majesté sublime entoura son front d'une invisible auréole. D'abord on s'étonna de la simplicité de ses paroles et de la sobriété de ses gestes, et on disait encore : *Pas mal*, lorsque l'arquet murmurait déjà entre ses lèvres : *Bien! bien!* Mais bientôt la conviction passa dans tous les cœurs, et l'orateur s'empara de son auditoire au point que l'esprit s'abstint de le juger. Les fibres furent émues, les âmes subirent la loi d'obéissance sympathique qu'il est donné aux âmes supérieures de leur imposer. Ceux qui aimaient le plus la métaphore ampoulée pleurèrent comme les autres, et ne s'aperçurent pas que la métaphore manquait à son discours. Parquet, plus habitué à l'analyse, s'en aperçut, et ne s'étonna pas qu'on pût être grand par d'autres moyens que ceux qu'il avait estimés jusqu'alors. Il avait trop de sens pour ne pas le savoir depuis longtemps; mais il n'eût pas cru qu'un auditoire grossier pût se passer d'un peu de ce qu'il appelait la *poudre aux yeux*. De ce moment il se sentit supplanté, et la faiblesse de la nature lui fit éprouver un mouvement de chagrin; mais ce chagrin ne dura pas plus de temps qu'il n'en fallut pour prendre une large prise de tabac en fronçant un peu le sourcil. En secouant sur son rabat l'excédant de ce copieux chargement, le digne homme secoua les légers grains de misère humaine qui eussent pu obscurcir la sincérité de sa joie. Il fondit en larmes en embrassant son filleul à la fin de l'audience, et en lui disant : « C'est fini, je ne plaide plus, et désormais c'est par toi que je triomphe. »

Ils avaient fait trois pas dans la rue, lorsque Parquet, s'arrêtant pour regarder une paysanne qui passait aussi vite que la foule pouvait le permettre, se dit comme à lui-même :

« Ouais! voilà une montagnarde qui a la main bien blanche! »

Simon se retourna précipitamment ; il ne vit qu'une femme enveloppée d'une cape qui cachait entièrement son visage, parce que d'une main elle la tenait abaissée comme pour défendre une vue faible de l'éclat du soleil. Cette main était si belle et cette démarche si alerte, que Simon ne put s'y tromper. C'était Fiamma. Il eut bien de la peine à s'empêcher de courir après elle.

« Gardez-vous-en bien, lui dit Parquet : ce serait une indiscrétion. Puisqu'on se déguise, c'est qu'on ne veut pas que vous sachiez qu'on était là. D'ailleurs, peut-être nous sommes-nous trompés!

— Ce n'est pas moi qu'elle peut tromper en se déguisant, dit Simon. N'ai-je pas reconnu ces deux raies bleues au poignet, reste des cruautés du bec d'Italia?...

— Oh! l'œil de l'amant! dit Parquet. Eh bien! Simon, qu'est-ce que je te disais? On t'aime, et tu as du talent; et un jour...

— Et un jour je me brûlerai la cervelle, répondit Simon en lui pressant vivement le bras, si je me laisse prendre à vos belles paroles. Mon ami, épargnez-moi, dans ce moment surtout, où je n'ai pas bien ma tête, et où je ne me soutiens plus qu'avec peine...

— Appuie-toi sur moi, lui dit Parquet, tâchons de rejoindre ta mère dans cette foule, et viens avec moi boire du bishof à la maison. Je n'y manque jamais après avoir plaidé, et je m'en trouve bien : d'ailleurs je ne serai pas fâché d'en boire moi-même ; j'ai sué, tremblé et brûlé plus que toi en t'écoutant. »

Simon, n'osant aller encore à Fougères, écrivit à Fiamma pour la remercier des encouragements qu'elle lui avait donnés et auxquels il devait le bonheur de son début. Il était bien résolu à ne pas violer son vœu, mais néanmoins il lui échappa malgré lui des paroles passionnées et l'expression d'une vague espérance.

Fiamma le comprit et lui répondit une lettre fort affectueuse, mais plus réservée qu'il ne s'y était attendu. Elle semblait rétracter avec une extrême adresse le sens passionné que Simon eût pu donner aux trois mots de son premier billet, et lui faire entendre qu'il y aurait folie de sa part à prendre pour une déclaration d'amour cette parole écrite, ou plutôt criée du fond d'une âme fraternelle, en un moment de sainte sollicitude. En parlant succinctement du départ de son cousin, elle ne perdait pas l'occasion de parler de son aversion pour le mariage et de l'incapacité de son âme pour tout autre sentiment que l'amitié et le dévouement politique. Elle finissait en engageant Simon à lui écrire souvent, à lui rendre compte de toutes les actions et de toutes les émotions de sa vie, comme il avait coutume de le faire à Fougères ; elle se liait par une promesse réciproque.

Simon ne fut pas aussi reconnaissant de cette lettre qu'il eût dû l'être ; il eût accusé mademoiselle de Fougères d'un mouvement de hauteur, s'il n'eût rapporté au mystère de sa conduite, relativement au vœu de célibat, toutes les démarches qu'il ne comprenait pas bien ; mais cette excuse ne lui était que plus cruelle, car ce mystère le tourmentait étrangement. Il avait entendu Parquet faire mille suppositions, dont la plus constante était celle d'un engagement pris en Italie, en raison d'un amour contrarié. Cependant, comme mademoiselle de Fougères ne parlait jamais de retourner dans son pays, quoiqu'elle fût majeure et libre de quitter son père ou de lui arracher son consentement, il était probable qu'il n'y avait plus pour elle aucun espoir de ce côté-là. C'était peut-être à un mort qu'elle conservait cette noble fidélité, que M. Parquet ne regardait cependant pas comme inviolable. Il encourageait donc Simon à garder l'espérance, et le pauvre enfant, quoique rongé par cette espérance dévorante, la conservait malgré lui, tout en niant qu'il l'eût jamais conçue.

Cependant les mois et les années s'écoulèrent sans apporter aucun changement dans leur situation respective, et l'espoir de Simon s'évanouit. Mademoiselle de Fougères se montra constamment la même : aussi bonne, aussi dévouée, aussi exclusivement occupée de lui ; mais jamais il n'y eut plus dans ses lettres une parole équivoque, jamais dans ses manières une contradiction, si légère qu'elle fût, avec ses paroles. Sa vie fut toujours aussi solitaire, aussi calme au dehors, aussi orageuse au dedans. Lorsque le feu de la jeunesse tourmentait cette tête ardente, le grand air, le vent des montagnes, la chaleur du soleil, suffisaient à la rafraîchir ou à l'éteindre par la fatigue. Quelquefois elle se levait avant le jour, allait brider elle-même son cheval, et disparaissait avec lui jusqu'au soir. Jamais on ne la rencontra en aucune compagnie que ce fût. Deux pistolets d'arçon, dont elle se fût fort bien servie au besoin, et un grand chien-loup horriblement hargneux qu'elle s'adjoignit pour garde du corps, la mettaient à l'abri des hommes et des bêtes.

D'ailleurs, au bout d'un certain temps, elle avait inspiré assez d'estime et de respect pour être sûre de ne rencontrer nulle part d'hostilité insolente ou de trouver partout des défenseurs empressés. L'opinion, qui s'abuse souvent, mais qui s'éclaire toujours, redevint peu à peu équitable envers elle. Quoiqu'elle fît des libéralités fort strictes, eu égard à l'argent qu'on lui supposait disponible, quoique son maintien semblât toujours altier et son caractère incapable d'aucune concession à la force populaire, le peuple du village et des environs, émerveillé de la pureté de ses mœurs avec une vie si indépendante et une beauté si remarquable, la prit, sinon en grande amitié, du moins en grande considération. On lui demandait plus souvent des conseils que des aumônes, et on se laissait volontiers guider par elle dans les affaires délicates. M. Parquet prétendait qu'elle lui enlevait beaucoup de clientèles à force de concilier les inimitiés et d'apaiser des ressentiments. La sagesse et l'équité semblaient être la base de son caractère et en exclure un peu la tendresse et l'enthousiasme.

Simon le pensait ainsi ; Parquet, devant qui elle s'observait moins, en jugeait autrement. Souvent, lorsqu'ils parlaient d'elle ensemble, le jeune homme opinait que l'amour était une passion inconnue à Fiamma ; Parquet secouait la tête.

« Qu'elle n'en ait pas pour toi, lui disait-il, je n'en répondrais pas ; je ne sais plus à quoi m'en tenir à cet égard ; mais qu'elle n'en ait jamais eu pour personne ou qu'elle ne soit jamais capable d'en avoir, c'est ce qu'on ne me persuadera pas aisément. Tu plaides mieux que moi, Féline, mais tu ne connais pas mieux le cœur humain. Sois sûr que j'ai surpris chez elle bien des contradictions : par exemple, un jour elle nous fit un grand discours pour nous prouver qu'il valait mieux soulager peu à peu le pauvre, et l'aider à sortir lui-même de sa misère, que de lui donner tout à coup le bien-être dont il ne ferait qu'abuser. Cela pouvait être fort juste ; mais deux heures après je vis que cette modération n'était guère dans son caractère ; car en passant devant la maison du pauvre Mion, et en le voyant entrer avec ses enfants sous sa misérable hutte, où l'on ne peut se tenir debout, elle s'écria avec chaleur : « O ciel ! avec mille francs on donnerait à cette famille un logement sain, et cependant elle reste courbée sous ce hangar, à la porte d'un château !... » Je lui fis observer qu'elle pouvait bien disposer d'un billet de mille francs pour des malheureux ; M. de Fougères m'avait encore dit la veille : « Engagez donc Fiamma à me demander tout ce qu'elle désire, et j'y souscrirai. Je ne me plains que de son excessive économie. » Fiamma alors changea de visage et me répondit d'un air étrange : « Parquet, vous devriez être habitué à cette vérité aussi ancienne que le monde : Ne vous fiez pas à l'apparence. » Va, Simon, ajoutait Parquet, sois sûr qu'il y a là *un mystère d'iniquité* de la part de M. de Fougères. Simon lui renvoyait en riant cette phrase de cour d'assises et trouvait la supposition folle. Il était bien prouvé désormais pour tout le monde que M. de Fougères était un hypocrite de bonté, mais non de probité ; un homme dur, égoïste, étroit d'idées et de sentiments, peureux et avare ; mais il était impossible de trouver en lui assez d'étoffe pour en habiller le personnage du plus maigre scélérat.

Cependant, comme les gens heureux et faits pour l'être se lassent vite des investigations actives et s'accommodent de tout ce qui s'accommode à eux, M. Parquet finit par accepter mademoiselle de Fougères pour ce qu'elle voulait être, et il en vint même à conseiller à Simon de la regarder comme sa sœur et de ne plus songer à devenir son amant ou son époux. Simon s'efforça de s'habituer à cette conviction ; mais il avait beau faire, la force de son amour l'écartait à chaque instant avec impatience. Trop fier pour vouloir être plaint, depuis longtemps il avait cessé d'avouer sa passion, et il la cachait désormais non-seulement à son ami, mais encore à sa mère. Jeanne n'en était pas dupe; on ne trompe pas une mère comme elle; mais elle respectait son courage, et seule peut-être contre tous elle ne désespérait pas de le voir récompensé.

Plusieurs partis se présentèrent inutilement pour mademoiselle de Fougères. Il en fut ainsi pour mademoiselle Parquet. Cette jeune personne montra, il est vrai, un peu d'hésitation chaque fois, et ne se prononça jamais, comme son amie, contre le mariage; mais, au fond du cœur, plus elle voyait ou croyait voir Simon renoncer à son amour pour Fiamma, plus elle se flattait qu'il reconnaîtrait combien elle était elle-même un parti sortable, et offrant (à lui spécialement) toutes les garanties du bonheur et du bien-être. Elle garda aussi son secret, même avec Fiamma, ayant un peu de honte d'aimer un homme qui se montrait si peu empressé à l'obtenir, et craignant, en prenant un arbitre, de perdre la faible espérance qu'elle conservait encore.

L'amour ayant pris dans le cœur de Simon un caractère grave, constant, mélancolique, il continua ses débuts avec le plus grand succès. Il fut aidé à se faire connaître par l'abandon que lui fit M. Parquet de sa toque d'avocat. Se réservant les tracas lucratifs de l'étude, il lui fit plaider toutes les causes qu'il eût plaidées lui-même. Depuis longtemps il avait caressé cette espérance de se retirer du barreau en y laissant un successeur digne de lui et créé par lui. Il avait mis là tout son orgueil, et il triomphait de ne pas laisser l'héritage de sa clientèle aux rivaux qui avaient osé lutter contre lui durant sa vie oratoire. Il se sentait trop vieux pour parler avec les mêmes avantages qu'autrefois. Ses dents l'abandonnaient; et il disait souvent qu'il avait bien fait d'imiter les grands comédiens, qui se retirent avant d'avoir perdu la faveur du public idolâtre. Simon s'acquitta, envers lui et malgré lui, des avances généreuses qu'il en avait reçues; mais, après avoir satisfait à ce devoir, il montra assez peu d'empressement à profiter de sa réputation et de sa force. Appelé au loin, il s'y traînait nonchalamment et plaidait en artiste plutôt qu'en praticien, c'està-dire selon que l'occasion lui semblait belle pour faire un grand acte de justice ou de talent, sans s'occuper beaucoup de ses profits personnels. Parquet le louait de sa générosité, mais il s'attachait à lui prouver qu'elle pouvait s'accommoder d'une volonté active et soutenue de faire fortune. Simon se voyait forcé de lui avouer que l'ambition était morte dans son cœur, qu'il n'aimait son métier que sous la face de l'art, et que peu lui importait l'avenir. Ses opinions politiques étaient pourtant toujours aussi prononcées et sa foi aussi ardente; mais il semblait ne plus s'attribuer la force de lui faire faire de grands progrès. Fiamma, qui l'étudiait attentivement dans les rares entrevues qu'elle avait avec lui et dans les nombreuses lettres qu'elle en recevait, comprit que l'amour était devenu chez lui un mal plutôt qu'un bien, et qu'il était nécessaire d'opérer en lui une révolution.

XIV.

Elle alla un jour frapper à la porte de M. de Fougères et pria son valet de chambre de lui dire qu'elle désirait lui parler, s'il en avait le temps, et qu'elle l'attendait dans son appartement; car elle n'entrait jamais dans celui de M. de Fougères, et, comme leurs occupations n'avaient rien de commun, ils passaient quelquefois plusieurs jours sous le même toit sans se voir. Un instant après qu'elle fut rentrée chez elle, M. de Fougères se présenta. Il avait dans les manières une aménité charmante depuis quelque temps; et comme il conservait cette bonne disposition avec elle, jusque dans le tête-à-tête, s'empressant à lui complaire et recherchant son approbation sur les choses les plus frivoles, elle avait lieu de penser qu'il avait quelque concession de principes à lui demander.

« Me voici, ma chère Fiamma, lui dit-il, et je suis d'autant plus content d'avoir été appelé par vous que j'avais moi-même à vous parler d'une affaire importante.

— Écouterai-je, Monsieur, les ordres que vous avez à me donner, ou commencerai-je par vous présenter ma supplique?

— Pourquoi ne m'appelez-vous pas votre père, Fiamma? Je suis affligé de la froideur de vos manières avec moi. Nous avons été longtemps sans nous connaître; mais aujourd'hui que nous avons lieu de nous estimer réciproquement, un peu d'affection ne viendra-t-elle pas de vous à moi?

— Je vous appellerai mon père si vous le désirez, » répondit Fiamma assez froidement; car, à voir le patelinage de ce préambule, elle craignait une tentative d'empiétement sur son indépendance et ne se livrait nullement à la flatterie. Elle entra tout de suite en matière et demanda, non la *permission*, mais l'*approbation* de se retirer dans un couvent. Fiamma avait alors vingt-cinq ans, et il était difficile de lui imposer d'autres lois que celles des convenances, celles de l'affection n'existant pas.

M. de Fougères montra un peu de malaise. « Certainement, ma chère fille, dit-il, je ne puis ni ne veux m'opposer à aucune de vos volontés; mais si, par tendresse et par raison, je puis obtenir de vous que vous n'exécutiez pas ce dessein, dans les circonstances où nous nous trouvons vis-à-vis l'un de l'autre... » Il s'arrêta avec embarras.

« Je vous avoue, Monsieur, dit-elle, que j'ignore absolument ce qu'ont d'extraordinaire ces circonstances, et par conséquent ce qu'elles ont de commun avec le désir que je manifeste.

— En vérité, Fiamma, vous l'ignorez, et ce n'est pas en raison de ces circonstances que vous désirez vous éloigner de moi?

— Je vous le jure, Monsieur.

— En ce cas, ma fille, que votre volonté soit faite. Seulement vous ne refuserez pas de sanctionner par votre présence l'acte qui va changer mon existence... » Ici le comte entra dans une apologie tourmentée et fatigante de sa conduite, durant laquelle il répéta plus de vingt fois: *Non è vero, Fiamma?* pour arriver au résultat difficile qui lui tenait à la gorge. Enfin il avoua, avec beaucoup de trouble et d'appréhension, qu'il était à la veille de se remarier.

« En vérité! s'écria Fiamma en tressaillant sur sa chaise. Eh bien, mon père, je vous approuve et même je vous remercie; vous ne pouviez m'apprendre une plus heureuse nouvelle, et la joie que j'en ressens est si vive que je ne sais comment l'exprimer. »

Le comte la regarda en face attentivement, et, voyant en effet la satisfaction briller sur son visage, il devint rêveur et lui dit en oubliant tout à fait son rôle :

« Mais pourquoi donc êtes-vous si réjouie, Fiamma? Je suis obligé de vous faire observer que les conséquences de ce mariage peuvent diminuer votre fortune considérablement, et que toute autre personne, dans votre position, m'en ferait peut-être un reproche. Il y a dans toutes vos pensées quelque chose d'inexplicable pour moi... »

Fiamma sourit. «Vous êtes habitué, Monsieur, lui dit-elle, à mettre la richesse en tête des causes du bonheur. Je crois que vous avez raison. vivant de la vie d'action et de réalité. Quant à moi, habituée à me nourrir de rêveries et de contemplations, je ne fais aucun cas, *Votre Seigneurie le sait*, des biens temporels. (*Ella lo sa!* était une locution habituelle de Fiamma avec son père, équivalente au *Non è vero?* de celui-ci.) Destinée au célibat, continua-t-elle, j'ai toujours pensé avec regret que ces richesses si précieuses et si nécessaires aux hommes, acquises par vous avec tant de peines et de soucis, deviendraient stériles entre mes mains, et qu'il était bien regrettable que vous n'eussiez pas d'autres enfants que moi pour perpétuer votre nom et utiliser votre fortune.

— Dites-vous ce que vous pensez, Fiamma? s'écria le comte en l'observant toujours attentivement.

— Votre Seigneurie le sait.

— Pourquoi dites-vous que je le sais?

— *Ella sa*, reprit Fiamma, que quinze cents livres de rente me suffisent pour être à l'aise, que je n'ai point le goût du luxe, que mes vêtements sont d'une excessive simplicité, que je n'ai point de domestique particulier, que je me sers moi-même, que je ne sors jamais qu'avec mon cheval, lequel dans le pays a coûté cinquante écus.

— Je sais tout cela, Fiamma, et je m'en étonne: maintenant j'espère que, loin de vous regarder comme ruinée et forcée à cette économie, vous vous souviendrez que la moitié et même le quart de votre héritage est encore assez considérable pour vous faire riche, et que s'il vous plaît de vous marier...

— Votre Seigneurie sait que je ne le veux pas. Maintenant veut-elle me permettre d'entrer au couvent le plus tôt possible? »

Ce n'était pas l'avis du comte. Il était d'une insigne poltronnerie devant l'opinion publique; et, comme tous les gens sans vertu, toute l'affaire de sa vie, après l'argent (et peut-être à cause de la considération dont il avait besoin pour s'enrichir), était de passer pour les avoir toutes. Il craignait beaucoup qu'on ne blâmât son mariage, et il sentait qu'il était facile à sa fille, soit par ses plaintes, soit par une affectation de silence et de retraite monastique, de se donner pour une victime de cette fantaisie. Il la supplia de venir à Paris avec lui, afin d'assister à son mariage, et d'y fixer ensuite sa résidence dans le couvent qu'il lui plairait de choisir, mais non d'une manière absolue; car il désirait qu'elle reparût avec lui momentanément dans la province, afin qu'on ne les crût pas brouillés ensemble.

Tout cet arrangement se conciliait assez avec les projets de Fiamma. Elle consentit à tout, et son père la quitta enchanté d'elle, bénissant cette fois sa bizarrerie et lui baisant la main avec une grâce tout italienne.

La nouvelle du mariage de M. de Fougères avec une riche veuve encore jeune se répandit bientôt. Le comte avait coupé ses ailes de pigeon, supprimé la poudre, les culottes courtes, et s'était, en un mot, adonisé. On s'aperçut alors qu'il n'était pas si vieux qu'on l'avait cru. Ses cheveux étaient encore bruns, sa tournure alerte, et l'on pouvait craindre pour sa fille l'arrivée de plusieurs héritiers dans la famille. Fiamma s'en réjouissait sincèrement. Parquet, tout en connaissant son indifférence pour les richesses, trouvait encore dans cette joie excessive quelque chose d'extraordinaire.

Quant à Simon, une grande douleur était entrée dans son âme, et mille pressentiments sinistres lui rendirent effrayant ce départ de Fiamma; elle annonçait cependant son retour pour le printemps suivant avec sa future belle-mère.

Mais peu à peu Simon comprit, à ses lettres, que le bonheur de sa présence était perdu pour lui. Quand il sut qu'elle était entrée dans un couvent, son désespoir augmenta. Il craignit, avec quelque apparence de raison, qu'elle ne s'y enfermât pour toujours : elle avait passé l'âge où le grand air et l'exercice sont indispensables, et le couvent n'apporta guère d'autre modification à son genre de vie. Depuis longtemps il la voyait rarement et n'avait que des communications épistolaires avec elle. Mais les précieuses entrevues, et surtout ces longues lettres si bonnes, si philosophiques, si sages, si pures de morale et de sentiment, ces lettres qui l'eussent empêché de se corrompre s'il eût été disposé à le faire, et qui l'eussent fait grand s'il ne l'eût été par lui-même, allaient peut-être lui manquer pour jamais.

Peu à peu, en effet, les lettres devinrent rares et laconiques, et la probabilité que Fiamma rétablit sa résidence habituelle à Fougères devint précaire. Il écrivit d'autant plus qu'on lui écrivait moins, et témoigna sa douleur très-vivement. On lui répondit avec bonté, mais de manière à lui prouver la nécessité de se soumettre.

Alors Simon perdit tout à fait l'espoir qu'il avait gardé mystérieusement au fond de son cœur. Il pleura avec amertume, s'irrita contre la destinée, accusa Fiamma d'avoir un cœur de fer, et songea à se brûler la cervelle. Peut-être l'eût-il fait s'il n'eût pas eu de mère.

Alors ce que Fiamma avait prévu arriva. Il abandonna les rêves de l'amour, et conservant l'amertume du regret au fond de ses entrailles comme un cadavre qui reste enseveli sous les eaux, il se jeta tout à fait dans la vie active. L'ambition se ralluma, car il fallait à Simon Féline le repos de la tombe ou la vie des passions. Il se rendit aux conseils de M. Parquet, et s'occupa exclusivement de son état. Sa renommée grandit, et son crédit devint tel en peu de temps qu'il put compter à coup sûr sur une fortune considérable pour l'avenir et sur une haute carrière politique.

Au milieu des fatigues et des ennuis de cette existence laborieuse, la crainte de perdre bientôt sa mère et d'être livré seul et sans affection exclusive au caprice de la destinée se fit vivement sentir. Jeanne faiblissait, non de caractère, mais de santé. Elle avait quelquefois des absences de mémoire, et semblait vivre dans une sorte de somnambulisme. Quand elle retrouvait la plénitude de ses facultés, c'était avec une intensité qui ressemblait à la fièvre, et faisait craindre la fin prochaine d'une vie qui avait perdu la régularité de son cours

Simon Féline avait de si grandes obligations à l'excellent M. Parquet, qu'il était avide de trouver un moyen de s'acquitter. Ces raisons, réunies à un peu de dépit contre celle qui s'était emparée si longtemps de lui exclusivement pour l'abandonner tout d'un coup sans motif, lui firent songer à rechercher Bonne Parquet en mariage. Il en parla à son père.

« Doucement, doucement! répondit l'avoué. Ce serait le vœu le plus cher de mon cœur, et tu te souviens que ce l'était avant que nous eussions pensé à faire de toi un grand personnage; je n'y ai renoncé qu'en te voyant amoureux de notre pauvre dogaresse, que voici, hélas! bien loin de nous, et peut-être pour toujours. Maintenant, si tu veux épouser Bonne, et que Bonne veuille t'épouser, c'est bien. Mais prenons garde...

— Craignez-vous que je ne sois pas bien guéri de mon amour insensé? dit Simon; il y a plus de quatre ans que je ne me flatte plus; c'est une assez longue épreuve.

— Il n'y a pas si longtemps que cela! dit Parquet en hochant la tête. Enfin, réfléchis... Tu es un gros bonnet à présent, maître Simon; et cependant j'aimerais mieux que ma fille n'eût pas l'honneur de porter ton nom que de la voir manquer du bonheur domestique si nécessaire aux femmes, vu que rien ne le remplace pour elles. Ma pauvre Bonne n'est pas une princesse de roman comme notre chère dogaresse, qui l'a supplantée, et que je voudrais voir ici, dût-elle la supplanter encore! Dans tous les cas, garde-toi de parler de tes intentions avant d'être bien sûr de toi. »

Simon, sans faire part à Bonne de ses projets, se montra plus occupé d'elle que par le passé. Il l'examina avec attention, et remarqua dans cette jeune fille les plus belles qualités du cœur. Bonne, plus jeune de plusieurs années que ses amis Simon et Fiamma, avait acquis des agréments au lieu d'en perdre; elle était assez bien faite, sans être précisément belle. En outre, elle s'était parée d'un petit défaut dont l'absurdité des hommes démontre la puissance, lorsqu'au contraire il devrait ôter du prix à la femme qui l'acquiert. A force de voir soupirer autour d'elle d'honorables adorateurs, elle était devenue un peu coquette. Sa naïveté timide s'était laissé corrompre ou s'était embellie (comme il vous plaira) de mille petites ruses demi-élégantes, demi-villageoises. Depuis que son amie Fiamma était partie, elle s'était approprié quelques-unes de ses belles manières; et quelquefois elle se surprenait à faire la dogaresse, tout en faisant manger ses poules ou en préparant le bishof de son père.

Simon, qui avait été longtemps sans la voir, s'étonna de ce changement et se laissa prendre à un piége bien simple et bien connu, mais qui ne manque jamais son effet. Il se trouva en concurrence avec un rival, et il désira, ne fût-ce que par orgueil, le faire renvoyer. Il avait dans le caractère un peu l'amour de la domination. C'est le mal des âmes qui se sentent fortes, et souvent cette preuve de leur force est la source de leurs faiblesses. Bonne s'aperçut de la surprise qu'il éprouvait de ne pas supplanter son concurrent aussi vite qu'il se l'était imaginé ; elle changea cette surprise en dépit avec un peu de ruse. Le concurrent était un jeune médecin d'une belle et bonne figure, ne manquant pas de talent, et assez capable, non de lutter avec Simon, mais de faire oublier une ingratitude. Bonne, en petite rusée, l'accueillit d'autant mieux qu'elle vit Simon plus assidu. M. Parquet s'aperçut de ce manége, et, ne reconnaissant pas là la droiture accoutumée de sa chère enfant, il la gronda un peu.

« Écoutez, cher papa, lui dit-elle; M. Simon est un capricieux qui m'a fait assez souffrir. Je l'ai attendu longtemps, croyant ce que tout le monde croyait, qu'il finirait par se prononcer. Il ne l'a pas fait dans le temps où je ne souffrais aucun galant près de moi pour ne pas le décourager. A présent, il daigne s'apercevoir que j'existe, que je ne suis pas tout à fait aussi bête qu'il se l'était imaginé, et il trouve fort mauvais, sans doute, que je ne tombe pas à genoux devant lui. Moi, je vous dirai que je suis un peu revenue de mes idées romanesques, et que je ne mourrai pas de chagrin s'il m'abandonne de nouveau. En raison de cela, je prends mes précautions. D'ailleurs, tout n'est pas fini d'un certain côté, et j'ai écrit une lettre dont j'attends l'effet. »

M. Parquet l'interrogea vivement pour savoir quel était le sujet de cette lettre. Il sut seulement d'abord qu'elle était adressée à Fiamma; enfin, comme il était extrêmement curieux et passablement absolu, il obtint que sa fille lui en montrât le brouillon, l'original étant parti.

« Ma noble amie, votre père va, dit-on, arriver ici à

« la fin du mois. Vous nous aviez fait espérer d'abord
« que vous l'accompagneriez, et maintenant vos domes-
« tiques disent qu'ils ne vous attendent pas. Je vous sup-
« plie, ma bien-aimée, de faire votre possible pour venir.
« Je touche à une épreuve difficile de ma vie. Je suis
« exposée à de grands dangers, parmi lesquels vous
« seule pouvez me guider et me protéger. Si vous avez
« jamais eu de l'amitié pour moi, venez, au nom du ciel!
« Je compte sur votre cœur généreux, que ni la piété
« fervente à laquelle vous vous livrez, ni le bonheur dont
« vous semblez jouir dans la solitude, n'ont pu refroidir
« à mon à égard. Adieu, ma dogaresse chérie. Je vous
attends. »

« Et quelle est votre intention, mademoiselle Diplomatie? dit M. Parquet en achevant ce billet.

— Oh! mon père! je n'en sais trop rien, répondit Bonne; mais il est certain que de ma vie je ne ferai la moindre démarche importante et ne me permettrai la moindre pensée trop vive sans consulter Fiamma. »

Parquet ne comprenant rien à ces mystères de jeunes filles, pria Simon de ne pas être trop assidu auprès de Bonne. « N'allez pas chasser encore cet amoureux qu'elle a aujourd'hui, lui dit-il, et qui n'est pas à mépriser; car on ne sait pas ce qui peut arriver, et ma fille est d'âge à se marier. »

Ces choses se passaient à la ville, où la famille Parquet vivait désormais habituellement. A l'époque où le comte de Fougères dut revenir, Bonne retourna au village pour attendre son amie. Fiamma n'avait pas répondu, mais elle arriva et courut embrasser mademoiselle Parquet, qui eut, ce jour-là et les jours suivants, de longues conférences avec elle.

XV.

Cinq ans après l'époque où Simon était entré un matin dans sa chaumière en revenant d'un voyage entrepris avec l'intention d'oublier Fiamma, et où il l'avait trouvée endormie sur le sein de sa mère, il entra dans cette même maisonnette toujours pauvre, toujours fraîche et propre, toujours entourée de feuillage. Madame Féline n'avait voulu rien changer à sa manière de vivre, et c'est tout au plus si son fils avait pu lui faire accepter de légers dons. Comme alors Simon ne s'attendait point à revoir Fiamma, Bonne ne lui avait pas fait confidence de sa démarche, et la famille de Fougères était arrivée la veille seulement. Il retrouva le groupe de ces trois femmes à peu près tel qu'il l'avait vu jadis lorsqu'il s'écria : *O Fatum!* Seulement Jeanne tournait moins vite son fil autour de son peloton et le laissait souvent tomber, et Italia, devenu excessivement chauve et déguenillé, reposait dans une attitude mélancolique sur le seuil de la maison. Fiamma ne dormait pas, elle attendait Simon; elle n'était pas à beaucoup près aussi calme et aussi gaie que la première fois. Elle se leva dès qu'il parut et marcha à sa rencontre... Simon ne l'avait pas vue depuis deux ans. Il croyait bien être guéri de ce que cette affection avait eu de violent et d'exclusif; mais à peine l'eut-il aperçue qu'il devint pâle comme la mort, et, s'appuyant contre le mur de la cabane, il s'écria dans une sorte d'égarement : « Oui, c'est ma destinée ! »

Fiamma lui prit la main avec tendresse.

« Allons, embrassez-le donc! lui dit Bonne en la poussant avec un peu de brusquerie dans les bras de Féline. C'est à présent un plus grand personnage que vous, madame la dogaresse.

— Pourquoi êtes-vous changée, Fiamma? dit vivement Féline en regardant son amie; mon Dieu! qu'y a-t-il? Je ne vous ai jamais vue ainsi! Vous est-il arrivé malheur? J'ai cru que cela n'était pas fait pour vous.

— Allons donc! s'écria Bonne avec une familiarité qu'elle n'avait jamais eue avec Simon, vous voyez bien que c'est la joie de vous revoir. Et vous, faut-il que je vous apporte une glace pour vous montrer la belle figure que vous faites?

— Mon amie, dit-elle à Fiamma, une demi-heure après, en traversant le verger de la mère Féline, vous voyez que je ne me suis pas trompée. Croyez-vous que je puisse épouser un homme qui se trouve mal en vous voyant? Et pensez-vous qu'à l'heure qu'il est il se souvienne de m'avoir priée avant-hier d'être sa femme?

— Pourquoi non? et qu'importe?

— Taisez-vous, taisez-vous, fourbe! s'écria Bonne; vous savez bien qu'il vous aime et qu'il n'en guérira jamais. Mais rassurez-vous, mon amie; je ne comptais pas sur un pareil miracle, et j'ai dit hier à mon jeune médecin qu'il pouvait revenir ce soir, que je lui donnerais mon dernier mot. Vous pouvez imaginer quel il sera, et voyez! je n'en meurs pas de désespoir! Ai-je maigri depuis une demi-heure? Mes cheveux n'ont pas blanchi, que je sache? Ne m'est-il pas tombé quelque dent? C'est inexplicable, mais depuis que Simon s'est trouvé mal je me sens tout à fait bien; il ne me reste pas la plus petite incertitude ni le moindre regret. Allez, ma Fiamma, vous êtes la seule femme que cet homme-là puisse aimer, de même qu'il est le seul homme...

— Ne dites pas cela, vous ne le savez pas, Bonne, interrompit Fiamma d'un ton si grave que Bonne n'osa pas répliquer. »

M. Parquet eut le soir un long entretien avec sa fille,

à la suite duquel il l'embrassa en fondant en larmes, et en lui disant : « Bonne, les noms symboliques ont toujours porté bonheur, tu es ce que je connais de meilleur et de plus estimable au monde. Il est minuit, mais c'est égal; il faut que j'aille trouver la dogaresse; elle se couche tard, et d'ailleurs elle peut bien recevoir en robe de chambre un vieux sigisbée comme moi... Il fut un temps... Mais la douce philosophie... »

En murmurant ses réflexions favorites, M. Parquet prit sa canne, son chapeau, et alla, par les jardins du château, frapper à la porte vitrée de l'appartement de Fiamma. Elle était en prières et paraissait fort agitée. Elle tressaillit en entendant un bruit de pas sous sa fenêtre; mais en reconnaissant la voix de son sigisbée, elle se rassura et courut lui ouvrir.

Après un assez long exorde : « Il faut en finir, lui dit-il, Simon vous aime à la folie; ce qui le prouve, c'est qu'il m'a demandé ma fille avant-hier, et qu'aujourd'hui il ne s'en souvient pas plus que de la première pomme qu'il a cueillie. Ma fille vient de lui écrire à ce sujet. Tenez, voyez quelle lettre ! et sachez comme on vous aime ici. »

« Mon bon Simon, quoique vous m'ayez reproché
« l'autre jour d'être une coquette de village, je vous dirai
« qu'une vraie coquette vous écrirait aujourd'hui, d'un
« petit ton sec, qu'elle ne vous aime pas et qu'elle dé-
« daigne vos propositions; mais à Dieu ne plaise que je
« renie l'amitié sainte que j'ai pour vous depuis que
« j'existe! Si je vous écris, ce n'est pas pour sauver
« mon orgueil humilié, c'est pour vous épargner l'em-
« barras de me retirer votre demande. Non, mon bon
« Simon ! vous vous êtes trompé; vous ne m'aimez pas.
« Vous aimez celle que j'aime aussi de toute mon âme.
« Nous allons réunir nos efforts, mon père et moi, pour

« qu'elle renonce au couvent. Tout le désir de mon cœur
« serait de vivre entre vous deux, à condition que vous
« reporteriez une partie de votre amitié pour moi sur le
« mari que j'ai choisi et à qui je commanderai de vous
« chérir et de vous estimer. *Ella lo sa*, comme dit *quel-*
« *qu'un*. Adieu, Simon.

       « Votre sœur, BONNE. »

— Laissez-moi baiser cette lettre, dit Fiamma, non à cause de ce qu'elle croit produire, mais à cause de la sainteté du cœur de celle qui l'a écrite. Ah! Parquet, c'est bien là votre fille!... Mais ne vous abusez pas, mon ami; je ne peux pas épouser Simon. Il n'y faut pas songer.

— Oh! cette fois, je n'y renoncerai pas aisément, répliqua Parquet; car c'est la dernière tentative que je ferai. Si je ne réussis pas, vous dis-je, c'est une affaire finie. Mais je vous avertis, Fiamma, que je ne sortirai pas d'ici sans vous avoir confessée, et que vous me direz votre secret, ou je l'irai demander à votre père, à votre belle-mère, à vos deux petits frères, à l'univers entier.

— Taisez-vous, mon sigisbée; ne parlez pas si haut. Vous n'aurez mon secret qu'avec ma vie, et cependant ma vie est aussi pure devant Dieu et devant les hommes que celle de votre fille chérie. En outre, sachez que mon secret importe peu maintenant à mes projets de solitude. Mon père a levé tous mes scrupules par son mariage et la naissance de ses deux jumeaux, qui, Dieu merci! se portent bien et seront peut-être suivis de beaucoup d'autres. Maintenant, si je ne me marie pas, je vais vous dire pourquoi : c'est que, jusqu'ici, je n'ai pu épouser Simon Féline, et que maintenant je ne peux pas en épouser d'autre.

— Il faut parler catégoriquement. Pourquoi ne pouviez-vous pas épouser Féline ?

— Parce qu'il n'avait rien.

— Singulière réponse dans votre bouche ! Et maintenant, pourquoi ne pouvez-vous pas en épouser un autre ?

— Parce que je le préfère à tout autre.

— Bon, ceci est mieux. Eh bien, pourquoi ne pouvez-vous pas l'épouser maintenant ?

— Parce qu'il est riche.

— Oh ! ma foi, je m'y perds ! Je ne suis pas le sphinx ; et cependant je vais me casser la tête contre les murs si vous ne parlez autrement.

— Eh bien, je vais m'expliquer mieux. Sachez que, par une raison qu'il m'est impossible de vous dire, j'ai renoncé volontairement à jamais rien recevoir de mon père tant qu'il vivra ; et j'aurais beaucoup hésité, même après sa mort, à accepter son héritage, si aujourd'hui je ne voyais son héritage reporté en majeure partie sur une famille de son choix.

— Quelle chose étrange ! et pourquoi cela ?

— C'est là ce que je ne vous dirai pas ; mon père ignorait cette résolution, et j'ai des raisons pour la lui cacher.

— En vérité ?

— En vérité ; il ignore encore que j'ai fait vœu de pauvreté en entrant dans l'âge de raison.

— Bon Dieu ! c'est donc une affaire de dévotion ? un vœu de pauvreté, de chasteté ?... Ah ! pour le vœu d'humilité, dogaresse, vous y avez manqué souvent !

— C'est possible, répondit Fiamma en souriant, mais écoutez-moi. Conduite par lui dans le monde, destinée à faire un mariage d'argent ou de convenance, il fallait, ou apporter de l'argent, et je n'en voulais pas recevoir de mon père ; ou en trouver, et je n'en voulais pas recevoir de mon mari. Je ne me souciais, vous le concevrez aisément, ni d'un jeune homme qui m'eût prise à la condition d'une fortune que je ne pouvais accepter, ni d'un vieillard qui eût daigné me donner la sienne en apprenant que je n'avais rien... et puis, pour refuser cette dot, il eût fallu laisser deviner mes motifs à mon père, et c'est là ce que je craignais plus que la mort.

— Hum! dit Parquet, pensez-vous bien qu'un renard aussi madré ait pu vivre auprès d'un secret où son argent jouait un rôle, sans le découvrir?

— J'espère que oui; mais quand même je saurais qu'il en est informé, j'aimerais mieux mourir que de m'en expliquer avec lui. Il est certaines choses qu'il ne dirait pas devant moi sans que... mais ne divaguons pas, Parquet; réfléchissez en outre que je ne pouvais pas m'assurer d'un mari qui respecterait mes scrupules, et qui n'accepterait pas tout d'abord la dot que mon père eût offerte.

— Sans doute, mais Simon Féline pourtant...

— Simon Féline était le seul homme de la terre qui m'eût inspiré cette confiance; mais, outre les difficultés que mon père eût faites et ferait encore pour accepter l'alliance d'un fils de laboureur, Féline, n'ayant rien, ne pouvait se charger d'une famille avant d'avoir un état bien assuré.

— Et, cet état une fois bien assuré, ne songeâtes-vous pas qu'il serait possible de lever les autres difficultés? votre père n'eût-il pas dérogé un peu devant la considération de ne point vous donner de dot?

— Je ne le pense pas. Il était préoccupé alors de la fantaisie d'avoir des places et des honneurs, et rien de ce qui eût pu lui faire perdre les faveurs de la cour ne lui eût semblé admissible.

— Mais, que diable! une fille majeure...

— Parquet, je dois plus de respect extérieur à la volonté de M. de Fougères que si j'étais avec lui dans des termes ordinaires. Je suis dépositaire d'un secret plus sacré que mon bonheur et que ma vie, et tout ce qui pourrait amener un éclat entre lui et moi m'est plus défendu et plus impossible que si toutes les lois de la terre s'y opposaient.

— Etrange! étrange! dit Parquet en se frappant le front; mais, lorsque votre père se maria, il avait renoncé à son ambition administrative; car il ne prit une femme qu'en désespoir de cause : nous le savons, quoi qu'il en dise. Il eût pu entendre raison pour votre mariage avec Simon, si vous m'eussiez chargé de cela. Simon était déjà à flot; moins qu'aujourd'hui, il est vrai, mais assez pour voguer avec vous.

— Non, mon ami, vous vous trompez. J'ai mieux compris que vous la position de Simon. Je l'ai examinée avec plus d'attention et de sollicitude, quoique vous n'en ayez pas manqué; j'ai vu que Simon n'était pas seulement un homme de talent, j'ai vu qu'il était un homme de génie, et qu'il avait le champ précieux de son avenir à cultiver avec soin. Sa tendresse pour moi, les soins du ménage, les soucis de famille qui paralysent les plus belles facultés, eussent gêné son essor...

— Non, vous vous trompez, Fiamma, je vous jure; tout cela pour vous, et avec vous, l'eût fait marcher plus vite.

— Je ne le pensai pas, et je n'en juge pas encore ainsi. Ma présence lui devenait funeste; je m'éloignai. Ajoutez à toutes ces raisons que revenir en sa faveur sur une résolution tellement annoncée depuis longtemps, arracher de force un époux aux entraves que des dispositions fortuites de la société plaçaient en dehors de ma sphère, quereller mon père, risquer mon secret, faire du scandale, remplir la province de mon nom sans être assurée du succès, suffisait pour m'empêcher de le tenter, moi, fière au point de ne pas souffrir seulement qu'on me connaisse assez pour savoir quelle langue je parle.

— Mais maintenant qu'allons-nous faire ?

—Maintenant, nous resterons comme nous sommes. Simon est riche; et bientôt Simon sera puissant avec la révolution qui se prépare en France. Moi, je n'ai rien ; je ne peux plus vouloir d'un époux qui m'enrichirait du fruit de son travail, quand moi, par un caprice inexplicable, je renoncerais à ma dot.

— Oh ! si c'est là tout, c'est peu de chose. 1º Simon Féline se soucie fort peu de votre dot, je crois qu'il sera charmé de ne pas avoir à compter avec votre père ; 2º quant à vos scrupules de fierté, j'espère qu'il saura bien les lever ; 3º je sais une chose que vous ne savez pas, et qui va singulièrement amener à vous monsieur le comte. Je ne répondrais pas qu'avant deux jours je n'en fisse un agneau.

— Que voulez-vous dire ?

— Eh ! cela c'est mon secret, à moi aussi, et je le garde. Maintenant je me retire, et vous me permettez d'emporter quelque espoir ?

— Oh ! surtout gardez-vous de mettre de nouvelles chimères dans l'esprit de ce jeune homme.

— Vous ne l'aimez donc pas ?

—Vous me faites une question à laquelle je ne répondrais pas affirmativement quand même j'aurais dans le cœur la plus belle passion de roman qui ait jamais été inventée.

— Je ne vous demande pas de me dire si vous l'aimez. Seulement, si vous ne l'aimez pas, dites-le, afin que je ne prenne pas une peine inutile... Allons, parlez : dites que vous ne l'aimez pas !... »

De nouveaux coups se firent entendre à la porte vitrée, et Bonne parut toute tremblante.

« Mon père! ma Fiamma! s'écria-t-elle, Simon a disparu. Madame Féline est gravement indisposée : elle a le délire. Je ne sais que faire pour la calmer ; elle demande son fils, elle demande sa fille Fiamma. Venez la voir et m'aider à la soigner. »

Les trois amis se précipitèrent vers la demeure de Féline. La vieille femme était assise sur son lit et parlait toute seule avec force.

« O mon Dieu! voilà comme était ma mère mourante, dit Fiamma d'une voix étouffée en pressant le bras de Parquet. Je n'aurai pas la force de voir cela. Le délire me gagne. Oh! le secret... l'heure fatale... la nuit... la mort!... Laissez-moi m'enfuir, mes amis!

— Au nom du ciel! prenez courage, mon enfant, dit M. Parquet. Voici madame Féline qui vous a reconnue. Elle se calme ; elle avance les bras vers vous pour vous saisir. Approchez, surmontez l'horreur de vos souvenirs.

— Oui, vous avez raison, dit Fiamma; manquer de force ici serait un crime. »

Elle s'approcha du lit et couvrit de baisers la main de Jeanne.

« O mon enfant! lui dit la vieille femme, pourquoi avez-vous pris cette terrible nuit pour vous marier? C'est l'anniversaire des funérailles de mon frère le curé, un ange qui est retourné au ciel, et dont il eût fallu respecter la mémoire. C'est un jour de deuil, et non pas un jour de fête. Mais Simon était si pressé d'aller à l'église! Jamais je n'ai pu l'en empêcher; je l'ai appelé par toute la maison. Il est parti sans moi, sans sa vieille mère, pour une cérémonie comme celle-là! Vous le rendez fou, ma mignonne. Dites-moi, le curé vous a-t-il encensée? Vous en êtes digne autant que fille d'Ève peut l'être. Ma

Fiamma, ma Ruth bien-aimée, mais où est mon fils ? Il est donc resté à l'église ? Oh ! n'entends-je pas le cri de la *duchesse ?* Elle chante les funérailles de mon pauvre frère. Vous les avez oubliées, vous autres ; vous avez fait sonner les cloches de la joie ; et moi je pleure... »

Elle fondit en larmes comme un enfant ; puis elle s'endormit au milieu des caresses de Bonne et de Fiamma. Le jeune médecin amoureux de Bonne, et qu'elle avait fait appeler, arriva, et lui trouva un simple mouvement de fièvre, qui se calmait de moment en moment. Seulement, elle se réveillait parfois pour dire à l'oreille de Fiamma : « Simon est allé à l'église. Pourquoi Simon ne revient-il pas ? »

Ces paroles frappèrent Fiamma. Elle commença à concevoir de l'inquiétude pour son ami, et, ne partageant pas l'opinion où l'on était que Simon fût retourné à Guéret la veille au soir, elle s'esquiva pour monter dans sa chambre. Tout y était dans le plus grand désordre, le lit défait, les vêtements épars ; cette nuit avait dû être terrible pour Simon. Alors, laissant ses amis auprès de Jeanne, et poussée machinalement par les paroles qu'elle lui avait entendu répéter dans son délire, elle courut à l'église. Elle la trouva fermée, déserte aux alentours. Seulement un chien qui hurlait à la lune, devant le porche reblanchi, lui causa une impression de terreur superstitieuse. En cherchant au hasard où elle dirigerait ses pas, le sentier qui menait à la tour de la Duchesse s'offrit à elle, et elle s'y jeta en courant, appelée par une sorte de divination. L'horloge sonna trois heures du matin, lorsque Fiamma, au milieu de la rosée, et à la lueur de la lune qui s'abaissait vers l'horizon, tandis que le crépuscule commençait à paraître, atteignit les ruines du petit fort. Elle appela Simon. Un cri étouffé lui répondit, et aussitôt la figure pâle de son amant sortit du milieu des ruines. Il avait l'air si sombre que Fiamma en eut peur, elle qui n'avait peur de rien au monde.

« C'est vous ! s'écria-t-il ; que venez-vous faire ici ? Que voulez-vous de moi ? N'êtes-vous pas lasse de me tuer ? Faut-il que je vous aide ? Avez-vous apporté le fer ou le poison ? Etes-vous un spectre ou une femme ? Pourquoi vous êtes-vous emparée de toute ma vie ? Pourquoi m'ôtez-vous le présent et l'avenir ? Pourquoi êtes-vous revenue ? J'allais guérir peut-être, et maintenant je suis perdu.

— Simon, vous êtes dans le délire, répondit-elle en voulant lui prendre la main.

— Laissez-moi, s'écria-t-il en la repoussant ; ne me touchez pas, je suis capable de vous tuer !... Vous êtes ma damnation, vous êtes l'enfer qui me consume ! Savez-vous ce que vous faites de moi ? un fou et un lâche !... Allez demander à Bonne Parquet ce que je lui ai dit avant-hier, et demandez-moi ce que je vais lui dire aujourd'hui. Tout mon sang ne pourra laver l'insulte faite aux cheveux blancs de son père ; son père ! mon plus ancien ami, mon bienfaiteur, mon père aussi à moi ; car je lui dois tout. Sans lui, je serais retourné à la charrue et j'y serais resté. Oh ! il est vrai que je ne vous aurais pas connue, ou que je n'eusse jamais songé à vous aimer. Et ce vénérable prêtre, qui m'a béni le jour de ma naissance en me disant : « Suis la noble profession de tes pères ; ouvre de ton bras un sillon pénible ; connais la misère, et, avec elle, la résignation ! » ce frère de ma mère, dont la cloche va sonner la commémoration funéraire au lever du jour, il ne serait pas là, autour de moi, depuis le lever de la lune pour me reprocher ma faute, pour me dire : « Tu vas faire une infamie ! » et cependant j'aimerais mieux souffrir mille morts et me laisser enterrer sous la boue que de remettre les pieds dans la maison où est la fille que j'ai outragée. Dis-moi, Fiamma, connais-tu un moyen pour faire une trahison sans se déshonorer?

— Simon, calmez-vous, répondit-elle en lui prenant les mains de force, rappelez-vous qui vous êtes et à qui vous parlez. Regardez-moi, moi! vous dis-je; ne me reconnaissez-vous pas?

— Oh! je te reconnais! dit Simon en tombant à genoux avec une autre expression d'égarement dans les yeux; tu es l'étoile du matin, toujours blanche; l'étoile des mers, dont aucun nuage ne peut ternir l'éclat! Tu es tout ce que j'aime, tout ce que j'aimerai sur la terre.

— Simon, au nom du ciel! revenez à la raison, lui dit-elle. Vos douleurs ne sont pas fondées; vous n'avez pas outragé vos amis. J'ai là une lettre de Bonne pour vous; je ne devrais peut-être pas me charger de vous la remettre; mais je vous vois si agité...

— Quelle lettre? Que peut-elle m'écrire? Charge-t-elle son amant de me tuer? Oh! à la bonne heure! Si je pouvais lui donner ma vie au lieu de mon cœur, qui ne m'appartient pas!

— Bonne vous rend votre promesse et s'engage ailleurs; elle vous aime toujours; vous êtes toujours, après elle, ce que son père aime le mieux au monde. M'entendez-vous, me comprenez-vous, Simon?

— Je vous entends, et je ne sais pas si c'est un rêve. Où sommes-nous? Comment êtes-vous venue ici? Oh! certainement je rêve. »

Il mit ses deux mains sur son visage et resta abîmé dans une rêverie profonde. Fiamma, ne sachant comment le ramener à la raison et l'arracher à cet état violent qui lui déchirait l'âme, oubliant dans cet état d'agitation toute la réserve de son caractère, et subissant l'effet du délire qu'elle venait de contempler deux fois dans quelques heures, jeta ses bras autour du cou de Simon et fondit en larmes.

« O mon Dieu! que vous ai-je fait? s'écria-t-elle, et pourquoi ne me reconnaissez-vous plus? Pourquoi ne m'aimez-vous plus? Pourquoi m'avez-vous maudite? Est-ce que vous allez mourir comme ma mère, en m'éloignant de vous, en me criant : « Ote-toi de là, ma honte! ôte-toi de là, mon crime! » Hélas! je n'ai jamais fait de mal à personne, et tout ce que j'aime me repousse, tout ce que j'aime meurt dans les convulsions, en me disant que c'est moi qui suis le péché et la mort! »

En parlant ainsi, elle se laissa tomber des bras de Simon sur la pierre couverte de mousse ; et, cachant son visage sous les tresses éparses de ses cheveux noirs, elle éclata en sanglots. Pleurer était une chose aussi rare que violente pour Fiamma.

Simon sortit comme d'un profond sommeil en entendant les accents de douleur de cette voix chérie ; sans comprendre ce qu'elle disait, il l'écouta ; il la vit par terre, abîmée dans ses larmes, couverte de la pluie glacée du matin. Il jeta un cri de surprise, et, la saisissant dans ses bras, il la pressa contre son cœur en l'appelant des plus doux noms, et en réchauffant de baisers sa belle chevelure et ses mains humides. Peu à peu ils se reconnurent, et, revenus à eux-mêmes, ils n'eurent pas la force de détacher leurs bras enlacés et leurs lèvres unies ; ils se dirent tout ce que, depuis cinq ans, ils renfermaient dans leur âme avec l'héroïsme de la vertu. Fiamma savait bien tout ce que Simon avait souffert ; mais tout ce qu'elle lui apprit était si nouveau pour lui qu'il faillit mourir de joie.

« Comment n'en étais-tu pas sûr? lui dit-elle ; comment n'as-tu pas vu dans toute ma conduite, que, malgré le peu d'espoir que je m'étais permis, tous mes désirs, tous mes efforts ont tendu à t'élever jusqu'à moi et à me conserver pour toi? Hélas! qu'est-ce que je fais aujourd'hui qu'il y a encore tant d'obstacles, et pourquoi ai-je la confiance de te dévoiler les secrets de mon âme, moi pour qui les épanchements ont toujours été des crimes, et qui en commets sans doute un à l'heure qu'il est, en te donnant des espérances que je ne pourrai peut-être pas réaliser?

—Ô ma sœur! ô ma femme! s'écria Simon, ne parle pas d'obstacles. Dis-moi que tu m'aimes, dis-moi que c'est de l'amour que tu as pour moi depuis cinq ans... Non, ne dis pas cela, je ne le mérite pas; dis que c'est de l'amour que tu as maintenant. C'est encore un bonheur et une gloire à rendre le ciel jaloux. Dis-moi que tu savais que je t'aimais et que tu le voulais, et que tu ne m'as ni oublié, ni déshérité de ta tendresse, et laisse-moi faire le reste. Quoi que ce soit au monde, je lèverai cet obstacle comme une paille. Est-il quelque chose d'impossible à un amour pareil au mien, à une joie comme celle que j'éprouve? Laisse-moi me mettre à genoux devant toi et baiser l'herbe que foule ton pied. Ô Fiamma! c'est ici que je t'ai vue pour la première fois. Le soleil se couchait dans toute sa magnificence; il t'embrasait de sa beauté, il t'inondait de ses reflets ardents. Tu étais si belle que tu me fis peur. Je ne croyais point aux anges; je te pris pour un démon. J'étais si troublé que je te vis à peine. Un nuage t'enveloppait, et tes yeux seuls t'illuminaient de leurs éclairs. Il me sembla ensuite que je ne te voyais pas pour la première fois, que je t'avais déjà vue quelque part, dans mes rêves peut-être. Souvenir de la tombe ou révélation de l'autre vie, tu étais ma sœur. J'avais ce type de grandeur et de beauté devant les yeux depuis que je songeais à la beauté et à la

30.

grandeur. Et cependant tu m'épouvantais par l'air d'autorité surhumaine avec lequel tu semblais dire : « Je suis ton maître et ton Dieu ; mets-toi à genoux et commence à m'adorer, car c'est ta destinée. » Mais quand je te rencontrai ensuite couverte de ce sang que j'ai encore sur les lèvres, je tombai à tes pieds, je te rendis hommage sans hésiter, sans comprendre ce que je faisais. O Fiamma ! si tu savais quel amour furieux cette goutte de ton sang m'a inoculé ! »

Ils auraient oublié la marche des heures sans un incident que le hasard, toujours poétique en faveur des amants, fit naître au milieu de leur entretien passionné. L'oiseau de nuit qui faisait sa ronde autour des ruines, apercevant les premières clartés du soleil, s'envola épouvanté vers la tour qui lui servait de retraite. Ses yeux myopes, déjà troublés par l'éclat du jour, ne distinguèrent pas le couple assis au pied de sa demeure, et il effleura leurs fronts de son aile en poussant un long cri d'alarme.

« C'est la *duchesse!* dit Simon en se levant, c'est son dernier cri du matin ; c'est l'heure et le jour où l'abbé Féline, le vénérable frère de ma mère, a rendu son âme au Seigneur. Fiamma, tous les hommes ont coutume de se glorifier du mérite de leurs ancêtres ou de leurs parents. Ce n'est pas là un préjugé, je le sens à la force morale et aux sentiments religieux que j'ai tirés toute ma vie du souvenir de ce bon prêtre. C'est là l'humble gloire de mon humble famille. Je l'ai invoquée toutes les fois que mes maux ont ébranlé mon courage, et que j'ai craint d'offenser son ombre sacrée, toujours debout entre moi et l'attrait du mal. Jamais je n'ai laissé écouler cette heure solennelle sans me prosterner chaque année, ou dans le secret de ma cellule quand j'étais loin d'ici, ou devant le modeste autel qui recevait autrefois les ferventes prières de mon oncle. Viens avec moi, ma bien-aimée ; viens t'agenouiller dans cette petite église dont il fut le lévite assidu, et où jamais il n'entra sans avoir le cœur et les mains pures. Ce n'est pas pour lui qu'il faut prier, c'est pour nous-mêmes, afin que les impérissables sympathies de son âme immortelle descendent sur nous, afin que l'émulation de ses vertus nous rende semblables à lui, afin aussi que Dieu, qui lui accorda de bonne heure le ciel, son seul amour, bénisse notre amour qui, pour nous, est le ciel. »

Les deux amants, appuyés l'un sur l'autre, descendirent le sentier et se rendirent à l'église du village, où ils prièrent avec enthousiasme. Simon avait un profond sentiment de la perfection de la Divinité et de l'immortalité de l'âme. Fiamma, Italienne et femme, était franchement catholique. Pour n'être point remarqués par le grand nombre de villageoises et de vieillards des deux sexes qui venaient régulièrement dire, ce jour-là, les prières des morts pour l'abbé Féline, ils avaient traversé les ombrages du cimetière, et ils montèrent à la travée par la petite porte de la sacristie. Cette fois, Fiamma prit place dans la tribune seigneuriale ; Simon était à ses côtés. Un rideau rouge les cachait à tout autre regard que celui des anges gardiens du saint lieu. Par une fente de ce rideau, Simon vit l'autel étinceler aux rayons empourprés du matin. Tout était prêt pour le service funèbre qui devait être célébré à midi. La piété de Bonne s'était occupée la veille de ces saints devoirs en remplacement de Jeanne, qui, pour la première fois, n'en avait pas eu la force. Le drap mortuaire, avec sa grande croix d'argent, était étendu sur le cénotaphe et semé de violettes printanières. Des lis sans tache, mêlés à des branches de cyprès fraîchement coupées, embaumaient le chœur. Les oiseaux chantaient et voltigeaient autour des fenêtres entr'ouvertes, devant lesquelles on voyait se balancer les branches des arbres émus par la brise matinale. A l'intérieur régnait un religieux silence, interrompu seulement de temps à autre par les pas inégaux d'un vieillard qui entrait avec précaution, ou par le cri d'un enfant que sa mère allaitait en priant.

« O mon amie! dit Simon à l'oreille de sa fiancée, quel charme indicible votre présence répand sur cette heure ordinairement si mélancolique dans ma vie! Quelle promesse de bonheur m'apporte-t-elle donc pour que l'aspect d'un cercueil et le souvenir d'un mort fassent naître en moi des idées si suaves et un calme si délicieux?

—Tout est beau et serein dans la mort du juste, lui répondit Fiamma; son départ cause des larmes, mais son souvenir laisse l'espérance et la consolation sur la terre. »

XVI.

Fiamma sortit la première de l'église; elle n'avait point osé dire à Simon l'indisposition de sa mère, et elle voulait avoir de ses nouvelles par elle-même avant de rentrer au château. Elle la trouva dormant d'un sommeil paisible. Ne se sentant pas la force d'aller à l'église, Jeanne avait fait mettre son livre de prières et son crucifix sur son lit. Le psautier était ouvert au *De profundis*, et le rosaire était enlacé aux mains jointes de la vieille femme, qui s'était doucement assoupie en s'entretenant avec l'âme de son frère. Bonne travaillait auprès d'elle. Fiamma baisa le front ridé de Jeanne sans l'éveiller, et pressa Bonne contre son cœur. Celle-ci vit bien, à l'émotion de son amie, qu'il s'était passé quelque chose d'extraordinaire. Elle voulut la suivre sur le seuil de la chaumière et l'interroger. Mais il n'y a rien de si pudique que le sentiment de l'amour. Fiamma s'enfuit en mettant son doigt sur sa bouche, comme si le sommeil de madame Féline eût été la seule cause de sa réserve.

Bientôt Simon rentra. Il s'inquiétait de ne pas voir arriver à l'église sa mère toujours si matinale et si exacte surtout pour cette commémoration. Il s'effraya encore plus en la voyant couchée; mais Bonne le rassura, et ils se mirent à causer à voix basse. Bonne était curieuse, non des sottes puérilités de la vie, mais de tout ce qui intéressait son cœur aimant. Sa noble conduite réclamait toute la confiance de Simon. Il lui ouvrit son âme, lui avoua sa joie et ses espérances, et lui dit que c'était à elle qu'il devrait son bonheur. Cette dernière parole acheva de consoler Bonne de son sacrifice, et, dès qu'elle fut bien assurée que l'amour de Simon était payé de retour, elle sentit dans son cœur le même calme et le même désintéressement qu'elle aurait eus si Féline eût toujours été son frère.

Dans l'après-midi, Simon alla trouver M. Parquet au sortir de l'office. Jusqu'au dernier coup de la cloche, le bon avoué s'était livré au sommeil, et, sans le pieux devoir qu'il avait à remplir envers son défunt ami, il déclarait qu'après une nuit si remplie d'émotions il ne se fût pas si tôt arraché aux *caresses de Morphée*.

« Mon ami, lui dit son filleul, je viens vous déclarer qu'il faut que vous arrangiez à tout prix mon mariage.

— Oh! oh! décidément? dit M. Parquet, qui n'avait pas revu sa fille dans la journée. Il y a pourtant des réflexions à vous soumettre encore. J'ai parlé de vous à mademoiselle de Fougères.

— Et moi aussi, mon ami, je lui ai parlé.

— Ah! et elle vous a ôté tout espoir? Alors je désespère moi-même...

— Non, mon cher Parquet, ne désespérez pas, elle m'aime.

— Elle vous l'a dit? Je le savais, moi, mais je ne croyais pas qu'elle vous épouserait. Du moment qu'elle vous l'a dit, elle consent à vous épouser; car c'est une fille qui ne se laisse pas entraîner par la passion. Tout ce qu'elle dit, tout ce qu'elle fait est le résultat d'une volonté arrêtée. Ainsi, ce n'est pas Bonne que vous venez me demander, c'est Fiamma?

— Oui, mon père.

— Tu as raison de m'appeler ainsi; je ne cesserai jamais de te regarder comme mon fils. Attends-moi donc ici, je vais et je reviens.

— Mais où donc courez-vous si vite?

— Chez M. de Fougères.

— C'est vous presser beaucoup. Avez-vous réfléchi à cette première démarche? Avez-vous consulté Fiamma sur le moyen d'obtenir le consentement de son père sans blesser la prudence et sans ajouter de nouveaux obstacles à ceux qui existent déjà?

— Et quels sont-ils, ces obstacles?

— Je les ignore, mais je présume que c'est la vanité nobiliaire du comte.

— Si c'est là tout, j'ai ton affaire dans ma poche.

— Comment?

— Il suffit. Fiamma t'a-t-elle dit son grand secret?

— Non, en vérité.

— Alors je ne sais ce que je fais ni où je marche. Cette fille a une tête de fer, et nous ne la tenons pas encore. Voyons, que t'a-t-elle promis?

— Rien. Mais elle m'aime.

— Eh bien! alors il faut agir sans elle. Il y a dans son

âme quelque scrupule, quelque terreur qu'il faut vaincre. Elle ne veut pas de dot, et tu es riche : voilà, je crois, son objection.

—Et moi, si elle a une dot, je ne veux pas d'elle. Voilà la mienne.

—Bon! dit l'avoué, c'est ainsi que je l'entends. Allons, ma canne, où l'ai-je posée? et mon chapeau?

—Où allez-vous donc de ce pas, mon père? dit Bonne, qui rentrait en cet instant.

—Au château.

—Alors remettez donc votre habit neuf que vous venez de quitter.

—Non pas; ce serait faire trop d'honneur à cet *avaricieux*.

—Comment! vous allez au château avec cet habit troué qui ne vous sert qu'au jardinage?

—Sans nul doute, et avec mes sabots encore! Crois-tu pas que je vais m'attifer pour un Fougères?

— Mais sa femme? On doit des égards aux dames.

—Sa femme? Elle me trouvera encore trop bien.

—Je vous assure, mon père, que vous avez tort. J'ai trouvé hier M. le comte bien froid pour vous. Vous perdrez sa clientèle, vous verrez cela. Et puis, en vous voyant si malpropre, cette dame va penser que je suis une paresseuse, une fille sans cœur, qui ne songe qu'à sa toilette et qui ne soigne pas celle de son père.

—Je ne perdrai la clientèle de personne, répondit l'avoué d'un ton superbe, et personne ne se permettra de faire de réflexions sur mon compte. »

En parlant ainsi, il prit le chemin du château. Il y entra d'un air rogue, sans essuyer ses sabots à la porte, à la grande indignation des laquais. Il demanda le comte à voix haute, pénétra dans le salon tout d'une pièce, sans être annoncé, faisant craquer les parquets, crachant sur les tapis et couvrant les meubles de tabac.

Ces manières bourrues, chez un homme aussi fin et aussi prudent que maître Parquet, pénétrèrent de terreur la jeune comtesse de Fougères, qui travaillait dans l'embrasure d'une fenêtre. Au lieu d'essayer de lui faire baisser le ton, ce à quoi elle n'eût pas manqué en toute autre occasion, elle l'accabla de politesses et alla elle-même chercher son mari, afin que Parquet ne s'avisât pas de dire, comme le grand roi: *J'ai failli attendre.* La nouvelle comtesse de Fougères était une veuve de province, entendant ses intérêts tout aussi bien que le comte, et tout à fait digne d'être sa moitié. Mais depuis quelque temps elle avait un tort grave aux yeux de M. de Fougères. Une grande partie de ses biens était mise en échec par un procès dont l'issue donnait des craintes assez fondées.

« Je vous demande un million de pardons, s'écria le comte de Fougères en entrant et en se tenant courbé, afin d'avoir un air excessivement poli, sans faire trop de révérences affectées; je vous ai fait attendre bien malgré moi. J'ai voulu rester jusqu'à la fin de l'office et aller même jeter à mon tour de l'eau bénite sur la tombe de ce digne abbé Féline.

— Vous avez pris trop de peine, monsieur le comte, répondit Parquet brusquement; l'abbé Féline est au ciel depuis longtemps, et nous n'y sommes pas encore, nous autres.

— Hélas! sans doute, répliqua le comte d'un ton patelin; qui peut se croire digne d'y entrer?

— Ceux-là seuls qui méprisent les biens de la terre, reprit l'avoué. Mais, voyons, monsieur le comte, je ne suis pas venu ici pour un entretien mystique; je viens vous dire que je ne puis souscrire à votre demande.

— En vérité! s'écria le comte, affectant un air consterné et une grande surprise, afin de ramener, s'il était possible, quelque remords dans l'âme de Parquet.

— En vérité, monsieur le comte. Vous m'avez fait là une demande injuste, et dont je ne pouvais pas être l'interprète sans inconvenance et sans folie.

— Vous n'avez donc pas rempli ma commission auprès de M. Féline?

— Des choses de cette importance, monsieur le comte, ne se traitent pas ordinairement par ambassade, mais de puissance à puissance. Ah! il se peut que le mot vous paraisse fort, mais il en est ainsi. Simon Féline, mon filleul, le fils de la mère Jeanne, est à cette heure une grande puissance devant laquelle les titres et les fortunes baissent pavillon ; car il n'y a ni fortune ni rang sans le droit ; et l'avocat en est l'organe, l'interprète et le défenseur... »

Précisément Fiamma avait prêté, quelques jours auparavant, à M. Parquet, la comédie de *l'Avocat vénitien*, par Goldoni : l'avoué en avait été si ravi qu'il en avait traduit sur-le-champ toutes les déclamations, et il en récita plusieurs à M. de Fougères avec une mémoire impitoyable, à titre d'improvisation.

« Et juste ciel! répondit le comte, tout étourdi de son éloquence et des éclats de cette voix qui n'avait pas perdu les inflexions du prétoire, personne plus que moi, mon cher monsieur Parquet, n'admire le talent et ne le salue plus profondément en toute occasion. M. Simon Féline en particulier est l'homme dont j'admire le plus le noble caractère et les hautes facultés ; ne le lui avez-vous pas dit de ma part?

— Je lui ai dit tout ce qu'il convenait de lui dire.

— Lui avez-vous dit combien cette affaire a d'importance pour moi, pour ma femme? Songe-t-il qu'en se chargeant des intérêts de la partie adverse, il se pose l'antagoniste d'une famille honorable, et en particulier d'un homme qui l'a comblé des égards dus à son mérite, d'un ancien ami de sa famille, et de son digne oncle surtout; d'un homme enfin qui, s'élevant au-dessus des préjugés de sa caste et devinant le brillant avenir du jeune avocat, l'a reçu avec distinction alors que sa position dans le monde était encore précaire?

— La position de Simon n'a jamais été précaire, permettez-moi de vous le dire, monsieur le comte : Simon est né homme de génie ; avec cela et le moindre secours d'un ami on arrive à tout. Ce secours ne lui a pas manqué, et, si j'eusse fait défaut, vingt autres eussent acquitté leur dette de reconnaissance envers cette noble famille ; oui, *noble*, monsieur le comte : la noblesse est dans les sentiments de l'âme et non pas dans le sang des artères. »

Ici M. Parquet plaça à propos une nouvelle déclamation qui ne fit pas moins d'effet que la première.

« Hélas! monsieur Parquet, dit le comte qui devenait plus poli à mesure que son dépit secret et sa mortelle impatience augmentaient, vous prêchez un converti! En quoi ai-je pu blesser M. Féline et lui faire croire que je ne rendais pas justice à son mérite? M'a-t-on prêté quelque propos inconvenant? Ai-je manqué d'égards directement ou indirectement à sa famille? Ma fille aurait-elle oublié, en arrivant, d'aller s'informer de la santé de madame Féline? Elles étaient fort liées ensemble autrefois, et je voyais avec plaisir des relations aussi édifiantes. Ne les ai-je pas encouragées, loin de les contrarier?...

— Et pour quelle raison les eussiez-vous contrariées? C'eût été une folie, une lâcheté indigne d'un homme aussi éclairé et aussi délicat que vous l'êtes, monsieur le comte.

— Vous savez donc bien à quel point je dédaigne l'importance que mes pareils mettent à ces vaines distinctions! Comment M. Féline a-t-il pu s'imaginer que j'étais arrêté, dans mon désir de lui demander l'appui de son talent, par d'aussi sottes considérations ?

— M. Féline ne s'imagine rien du tout, monsieur le comte ; c'est moi qui me suis imaginé une chose que je vais vous dire franchement et qui n'est pas dépourvue de raison. Écoutez-moi bien. De père en fils les Parquet ont placé les Fougères en tête de leur clientèle ; c'est bien. Vous avez eu une affaire, vous en avez eu deux, vous en avez eu trois ; M° Simon Parquet a remué les dossiers de M. le comte Foulon de Fougères ; il a plaidé ses causes au barreau, et, soit la bonté des causes, soit le zèle de l'avocat, soit l'aptitude de l'avoué, M. de Fougères a gagné trois procès...

— Je n'attribue mes victoires qu'à votre talent et à votre zèle, mon cher monsieur Parquet.

— Laissez-moi dire. J'arrive à la péripétie, au quatrième acte (M. Parquet avait toujours le rôle d'Alberto Casaboni dans la tête), je veux dire au quatrième procès. M. de Fougères épouse une dame de bonne maison et passablement riche, qui lui donne deux héritiers d'un coup et qui lui en fait espérer d'autres. C'est le cas, sinon d'augmenter sa fortune, du moins de ne pas la laisser péricliter. Or, il se trouve qu'une difficulté inattendue se présente, et que madame de Fougères, selon toute apparence, va perdre cinq cent mille francs, peut-être plus, légués à ladite dame par testament d'un sien oncle. *Dicat testator et erit lex.* Mais ledit testament ne paraît pas avoir été rédigé dans l'exercice d'une pleine liberté d'esprit...

— Vous savez bien, monsieur Parquet, que le bon droit est du côté...

— Je ne me prononce pas, monsieur le comte, j'expose l'affaire. M. le comte de Fougères se trouve donc dans la nécessité de s'en remettre une quatrième fois au zèle et à la loyauté de M⁰ Simon Parquet. »

Le comte étouffa un soupir d'angoisses; M. Parquet passa à un effet d'éloquence, et dit avec un accent pathétique :

« Mais M⁰ Simon Parquet n'est plus ce robuste athlète, ce lutteur antique qui, semblable au discobole, lançait dans l'arène avec la rapidité de la foudre un argument à deux tranchants. Sa gloire a pâli, ses tempes sont dévastées, ses dents se sont éclaircies, sa faible voix (M. Parquet prononça ces mots d'une voix de stentor) ne porte plus, dans l'âme de ses adversaires et de ses juges, le frisson de la crainte ou les émotions de la conviction. Assis sur son siége, comme il convient à un sage vieillard, à un jurisconsulte expérimenté, il ne se mêle plus aux luttes judiciaires; il éclaire, il dirige l'avocat; mais il lui laisse savourer les vaines fumées du triomphe et recueillir les décevantes acclamations de la foule. En un mot, il a cédé à son filleul, à son ami, à son disciple, à son fils adoptif, le célèbre avocat Simon Féline, le sceptre de la parole. »

M. de Fougères prit le parti d'accepter une prise de tabac d'Espagne que lui offrit M⁰ Parquet en terminant cette période; celui-ci respira et reprit sur un ton de discussion sophistique :

« Il était simple, il était juste, il était naturel, il était vraisemblable, il était, dis-je, en quelque sorte certain, que M. le comte de Fougères, confiant à M⁰ Parquet la direction de ce nouveau procès, le chargerait de demander au premier avocat de la province et à un des premiers de la France, à M⁰ Simon Féline, s'il lui était agréable de se charger de plaider sa cause. Jamais aucun des clients de M⁰ Parquet n'avait encore manqué à cette marque d'estime envers le disciple bien-aimé du vieux patron, envers le trop honoré patron de l'illustre disciple; M. le comte de Fougères y a cependant manqué, et certes, ici ce n'est ni l'exacte connaissance des formes du monde, ni le sentiment exquis des convenances sociales, qui ont manqué à l'accusé... je veux dire à M. le comte de Fougères; ce n'est pas non plus la malice, le déchaînement, la haine, la jalousie, le mépris; ce n'est aucune de ces passions violentes qui ont induit M. de Fougères à faire un aussi sanglant affront à Me Simon Parquet et à mon client.... je veux dire à Me Simon Féline. Non, Messieurs, M. de Fougères est un homme recommandable à tous égards, exempt de passions mauvaises, incapable de méchants procédés...

— Allons, mon bon monsieur Parquet, dit le comte d'un ton caressant, espérant faire abandonner à son terrible antagoniste ce plaidoyer impitoyable, dans lequel il se trouvait, par une étrange inadvertance de l'orateur, jouer à la fois le rôle du tribunal et celui de l'accusé. Au fait! mon cher ami, que me reprochez-vous donc? Quelles méfiances me prêtez-vous? Pourquoi n'avez-vous pas compris que le hasard, l'éloignement, des considérations particulières envers un avocat respectable, ancien ami de la famille de ma femme, le désir de ma femme elle-même, tout cela réuni, et rien autre chose que cela pourtant, m'a inspiré la malheureuse idée de charger M*** de plaider pour moi?

— Ah! malheureuse est l'idée, certainement! s'écria M. Parquet en se barbouillant la face de tabac. Trois fois malheureuse est l'idée qui vous a conduit à cette démarche! C'est une impasse, monsieur le comte, il faut y rester et attendre que la muraille tombe! M*** plaidant contre Simon Féline, voyez-vous, c'est la tentative la plus étrange, la plus folle, la plus déplorable, la plus désespérée, que la démence ou la fatalité puisse inspirer.

Où diable aviez-vous l'esprit? Pardon, si je jure; l'intérêt que je porte au succès d'une affaire qui m'est confiée me fait regarder avec douleur l'avenir et le dénoûment de celle-ci.

— Eh! mon Dieu! M. Féline plaide donc décidément contre moi? On l'en a donc prié? Il y a donc consenti? Il s'y est donc engagé? C'est donc irrévocable? Ah! monsieur Parquet, il n'eût tenu qu'à vous, il ne tiendrait peut-être qu'à vous encore de l'empêcher de prendre part à cette lutte. Sur mon honneur, je vous jure que, s'il en était temps encore, si je ne craignais de faire un outrage à l'avocat distingué que j'ai eu l'imprudence, la maladresse de lui préférer, j'irais supplier M. Féline d'être mon défenseur. Ne le pouvant pas, ne puis-je espérer du moins qu'en raison de toutes les considérations que j'ai fait valoir tout à l'heure, il ne prendra pas parti contre moi? M. Féline est-il à cela près? Avec son immense réputation, ses larges profits, ses occupations multipliées, les mille occasions de faire sa fortune et de déployer son talent qui se présentent à lui sans cesse...

— Tous les jours, à tout heure, il n'est occupé qu'à remercier des clients et à renvoyer des pièces.

— Eh bien! comment ne peut-il pas faire le sacrifice d'une seule affaire, lorsqu'il y va d'intérêts aussi graves pour *un ami?*

— *Hum!* pensa M. Parquet, M. le comte a lâché un mot bien fort, il tombe dans la nasse. Pour *un ami*, reprit-il, c'est beaucoup dire. Simon se moque de trois, de six, de douze affaires de plus ou de moins; mais il n'est pas insensible à une méfiance injuste, à des soupçons injurieux.

— Au nom du ciel! expliquez-vous enfin, s'écria le comte avec vivacité; qu'ai-je fait? qu'ai-je dit? que me reproche-t-il?

— Il faut donc vous le dire?

— Je vous le demande en grâce, à mains jointes.

— Eh bien! je le dirai. Il y a de la politique en dessous de ces cartes-là, monsieur le comte. »

Parquet vit aussitôt qu'il approchait du joint; car, malgré toute son adresse, le comte se troubla.

« Il y a de la politique, reprit Parquet avec fermeté et abandonnant toute son emphase ironique. Vos adversaires sont des plébéiens, des ennemis particuliers et assez en vue de la puissance ministérielle. Qui a droit? Nul ne le sait encore, ni vous, ni moi, ni vos adversaires. A chance égale, Simon aurait eu beaucoup de sympathie pour la cause des plébéiens, fort peu pour la vôtre; Simon n'aime pas les patriciens, et son opinion républicaine vous a fait peur. Simon n'eût peut-être pas entrepris votre cause; c'est possible, je l'ignore. Ce qu'il y a de certain, ce dont je réponds sur ma tête, c'est qu'au cas où il l'eût acceptée il l'eût défendue avec loyauté, avec force, et, j'ose le dire, il l'eût gagnée. Mais vous avez craint un refus, ce qui est une faiblesse d'amour-propre; ou bien vous avez craint quelque chose de pire, une trahison... Dites, l'avez-vous craint, oui ou non?

— Jamais, monsieur Parquet, jamais, je vous en donne...

— Ne jurez pas, monsieur le comte; vous l'avez dit à quelqu'un, et voici vos paroles : « Ces gens-là s'entendent tous entre eux; comment voulez-vous qu'on se fonde sur le sérieux d'un débat judiciaire entre des gens qui vont le soir fraterniser au cabaret, ou, ce qu'il y a de pire, se prêtent mutuellement des serments épouvantables dans un club carbonaro? »

— Je n'ai jamais dit cela, monsieur Parquet, s'écria le comte au désespoir. Je suis le plus malheureux des hommes; on m'a indignement calomnié. »

Sa détresse fit pitié à M. Parquet, en même temps qu'elle lui donna envie de rire ; car mieux que personne il savait l'innocence de M. de Fougères quant à ce propos. L'amplification était close dans le cerveau de M. Parquet. Le comte avait confié son affaire à un autre que Simon, par méfiance de son habileté et par crainte aussi de sa trop grande délicatesse. L'affaire était mauvaise ; il le savait. Ce n'était pas un orateur éloquent et chaleureux qu'il lui fallait, c'était un ergoteur intrépide, un sophiste spécieux. Il pouvait triompher avec l'homme qu'il avait choisi, mais non pas triompher de Simon plaidant pour ses coopinionnaires, et qui, dans une position tout à fait favorable au développement de son caractère, devait là, plus qu'en aucune autre occasion, déployer cette puissance, cette bravoure et cette rudesse d'honnêteté qui faisaient sa plus grande force. D'un mot il culbuterait toutes les controverses, d'autant plus que c'était un homme à tout oser en matière politique et à tout dire sans le moindre ménagement.

Il est vrai aussi que les adversaires du comte n'avaient pas encore choisi Simon pour leur défenseur ; que Simon n'avait pas songé à leur en servir ; qu'il ignorait même le prétendu affront fait par M. de Fougères à son intégrité ; en un mot, que toute cette indignation et toutes ces menaces étaient le savant artifice que depuis la veille maître Parquet tenait en réserve avec le plus grand mystère, sachant bien que Simon ne s'y prêterait pas volontiers.

L'artifice, il faut aussi le dire, n'eût pas été loin sans la timidité d'esprit du comte ; mais, sous le caractère le plus obstiné, cet homme cachait la tête la plus faible. Toujours habitué à louvoyer, à tout oser sous le voile d'une hypocrite politesse, dès qu'on l'attaquait en face, il était perdu. Cela était difficile ; il inspirait trop de dégoût aux âmes fortes ; il leurrait de trop de promesses et de protestations les esprits faibles, pour qu'on daignât ou pour qu'on osât lui faire des reproches ; et certes, M. Parquet ne s'en fût jamais donné la peine sans l'espoir et la volonté de tirer parti de sa confusion pour son grand dessein.

Ce qu'il avait prévu arriva. Le comte se retrancha, pour sa justification, dans des serments d'estime, de confiance, de dévouement, d'affection pour la cause plébéienne et pour Simon Féline spécialement. Il fit bon marché de la noblesse, de la parenté, de la monarchie, de toutes les hiérarchies sociales, à condition qu'on lui laisserait gagner son procès. Depuis longtemps il s'était réservé tant de portes ouvertes, qu'il était difficile de le saisir. M. Parquet le poussa et l'égara dans son propre labyrinthe ; il le força de s'enferrer jusqu'au bout.

— Allons, lui dit-il, il ne faut pas tant vous échauffer contre ceux qui ont répété vos paroles. Ce n'est pas un grand mal, après tout, dans votre position ; vous avez été forcé d'émigrer. La révolution vous a dépouillé, banni. Il est simple que vous ayez des préventions contre nous et que vous nous confondiez tous dans vos ressentiments.

— Je n'ai point de ressentiments, s'écria le comte, je n'ai aucune espèce de prévention. Je n'en veux à personne ; je n'accuse que la noblesse de ses propres revers. Je sais que tous les hommes sont égaux devant Dieu comme devant la loi, devant toute opinion saine comme devant tout droit social. Enfin, j'estime maître Parquet, honnête homme, habile, généreux, instruit, cent fois plus qu'un gentilhomme ignorant, égoïste, borné.

— C'est fort bon, je le crois jusqu'à un certain point, répondit M. Parquet ; mais cependant je vais vous mettre à une épreuve. Si j'avais vingt-cinq ans, une jolie aisance et une certaine réputation, et que je fusse amoureux de votre fille, me la donneriez-vous en mariage ?

— Pourquoi non? dit le comte, qui ne se méfiait guère des vues de M. Parquet sur Fiamma.

— A moi, Parquet? vous consentiriez à être mon beau-père, à entendre appeler votre fille madame Parquet? à avoir pour gendre un procureur? Vous ne dites pas ce que vous pensez, monsieur le comte!

— Je ne pense pas, dit le comte en riant, qu'à votre âge vous me demandiez la main de ma fille; mais si vous aviez vingt-cinq ans et que vous me tendissiez un piége innocent, je vous dirais : Allez à l'appartement de Fiamma, mon cher Parquet, et si elle vous accorde son cœur, je vous accorde sa main. Je serais flatté et honoré de l'alliance d'un homme tel que vous.

— Eh bien! vous êtes un brave homme! Touchez là! s'écria M. Parquet avec des yeux pétillants d'une malice que M. de Fougères prit pour l'expression de l'amour-propre satisfait. Je vais chercher Simon, je vous l'amène...

— Allez, mon ami, allez vite, mon bon Parquet, dit le comte en lui pressant les mains, je vous en aurai une éternelle reconnaissance.

— Et vous lui donnerez votre fille en mariage, reprit Parquet; moyennant quoi, il refusera de plaider contre vous, et s'engagera, pour l'avenir, à plaider gratis tous les procès que vous pourrez avoir, jusqu'à la concurrence de deux cents...

— Ma fille en mariage!... dit M. de Fougères en reculant de trois pas et en pâlissant de colère. Est-ce là la condition? M. Féline veut épouser Fiamma?

— Eh bien! pourquoi pas?... reprit M. Parquet d'un air assuré; le trouvez-vous trop vieux, celui-là? Il est juste de l'âge de Fiamma; il est beau comme un ange, il s'est fait un plus grand nom que celui que vos pères vous ont laissé. Il appartient à la plus honnête famille du pays. Il gagne de vingt-cinq à trente mille francs par an. Il a toutes les supériorités, toutes les vertus, toutes les grâces. Il vous demande votre fille, et vous hésitez?

— Ma fille ne veut pas se marier, répondit sèchement le comte.

— Est-ce là l'unique cause de votre refus, monsieur le comte?

— Oui, monsieur Parquet, l'unique; mais vous savez qu'elle est invincible.

— Je ne sais rien du tout, monsieur le comte, que ce qu'il vous plaira de me dire franchement. M'autorisez-vous à faire ce que vous venez d'imaginer vous-même, de monter à l'appartement de Fiamma et de lui demander son cœur et sa main, non pour moi, vieux barbon, mais pour Simon Féline, et, si j'obtiens cette promesse, la ratifierez-vous sur-le-champ?

— Sur-le-champ, monsieur Parquet, répondit le comte, à qui la réflexion venait de rendre le calme de l'hypocrisie; seulement permettez-moi de vous dire que cette manière de procéder, imaginée par moi dans la chaleur de l'entretien et dans la gaieté d'une supposition, est contraire dans l'application à toutes les convenances. Nous arriverons au même but sans blesser la pudeur de Fiamma.

— Fiamma n'a pas besoin de pudeur avec moi, je vous assure, monsieur le comte. Je pourrais être votre père, à plus forte raison le sien; laissez-moi donc aller lui parler, et je vous réponds qu'elle ne se gênera pas pour me dire ce qu'elle pense.

— Je ne puis permettre que cela se passe ainsi, reprit le comte; ma femme sert de mère à Fiamma : c'est à elle qu'il faudrait s'adresser d'abord, elle en causerait avec ma fille...

— Votre femme est de l'âge de Fiamma et ne peut jouer sérieusement le rôle de sa mère; ensuite, je doute qu'elle ait beaucoup d'influence sur son esprit ; ainsi on peut s'épargner la peine de chercher ce prétexte.

— Ce prétexte ? Pensez-vous que je me serve de prétexte ? dit le comte blessé ; croyez-vous que je ne sois pas assez franc et assez maître de mes actions pour refuser ou pour accorder la main de ma fille ?

— C'est précisément là l'objet de la question, répondit hardiment Parquet, à qui il n'était pas facile d'en imposer ; mais voici Fiamma elle-même, et c'est devant vous qu'elle va me répondre.

—Qu'il n'en soit pas question en cet instant ni de cette manière, je vous en prie, » dit le comte en s'efforçant de faire sentir son autorité à M. Parquet ; mais Parquet était déterminé à tout braver. Mademoiselle de Fougères entrait en cet instant. Il marcha au-devant d'elle et la prit par le bras, comme s'il eût craint qu'on ne la lui arrachât avant qu'il eût parlé. « Fiamma, dit-il en l'amenant vers son père, répondez à une question très-concise : voulez-vous épouser Simon Féline ? » Fiamma tressaillit, puis elle se remit aussitôt, regarda le visage impassible de son père, et vit, à la blancheur de ses lèvres, qu'il était dévoré de ressentiment. Elle répondit sans hésiter : « J'y consens, si mon père le permet.

— Une fille bien née ne répond jamais ainsi, dit le comte en se levant ; avant de déclarer aussi librement ses désirs, elle demande conseil à ses parents. Il y a une espèce d'effronterie à procéder de la sorte. Il est évident que je ne puis vous refuser mon consentement ; je ne le puis, ni ne le veux ; car j'estime infiniment le choix que vous avez fait. Seulement je trouve dans le mystère de ce choix, et dans la manière dont on a surpris ma franchise, tout ce qu'il y a de plus opposé à la décence de la femme, à la loyauté de l'ami, et au respect dû au père. »

Ayant ainsi parlé avec cette apparence de dignité que les vieux aristocrates possèdent au plus haut degré, et qu'ils savent ressaisir dans les occasions même où leurs actions manquent le plus de la véritable dignité, il repoussa du pied le fauteuil qui était derrière lui et sortit brusquement de la chambre.

« Ce consentement équivaut à un refus, dit Fiamma à son ami ; Parquet, nous avons été trop vite.

— La balle est lancée, dit Parquet, il ne faut plus la laisser retomber.

— Je me charge de plier mon père comme un roseau si M. Féline consent à refuser ma dot.

— Il n'y consent pas, répondit Parquet : il exige qu'il en soit ainsi.

— Si mon père ne cède pas à cette séduction, il n'y a plus d'espérance, reprit Fiamma ; car une explication serait inévitable entre lui et moi, et j'aime mieux me faire religieuse que d'épouser Simon au prix de cette explication.

— Toujours le secret ! dit Parquet avec humeur en se retirant. Comment faire marcher une affaire dont les pièces ne sont pas au dossier ! »

XVII.

Fiamma, prévoyant bien que la colère de son père aurait une prochaine explosion, s'était sauvée au fond du parc, espérant éviter sa vue pendant les premières heures. Mais le destin voulut qu'ils se rencontrassent dans l'endroit le plus retiré de l'enclos. M. de Fougères allait précisément là cacher et étouffer son dépit ; et voyant l'objet de sa fureur, il oublia la résolution qu'il avait prise de se modérer. Ses petits yeux grossirent et gonflèrent ses paupières ridées; il fut forcé de se jeter sur un banc pour ne pas étouffer.

C'était en effet une grande contrariété pour le comte que cette ouverture inattendue de M. Parquet et l'adhésion subite qu'y avait donnée sa fille. En voyant Fiamma se retirer au couvent et ne plus faire chez lui que des apparitions de stricte bienséance, il s'était flatté, pendant deux ans, d'en être tout à fait débarrassé. Sa joie avait été au comble lorsque Fiamma lui avait dit, huit jours auparavant, que son intention était de prendre le voile, et qu'elle allait l'accompagner à Fougères pour faire ses adieux à ses amis du village et leur donner l'assurance de la liberté d'esprit et de la satisfaction véritable avec lesquelles elle embrassait l'état monastique. Ce voyage avait paru d'autant plus convenable et d'autant plus avantageux à M. de Fougères vis-à-vis de l'opinion publique, qu'il se croyait plus assuré de la résolution inébranlable de sa fille. La crainte d'une inclination de sa part pour Féline n'avait jamais été sérieuse en lui, et, s'il l'avait eue, depuis longtemps elle s'était dissipée. Il ignorait leur correspondance, et, lors même qu'il en eût été le confident, il eût pu croire que Simon était guéri de son amour et que Fiamma ne l'avait jamais partagé.

La scène qui venait d'avoir lieu avait donc été pour lui un coup de foudre. Ce n'est pas qu'une alliance avec Féline fût désormais aussi disproportionnée à ses yeux qu'elle l'eût été deux ou trois ans auparavant. Depuis la veille surtout, M. de Fougères commençait à apprécier les avantages de la position et l'importance des talents de Simon. Il avait vu en arrivant les sommités aristocratiques de la province. Il avait dîné à la préfecture, et là tous les convives avaient déploré les opinions de M. Féline avec une chaleur qui prouvait le cas qu'on faisait de sa force ou la crainte qu'elle inspirait. On s'était surtout étonné de l'imprudence qu'avait commise M. de Fougères en ne le choisissant pas pour avocat ou en ne s'assurant pas d'avance de sa neutralité. Le séjour de Paris rend essentiellement dédaigneux pour les talents de la province; on s'imagine que la capitale absorbe toutes les supériorités et en déshérite le reste du sol. Cela était arrivé à M. de Fougères; il s'éveilla péniblement de cette erreur dès les premières opinions qu'il entendit émettre à *ses pairs* sur la puissance de Féline. Cette jeune renommée avait pris subitement tant d'éclat, que la surprise et l'inquiétude du plaideur furent extrêmes. Il courut aussitôt se confier à M. Parquet. C'est pour cela que Bonne, prenant son embarras pour de la froideur, était revenue au village, la veille dans la soirée, pénétrée de l'idée que le comte avait découvert les projets de son père à l'égard de Fiamma, et qu'il en était offensé.

Cependant M. de Fougères s'était flatté que Simon n'oserait pas résister à la crainte de se faire un ennemi d'un homme tel que lui, et il avait pris le parti de le flagorner dans la personne de M. Parquet, n'imaginant guère qu'il allait tomber dans un piége. Il y était tombé avec une simplicité qui le couvrait de honte à ses propres yeux, et qui poussait à l'exaspération l'aversion profonde qu'il avait pour la caste plébéienne. En raison de ses adulations et de ses platitudes devant cette caste, M. de Fougères lui portait, dans le secret de son cœur, la haine héréditaire dont les nobles ne guériront jamais et que ressentent avec plus d'amertume ceux d'entre eux qui ont la lâcheté de mendier son appui et de la tromper par couardise.

Ayant depuis deux ans concentré toutes ses affections (si toutefois les avares ont des affections) sur sa nouvelle famille, il mettait son orgueil et sa joie à ménager une grande fortune à ses héritiers. Il avait regardé Fiamma comme morte, et il avait eu la politesse de lui offrir une vingtaine de mille francs de dot pour épouser le Seigneur, à peu près comme il eût réservé cette somme à des obsèques dignes du rang de sa famille. Mais Fiamma avait refusé jusqu'à ce don, en alléguant que le petit héritage de sa mère lui suffirait pour entrer au couvent et pour s'y ensevelir.

Maintenant, au lieu de cette heureuse conclusion à l'importune existence de sa *fille chérie* (il l'appelait ainsi surtout depuis qu'elle approchait de la tombe où il eût voulu la clouer vivante.), il prévoyait qu'il faudrait s'exécuter et lui donner une dot convenable. Il supposait que Féline avait des dettes ou de l'ambition; il regardait cette race d'avocats et de procureurs comme une armée ennemie, qui le couvrirait de blâme dans le pays s'il ne faisait pas honorablement les choses, et, en fin de cause, il savait que sa fille pouvait se passer de son consentement. Son cœur était donc dévoré de toutes les chenilles de l'avarice, et il ne voyait aucune issue à son embarras; car la seule chose qui l'eût rassuré, la résolution de Fiamma contre le mariage, venait d'être subitement révoquée d'une manière laconique et absolue dont il ne connaissait que trop la valeur. Il n'avait donc qu'un moyen de se soulager, c'était de se mettre en colère; et il faut que cette envie soit bien irrésistible, puisqu'elle aggravait tout le mal et qu'il s'y abandonna néanmoins.

Il éclata donc en reproches amers sur la trahison de M. Parquet, dont Fiamma s'était rendue complice en le traitant comme un père de comédie. Il qualifia ce projet de sourde et méprisable intrigue, et la conduite de Fiamma d'hypocrisie consommée. « C'était donc là où devaient vous conduire cette dévotion austère, lui dit-il, et cet amour insatiable de la retraite! J'en ferai compliment aux nonnes qui en ont été dupes ou complices. J'admire beaucoup aussi le prétexte que vous m'avez donné, pour venir me demander, sous le manteau de la prudence, la main de M. Féline; car c'est vous qui faites ici le rôle de l'homme. Ce n'est pas lui qui veut m'arracher mon consentement, c'est vous-même. C'est vous sans doute qui viendrez à la tête des notaires me présenter une de ces sommations qu'on appelle *respectueuses* par ironie sans doute pour l'autorité paternelle.

—Monsieur, répondit Fiamma avec le même calme qu'elle avait toujours apporté dans ces pénibles relations, j'espère que je n'aurai pas recours à de semblables moyens, et qu'après avoir mûri l'idée de ce mariage dans votre sagesse vous l'approuverez avec bonté. Si vous étiez plus calme, je vous prierais de m'expliquer sur quoi vous fondez vos répugnances; mais vous ne m'entendriez pas dans ce moment-ci. Je me bornerai à vous dire que vous n'avez pas été trompé; que cela du moins a toujours été éloigné de ma pensée et de mon intention; que je suis absolument étrangère à la forme que M. Parquet a pu donner aux propositions de M. Féline; que j'ai été de bonne foi dans tout ce que j'ai fait jusqu'ici, et qu'avant-hier encore ma résolution de prendre le voile me semblait inébranlable. Je suis venue ici, croyant assister au mariage de M. Féline avec Bonne Parquet; et lorsque je je vous donnai autrefois ma parole d'honneur de ne jamais laisser concevoir à M. Féline des espérances contraires à la raison ou à l'honneur...

—Alors vous mentiez comme aujourd'hui! s'écria M. de Fougères. Il fallait que vous fussiez bien éprise déjà de cet homme pour qu'un seul jour passé ici, après une aussi longue séparation, vous ait mis aussi bien d'accord. Allons, je ne suis pas un Géronte. Quoique vous soyez une intrigante habile, vous ne me ferez pas croire que le temps de votre retraite au couvent ait été très-saintement employé. Après une vie comme celle que vous meniez ici, après des jours et des nuits passés on ne sait où, je ne serais pas étonné que des raisons majeures vous eussent tout d'un coup forcée à vous cacher, et je présume que M. Féline, ayant fait fortune, est saisi aujourd'hui d'un remords de conscience; car vous êtes tous fort pieux, lui, sa mère, vous, et la confidente, mademoiselle Parquet...

— Monsieur, dit Fiamma avec énergie, vous m'outragez et je ne le souffrirai pas, car vous n'en avez pas le droit. Dieu sait que vous n'avez aucun droit sur moi.

— J'en ai que vous ignorez, Mademoiselle, et qu'il est temps de vous faire savoir, s'écria le comte hors de lui. J'ai le droit du bienfaiteur sur l'obligé, de celui qui donne sur celui qui reçoit; j'ai le droit qu'un homme acquiert en subissant dans sa maison la présence d'un étranger et en l'y élevant par compassion. Ce droit, signora Carpaccio, le comte de Fougères l'a acquis en daignant nourrir la fille d'un bandit et d'une...

— Et d'une femme parfaite, indignement sacrifiée à un misérable tel que vous, répondit Fiamma d'un air et d'un ton qui forcèrent le comte à se rasseoir. Puisque vous savez tout, monsieur le comte, sachez bien que, de mon côté, je n'ignore rien, et je vais vous le prouver. Restez ici; ne bougez pas, ne m'interrompez pas, je vous le défends! La mémoire de ma mère est sacrée pour moi. N'espérez pas la flétrir à mes yeux, ni me faire rougir de devoir le jour à un chef de partisans, à un héros qui est mort pour sa patrie, et dont je suis plus fière que de vos ancêtres, dont une loi absurde et impie me force de porter le nom. Bianca Faliero, de la race ducale de Venise, et Dionigi Carpaccio, paysan des Alpes, défenseur et martyr de la liberté, c'était une noble alliance, et il n'y a qu'une grande âme comme celle de ma mère qui dût savoir préférer la protection généreuse du brave partisan à l'avilissante faveur du comte de Stagenbracht.

— Que voulez-vous dire? s'écria le comte en essayant de se lever et en bondissant sur son siège avec égarement; quel nom avez-vous prononcé? A quelle impure source de calomnie avez-vous puisé l'ingratitude et l'outrage dont vous payez ma miséricorde envers vous?

— La voici, cette source impure! dit Fiamma en tirant de son sein un paquet de lettres; c'est celle de votre fortune, signor Spazetta. Voici les preuves de votre infamie, écrites et signées de votre propre main; voici les pièces du marché que vous avez conclu avec un seigneur autrichien pour lui vendre votre femme; voici votre première espérance de racheter le fief de Fougères, monsieur le comte; car voici la quittance de l'à-compte que vous avez reçu sur l'espoir du déshonneur de ma mère. Mais elle n'a pas voulu le consommer pour vous ni l'accepter pour elle-même; voici la concession de cette maison de campagne où vous aviez consigné ma mère, pour la soustraire, disiez-vous, aux fatigues du commerce et rétablir sa santé délicate; mais, en effet, pour la placer sous la main du comte, à trois pas de sa villa... Mais vous aviez compté sans le secours du chevaleresque Carpaccio, monsieur le comte. Malheureusement il rôdait autour du château de M. Stagenbracht, lorsque les cris de ma mère, qu'on enlevait par son ordre et par votre permission, parvinrent jusqu'à lui. C'est alors que, par une tentative désespérée, trois contre dix, il la délivra et fit ce que vous auriez dû faire, en tuant de sa propre main le ravisseur. Si la reconnaissance de ma mère pour ce libérateur, et son admiration pour un courage intrépide, lui ont fait fouler aux pieds le préjugé du rang et manquer à des devoirs que vous aviez indignement souillés le premier, c'est à Dieu seul qu'appartiennent la remontrance et le pardon. Quant à vous, monsieur le comte, au lieu d'insulter les cendres de cette femme infortunée, c'est à vous qu'il appartient de baisser la tête et de vous taire, car vous voyez que je suis bien informée. »

Le comte resta, en effet, immobile, silencieux, atterré.

« Je vous ai dit, continua Fiamma, ce que je devais vous dire pour l'honneur de ma mère ; quant au mien, Monsieur, il me reste à vous rappeler que vous avez encore moins le droit d'y porter atteinte : car vous êtes un étranger pour moi, et non-seulement il n'y a aucun lien de famille entre nous, mais encore j'ai été élevée loin de vos yeux, sans que vous ayez jamais rien fait pour moi... Ne m'interrompez pas. Je sais fort bien que la crainte de voir ébruiter votre crime vous a disposé envers ma mère à une indulgence qu'un honnête homme n'eût puisée que dans sa propre générosité. Je sens que vous avez daigné ne point la priver du nécessaire, d'autant plus qu'elle tenait de sa famille les faibles ressources que je possède aujourd'hui. Je sais que vous ne l'avez point maltraitée et que vous vous êtes contenté de l'insulter et de la menacer. Je sais enfin que vous l'avez laissée mourir sans l'attrister de votre présence : voilà votre clémence envers elle. Quant à vos bontés pour moi, les voici : vous m'avez laissée vivre avec mon modeste héritage jusqu'au moment où, pensant acquérir des protections par mon établissement, vous m'avez arrachée à ma retraite et au tombeau de ma mère pour me jeter dans un monde où je n'ai pas voulu servir d'échelon à votre fortune. Je savais de quoi vous étiez capable, monsieur le comte ; mais ce qui me rassurait, c'est qu'un contrat de vente illégitime eût été plus nuisible que favorable à vos nouveaux intérêts. Il ne s'agissait plus pour vous de payer un fonds de commerce d'épiceries, vous vouliez désormais jeter de l'éclat sur votre maison. Je ne me serais jamais rapprochée de vous, sans le secret inviolable que je devais aux malheurs de ma mère, sans la prudence extrême avec laquelle je voulais, par une apparence de déférence à vos volontés, éloigner ici, comme en Italie, tout soupçon sur la légitimité de ma naissance. Croyez bien que c'est pour elle, pour elle seule, pour le repos de son âme inquiète, pour le respect dû à ses cendres abandonnées, que je me suis résignée pendant plusieurs années à vivre près de vous et à vous disputer pas à pas mon indépendance sans vous pousser à bout. Un ami imprudent a allumé aujourd'hui votre fureur contre moi, au point qu'elle a rompu toutes les digues. Cette explication, la première que nous avons ensemble sur un tel sujet, et la dernière que nous aurons, je m'en flatte, a été amenée par un concours de circonstances étrangères à ma volonté ; mais puisqu'il en est ainsi, je m'épargnerai les pieux mensonges que je voulais vous faire sur mon vœu de pauvreté, je vous dirai franchement ce que je vous aurais dit à travers un voile. Vous pouvez donner ma main à Simon Féline sans craindre que je fasse valoir sur votre fortune des droits que j'ai, aux termes de la loi, mais que ma conscience et ma fierté repoussent. La seule condition à laquelle j'ai accordé la promesse de ma main est celle-ci. Pour sauver les apparences et mettre vos enfants légitimes à couvert de toute réclamation de la part des miens (si Dieu permet que le sang de Carpaccio ne soit pas maudit), M. Féline vous signera une quittance de tous les biens présents et futurs, que votre respect pour les convenances et mes droits d'héritage m'eussent assurés...

— M. Féline sait-il donc le secret de votre naissance ? dit M. de Fougères avec anxiété.

— Ni celui-là, ni le *vôtre*, Monsieur, répondit Fiamma :

ces deux secrets sont inséparables, vous devez le comprendre; et si, en divulguant l'un, on flétrissait la mémoire de ma mère, je serais forcée de divulguer l'autre pour la justifier. Ainsi, soyez tranquille ; ces papiers que j'ai trouvés sur elle après sa mort ne seront jamais produits au jour si vous ne m'y contraignez par un acte de folie, et ils seront anéantis avec moi sans que mon époux lui-même en soupçonne l'existence. »

Depuis le moment où M. de Fougères avait aperçu les papiers dans la main de Fiamma jusqu'à celui où elle les remit dans son sein, il avait été partagé entre le trouble de la consternation et la tentation de s'élancer sur elle pour les lui arracher. S'il n'avait pas réalisé cette dernière pensée, c'est qu'il savait Fiamma forte de corps et intrépide de caractère, capable de se laisser arracher la vie plutôt que de livrer le dépôt qu'elle possédait ; d'ailleurs il avait espéré l'obtenir de bonne grâce. Il balbutia donc quelques mots pour faire entendre que son consentement au mariage était attaché à l'anéantissement de ces terribles preuves. Fiamma ne lui répondit que par un sourire qui exprimait un refus inflexible, et, le saluant sans daigner lui demander une promesse qu'il ne pouvait pas refuser, elle s'éloigna en silence. Alors le comte se leva et fit deux pas sur ses traces, vivement tenté de la saisir par surprise et d'employer la violence pour arracher sa sentence d'infamie. Mais, au même instant, la pâle et calme figure de Simon Féline parut de l'autre côté de la haie, dans le jardin du voisin Parquet.

Le comte le salua profondément, tourna sur ses talons et disparut.

Le mariage de Simon Féline et de Fiamma Faliero fut célébré à la fin du printemps, dans la petite église où ils avaient dit une si fervente prière le jour de leurs mutuels aveux. A côté de ce beau couple, on vit l'aimable Bonne s'engager dans les mêmes liens avec le jeune médecin qui l'aimait, et qu'elle ne haïssait pas, c'était son expression. Le comte de Fougères assista au mariage avec une exquise aménité. Jamais on ne l'avait vu si empressé de plaire à tout le monde. Heureusement pour lui, cette noce se passait en famille, au village, et sans éclat, dans la maison Parquet. Aucun de ses *pairs*, et sa nouvelle épouse elle-même, qui fut très à propos malade ce jour-là, ne put être témoin des détails de cette fête, qui consomma sa mésalliance. La bonne mère Féline se trouva assez bien rétablie pour en recevoir tous les honneurs. Tout se passa avec calme, avec douceur, avec simplicité, avec cette dignité si rare dans la célébration de l'hyménée. Aucun propos obscène ne ternit la blancheur du front des deux charmantes épousées. Le seul maître Parquet ne put s'empêcher de glisser quelques madrigaux semi-anacréontiques, qu'on lui pardonna, vu qu'il avait bu un peu plus que de raison. Cependant ni lui ni aucun des convives ne dépassa les bornes d'un *aimable abandon* et d'une *douce philosophie*. Le curé prit part au repas, après avoir promis à Jeanne de ne plus s'aviser d'encenser personne. Le seul événement fâcheux qui résulta de ces modestes réjouissances, ce fut la mort d'Italia, que l'on trouva le lendemain matin étendu sur les débris du festin et victime de son intempérance.

En vertu d'un arrangement que conseilla et que décida M. Parquet, M. de Fougères renonça aux principaux avantages du testament fait en faveur de sa femme, afin de ne pas perdre le tout, et l'honneur de sa famille par-dessus le marché.

Cet échec, que ne compensait pas en entier la renonciation de Féline à toute dot ou héritage, l'affligea bien, et il quitta précipitamment le pays, heureux du moins de se débarrasser du voisinage et de l'intimité, non de la famille Féline, qui ne l'importunait guère de ses empressements, mais de M. Parquet, qui, affectant de le prendre désormais au mot et de le traiter d'égal à égal, s'amusait à le faire cruellement souffrir.

Il est vraisemblable que les relations du village avec le château eussent été de plus en plus rares et froides, sans un événement qui vint tout à coup plier jusqu'à terre l'épine dorsale du comte de Fougères : la chute d'une dynastie et l'établissement d'une autre. Le règne du tiers-état sembla effacer tous les vestiges d'orgueil nobiliaire que M. de Fougères n'avait pas laissés dans la boutique de M. Spazetta. Tant que la royauté bourgeoise n'eut pas pris décidément le dessus sur les résistances sincères, le comte, espérant tout, ou plutôt craignant tout de l'influence des avocats et de la puissance des grandes âmes, se fit l'adulateur de son gendre, et par conséquent de M. Parquet. Simon avait peine à dissimuler son dégoût pour cette conduite, et M. Parquet y trouvait un inépuisable sujet de moquerie et de divertissement. Mais quand la puissance régnante eut absorbé ou paralysé l'opposition ; quand, n'ayant plus peur du parti républicain, elle se tourna vers l'aristocratie et chercha à la conquérir, M. de Fougères suivit l'exemple de la mauvaise race de courtisans qui ne peut pas perdre l'habitude de servir ; et, cessant de faire de l'indignation au fond de son château avec le sardonique M. Parquet, il se brouilla avec lui et avec Simon sur le premier prétexte venu ; puis il revint à Paris faire sa cour à quiconque lui donna l'espoir de le pousser à la pairie, chimérique espoir qu'il avait caressé sous le règne précédent.

FIN DE SIMON.

COLLECTION VICTOR LECOU, FORMAT IN-18 ANGLAIS

VOLUMES A 3 FR. 50 C.

BALBI (Adr.).	Éléments de Géographie, 8 cartes	1
BALZAC (H. de).	Théâtre	1
—	Contes drolatiques	1
BASTIAT	Harmonies econom.	1
BEECHER STOWE	L'Oncle Tom	1
BELLOY (de).	Chevalier d'Al.	1
BÉRANGER.	Œuvres complètes	1
BILBOQUET.	Mémoires	3
BLANQUI.	Économie politique	2
BREWER (Le D.)	Clef de la science	1
BRIZEUX.	Histoires poétiques	1
BYRON (Lord).	Œuvres complètes, traduc. B. Laroche	5
CARREL (Arm.)	Œuvres littéraires	1
CASTELLANE (C. de)	Souvenirs de la vie militaire	1
CASTILLE (Hip.)	Les Hommes et les Mœurs en France	1
CHAMPFLEURY.	Contes domestiques	1
—	Contes de Printemps	1
—	Contes d'Été	1
—	Contes d'Automne	1
CLAIRVILLE.	Chants et Poésies	1
COQUELIN.	Crédit et Banques	1
CRISTIAL-JOHN.	Scènes d'Italie	1
DANTE.	La Divine Comédie, trad. Fiorentino	1
DU CAMP (Max.)	Le Nil (l'Égypte)	1
DUMAS fils.	La Dame aux perles	1
DROZ (Joseph).	L'Art d'être heureux, 7e édition	1
—	Économie politique, 3e édition	1
EYMA (Xavier).	Femmes du N. M.	1
—	Deux Amériques	1
—	Les Peaux rouges	1
FERRY (Gabriel).	Le Coureur des bois, 3e édition	2
—	Costal l'Indien	1
—	Nouvel. mexicaines	1
FETIS.	La Musique à la portée de tout le monde	1
FÉVAL (Paul).	Les Parvenus	1
FIGUIER.	L'Alchimie et les alchimistes	1
—	La Généalogie des Tables tournantes	2
FRANKLIN.	Mélanges de morale, d'économie, etc.	1
GALLAND.	Les Mille et Une Nuits (gravures)	2
GAUTIER (Th.)	Un Trio de romans	1
—	Caprices et zigzags Italie	1
GAUTIER, MAX. DU CAMP, etc.	Salines de nouvelles	1
GÉRARD DE NERVAL	Les Illuminés	1
—	Les Filles du feu	1
—	Lorely	1
GOTTHELF.	Nouvelles bernoises, trad. par Buchon	1
GIRARDIN (E. de)	Liberté du mariage	1
GOZLAN (Léon).	George III. Mœurs théâtrales	1
—	Neuf heures à minuit	1
—	Contes et Nouvelles	1
GRESSET.	Œuvres, édit. illust.	1
HEINE (Henri).	Reisebilder	1
HILDEBETH.	L'Esclave blanc	1
HUGO (Victor).	Œuvres complètes. Nouvelle édit., revue et augmentée.	
—	Notre-Dame de Paris	1
—	Théâtre, Cromwell	3
—	Han d'Islande	1
—	Orientales, Rayons et les Ombres, Voix intérieures	1
—	Odes et Ballades, Feuilles d'automne	1
—	Chants du crépuscule	1
—	Bug-Jargal, Le Dernier Jour d'un Condamné	1

HOLLARD.	De l'Homme et des Races humaines	1
HOMÈRE.	L'Iliade et l'Odyssée, trad. Giguet	1
HOUSSAYE (A.)	Portraits du 18e siècle, 5e édit.	1
—	Poésies complètes	1
—	Philosophes et Comédiennes, 3e édition	1
KARR (Alph.)	Les Guèpes	4
—	La Famille Alland, Fa Dièze	1
—	Feu Bressier. Hortense	1
—	Contes et Nouvelles	1
—	Devant les tisons	1
—	Clovis Gosselin	1
LACHAMBEAUDIE	Fables compl. Nouvelle édition	1
LAFARGE.	Heures de prison	1
LAMARTINE.	Méditations poétiq.	2
—	Harmonies	1
—	Jocelyn	1
—	Chute d'un Ange	1
—	Recueillements	1
—	Voyage en Orient	2
—	Raphaël	1
LECLERCQ (Th.)	Proverbes dramatiq.	4
LEMOINE.	Dessous des Cartes	1
LEOUZON LE DUC	La Russie et la civilisation européenne	1
LE ROUSSEAU.	Beaudoin IX	1
LONLAY (de).	Le Gr. Monde russe	1
LURINE (Louis).	Ici l'on aime	1
—	Train de Bordeaux	1
MERCIER.	Tableau de Paris	1
MÉRY.	Mélodies poétiques	1
—	Contes et nouvelles	1
—	Nouvelles nouvelles	1
—	Matinées du Louvre	1
MORNAND.	La Vie des eaux	1
MONSELET.	M. de Cupidon, Rétif de la Bretonne	1
MONTAIGNE.	Essais	1
MONTEIL (Al.)	Hist. des Français	5
MOLE-GENTILHOMME.	Catherine II.	1
MONTFORT (Cap.)	Voyage en Chine	1
MOREAU DE JONNÈS.	Éléments de statistique	1
NODIER (Ch.)	Histoire du roi de Bohême	1
ONSAY (C*** d')	L'Ombre du bonheur	1
OSSIAN.	Poëmes gaéliques	1
PAULIN LIMAYRAC.	Coups de plume	1
PAULIN NIBOYET.	Mondes nouveaux	1
PFEFFEL.	Fables et Poésies	1
PITRE-CHEVALIER.	Les Chroniques de la Fronde	1
RABELAIS.	Œuvres, notice par Barr	1
REYBAUD (L.)	Les réformateurs	1
ROQUEPLAN.	Vie parisienne	1
ROQUERIEY.	Un Fleuron de la F.	1
SAINT-FÉLIX.	Les Nuits de Rome	1
SAINTINE (X.-B.)	Récits dans la tourelle	1
—	Le Mutilé. — La Belle Cordière	1
SCUDO.	Critique et littérature musicales	1
SECOND (Albéric)	Contes sans prétention	1
SOLTYKOFF.	Voyage dans l'Inde et en Perse	1
STAHL (P.-J.)	Bêtes et Gens	1
SUDRE (Alfred)	Histoire du communisme	1
TOPFFER (R.)	Le Presbytère	1
—	Nouvelles genevoises — Rosa et Gertrude	1
—	Menus propos	1
—	Mélanges	1
VIVIEN.	Études administr.	1
ZACCONE.	Le Vieux Paris	1
WISEMAN.	Rapports entre la science et la religion	1

VOLUMES A 2 FR.

CAMBOULIU.	Femmes d'Homère	1
DELESSERT.	Voy. aux villes maud.	1
FERTIAULT.	Rimes du Dante	1
FLORIAN.	Fables	1
GENOUDE.	La Sainte Bible	2
GUIZOT.	Soirées d'Avril	1
HORACE.	Traduction Goupy	1
LA FONTAINE.	Fables	1
LAMENNAIS.	Les Évangiles	1
LEGOUVÉ.	Mérite des femmes	1
LEBLANC D'IL.	H. de l'Islamisme	1
LERNE (F. de)	Contes et Nouvelles	1
MOLIÈRE.	Œuvres complètes (2 vol. en 1)	1
MOFRAS.	Promen. en France et en Suisse	1
SAINT AUGUSTIN	Confessions	1
SOUVESTRE (E.)	Au coin du feu	1
—	Sous la Tonnelle	1
—	Au bord du Lac	1
—	Pendant la Moisson	1
—	Récits et Souvenirs	1
—	Mendiant de S.-Roch	1
—	Mât de Cocagne (3 fr.)	1
—	L'Homme et l'Argent (3 fr.)	1
SWIFT.	Voyage de Gulliver	1
WEY.	Bouquet de cerises	1
ZACCONE.	Langage des fleurs, avec 18 grav. col.	1

ŒUVRES COMPLÈTES DE G. SAND

Nouvelle édition, revue et augmentée

A 2 FR. LE VOLUME.

En vente:

Piccinino, etc.
La Dernière Aldini
Simon
Teverino
Leone Leoni
Horace
Lucrezia Floriani
Lavinia
Jacques
Le Château des Désertes
Isidora
Valentine
Cora
Le Meunier d'Angibault
Jeanne
Indiana
Melchior
François le Champi
Les Mosaïstes
La Mare au Diable
André
La Fauvette du Docteur
Les Noces de campagne
La Petite Fadette
La Marquise
Mouny Robin
Monsieur Rousset
Les Sauvages
Mauprat
Metella
Compagnon du tour de France
Le Péché de monsieur Antoine
Pauline
L'Orco

ŒUVRES DE CHATEAUBRIAND

Nouvelle édition, illustrée de 100 grav. à 1 fr. 50 c. le volume.

EN VENTE :

Génie du Christianisme
Les Martyrs
Itinéraire de Paris à Jérusalem

PARIS. — IMPRIMERIE DE J. CLAYE, RUE SAINT-BENOÎT, 7.